불교, 이웃종교로 읽다

Buddhism in a Comparative Perspective
by Kang-nam Oh, Ph.D. University of Regina Canada

불교, 이웃종교로 읽다

초판 1쇄 발행 | 2006년 4월 5일
초판 9쇄 발행 | 2022년 1월 25일

지은이 | 오강남
펴낸이 | 조미현

펴낸곳 | (주)현암사
등록 | 1951년 12월 24일 · 제10-126호
주소 | 04029 서울시 마포구 동교로12안길 35
전화 | 02-365-5051 · 팩스 | 02-313-2729
전자우편 | editor@hyeonamsa.com
홈페이지 | www.hyeonamsa.com

ⓒ 오강남 2006

ISBN 978-89-323-1377-1 03150

* 지은이와 협의하여 인지를 생략합니다.
* 잘못된 책은 바꾸어 드립니다.

불교, 이웃종교로 읽다

오강남 지음

현암사

독자들께 |

자전적 고백

이 책은 비교종교학자이면서 그리스도교 배경으로 자란 제가 그동안 불교를 접하면서 제 나름대로 배우고 이해한 바를 진솔하게 전하려는 제 나름의 불교 이야기입니다. 저는 극히 보수적인 그리스도교 가정에서 자랐습니다. 이런 배경 때문에 일찌감치 종교에 남다른 관심을 가질 수밖에 없었습니다. 지금은 그 극히 보수적인 그리스도교 종파를 떠나 캐나다 연합 교회와 퀘이커 모임에 참석하고 있지만, 제게 처음으로 종교에 관심을 갖게 해 준 그 보수적 그리스도교 종파에 언제나 고마워하고 있습니다. 제가 대학에서 종교학을 전공으로 택한 것도 그 관심의 연장선에서였기 때문입니다.

이런 배경에서 자란 저는 당연히 불교나 다른 종교를 신봉하는 이들을 유감스럽게도, 구원에 이르지 못할 운명에 처한 사람들이라고 생각했습니다. 심지어 처음 불교에 관한 책을 접했을 때도 그 책에 손을 대는 것마저 무슨 불결한 것을 건드리는 것처럼 꺼림칙한 감을 떨칠 수 없었습니다. 어디서 향을 피우는 냄새가 나도 뭔가 음험한 것을 연상하기 일쑤였습니다. 어릴 때 받은 종교교육의 영향이 얼마나 무서운가를 여실히 보여 주는 실례라고 할 수 있을 것입니다. '착하고 충성된' 어린 그리스도인이었을지는 몰라도 불교를 비롯한 다른 종교를 몰라도 너무 모르고 있었던 것입니다.

한국에서 종교학을 전공으로 택한 것도 여러 종교를 객관적으로 알아보고 인간의 종교적 삶이 무엇인가를 캐 보려는 비교종교학의 기본 관심보다는, 저의 그리스도교 신앙을 좀더 깊이 이해하려는 마음에서였습니다. 학부와 대학원 과정을 거치면서도 그리스도교와 서양의 종교 사상 연구에만 전념했습니다. 대학원 석사 논문은 그리스도교 신약성서의 종말관이 무엇이고, 그것이 역사적으로 서양 사상가들 사이에서 어떻게 이해되었는가 하는 문제에 관한 것이었습니다. 궁극적으로 우리에게 구원을 주지 못할 다른 종교를 깊이 알아보겠다고 공연히 시간과 정력을 낭비할 필요가 있겠는가? 생각했던 셈입니다. 그때까지만 해도 "하나의 종교만 아는 사람은 아무 종교도 모른다."고 공언한 종교학의 창시자 막스 뮐러(Max Müller)의 말에 주의를 기울일 줄 몰랐습니다. 졸업 필수과목으로 어쩔 수 없이, 당시 강사로 나오시던 고(故) 이기영 교수님께 불교 개론을 듣고 대학원에서 『선가귀감』을 읽은 것이 제가 한국에서 불교에 대해 배우고 알고 있던 것의 거의 전부였습니다.

그런 제가 무슨 '섭리'인지, '인연'인지 놀랍게도 1971년 초 캐나다에 유학을 와서 불교를 본격적으로 공부하기 시작했습니다. 첫 학기에 중국인 불교학자 란윤화(冉雲華) 교수에게 「법화경 연구」라는 과목을 수강하고 처음으로 쓴 논문은 보살도와 보살의 서원에 관한 것이었습니다. 다음 학기에 산스크리트어를 배우기 시작했고 동시에 당시 불교 중관론(中觀論)의 대가인 인도 학자 무르티(T. R. V. Murti) 교수 밑에서 공(空) 사상을 공부했습니다. 또 여러 교수와 베단타 철학, 선(禪), 도가(道家) 사상을 천착(穿鑿)하면서 그때까지 알고 있던 것과 전혀 다른 종교적 경지를 접하게 되었습니다. 그러던 중 가끔씩 골수를 쪼개고 들어오는 지적 섬광 같은 것이 있을 때면, 말할 수 없는 희열을 맛보았습니다. 그리고 저의 그리스도교 신앙 내용도 더욱 깊어지고 새로워지는 것을 체험했습니다.

결국 캐나다에서 불교 화엄(華嚴)의 법계연기(法界緣起) 사상이라는 주제로 박사 학위 논문을 쓰기로 했습니다. 논문 자료 준비로 일본 도쿄대학에서 얼마를 보내고, 캐나다 맥매스터(McMaster)대학에서 학위를 받았습니다. 그 이후 30년 이상 캐나다 대학에서 불교를 중심으로 비교종교학 과목을 가르치고 있습니다. 돌이켜 보면 이것은 제게 말할 수 없는 행운이요 특권이었습니다. 비교종교학적 입장에서 불교를 공부하며 가르치고, 내면으로 종교 간의 대화를 진행시키며 산 삶은 지적으로나 정신적으로 지극히 행복한 삶이었기 때문입니다.

새로운 눈뜸

불교나 기타 이웃 종교에 대해 제가 어릴 때 가졌던 생각이 비단 저만의 오해였을까요? 저는 그렇게 생각하지 않습니다. 미국인 현각 스님이 쓴 『만행』에 보면 승복을 입고 지하철을 타고 있는 그를 향해 마귀라고 소리치는 이들이 있는가 하면, 아기가 승복을 만지려 하자 사탄의 옷을 건드리지 말라는 투로 아이의 손을 낚아채는 엄마도 있더라는 글이 있습니다. 현각 스님의 말을 빌리지 않더라도 우리 주위에서 일어나는 일은 그리스도인이 불교를 얼마나 오해하는가를 보여 주기에 충분합니다.

좀 극단적인 예입니다만, 그리스도인 중에는 불교도를 회개시키겠다며 팔을 걷어붙이고 '예수 천당 불신 지옥'이라는 팻말을 흔드는 이, '불교 법당은 귀신의 종합청사'라고 외치는 이, 심지어 불교를 박멸하겠다고 도끼를 들고 나서는 이도 있습니다. 사찰의 불상에 붉은 십자가를 그린다든가, 몇 년 전 한 교회의 집사님이 제주도 영명선원에 들어가 돌로 만든 작은 불상 750기의 목을 자른 일이 그런 예라 하겠습니다. 이런 극단적인 경우를 제외하더라도 아직도 상당수 한국 그리스도인에게 불교는 각목을 들고 싸우는 미신 같은 종교요, 부처님은 이런 미신 같은 종교에서 떠받드는 우상일 뿐이라는 생각이 지배적이라고 하면 지나친 말일까요?

물론 불교에 미신적이고 폭력적이며 부조리한 면이 없는 것은 아닙니다. 현실적으로 불교를 '복 빌기 위한 수단' 이상으로는 생각해 보지 못한 불자도 상당할 것입니다. 종권 다툼에서 이기는 것이 불교에서 성취할 수 있는 최대의 과업인 것처럼 행동하는 불교 지도자가 있는 것도 사실입니다. 최근에는 세계문화유산인 어느 사찰 경내에 불법 골프 연습장을 설치한 것이 드러났고, 일부 승려가 해외 원정 골프나 도박을 했다는 의혹도 제기되었습니다. 수행 도량인 한 사찰에 도둑이 들었는데 그곳에서 몇 천만 원 상당의 다이아몬드 시계와 수억 원대의 골프 회원권 등을 훔쳤다는 기사도 났습니다. 어느 종교도 이상과 현실 간의 괴리는 피할 수 없다는 사실의 실례라 할 수 있습니다. 그리스도교계에서 발견되는 불합리하고 천박한 현상으로 그리스도교를 도매금으로 폄하할 수는 없듯, 불교계에서 일어난 이런 부정적인 사건으로 불교 전체를 매도할 수는 없을 것입니다.

저는 불교와 기타 이웃 종교를 공부하면서 종교에 대해 가질 수 있는 이런 부정적인 생각들이 대부분 그 종교의 진면목을 보지 않고 밖으로 드러난 부정적인 면, 전도(顚倒)되거나 치졸한 면만을 보고 내린 일방적이고 표피적인 오판에서 나왔다는 사실을 발견했습니다. 그리고 이런 부정적인 생각들 때문에 불교나 기타 이웃 종교를 공부하지 않았다면 얼마나 귀중한 것을 놓쳤을까 하는 생각을 떨칠 수 없었습니다. 그러면서 저는 제가 배운 것의 일부를, 정말 혼자 알고 있기에는 너무 아깝다고 느끼는 그런 것을, 다른 일로 바빠 본격적으로 이런 종교를 공부할 기회를 갖지 못하는 형제와 친구, 그리고 동료 그리스도인과 나누고 싶은 마음이 굴뚝같았습니다. 그런 마음의 표현 일부가 제가 30대 말에 쓴 『길벗들의 대화』라는 책이었습니다. 이어서 『도덕경』 풀이, 『장자』 풀이. 그리고 제가 이런 이웃 종교들을 공부하면서 깨달은 것을 기초로 해서 그리스도교를 다시 본 것이 몇 년 전에 나온 『예수는 없다』였습니다.

이 책에서 하려고 하는 것은

구태의연한 말이지만 그야말로 세월이 쏜살처럼 빠르게 흘러 저도 이제 얼마 안 있으면 대학에서 정년퇴직을 합니다. 가르치기를 그만두기 전에 그동안 이곳 캐나다 대학에서 가르치던 불교 강의를 책으로 정리하여 제가 아는 분들에게 들려 드리고 싶은 마음이 생겼습니다. 서양의 일반 대학에서는 인문 교양과목으로 불교학이 매우 인기가 있습니다. 제가 가르치는 불교 과목도 언제나 등록하려는 학생의 수가 정원을 초과하여 대기자 명단까지 있을 정도입니다.

저를 포함해서 북미 대학에서 불교를 가르치는 교수들은 학생들에게 불교를 선전하거나 학생들을 불교인으로 만들려는 의도가 전혀 없습니다. 인간의 정신사에 많은 영향을 주었고, 지금도 주고 있는 하나의 중요한 종교 사상을 비교종교학의 관점에서 좀더 깊이 '이해'해 보겠다는 것이 주된 관심입니다. 자연히 불교를 그리스도교 등 다른 이웃 종교 사상과 비교하는 관점으로 살피게 됩니다. 최근에는 특히 불교와 그리스도교가 어떻게 대화하며, 서로를 어떻게 이해할 수 있는가 하는 문제에 많은 사람의 관심이 쏠리고 있습니다. 저도 그동안 그런 방향에서 캐나다 학생들을 상대로 불교에 대해 이야기했습니다. 이제 캐나다 학생들을 위해 지금껏 영어로 했던 이야기를 제가 사랑하는 이들을 위해 한국어로 들려 드리고 싶습니다.

물론 불교를 소개하는 책은 많습니다. 그 많은 책 목록에 제가 단순히 또 한 권의 책을 보탤 마음은 없습니다. 불교를 소개하는 책은 일반적으로 불교인이 쓰고, 혹시 불교인이 아닌 이가 쓸 경우 주로 불교를 비판하고 공격하기 위해 쓰는 것이 보통입니다. 이 책이 다른 책과 다른 것은 우선 불교인이 아닌 비교종교학자가 썼다는 것이고, 비판이나 공격하기 위해서가 아니라 이해하고 배우기 위해 쓴 것이라는 점입니다.

그리스도교 배경을 가지고 있던 제가 불교를 공부하면서 불교에 대해 가졌던 막연한 선입견과 오해가 걷히는 것을 발견했습니다. 또 그리스도교적 배경을 가진 상당수의 이곳 캐나다 학생들이 제 강의를 통해 불교를 새롭게 배우고 그것을 계기로 그리스도교를 더욱 깊이 이해하는 것을 보았습니다. 이 책을 쓴 본뜻은, 저의 이런 체험을 바탕으로 하여 불교에 대해 특별한 배경 지식이 없는 분들에게, 더욱이 불교에 대해 알아볼 기회가 없었기에 오해와 선입견을 지니고 심지어 거부감까지 갖게 된 분들에게, 불교에 대해 차근차근 알아듣기 쉽고 친절하게 이야기해 드리고 싶다는 간절한 소망을 실현하려는 것입니다. 여러분이 지금 들고 계신 이 책은 바로 그런 애정 어린 소망의 발현인 셈입니다. 따라서 할 수 있는 한 딱딱한 학술 논의 식은 피하고 필요할 때는 연관된 글, 심지어 잡담이나 농담까지 섞어 가며 이야기로 풀어 가려고 합니다.

이 책은 물론 그리스도인만을 위한 것이 아닙니다. 그리스도인이 아닌 독자 중에도 불교 하면, 자식 못 낳은 여인들이 절에 가서 자식 낳게 해 달라고 비는 것, 그 자식이 자라서 입학시험을 보면 합격하게 해 달라고 빌고 대학을 졸업하면 취직이나 사업이 잘 되게 해 달라고 비는 것 등이 주된 관심사인 종교쯤으로 생각하는 사람이 많습니다. 앞에서 말씀드린 것처럼 분명히 한국 불자들이 받드는 불교에 그런 면이 있는 것이 현실입니다. 그러나 불교가 그런 면만 있는 것은 아니라는 것도 사실입니다.

일반 독자들은 이 책에서 불교의 역사적 배경은 무엇인가, 그 깊은 가르침은 과연 무엇인가, 일반적인 현대 용어로 풀면 불교는 어떤 모습일까, 불교가 21세기 정신계에 어떤 역할을 할 것인가 하는 등의 인문학적 내지 종교학적 관심의 일단을 읽으실 수 있으리라 믿습니다. 특히 젊은이들이 읽을 경우 불교를 이해할 뿐 아니라 비교종교학적 안목을 기를 수도 있을 것입니다. 종교 간에 생길 수 있는 쓸데없는 오해를 미연에 방지하고, 나아가 이들 종교가 협력하여 사회를 위해 무엇을 할 수 있을까를 생각하는 데 도움이 될 것이라고 생각합니다.

또한 불교인이 읽으신다면, 다른 이들이 불교를 우상숭배라 오해하기도 하는데 그 이유는 무엇인가, 불교의 기복적인 요소나 장례(葬禮) 불교적 측면을 넘어서는 경지는 어떤 것인가, 서양 학생들이 대학 교양과목으로 불교를 공부할 때 어떤 식으로 공부하고 불교 용어를 현대어로 어떻게 이해하는가, 그리스도교적 관점에서 불교의 가르침을 어떻게 해석할 수 있는가, 그리스도인과 대화할 때 무엇이 서로의 이해를 돕기 위한 논의의 초점이 될 수 있을까 하는 등의 문제에 관심을 갖고 읽으실 수 있을 것입니다.

흔히 불교는 이해하기가 어렵다고 합니다. 스님들이 많이 출간한 가벼운 수필류의 책을 제외하고 정식으로 불교를 소개한 책은 일반인이 쉽게 이해하기가 힘든 것도 사실입니다. 이런 책에는 한문 용어나 전문 용어가 엄청나게 많습니다. 역사적 맥을 따라 차근차근 접근하는 대신 극히 추상적이고 어려운 개념 몇 가지를 중심으로 이를 분석하고 설명하는 데 역점을 두는 책이 많기 때문이라고 생각합니다. 이 책에는 될 수 있는 대로 어려운 불교 용어를 알아듣기 쉬운 일상용어로 고쳐서 쓰려고 합니다. 마치 산스크리트 용어나 한문 술어를 전혀 모르는 서양 학생들에게 불교를 처음 가르칠 때처럼, 불교나 불교 용어에 전혀 사전 지식이 없는 분을 상대로 이야기한다는 기분으로 쓸 것입니다. 물론 전문 용어가 필요할 때는 쓰겠지만 서양 학생들에게 소개하던 식대로 반드시 설명을 붙이겠습니다.

무엇보다, 막연하게 추상적인 사상과 교리 체계를 설명하는 대신 구체적으로 불교의 역사적 발전 과정을 차례차례 따라가며, 그와 관련하여 생긴 사상과 교리를 소개하겠습니다. 그런 사상과 교리가 역사적 맥락에서 무엇을 뜻하며, 오늘을 사는 우리에게 어떤 의미를 지니는가를 이해하도록 돕겠습니다. 불교사의 어느 한두 가지만 취급하고 다른 부분을 생략하는 것이 아니라, 강조점이나 중요성에 따라 차별은 불가피하지만, 할 수 있는 한 불교사 전체를 조망하는 안내자로서의 역할에 충실하겠습니다. 저는 이 책이 불교에 대한 재미있는 소개서 내지 '개론서'가 되기를 바랍니다.

비교종교학을 전공한 사람으로서, 불교에 그리스도교를 비롯하여 다른 종교와 대비되거나 비슷한 현상이 나타나면 그때그때 생각나거나 관찰한 바를 삽입하기로 했습니다. 제가 강의할 때 학생들에게 'footnotes'라며 덧붙이는 말들입니다. 물론 학생들은 이런 부분을 좋아합니다. 여러분도 재미있고 유익하다고 여겨 주실 줄 믿습니다. 혹시 불교 자체만을 알고 싶으신 분은 이런 비교종교학적 관찰 부분은 뛰어넘으셔도 됩니다. 각주나 참고 문헌은 좀더 전문적으로 들어가 보시려는 분들을 위해 마련했습니다. 주로 영어로 된 책을 보기 원하시면 참조해 주시길 바라서 붙인 것입니다.

불교에 대한 간단한 이야기는 제가 펴낸 『세계 종교 둘러보기』(현암사, 2003) 중 「불교편」에 있습니다. 이 책은 그것을 근간으로 삼았지만 좀더 상세한 설명을 붙였고, 특히 비교종교학적 시각에서 얻은 새로운 안목과 관찰을 덧붙이는 형식을 취했습니다. 불교의 기본 가르침만을 간결하게 보고 싶은 분은 『세계 종교 둘러보기』의 「불교편」을 보시면 됩니다. 그러나 이미 그 부분을 읽으신 분은 여기서 좀더 넓고 깊은 차원의 불교 이야기를 만날 수 있으리라 믿습니다. 그렇다고 무한한 자료를 무한정 나열할 수는 없었습니다. 우리가 불교를 어느 정도 넓고 깊이 이해하는 데 절실히 필요한 만큼만으로 지면을 제한할 수밖에 없음을 이해해 주시기 바랍니다.

불교를 새롭게 이해하는 것은 무엇보다 우리가 지금까지 가지고 있는 부처님에 대한 그릇된 생각을 버리는 일이라고 할 수 있습니다. 우리 머릿속에 잘못 들어가 있는 부처님 상(像)을 말끔히 지우는 작업입니다. 편견이나 무지에 의해 왜곡되고 비뚤어진 부처님 상을 없애는 것, 선불교적 용어로 하면 "부처님을 만나면 부처님을 죽이라"는 것, 이것이 바로 이 책에서 시도하려는 작업의 전제 조건입니다. 잘못 이해된 부처님을 죽이는 일을 통해 진실에 가까운 새로운 부처님을 발견할 수 있고, 나아가 이런 부처님을 따르며, 이런 부처님이 되려는 우리 이웃을 더욱 깊이 이해하고, 이로 인해 서로에게 유익이 되는 진솔한 대화의 길이 열리길 바랍니다.

감사의 말씀

이 책이 나오는 데 도움을 주신 분이 많습니다. 그러나 제가 30년 가까이 캐나다에서 불교를 가르치는 동안, 제 강의를 들었던 학생들에게 가장 먼저 고마움을 표시하고 싶습니다. 그들을 가르치면서 저는 불교를 어떻게 가르치는 게 그들이 쉽게 이해하도록 하는 길인가 하는 것을 배웠습니다. 학생들과 대화하면서 그들의 특별한 관심사가 무엇인지 알게 되고, 거기에 대한 저의 이해도 더욱 깊어질 수 있는 기회를 얻었습니다.

영어로 공부하고 영어로 강의했지만, 한국어로 불교에 대해 이야기할 때면 말벗이 되어 준 집사람에게 이 자리를 빌려 다시 고마움을 전합니다. 책상머리에만 붙어 있는 저의 건강을 염려하여 저를 계속 밖으로 불러내 시원한 들판에서 운동하게 해 주신 밴쿠버의 장기철 님에게도 감사를 드립니다.

이 책을 쓰는 동안 제가 가르치고 있는 대학교 경영학과 김영수 교수님과 책의 내용에 대해 이야기할 기회가 많았습니다. 종교를 비롯해 인문학 다방면에 관심이 많은 그분과 이야기하면서 책의 내용과 수위를 조절하는 데 도움을 받았기에 그분에게 감사를 드립니다.

토론토대학 김영곤 교수님은 전화할 때마다 다음 책이 언제 나오는가 촉구하시고, 원고가 완성될 때마다 자세히 검토하시고 일반 독자의 입장에 서서 구체적인 제안까지 해 주셨습니다. 늘 그렇듯, 여기에서도 다시 감사드립니다.

대학에서 직접 불교를 가르치시는 불교 전문가로서, 더욱이 외국 대학에서 불교를 가르쳐 보신 경험이 있는 분들로서, 친절하게 원고를 읽고 여러 가지 좋은 생각을 나누어주신 고려대학교의 조성택 교수님, 서울대학교의 조은수 교수님, 일본 나고야 킨조가쿠인대학(金城學院大學)의 김승철 교수님께 특별히 감사합니다.

편집하느라 수고하신 엄경임 님을 비롯한 편집진, 책이 나오도록 해 주신 현암사의 형난옥 전무님과 여러분에게도 감사드립니다.

 이 책을 읽는 독자 여러분에게도 감사를 드립니다. 진리를 향해 동행하시는 길벗 여러분 중 불교의 깊은 차원을 접할 기회가 없었던 분은 이 책을 통해 그 기회를 접할 실마리라도 찾게 되기를 빕니다. 제가 여러분보다 한 발짝 먼저 불교를 배운 덕에 드리는 이 불교 이야기가, 여러분이 여러분의 영적 삶을 한 단계 높이는 데 도움을 주는 작은 법보시(法布施)가 된다면, 제게 그보다 더 기쁘고 보람된 일은 없습니다. 여러분의 계속적인 정진을 기원합니다.

2006년 봄
오강남

차례

독자들께 4
들어가면서_ 불교, 이웃종교로 읽는 까닭 21

I. 부처님의 삶과 가르침

불교 발생의 역사적 배경 ·········· 28
창시자 부처님 ·········· 30
옆구리에서 옆구리로 30
형이상학적 눈 뜸 42
구도의 길을 떠나다 45
깨침을 이루다 51
가르치러 나섬 54

진리의 바퀴를 굴리심 ·········· 58
사성제(四聖諦), 네 가지 거룩한 진리 58
팔정도(八正道), 여덟 겹의 바른 길 65
무아(無我), 실체가 없음 73
귀의(歸依), 불교 공동체의 성립 81
입멸(入滅), 부처님의 죽음 90

II. 인도 불교의 발전과 쇠망

초기 인도 불교 ─ 96
불교 경전의 성립　96
부파(部派)불교의 출현　99

큰 수레, 대승불교의 등장 ─ 106
보살의 길　108
우주적 보살들　119
우주적 부처님들　132
보살사상의 종교적 의미　133
대승경전들의 등장　143

대승학파들 ─ 152
중관학파　152
여래장(如來藏) 사상　164
유가학파　167
탄트라　176

인도 불교의 쇠망 ─ 177

III. 동아시아 불교

불교의 중국 전래 — 182

중국의 불교 종파들 — 189
삼론종(三論宗)　190
유식종(唯識宗)　191
천태종(天台宗)　191
화엄종(華嚴宗)　201
정토종(淨土宗)　218
선종(禪宗)　226

선종의 발전 — 229
선종의 계승　231
선(禪)의 기본 가르침　248
참선 방법　250
깨침의 경지　260
선(禪)과 예술　268
선종에 대한 다양한 해석　270

한국 불교 — 275

일본 불교 — 278

티베트 불교 — 281

IV. 서양 불교

서양으로 온 불교 ——————————— 286

엘리트 불교 ——————————————— 288
선불교 계통   290
티베트 불교 계통   292
상좌불교 계통   294

서양 불교의 특징과 동향 ——————— 301

끝맺으면서_ 서양에서 보는 한국 불교의 오늘과 내일   309

부록
선(禪)은 종교인가?   326
불교와 그리스도교, 무엇으로 다시 만날까?   340
사상적 대립과 갈등의 극복   356

읽으면 좋을 책   368
찾아보기   371

소리에 놀라지 않는 사자와 같이,
그물에 걸리지 않는 바람과 같이,
흙탕물에 더러워지지 않는 연꽃과 같이,
무소의 뿔처럼 혼자서 가라.
『숫타니파타』

*

"깨닫지 못하는 백성은 망한다."
(히브리 성서 호세아 4:14)

들어가면서 | 불교, 이웃종교로 읽는 까닭

왜 불교인가?

불교는 동남아시아와 동북아시아 대부분의 나라에서 가장 중요한 종교다. 타이, 베트남, 라오스, 미얀마 등은 말할 것도 없고 중국 역시 수(隋)·당(唐) 시대에는 불교 국가로 불릴 만큼 불교가 융성했다. 일본도 언뜻 신도(神道) 국가로 오해할 수 있지만, 일본의 가장 중요한 종교 역시 옛날부터 지금까지 불교다.

한국은 삼국 시대와 고려 시대에 불교가 국교였다. 조선 시대로 들어와 유교에 그 자리를 내주었지만, 민간에서는 불교가 여전히 중요한 종교로 내려왔다. 2003년 문화관광부가 발표한 통계에 의하면 한국 전체 인구 중 각 종교 인구가 차지하는 비율은 개신교 18.6%, 가톨릭 7%, 유교 0.7%, 기타 1.1%인데, 불교는 26.3%로서 불교인이 종교 인구의 절반을 차지하고 있다.

이런 실정이니, "불교를 이해하지 않고는 동양을 완전히 이해할 수 없다."는 말이 지나친 말이 아니다. 현재 한국의 국보와 보물급 문화유산은 60% 이상이 불교와 관련된 것이다. 지난 2천 년 가까이 중요한 정신적 뿌리로 한국인의 심성을 꼴 지어 온 불교를 모르고는 진정으로 훌륭한 한국인이라고 할 수 없다. 적어도 우리 조상이 어떤 눈으로 우주와 삶을 보았고, 지금 우리가 세계와 인생을 보는 눈이 그 영향을 얼마나 받았는지를 아는 것은 한국 지성인으로서 갖추어야 할 최소한의 교양이요 지적 의무다.

한 가지 더욱 신기한 것은 오늘날 불교를 이해하는 것이 동양이나 한국을 이해하기 위한 것만이 아니라는 것이다. 서양에도 쇼펜하우어, 니체, 바그너, 하이데거, 데리다, 푸코 등 불교의 영향을 받은 사상가가 있고, 현재 불교와의 관계에서 그리스도교 신학을 대폭 수정하는 신학자도 많다. 서양 현대 사상이나 신학 사상을 이해하기 위해서는 불교 사상을 이해하는 것이 중요하게 된 셈이다.[1]

과정신학의 대가인 미국 신학자 존 캅(John B. Cobb, Jr.)은 서양 신학이 불교와 대화하며 근본적인 변화를 겪고 있다고 하고, 불교와 그리스도교는 대화를 통해 '상호 변혁(mutual transformation)'을 이루어 간다고 보았다.[2] 20세기 최고의 사상가로 꼽히는 토머스 머튼(Thomas Merton)도 그리스도교가 시작할 때 동방에서 선물이 왔듯이, 20세기가 지난 지금 그리스도교가 새로운 활력을 되찾으려면 동방에서 다시 선물이 와야 한다고 하고, 그 선물이 동양의 정신적 유산, 특히 선불교

---

[1] 서양 사상이 동양 사상에 얼마나 영향을 받았는지를 명쾌하게 보여 주는 책으로 J. J. Clarke, *Oriental Enlightenment: The Encounter Between Asian and Western Thought* (London: Routledge, 1997) 와 Alexander Lyon Macfie, ed., *Eastern Influence on Western Philosophy: A Reader* (Edinburgh: Edinburgh University Press, 2003)를 참조.

[2] Paul O. Ingram and Frederick J. Streng, eds. *Buddhist-Christian Dialogue: Mutual Renewal and Transformation* (University of Hawaii Press, 1986), p.231. "Christian theology is deeply affected by the encounter with Buddhism……." 존 캅의 책 *Beyond Dialogue: Toward a Mutual Transformation of Christianity and Buddhism* (Philadelphia: Fortress Press, 1982)도 참조.

정신이라고 했다.

　세계적으로 유명한 영국의 역사가 아놀드 토인비(Arnold Toynbee)는 후대 역사가들이 20세기에 일어난 일 중에서 무엇을 가장 의미 있는 일로 여길까를 가상하면서, 그것이 우주선이나 컴퓨터 같은 과학 기술적 발달이나 공산주의의 흥기와 몰락 같은 정치적 사건이 아니라 그리스도교와 불교가 처음으로 의미 있게 만난 것이리라고 했다. 현재 불교는 아시아에서만 중요한 것이 아니다. 서양에도 불교에 호응하는 사람이 많다. 뒤에 자세히 논의하겠지만, 서양에는 특히 선(禪)불교, 티베트 불교, 비파사나 명상이 가장 잘 알려져 있다.3)

종교 간 비교의 문제

철수네는 밥 먹기에서 가장 중요한 일이 영양분을 골고루 섭취하는 것이라고 생각했다. 이 음식에는 단백질 얼마나 들어 있고, 저 음식에는 비타민이나 철분이 얼마나 들어 있다는 것을 계산하면서 건강하기 위해 밥을 먹었다. 철수네는 '밥 먹기=영양 섭취'라는 공식을 당연하게 여기며 살았다.

　어느 날 철수는 친구 영이의 초대를 받았다. 영이네 집에서 저녁을 먹는데, 그 집의 밥 먹기에서 가장 중요한 것은 영양섭취가 아니라

---

3) 서양에서의 불교 현황을 알려면 최근에 나온 책 Charles S. Prebish and Martin Baumann ed., *Westward Dharma: Buddhism beyond Asia* (Berkeley: University of California Press, 2002), James William Colemann, *The New Buddhism: The Western Transformation of an Ancient Tradition* (Oxford: Oxford University Press, 2001), Joseph Goldstein, *One Dharma: Emerging Western Buddhism* (San Francisco: HarperSanFrancisco, 2002) 등과 한국에서 번역 소개된 프레드릭 르누아르, 양영란 옮김, 『불교와 서양의 만남』(세종서적, 2002) 참조.

화기애애한 가족 간의 대화였다. 아버지와 어머니는 그날 직장에서 겪은 일을, 아이들은 그날 학교에서 일어난 일을 이야기하면서 서로 깊은 사랑과 관심을 표현했다. 말하자면 영이네는 '밥 먹기=사귐'이었다. 이 일은 철수에게 신선한 충격이었다.

내친 김에 철수는 영수의 집에도 가 보았다. 영수네 밥상에서는 자세를 바로 해라, 입에 밥을 넣고 이야기하지 마라, 언제나 남을 배려하며 밥을 먹어라는 등 식사 예절뿐만 아니라 살아가면서 남을 어떻게 배려하고 대해야 하는가를 배우는 것이 중요했다. 영수네는 '밥 먹기=예의범절'인 셈이었다. 이 일도 철수에게는 새로운 발견이었다.

한참 뒤 철수는 순이 집에도 갔다. 순이네는 특별했다. 밥을 먹을 때 이 밥이 상에 오르도록 도움을 준 하늘과 사람, 그리고 세상 모든 것을 생각하고 고마움을 느끼며 먹는 것이 중요하다고 가르쳤다. 밥 한 톨 한 톨에 우주가 들었음을 기억하고, 심지어 밥이 하늘이고 밥을 먹는 우리도 하늘이라서 우리가 밥을 먹는 것은 하늘이 하늘을 먹고 사는 이치임을 깨달아야 한다고 했다. 순이네는 '밥 먹기=고마워하기'였다.

철수가 여러 집을 방문한 것은 그 집에 양자로 들어가기 위해서도 아니고 그 집의 아이를 양자로 데려오기 위해서도 아니다. 누구의 밥 먹기가 더 훌륭한가를 가늠하며 우열을 따지려는 것도 물론 아니다. 서로의 공통점과 차이점을 찾고 분석하려는 것도 주목적은 아니다. 이왕 한평생 밥을 먹고 살아야 하는 삶에서 남의 밥 먹는 법을 통해 무언가를 배워 나의 밥 먹기를 더욱 풍요롭게 하려는 것이다. 철수도 자신이 갖고 있는 영양에 관한 지식을 그들에게 나눠주어 그들의 밥 먹기가 더욱 풍요롭도록 도와줄 수 있다.

한 가지 더욱 놀라운 것은 철수가 영이와 영수, 순이의 집을 다녀온 다음 혹시나 하고 자기 집안의 '밥 먹기' 내력을 살펴보았더니 오래 전에 자기 집안도 밥 먹는 것을 사귐이나 예의범절, 고마워함과 관계시켜 생각한 적이 있었는데 근래에 들어 밥 먹는 것이 주로 영양을 위한 것이라고 믿고 주장하게 되었다는 사실을 발견한 것이다. 철수는 다른 아이들의 집에서 배운 것으로 자신의 밥 먹기를 풍요롭게 했을 뿐 아니라 자기 집에서 잃어버리거나 등한시했던 집안의 전통을 다시 찾아볼 수 있었다. 생각지 못한 수확이었다.

이 책에는 불교나 그리스도교 중 어느 한 종교를 선전하거나 폄하하려는 목적이 전혀 없다. 독자에게 불교인이 되거나 그리스도인이 되기를 권유하려는 것도 절대 아니다. 두 종교의 진위나 우열을 따지는 것은 더더구나 있을 수 없는 일이다. 불교와 그리스도교의 어떤 점이 같다, 비슷하다, 혹은 다르다는 것만을 따지는 것도 부질없는 일이다.

두 종교의 대화는 어느 면에서 서로 상대에게 '거울을 들어 주는 것'과 같다. 그리스도인은 불교라는 거울에 비친 자신의 모습을 보고 만약 불교인이 이 책을 본다면 역시 그리스도교에 비친 자신의 모습 일부를 볼 수 있기를 바란다.

불교가 들어 준 거울을 보면서 그리스도인이 가장 먼저 할 일은, 불교를 통해 내가 모르던 나의 모습을 재발견·재확인하는 것이다. 불교가 우리를 위해 '상기시키는 무엇(reminder)' 혹은 '촉발시키는 무엇(trigger)'의 역할을 하게 하는 것이다. 그리하여 그리스도교에서 이제껏 등한시한 것을 상기하고, 그 중요성을 깨닫지 못한 것의 중요성을 되새겨 보는 것이다. 그리스도교의 진정한 아름다움과 풍요로움을 되살려 내는 일이다. 필자가 즐겨 쓰는 좀 거창한 용어로 말하면, 불교를 읽고 내 속에 있는 무언가를 촉발시키는 '환기식 독법(evocative reading)'으로 불교를 읽어 보자는 것이다.

지금부터 종교 간, 특히 그리스도교와 불교 간의 대화와 화합, 나아가 호혜와 상호 변혁을 위한다는 마음가짐을 가지고, 불교가 어떻게 시작되었는가, 부처님 가르침의 핵심은 무엇인가, 그것이 어떻게 발전했는가 하는 문제를 차근차근 짚어 보기로 한다.4)

---

4) 불교와 그리스도교를 1) 완전히 다르다고 보는 입장(discontinuity), 2) 본질적으로 같다는 입장(essential identity), 3) 대조적이지만 상호보완적이라는 입장(contrast but complementarity)으로 정리할 수 있다. Lopez는 서양이 불교를 대하는 태도로 1) 맹목적인 무관심(blind indifference), 2) 자기 혼자 잘났다는 거부(self-righteous rejection), 3) 합리적 지식(rational knowledge), 4) 낭만적 환상(romantic fantasy), 4) 실존적 참여(existential engagement)라고 했다. Stephen Batchelor, *The Awakening of the West* (Berkeley: Parallax Press, 1994) xi. 참조. 종교 간의 관계를 이야기할 때 보이는 네 가지 기본 태도는, 1) 남의 종교를 내 종교로 대체해야 한다는 대체론(Replacement model), 2) 남의 종교의 모자람을 채워 주어야 한다는 충족론(Fulfillment model), 3) 서로의 공통점을 찾자고 하는 상호론(Mutuality model), 4) 서로의 차이를 그대로 인정하고 그 차이에서 배우자고 하는 수용론(Acceptance mode)으로 분류할 수 있다. Paul F. Knitter, *Introducing Theologies of Religions* (Maryknoll: Orbis Books, 2002) 참조. '불교학(Buddhist Studies)'은 불교를 연구하는 학문으로, 그 연구원이 불교인이냐 아니냐 하는 것과 상관이 없다. 연구 목적은 불교인이 되는 것과도 직접적인 관계가 없다. 불교와 그리스도교 비교의 방법론적 논의를 위해서는 이찬수 교수의 『불교와 그리스도교, 깊이에서 만나다: 교토학파와 그리스도교』 (다산글방, 2003), 159~178쪽 참조.

I. 부처님의 삶과 가르침

불교 발생의 역사적 배경

불교는 기원전 6세기경 인도 동북부 갠지스 강 유역에서 발생했다. 당시 인도는 사회적, 정신적으로 큰 격변기에 처해 있었다. 사회적으로는 부족이나 촌락 중심의 사회가 지나가고 큰 도시가 등장하는 도시화의 과정이 이루어지고 있었고, 이에 따라 부자 상인과 지주가 생겼다. 정신적으로는 기존의 베다 전통을 가르치는 의례적, 형식적인 종교 제도에 만족하지 못한 나머지 스스로 내면의 해답을 찾으려는 경향이 두드러지고, 이에 따라 출가 수도승(śramaṇa, 沙門)이 많이 생겼다.

프랑스의 종교 사회학자 뒤르켐(Émile Durkheim)의 용어를 빌리면, 그 시절의 인도 사회는 공동의 가치 체계나 유대를 상실할 때 겪는 불안정 상태, 이른바 '아노미(anomie)' 현상에 시달리고 있었던 셈이다. 불교는 이런 사회적 상황에 새로운 해답을 주려는 사상의 하나로 등장했다.

한 가지 주목할 만한 사실은 기원전 6세기를 전후해 인도뿐 아니라 세계 곳곳에서 새로운 사상가와 종교 지도자가 대량 출현했다는 것이다. 중국의 노자·공자, 그리스의 탈레스·피타고라스·소크라테스, 유대교의 이사야·예레미야, 자이나교의 마하비라, 페르시아의 조로아스터 등이 모두 기원전 6세기를 전후하여 태어났거나 활동했거나 죽은 사람들이다.

실존주의 철학자 칼 야스퍼스(Jaspers, Karl Theodor)는 이런 현상을 감안해 기원전 800년에서 200년까지를 '차축 시대(axial age)'라 불렀다. 이 시기가 '세계사의 축(the axis of world history)'이라는 것이다.[1] 불교도 차축 시대에, 그중에서도 가장 중요한 기원전 6세기에 생겨난 종교 중 하나다.

---

[1] Karl Theodor Jaspers, *The Origin and Goal of History* (New Haven: Yale, 1953), p.2.

창시자 부처님

불교는 붓다(563~483 BCE)가 창시했다. '붓다(Buddha)'는 음역되어 '부처', '불타(佛陀)' 혹은 '불(佛)'로 불린다. 보통 학술 서적에서는 본래의 발음 그대로 '붓다'라 하는 것이 보통이지만, 여기서는 우리 귀에 더 익숙한 '부처님'이라는 말을 쓰기로 한다.[2]

옆구리에서 옆구리로

부처님의 생애에 대한 이야기는 여러 상이한 자료 때문에 하나로 통일하기 힘들다. 성서 사복음서가 예수님의 생애에 대해 각각 다른 이야기를 하듯, 부처님의 생애를 서술한 문헌들도 각기 다르거나 심지어 상충하는 이야기를 하기 때문이다. 토머스(E. J. Thomas)의 『*The Life of*

---

[2] 부처님의 생애에 대한 아름다운 서사시적 서술로는, 아슈바고샤(Aśvaghoṣa, 馬鳴)가 썼다는 『불소행찬(佛所行讚, *Buddhacarita*)』이 있는데, 영어로는 Edward Conze, *The Buddhist Scriptures* (London: Penguin Books, 1959), pp.34~66에 잘 정리·번역되어 있다. 부처님의 생애에 대한 연구로는, 이제 고전으로 여기는 E. J. Thomas, *The Life of Buddha as Legend and History* (London: Routledge & Kegan Paul, 1927)와 최근에 나온 John S. Strong, ed., *The Buddha: A Short Biography* (Oxford: Oxford University Press, 2001) 등이 있다.

Buddha as Legend and History(전설과 역사로서의 부처님의 생애)』는 이렇게 상이한 자료들을 간결하게 잘 정리해 놓았다. 그러나 여기서는 그런 번거로운 문헌학적 고증 작업을 떠나, 일반적으로 잘 알려진 자료를 종합해서 역사적이라기보다 신화적이며 전설적인 인물로서의 부처님에 대해 전체적 윤곽을 그리기로 한다. 그러면서 무엇보다 이런 전기가 우리에게 주는 종교적 의미를 찾는 데 초점을 맞추려고 한다.

기원전 6세기경 히말라야 산 밑자락, 지금의 네팔과 인도 변경 부근에 카필라 성이 있었다. 거기에는 샤카(釋迦)족에 속하는 슈도다나(淨飯王, Śuddhodana) 왕과 아름다운 왕비 마야(摩耶, Māyā)부인이 살고 있었다. 후대 문헌에는 '왕'이라고 나왔지만 사실 당시 수많은 부족장 '라자(rāja)' 중 하나로, 동서 80킬로미터, 남북 60킬로미터인 조그마한 지역의 지주나 성주, 족장이나 추장(chieftain) 정도라 볼 수 있다.

이들에게는 결혼 후 여러 해가 지나도록 아이가 없었다. 그러다가 마야부인이 45세쯤 된 어느 날 꿈을 꾸었는데, 하늘에서 큰 코끼리가 코로 흰 연꽃을 들고 나타나 마야부인의 주위를 몇 바퀴 돈 다음, 부인의 오른쪽 옆구리로 들어오는 꿈이었다. 그 후 마야부인은 잉태했고 해산일이 다가오자 그 당시 관습대로 친정으로 향했다.

가마를 타고 친정으로 가는 도중 룸비니 동산에 이르러 마야부인이 무우수(無憂樹) 나뭇가지를 잡으려고 오른손을 드는 순간 아이가 왼쪽 옆구리에서 나왔다. 아기는 나오자마자 길게 일곱 발자국을 걸어가 오른손으로 하늘을, 왼손으로 땅을 가리키며 사자와 같이 우렁찬 목소리로 외쳤다.

"하늘 위와 땅 아래에 나밖에 존귀한 것이 없다.(天上天下唯我獨尊,

팔리어로 Aggo 'ham asmi lokassa)"

이 아기가 바로 가우타마(Gautama) 혹은 싯다르타(Siddhārtha, 목적을 이룬 이)로 장차 부처님이 될 아기였다.3)

여기서 '천상천하유아독존(天上天下唯我獨尊)'에 대해 한마디 하고 지나가자. 일반인도 이런 말을 들으면 "그야말로 머리에 피도 마르지 않은 처지에 교만이 극에 달했구나. 어찌 세상 천지에 자기만 존귀한 존재라 하는고?" 할 수 있을 것이고, 특히 그리스도인 가운데 더러는 "예수님은 어쩌고 자기가 유일하게 존귀하다는 거야?" 할 수 있을 것이다.

그러나 여기의 '나(我)'는 무엇일까? 앞으로 이야기하면서 더욱 분명해지겠지만, 불교에서 말하는 '나'에는 여러 가지 차원의 뜻이 복합적으로 얽혀 있다. '천상천하유아독존'의 '나(我)'도 개인 한 몸으로의 '나'를 의미하는 것이 아니다. 구태여 말한다면 '우주적인 나', '큰 나(大我)'로 이해하는 것이 좋다. 어린 부처님뿐만 아니라 우리 모두의 속에 있는 '초개인적 자아(transpersonal self)', '참된 자아'라 할 수 있다. 이처럼 역사나 개인을 초월하여 보편적 실재로서의 '나'가 이 우주에서 그 어떤 것보다 존귀하다는 뜻이다.

불교적 의미에서 보면 우리 한 사람 한 사람뿐만 아니라 우주에 '나' 아닌 것은 없다. 모든 것이 근원으로서의 '나'에게 나왔다고 보기 때문이다. 그렇다면 '나'보다 더 존귀한 것이 무엇이 있겠는가?

---

3) 불교 용어로는 산스크리트어와 팔리어가 있는데, '가우타마'를 팔리어로 하면 '고타마(Gotama)'가 된다. 이 책에서는 특별한 경우를 제외하고는 대체적으로 우리에게 익숙한 산스크리트 철자법을 따랐다. 독일의 문필가 헤르만 헤세의 소설 『싯다르타』에 나오는 주인공 '싯다르타'는 부처님과 동명이인(同名異人). 부처님과 동시대에 산 것으로 묘사되는 가상의 인물이다. 힌두교와 불교를 이해하려는 사람뿐만 아니라 인생의 의미를 알아보려는 이는 꼭 읽어야 할 소설이다.

비슷한 경우를 예로 들어보자. 예수님도 "나는 길이요, 진리요, 생명이다. 나를 거치지 않고서는 아무도 아버지께로 갈 사람이 없다."(요한복음 14:6)고 했다. 그리스도인 중에는 이 성경 구절 때문에 예수님 외에는 다른 길, 다른 진리, 다른 생명이 없다고 주장하는 사람들이 있다.

그러나 예수님이 말한 '나'는 무슨 뜻일까? 예수님은 "아브라함이 태어나기 전부터 내가 있다."(요한복음 8:58)고 했다. 이때의 '나' 역시 역사적인 한 개인을 지칭하는 것 이상이라는 사실을 감지할 수 있다. 불교에서는 이런 사상을 우리 속에 내재한 불성(佛性)이라든가, 기타 여러 가지 이름으로 불렀다. 그리스도교에서도 예수님이 말한 이 '나'라는 것이 결국 '우리 모두 안에 살아 계시는 그리스도, 혹은 신성'을 가리키는 것으로서 이것을 바로 '길이요, 진리요, 생명'이라 한 것이라 이해하면 안 될까?

약간 다른 관점에서, '천상천하유아독존'이 부처님이 선포한 '인간중심주의'의 선언이었다고 볼 수도 있다. 고려대학교에서 불교철학을 강의하는 조성택 교수는 필자에게 보낸 글에서, "천상천하유아독존은 불교 이전 시대나 동시대 바라문교에서 주장하듯, 인간이 겪는 길흉화복의 운명은 오로지 하늘에 달려 있고 인간으로서 할 수 있는 일은 아무것도 없다고 한 일반적 사조에 반기를 들고, 인간의 운명은 인간 자신에게 달려 있다는 붓다의 자각을 표현한 것"이라 본다고 했다.

같은 맥락에서 예수님도 유대교의 형식주의, 율법주의, 타율적 종교를 배격하고 '나'를 찾는 것이 바로 길이요 생명이요 진리라고 선언했다고 볼 수 있을 것이다. 부처님이나 예수님이 한 말은 결국 종교의 내면화를 강조한 혁신적 선언으로 받아들일 수도 있다는 뜻이다.

부처님의 이름은 가우타마, 싯다르타 외에 샤캬무니(釋迦牟尼, Śākyamuni, 샤캬족의 성자), 세존(世尊) 등이 있다. 부처님을 '석가'라고만 부르는 것은 엄격히 말하면 옳지 않다. '석가'란 개인의 이름이 아니라 종족이나 가문의 이름이기 때문이다. 중국이나 한국 불교에서는 스님이 되면 속성(俗姓)을 버리고 '석광옥'같이 '석'을 성으로 한다. 이제 '석가' 가문의 일원이 되었다는 뜻이다.

우리가 가장 많이 쓰는 '부처'의 본말인 '붓다'는 고유명사가 아니라 보통명사 혹은 존칭으로서, 산스크리트어로 '깨친 이'라는 뜻이다. 한문으로는 '각자(覺者)'라 하고, 영어로는 'the Awakened' 혹은 'the Enlightened'라 한다. 따라서 엄격하게 말하면 깨치기 전, 성불하기 전의 '부처'는 문자적 의미로서의 '부처'가 아니다. 그러나 현재 '부처'라는 말을 고유명사처럼 쓰는 것이 일반적이다.

참고로 히브리어 '메시아'나, 그리스어 '그리스도'도 고유명사가 아니라 일종의 보통명사로서 '기름 부음을 받은 이' 곧 '왕'과 같은 정치적 지도자를 의미하는 호칭이다. 영어로는 'the Anointed'라고 한다.

나중에 밝혀지겠지만, 불교에서는 '깨달은 이'가 모두 부처님이다. 고타마 싯다르타만 부처님이 아니다. 그리스도교에서는 어떤가? 예수님만 그리스도인가? 많은 신비주의자나, 유영모, 함석헌 같은 분들은 "예수는 그리스도이지만, 그리스도는 예수만이 아니다." 하고 주장한다.[4] 특히 유영모 선생에 의하면 '몸나'로서의 예수는 보통 사람들과 같은 존재이지만 '몸나'를 극복하고 '얼나'로 거듭난 예수가 바로 그리

---

4) Raimon Panikkar, *The Unknown Christ of Hinduism* (Maryknoll, NY: Orbis Books, 1981), p.14, 27.

스도로서, 다른 사람도 이렇게 '얼나'로 거듭나면 그리스도가 된다고 했다.5)

「요한복음」서에 따르면 예수님도 "나를 믿는 사람은 내가 하는 일을 그도 할 것이요, 그보다 더 큰 일도 할 것이다."(요한복음 14:12)고 하면서 자신을 믿는 사람이 더 큰 일을 할 수 있음을 시사했다. 히브리 성서 이사야서에서도 페르시아 왕 고레스를 '그리스도'라 칭하며 그리스도를 예수 하나에 국한하지 않았다. 아무튼 이 책에서는 성불하기 전까지의 부처님을 주로 '싯다르타'로 부르기로 한다.

이렇게 태어난 싯다르타는 이전에 도솔천(兜率天, Tuṣita-deva)6)에서 오랫동안 살던 보살이었다. 그는 이 세상에 새로운 부처가 필요하다는 사실을 깨닫고 시기, 장소, 집안, 어머니 등 여러 조건을 따져 보고, 적절한 때가 왔다는 생각이 들자 도솔천을 후임자 미륵(彌勒)보살에게 맡기고 지상으로 내려오기로 결정하여 마야부인의 몸으로 들어간 것이다. 마야부인의 옆구리로 들어간 코끼리는 바로 싯다르타 자신이었다. 마야부인이 '처녀'가 아니기에 싯다르타의 탄생을 '동정녀 탄생'이라고는 할 수 없지만, 남자의 도움 없이 아기를 낳았다는 의미에서 '단성 탄생(parthenogenesis)'이라 할 수 있을 것이다.

아기가 태어났을 때, 히말라야 산 아래에 아시타(Aṣita)라는 선인(仙人, riṣi)이 있었다. 하늘에서 기뻐하는 신들에게서 선인은 카필라 성에

---

5) 유영모 선생의 사상은 김흥호, 박영호, 정양모 같은 분들의 저작이나, 최근에 나온 거의 1,000쪽에 달하는 대작 『다석강의』(현암사, 2006)를 볼 수 있다. 필자의 『예수는 없다』(현암사, 2001), pp.234~243 참조.
6) 불교에서는 우주를 욕계(欲界), 색계(色界), 무색계(無色界) 셋으로 나누는데, 도솔천은 욕계에 속하는 여섯 하늘 중 네 번째 하늘이다. 일곱 보석으로 된 궁전에는 미륵보살과 많은 천계의 존재들이 살고 있다. 한문 발음은 '두솔천'인데 도솔천으로 읽는다.

장차 진리를 널리 펼 아기가 태어났다는 소식을 들었다. 아시타는 아기를 보기 위해 카필라 성을 향해 '공중으로' 날아갔다.7)

아시타는 어린 싯다르타를 보고 크게 기뻐했다. 그는 아기에게서 이른바 32가지 중요한 성인의 상(好相)과 80가지 부차적 상을 발견하고, 아이가 범상치 않다는 것을 알았다. 32가지 성인의 상이란 피부가 금색이거나, 몸에서 빛이 나거나, 두 눈썹 사이에 털이 있거나, 손가락이 섬세하고 길거나, 발이 평평하거나, 팔이 길어서 선 채로 무릎을 만질 정도이거나, 귓불이 길어서 어깨에 닿거나, 발바닥에 바퀴 그림이 있거나, 손가락이 오리발처럼 서로 붙었거나 하는 등이다.

당시 귀인은 무거운 귀고리를 해서 귓불이 늘어졌다. 위인이나 신의 목상과 석상을 만들 때는 손가락 사이를 완전히 파면 손가락이 쉽게 부러질 것을 염려해 그 사이를 파지 않고 남겨 두었다. 이런 것을 보고 특별한 사람은 귓불이 길거나 손가락이 오리발처럼 생겼다고 해석한 것으로 볼 수 있다.8)

물론 불상을 만들 때 이런 특징을 다 반영하면 부처님은 사람이 아니라 외계인이나 괴물처럼 보일 것이다. 따라서 불상을 만들 때는 그중 특별한 몇 가지만을 반영한다. '눈썹 사이의 털'은 우리가 보듯 수정 같은 보석이 대신하고 있다.

아시타 선인은 싯다르타를 보고 기뻐한 뒤 울었다. 왕이 놀라서 아기에게 무슨 불행한 일이라도 있겠다는 뜻인가 물어보자 선인은 그런

---

7) '공중으로' 날아갔다는 말은 '공기로'라는 말과 같은데, 이것을 '성령의 인도로' 갔다고 옮길 수 있다고 주장하는 학자도 있다.
8) 32가지 특징에 대해서는 길희성 외, 『경전으로 본 세계종교』(전통문화연구회, 1991), 556~557쪽 참조.

것이 아니라 아기가 장차 부처님이 될 것인데 자기는 나이가 너무 많아 이 아기가 자라나 진리를 가르칠 때 거기서 그것을 듣지 못할 것이기에 그것이 안타까워 운다고 했다. 자료에 따라 이야기는 조금씩 다르지만 아무튼 아시타 선인은 아기에 대해 중요한 예언을 했다. 아기가 집을 나가지 않고 세속의 삶을 살면 세상을 통일하는 위대한 왕이 될 것이고, 반면 인생사의 비참한 현실이나 출가 구도자의 평온한 모습을 보게 되면 출가하여 위대한 종교적 스승, 부처님이 되리라는 것이었다.

이 대목을 읽는 그리스도인은 바로 성경「누가복음」에 나오는 시므온의 이야기를 연상할 것이다. 불교나 그리스도교나 그 창시자는 태어날 때부터 범상치 않다는 것, 이를 알아보고 증언하는 이가 있다는 것을 강조하는 점이 비슷하다. 참고로「누가복음」의 일부를 옮긴다.

> 그런데 마침 예루살렘에 시므온이라는 사람이 있었는데……(중략)…… 그가 성령의 인도로9) 성전에 들어갔을 때에, 마침 아기의 부모가 율법이 정한대로 행하고자 하여, 아기 예수를 데리고 들어왔다. 시므온이 아기를 자기 팔에 받아서 안고, 하나님을 찬양하여 말하였다. "주님, 이제 주님께서는 주님의 말씀을 따라, 이 종을 세상에서 평안히 떠나가게 해주십니다. 내 눈이 주님의 구원을 보았습니다. 주님께서 이것을 모든 백성 앞에 마련하셨으니, 이는 이방 사람들에게는 계시하시는 빛이요, 주님의 백성 이스라엘에게는 영광입니다."(누가복음 2:25~32)

---

9) 앞의 주에서 지적한 것처럼 '성령의 인도로'라는 말을 '공중으로'로 번역할 수 있다고 주장하는 학자도 있다.

마야부인은 아기를 낳은 지 7일만에 세상을 떠나 도솔천으로 갔다. 많은 영웅의 이야기에서 영웅의 어머니는 영웅을 세상에 나게 한 것만으로도 큰 임무를 수행한 것이라 여기고 이렇게 해산 뒤에는 편히 쉬도록 하는 것이 보통이다. 어린 싯다르타는 아버지의 후실이 된 이모의 손에서 자랐다.

정치적 인물이었던 싯다르타의 아버지는 당연히 어린 왕자가 집을 나가지 않고 세속에 머물면서 위대한 왕이 되기를 바랐다. 싯다르타에게 7세부터 학문에 전념하도록 했다. 어느 자료에 의하면 한문까지 가르쳤다고 한다.[10]

싯다르타가 16세가 되었을 때, 슈도다나 왕은 아들을 위해 인도의 세 계절에 맞추어 세 개의 궁을 짓고 거기에 4천(혹은 4만)의 무희를 두는 등 온갖 수단을 동원해 아들을 기쁘게 하여 아들이 세속을 떠나는 일을 막으려고 애썼다. 왕자가 16세(혹은 19세)가 되자 아름다운 공주 야쇼다라(Yaśodharā)를 배필로 정해 주기도 했다.

'세 계절'은 '추운 계절, 더운 계절, 그리고 우기'라고 한다. 그러나 필자가 1987년 2월 인도의 뉴델리를 비롯해 부처님이 처음으로 설법한 사르나트(Sarnath) 등지를 방문한 경험에 의하면 인도에는 '더운 계절, 더 더운 계절, 못 견디게 더운 계절' 이렇게 세 계절이 있는 것 같았다. 겨울이었는데도 방에 선풍기와 모기장이 있어야 잠을 잘 수 있을 정도였기 때문이다. 그 이후 지금 필자가 사는 캐나다 평원 지방의 겨울이 아무리 춥다 하더라도 더운 것보다는 낫구나 하는 생각이 들어 즐거운 겨울을 보내고 있다.

---

10) Thomas, 앞의 책, p.47.

사람들이 왕자 싯다르타의 결혼은 당연하게 받아들인다. 그런데 예수님의 경우는 어떤가? 당시 모든 유대인 남자에게 결혼해서 "생육하고 번식하라."는 하느님의 명을 따르는 것은 하나의 신성한 의무였다. 이를 감안할 때 예수님도 분명 결혼을 했으리라 보는 학자가 많다. 막달라 마리아가 예수님의 부인이고, 심지어 둘 사이에 딸이 있다는 설까지 있다. 이런 설을 가장 널리 퍼뜨린 것이 최근 댄 브라운(Dan Brown)이 쓴 베스트셀러 『다빈치 코드』라는 소설이다. 예수님이 결혼을 했는지 안 했는지를 증명할 길은 없다. 그러나 예수님이 결혼을 했으면 안 되는 특별한 이유라도 있을까?

여기서 부처님의 출생 이야기 같은 이런 '신화적' 이야기가 무엇을 의미하는지 잠깐 살펴보자. 코끼리가 옆구리로 들어오는 꿈을 꾸고 아이를 임신했다거나, 아이가 옆구리에서 나왔다거나, 나오자마자 큰 소리로 말을 했다거나 하는 이야기를 우리는 문자 그대로, 역사적 사실에 대한 기술이라 믿을 수 있을까? 우리가 이런 이야기를 접하게 될 때, 이런 이야기는 믿을 수 없는 것으로 취급해야 하는 것일까? 한갓 옛날의 허튼소리로 여기고 무시해 버리면 그만인가? 그러나 신화의 본질이 무엇인지를 알면 이런 이야기는 믿을 수 있느냐 없느냐, 혹은 거짓이냐 아니냐 하는 질문 자체가 성립되지 않는다는 사실을 깨닫게 된다. 이런 이야기는 역사적 사실이나 생물학적 사실과 상관없이 고대의 많은 영웅 신화에 나오는 영웅들의 위대함을 극적으로 표현하기 위해 동원된 이른바 '비보통적 출생 신화'의 한 가지 예라 볼 수 있다.

신화는 기본적으로 읽는 사람이나 듣는 사람에게 정보(information)가 아니라 변화(transformation)를 주기 위한 것이라는 사실을 명심해야 한다. 우리는 신화에서 생물학적·역사적 정보를 얻으려고 해서는 안 된다. 문자적 뜻이 아니라 이야기가 의도하는 종교적 의미에 주의를 기울여야 한다. 예를 들어 '부처님은 위대한 분이다. 그런 위대한 분을 보통 말로는 표현할 수가 없다.' 그럴 때 신화적인 표현으로 그분의 위대성을 드러낸다. 부처님의 출생이 남달랐기에 위대한 것이 아니라, 부처님이 위대했기에 이런 신화적 이야기로 그의 위대함을 그린 것이라 보아야 한다. 이런 이야기는 부처님의 위대함을 말하기 위한 무대장치와 같다. 문자적, 물리적, 생물학적 정보가 중요한 것이 아니다. 어떻게든 부처님의 위대함을 효과적으로 드러내려고 한 마음의 표현이므로 아름답게 보아야 한다. 신화를 이렇게 이해하면 예수님을 비롯해 노자, 김알지, 박혁거세 등의 '비보통적' 출생 이야기의 성격도 이해하기 쉽다.

> **곁이야기 하나.**
>
> ### 신화(神話)에 대한 다섯 가지 사실
>
> "단군이 신화적 인물이다", "아브라함이 신화적 인물이다" 하면 대부분의 사람들은 놀란다. "이들이 신화적 인물에 불과한 거짓 존재인가?" 하고.
>
> 이렇게 놀라는 데는 충분한 이유가 있다. 일반적으로 한국이나 서양을 막론하고 '신화'라는 말은 '사실', '진실', '실재', '진리' 등의 말과 대조되는 말이라고 여긴다.
>
> 최근 한국에서도 논란이 되고 있는 신화에 대해 몇 가지 기본적인 사실들을 짚어 봄으로써 신화에 대한 쓸데없는 오해를 불식하는 것이 좋을 것 같다.

첫째, 신화는 본질적으로 역사적 사실과 직접 관계가 없다. 신화들은 '그때(in illo tempore)'에 일어난 것을 이야기하고 있는데, 여기서 '그때'란 역사적 시간이 아니라 신화적 시간, 즉 '본래의 시간(original time)'으로서 우주나 인생이나 제도 등의 시원에 관계되는 시간이다.

둘째, 신화는 보통의 말로 표현할 수 없는 엄청난 진리를 표현하는 특수 표현 양식이다. 진리와 반대되는 개념이 아니라 진리를 실어 내는 유용한 그릇인 셈이다. 신화를 깊이 들여다보면 그 속에 담긴 진리에 접할 수 있다. 신화에서 진실을 찾아내는 것을 '신화를 깸', 혹은 '탈신화화'라 할 수 있다.

셋째, 따라서 신화를 놓고 그것이 거짓이냐 진실이냐 하고 따져서는 안 된다. 피카소가 그린 인물화 중 두 눈이 겹쳐져 있는 인물화를 놓고 이런 인간이 역사적으로나 인체 해부학적으로 진실인가 거짓인가 하고 묻는 것은 그 그림을 감상할 줄 모른다는 뜻이다.

넷째, 신화는 일차적으로 우리에게 '정보'를 주기 위한 것이 아니라 '변화'를 주기 위한 것이다. 피카소가 그린 인간은 역사적으로나 생물학적으로 가능할 수도 있고 가능하지 않을 수도 있다. 중요한 것은 내가 그 그림을 보고 '무엇을 깨닫게 되는가, 얼마나 인간적이 되고 얼마나 풍요로운 내면적 삶을 살게 되는가' 하는 것이다.

다섯째, 신화는 우리가 추구해야 할 시원적인 것을 암시하고 있다. 그래서 많은 종교에서는 '원시반본'을 이야기하고 개천절이니 유월절이니 하면서 해마다 그리로 돌아가기 위한 제의(祭儀)나 절기를 지킨다.

대략 이 정도의 이해만 가지고 있어도 우리는 단군이나 아브라함의 이야기가 신화라는 이야기를 듣고 그렇게 놀랄 일은 없을 것이다. 우리는 그들의 신화적 이야기에서 우리의 원형을 보고 우리의 오늘을 더욱 의미 있게 하는 법을 배우는 것이 중요함을 알게 되기 때문이다.

2003. 3. 8. 동아일보

형이상학적 눈 뜸

싯다르타는 화려한 궁중에서 살았지만 거기에서 궁극적인 만족을 얻지 못하고 홀로 인생의 의미를 곰곰이 생각하는 일이 잦았다. 서른 살 무렵의 어느 날, 싯다르타는 궁 밖 세상을 돌아보고 싶어 아버지에게 허락을 구했다. 아버지도 어른이 된 아들의 청을 거절할 수는 없었을 것이다. 그러나 슈도다나 왕은 아들에게 잠시 기다리라고 하고 아들이 궁을 나서기 전에 궁 밖에서 아들의 마음을 산란하게 할 만한 것을 모두 깨끗이 정리하도록 했다. 드디어 싯다르타는 마차를 타고 마부 찬다가와 함께 궁 밖으로 나가게 되었다.

첫날 궁궐의 동쪽 문을 나선 싯다르타가 처음 본 것은 말할 수 없이 늙은 꼬부랑 '노인'이었다. 싯다르타는 노인을 보고 심한 충격을 받았다. 마부에게 저것이 무엇이냐고 물었다. 마부는 늙은이라고 말하면서 우리도 늙고 있고, 늙으면 모두 어쩔 수 없이 저렇게 되는 것이 인간의 운명이라고 설명했다. 싯다르타는 큰 충격을 받아 서둘러 궁으로 돌아왔다.

두 번째로 남쪽 문을 통해 궁을 나간 싯다르타는 '병든 사람'을 보았다. 또 충격을 받고 마부에게 물어보았다. 마부는 세상의 어떤 권력도 병을 다스릴 수 없다고 말했다. 왕자는 충격에 못 이겨 서둘러 궁으로 돌아왔다.

세 번째로 서쪽 문으로 나와 '죽은 사람'을 보았다. 죽음이란 인간이 피할 수 없는 절대적 운명이라는 사실에 다시 충격을 받았다.

네 번째로 북쪽 문을 통해 궁을 나갔을 때, 싯다르타는 한 출가수행자(沙門, śramaṇa)를 보았다. 마부는 그가 생로병사라는 인생의 기본적인 문제에 대한 답을 찾아 집을 나선 사람이라 설명했다.

이를 두고 전통적으로 '사문유관(四門遊觀, four passing sights)'이라 한다. '사대문을 돌며 보았다'는 뜻이다. 또 아버지가 깨끗이 정리한 길에 이런 사람들이 나타난 것은 젊은 왕자가 세상의 실상을 알 수 있도록 도와주려고 신(淨居天, deva)이 이런 모습으로 가장하고 나타난 것이라고도 한다.

싯다르타는 왜 그렇게 큰 충격을 받았을까? 그의 마차에 충격 흡수 장치(shock absorbers)가 없었기 때문이었을까? 요즘처럼 캐딜락이나 링컨 컨티넨털 같은 차를 타고 나갔다면 그렇게 큰 충격은 받지 않았을까? 물론 가장 정통적 답은 싯다르타가 그때까지 그런 것을 보지 못하고 있다가 그때 '처음' 보았기 때문이라는 것이다.

그러나 가만히 생각해 보라. 서른 살에 가까운 사람이 아직 늙는 것, 병드는 것, 죽는 것을 몰랐다는 것이 말이 되는 소리일까? 자기 아버지만 보아도 80세 노인의 모습일 것이고, 자기 생모는 어떻게 되었는가 한 번이라도 물어보았다면 사람들이 그에게 생모가 그를 낳고 나서 죽었다고 말해 주었을 것이다. 그 뿐인가? 4천 혹은 4만 명이나 되는 무희 중에 춤을 추다가 갑자기 쓰러지거나 아파서 기절하는 이가 없을 수 없었을 것이다. 서른 살에 가까운 사람이 삶의 이런 기본적인 사실을 모르거나 처음 보았다고는 도저히 믿을 수 없다.

그렇다면 왜 그렇게 큰 충격을 받았을까? 그것이 그의 '나이'와 관계 있는 것이 아닌가 생각한다. 나이가 어렸을 때는 비록 그런 것을 보았어도 '실감'이 나지 않았을 것이다. 그야말로 "보아도 보지 못하고"의 상태였다. 생로병사 같은 인생의 중대사를 실감하려면 어느 정도 나이가 들어야 한다. 영어의 'realize'는 그전에는 진짜같이 보이지 않던 것이 진짜처럼 보인다는 뜻이다. 그럼 왜 그제야 생로병사가 진짜처럼 보였을까?

심리학자 융(Carl G. Jung, 1875~1961)에 의하면 30대 초반이 되어야 인생사에서 참 나는 누구인가를 묻는 '개인화 과정(individuation process)'이 시작된다고 한다. 인생의 여러 가지 문제를 비로소 나 자신의 문제로 보기 시작한다는 뜻이다. 캐나다의 정신과 의사이자 심리학자, 문필가 벅(Richard Maurice Bucke, 1837~1902)은 사람이 살다가 어느 단계에서 '비보통적 의식'을 접하는 경험을 하게 되는데, 이런 의식을 그는 '조명(illumination)' 혹은 '우주 의식(cosmic consciousness)'이라고 했다. 벅 자신이 이런 경험을 해 보고 이런 경험이 누구에게, 몇 살 정도에 생기는 것인가 역사적으로, 그리고 주위 사람들을 상대로 조사하기 시작했다. 그는 사람에 따라 다소 차이는 있지만 보통 30세를 전후해서 이런 경험을 하게 된다는 사실을 발견했다.[11]

30세에 침례를 받으면서 하늘이 열리는 것을 본 예수, 30세에 '입(立)했다'는 공자를 비롯하여 무함마드, 루터, 웨슬리도 모두 30세경에 특별한 종교적 체험을 했다. 어쩌면 부처님도 30세에 접어들면서 생로병사를 자신의 문제로 심각하게 느끼게 되었고, 이를 좀더 극적으로 묘사한 것이 위의 이야기 형태로 전해 내려온 것이 아닐까 생각한다.[12]

---

11) 그의 책 *Cosmic Consciousness* (New York: E. P. Dutton, 1969), p.81 참조.
12) 실제로 불경에는 부처님이 이런 네 가지 광경을 본 일 없이 인간의 이런 기본 문제를 심각하게 생각하기 시작했다고 되어 있기도 하다.(Thomas, 앞의 책, p.58 참조.)

구도의 길을 떠나다

왕자 싯다르타는 네 번째로 궁을 나갔을 때 본 출가수행자처럼 자기도 인간의 조건, 삶의 근본 문제에 스스로 해답을 찾기 위해 출가하기로 결심했다. 바로 그 순간 아내가 아들을 낳았다는 소식이 왔다. 싯다르타는 소식을 듣고 "걸림이 생겨났구나!" 하고 말했다. '걸림'이라는 말의 산스크리트어는 '라훌라(Rāhula)'다. '라훌라'가 그대로 태어난 아기의 이름이 되었다.13)

보름달이 뜬 밤이었다. 싯다르타는 부인과 아들을 보기 위해 부인의 처소로 갔다. 환한 달빛을 받으며 엄마 품에서 자는 아들을 보자 한 번 안아 보고 싶었다. 그러나 부인이 잠에서 깨고, 아기가 울고불고할 것이 분명했다. 이런 일을 피하려고 싯다르타는 조용히 나오며 속으로 말했다.

'성불하고 돌아오리라.'

싯다르타는 말을 타고 마부를 앞장세워 잠든 성을 뒤로했다. 신들은 말발굽에 손을 대어 말발굽 소리가 나지 않도록 도와주고, 성문도 열어 주고, 싯다르타가 뒤를 돌아보고 싶은 마음이 생길 때마다 땅을 돌려 뒤돌아보는 일이 없도록 해 주었다.

이렇게 시작한 구도의 삶이 6년간 계속되었다. 처음에는 마가다의 수도 라자그리하에 가서 스승의 가르침을 받기로 했다. 라자그리하에서 처음 만난 스승은 힌두교 학파 중 샹카 계통의 칼라마(Ārāda

---

13) 아들이 자신의 종교적 수행에 걸림이 된다는 뜻으로 해석할 수도 있지만, '라훌라'는 일식이나 월식 때 해나 달을 잡아먹는 신의 이름이기도 하다. 아기가 일식이나 월식 때 태어나서 이 이름을 붙였다는 설이 있다.(Thomas, 앞의 책, p.53.) 이 이야기는 '북전(北傳)' 자료에 의한 것이다. 남전 자료에는 부처님 출가 당시 부인은 임신 상태였고, 부처님이 성도하는 순간 라훌라가 태어난 것으로 되어 있다.

Kālāma)였다. 싯다르타는 칼라마가 가르쳐 준 수행을 다 이루었지만 자신이 원하는 참된 경지에 이를 수 없음을 발견하고 미련 없이 스승의 곁을 떠났다. 다음으로 찾아간 스승은 라마푸트라(Udraka Rāmaputra)였다. 그러나 거기서도 역시 만족스러운 가르침을 얻지 못하고 그를 떠났다. 이 두 스승은 당시 유행하던 일종의 명상법을 가르치는 '수정주의(修定主義)' 실천자였다. 싯다르타가 이 명상법에서 구경의 경지를 찾지는 못했어도 이 명상법이 훗날 그의 가르침의 일부가 된 것만은 사실이다.

싯다르타는 우루벨라로 옮겨 가 네란자라 강변 아름다운 곳에 자리를 잡고 고행을 시작했다. 수정주의를 버리고 '고행주의(苦行主義)'를 택한 셈이다. 이때 다른 고행자 다섯 명이 합류했다. 얼마나 고행을 열심히 했는지 하루를 쌀 한 톨로 살았다고도 하고 대추 한 알로 살았다고도 한다. 싯다르타는 이를 악물고, 혀를 입천장에 붙이고 마음을 다스리려고 애썼다. 땀이 비 오듯 쏟아지고 귓전에는 광풍이 몰아치는 소리가 맴돌았다. "내가 배를 쓰다듬으면 등뼈가 잡히고, 다리를 쓰다듬으면 털이 저절로 떨어져 내렸다."고 할 정도였다. 맑고 곱던 왕자의 낯빛은 흑갈색으로 변했다.

몇 년 동안인지는 확실하지 않지만 오랫동안 이런 식으로 고행하고 있었는데, 더는 육체적으로 고행을 감당할 수 없는 경지에 이르렀다. 어릴 때, 건강한 몸으로 시원한 나무 그늘에 앉아 있다가 황홀한 의식 상태를 경험한 일이 떠올랐다. 그는 이런 극도의 고행으로는 뜻을 이룰 수 없다고 믿고, 이른바 중도(中道)를 택하기로 결심했다.

『본생경(本生經, Jātaka)』에 의하면, 마침 그 부근 마을에 아기를 낳지 못하여 애를 쓰다가 나무 신에게 빌면서 아기를 낳게 되거든 매년 그 나무 신에게 제사를 드리겠다는 서원을 한 수자타(Sujātā)라는 여인이 있었다. 그 여인이 아기를 낳아 서원대로 매년 제사를 드리게 되었다. 그날도 제사 드릴 날이라 여종을 미리 보내 제사 드릴 준비를 하게 했는데, 여종은 나무 밑에 앉아 있는 싯다르타를 보고 나무 신이라 생각했다. 수자타가 와서 금 대접에 담은 음식을 바쳤다. 쌀과 우유로 만든 죽이었다. 싯다르타는 49일 만에 첫 음식으로 우유죽을 받아먹고 기운을 차렸다.

함께 고행하던 다섯 친구는 싯다르타가 음식을 먹는 것을 보고 그가 고행을 포기하고 사치스런 생활로 돌아간 것이라 여겨, 싯다르타의 곁을 떠났다. 그들에게 죽 한 그릇은 '사치'였다. 간밤 다섯 가지 꿈을 꾼 싯다르타는 그날은 자신이 성불하리라고 확신했다. 출생할 때와 출가할 때처럼 그날도 보름날이었다.

저녁이 되자 싯다르타는 숲 속 깊이 있는 '보리수' 밑으로 자리를 옮겼다. 그 밑에서 동쪽을 향해 앉아 성불하기 전에는 결코 자리에서 일어나지 않으리라 결심했다.

"살갗이나 힘줄이나 뼈가 말라도 좋다. 살과 피가 말라도 좋다. 완전한 깨달음에 이르기 전에는 이 자리를 뜨지 않으리."

이때 죽음의 신 마라(Māra)가 싯다르타에게 접근했다. 싯다르타를 유혹해서 마지막 구도의 길을 포기하게 하려는 것이었다. 여러 이본(異本)이 있지만 팔리어 경전들이나 아슈바고샤의 글을 종합하면 이 이야기를 다음과 같이 '세 가지 시험'으로 정리할 수 있다.[14]

---

14) A. Foucher, *The Life of the Buddha* (Middletown, Conn: Wesleyan University Press, 1963), p.111

고행으로 수척해진 싯다르타

첫째, 마라는 무시무시한 마군(魔軍)을 이끌고 와 싯다르타가 수행을 포기하도록 위협했다. 이런 고생을 하지 말고 차라리 궁궐로 돌아가 선행을 많이 해서 선업을 쌓는 것이 좋다고도 하고, 왕이 되어 온 천하를 다스리는 일에 힘쓰라고도 했다. 그러나 싯다르타는 지금까지 쌓은 선행과 선업의 힘으로 자신의 주위에 보호막을 쳤다. 마군은 싯다르타의 머리카락 하나도 흐트러뜨리지 못했다.

둘째, 마라는 자신의 세 딸을 데리고 나타났다. 딸들의 이름은 각각

이하 참고.

'불만', '쾌락', '욕망'이었다. 세 딸은 남자를 유혹하는 32가지 방법을 동원해 싯다르타를 구도의 길에서 넘어뜨리려 했지만 실패했다.

셋째, 마라는 이제 싯다르타의 공덕을 부인하기 시작했다. 그렇게 앉아 있어도 성불은 꿈도 꿀 수 없으니 헛일이라는 것이다. 마라의 수많은 군대가 마라의 증인이 되었다. 그러나 싯다르타에게는 아무도 없었다. 마라는 의기양양하게 "그대는 패배자다." 하고 선언했다. 싯다르타는 "오, 마라여. 만물의 공평한 어머니 이 대지가 나의 증인이다." 하고 말하며 오른손 손가락 끝을 땅에 댔다. 그러자 괴성과 지진이 나고 땅이 갈라지며 대지의 어머니가 증인으로 나타났다. 마라와 마군은 혼비백산하여 도망쳤다. 불상 중에 오른손 손끝을 땅에 댄 '항마촉지인상(降魔觸地印像)'이 많은데, 이것은 이때의 장면을 묘사한 것이다.

그리스도인으로서는 당연히 예수님이 받은 세 가지 시험이 생각날 것이다. 복음서에 의하면 예수님이 침례를 받은 뒤 곧 성령의 인도를 받아 광야로 나가서 40일간 금식과 기도로 보낸 다음 '사탄'의 시험을 받았다고 한다. 「마태복음」과 「누가복음」에는 사탄의 시험이 세 가지였다고 나와 있는데, 그 순서는 각각 다르다.

「마태복음」의 순서대로 하면 첫째 시험에서 사탄은 예수님에게 하느님의 아들이거든 돌들을 떡덩이로 만들라고 했다. 둘째 시험에서는 예수를 성전 꼭대기에 세우고 하느님의 아들이거든 아래로 뛰어내리라고 했다. 셋째 시험에서는 예수님을 산꼭대기로 데리고 가서 천하만국과 영광을 보여 주며, 자신에게 엎드려 경배하면 그 모든 것을 그에게 주겠다고 했다. 요즘 말로 고치면, 첫째는 경제적 유혹, 둘째는 종교적 유혹, 셋째는 정치적 유혹이라 할 수 있다. 예수님은 이 유혹을 모두 물리쳤다. 종교는 돌로 떡을 만드는 것처럼 경제적 이익을 가져오는 것도, 성전의 꼭대기에서 뛰어내려도 다치지 않는 것처럼 초능력을 발휘하는 것도, 천하를 얻는 것처럼 막강한 권력으로 세상을 휘어잡는 것도 아니라는 뜻이다.

신화학자 조셉 캠벨(Joseph Campbell)은 그의 책 『천의 얼굴을 가진 영웅(The Hero with a Thousand Faces)』에서 고대의 여러 가지 영웅 신화를 모아 보면 영웅들의 모험적 여정에서 일종의 공통적 모형을 발견할 수 있다고 주장하고, 이것을 '모노미스(monomyth)'라고 했다. 여기에는 크게 네 가지 단계가 있는데, 첫째 '출가(leaving home)', 둘째 '어려움을 넘김(threshold)', 셋째 '궁극 목적을 성취함(ultimate boon)', 넷째 '되돌아감(return)'이다. 부처님의 생애는 이 모형에 가장 잘 맞는 전형적인 것이라 볼 수 있다.

캠벨의 이론에 의하면, 영웅이 자신의 목적을 이루려고 길을 떠난 후, 마라나 사탄 같은 존재에게 시험과 유혹을 받는다는 것은 일상에 만족하지 못하고 더 높은 정신적 가치를 찾아 길을 떠난 사람이라면 누구나 속으로 겪는 '모르는 것에 대한 두려움', '자신이 추구하는 것이 애써 구할 가치가 있는 것인가 하는 불안감', '자신이 해낼 수 있을까 하는 의구심' 등을 신화적으로 표현한 것이라고 한다. 이런 시험과 유혹을 이겨 낸 자만이 자신의 목적을 이룰 수 있다는 것이다.[15]

---

15) 이 공통적인 영웅 신화의 모형을 예수의 생애에 적용한 것으로 필자의 책 『예수는 없다』(현암사, 2001), 245~248쪽 참조.

깨침을 이루다

보름달이 밝은 밤, 싯다르타는 다시 보리수 아래 홀로 남았다. '보리수(菩提樹, Bodhi-tree)'는 싯다르타가 그 아래에서 깨침을 얻었기에 '깨침'이라는 산스크리트어 보디(bodhi)를 따 붙여진 이름이다. 이 나무는 본래 무화과 나무였을 것이라 본다. 이곳을 훗날 '보드가야(Bodhgāya)', 곧 '깨침의 마을'이라고 부른다.

싯다르타의 성불 체험, 깨치는 과정 이야기는 경전에 따라 조금씩 다르지만, 일반적으로는 대략 '네 단계의 선정(禪定, dhyāna)'을 거쳐 '세 가지 앎(abhijñā)'을 얻었다고 한다.

마군이 지나가고 싯다르타는 다시 고요한 수면처럼 맑은 마음으로 깊은 선정에 들었다. 첫 단계 선정에서는 깊이 생각하고 검토하는 일 같은 이성적 활동과 함께 상쾌함, 즐거움 등의 감정이 생겨나고 마음이 한 점에 모임을 경험했다.

둘째 단계에서는, 생각하고 검토하는 일 같은 이성적 활동은 사라지고, 그 대신 내적 평정과 한없이 고양되는 느낌이 더해졌다.

셋째 단계에서는, 즐거움과 마음이 한 점에 모이는 상태는 그대로 남고, 마음의 평정·마음 다함·맑은 통찰 등의 요소가 더해졌다.

넷째 단계에서는 즐거움도 사라지고 오로지 셋째 단계의 마지막 세 요소, 마음의 평정·마음 다함·맑은 통찰이 남았다.

이렇게 '마음이 한 점에 모이고 티 없이 깨끗하게 된' 상태로 초야(初夜)에 이르렀을 때 첫째 앎을 얻게 되었다. 이른바 숙명통(宿命通)이다. 이것은 전생(前生)을 보고, 그 전생의 전생을 보고, 점점 더 많은 생, 그러다가 모든 전생을 다 보게 되는 것이다. 모든 전생을 보면서 싯다르타의 마음은 자비심으로 가득 찼다. 이른바 '영원한 현재(eternal now)', '무시간성(timelessness)'을 체험한 것이다.

중야(中夜)에 이르러 두 번째 앎을 얻었는데, 이것을 천안통(天眼通)이라고 한다. 완전히 깨끗해진 '하늘 눈'으로 모든 중생의 죽음과 탄생, 그 원리를 다 알게 되었다. '카르마(業)'나 '연기'라고 하는 인과율의 원칙을 깨달은 것이다. 중생의 끝없는 윤회를 보면서 싯다르타의 자비심은 더욱 깊어졌다.

후야(後夜)에 셋째 앎을 얻었는데, 이것을 누진통(漏盡通)이라 한다. 모든 중생에게서 흘러내리는 쾌락과 욕망, 무지와 사념(邪念)의 네 가지 누(漏, 煩惱, asrava)를 어떻게 멸할 수 있는지 알게 되었다. 이상의 세 가지 앎을 삼명통(三明通)이라고 부른다.

이제 강 너머로 먼동이 트기 시작했다. 싯다르타에게 "무지는 사라지고 앎이 떠올랐다. 어두움은 사라지고 빛이 떠올랐다." 6년의 고행 끝에 35세의 나이로 완전한 깨달음, 확연한 깨침에 이르렀다. 고타마 싯다르타는 문자 그대로 '붓다', '깨친 이'가 되었다. 이것이 불교 용어로 성불(成佛)이요, 성도(成道)요, 대각(大覺), 활연대오(豁然大悟) 혹은 확철대오(廓徹大悟)요, 산스크리트어로는 아뇩다라삼먁삼보리(무상정등각)의 체험이다. 위대한 영웅 바로 '대웅(大雄)'이 된 것이다.[16] 이런 우주적 사건을 경축하기 위해 땅은 술 취한 여인처럼 흔들리고, 마른 하늘에서 천둥소리가 나고, 철도 되지 않았는데 나무에 꽃이 피고 과일이 열렸으며 하늘에서는 온갖 꽃이 쏟아져 내렸다.

---

16) 한국 절에서 '대웅전'이라는 건물은 이렇게 '위대한 영웅'이 되신 석가모니불을 모신 곳이라는 뜻이다.

부처님이 한 성불 체험은 영국의 불교학자 험프리(Christmas Humphrey)의 말처럼 "불교의 태반이요 심장이요 그 존재 이유"라 할 수 있다.17) 신화학자 조셉 캠벨은 이 사건을 두고 "동양 신화 중에서 가장 중요한 순간"이라고 했다.18) 부처님 이후 모든 불도는 부처님이 한 이 성불 체험을 최고의 이상으로 삼고 이를 재현하려는 사람들이라고 봐도 무방할 정도로 이것은 불교의 핵심적인 사건이요, 불교의 '알파와 오메가'라고 하지 않을 수 없다.

그리스도교 입장에서 보아 예수님의 생애에 관한 이야기 중에서 가장 중요한 대목은 무엇일까? 각자 견해가 다르겠지만, 많은 그리스도인이 '십자가와 부활' 사건을 꼽을 것이다. 사실 그리스도교에서 예수님의 죽음과 부활 이상으로 중요한 가르침이 어디 있을까? 바울도 "그리스도께서 살아나지 않으셨다면 우리의 선포도 헛되고, 여러분의 믿음도 헛될 것입니다."(고린도전서 15:14)고 했다. 그런데 그리스도교에서 말하는 죽음과 부활이라는 것도 어느 면에서 옛 사람이 죽고 새로운 사람으로 다시 나는 것, 무지와 어둠의 옛 삶에 죽고 깨달음과 광명의 새 삶으로 탈바꿈하는 것, 결국 성불 체험에 맞먹는 체험을 가리키는 상징 체계로 볼 수 없을까?

한 가지 더. 예수님도 부처님과 비슷한 깨침의 체험을 했을까? 종교사에서 위대한 종교 지도자들은 모두 필자가 즐겨 쓰는 용어로 '특수인식능력(特殊認識能力)의 활성화(活性化)'를 이룬 사람들이다. 이런 면

---

17) Christmas Humphreys, *Buddhism* (Harmondsworth, Middlesex, England: Penguin Books, 1969), p.16.
18) Joseph Campbell, *The Hero with a Thousand Faces* (Princeton: Princeton University Press, 1968), p.33.

에서 예수님도 다르지 않았으리라 상상할 수 있다. 예수님의 경우 그 체험이 요단강에서 침례를 받았을 때일까? 광야에서 40일간 단식하며 고행했을 때일까? 변화산에서 홀연히 변화되었을 때일까? 아무튼 종교사에서 발견할 수 있는 분명한 사실은 '의식의 변화'라는 영적 깨침의 체험을 통하지 않고는 종교 지도자나 창시자는 고사하고 참된 종교인도 될 수 없다는 것이다. 이 문제에 대해서는 뒤에 선불교 이야기를 할 때 본격적으로 전개할 기회가 있을 것이다.

가르치러 나섬

부처님은 7일간(혹은 28일간, 49일간) 보리수 아래에 앉아 있었다. 그 사이 여러 가지 일이 있었다. 예를 들어 상인들이 와서 보시를 하고, 왕들이 먹을 것을 가져다주고, 머리가 넓은 코브라가 와서 부처님의 몸을 감싸 주고 그의 머리 위에 제 머리를 놓아 햇빛과 비를 가려 주는 일 등이었다.

부처님은 자신의 깨침을 사람들에게 가르칠까 말까 망설였다. 망설이는 데는 두 가지 이유가 있었다. 첫째는 사람들이 하루하루 먹고살기에도 바쁘거나, 세상 쾌락에 빠져 있거나, 마음에 탐욕과 노여움이 불타고 있는데 자기가 발견한 그런 진리에 전혀 관심을 갖지 않을 것 같았기 때문이다. 둘째는 자기가 깨달은 진리가 '세상의 흐름에 역행'할 정도로 너무나 심오하고 정교하므로, 사람들에게 가르쳐도 그들이 깨닫지 못할 것 같았기 때문이다.

이른바 '깨달은 자의 실존적 고독'이다. 노자도 모든 사람이 즐거워하는데 자기 홀로 멍청한 사람 같다고 했고, 공자도 자기 가르침은 그렇게 단순한데 사람들이 귀 기울이려 하지 않는다고 했다. 예수님 역시 자기를 이해하지 못하는 예루살렘을 향해 울었다고 했다. 보통 사람이 이해할 수 없는 진리를 깨달은 이들이 어쩔 수 없이 겪는 홀로됨의 느낌이라 할 수 있다.

조셉 캠벨은 고대 영웅 신화에 공통적으로 나타나는 현상 중 하나가, 영웅들이 목적을 이룬 뒤에 다시 사람들 속으로 돌아가기를 주저하는 것이라고 말한다. 이른바 '돌아감의 거절(refusal to return)'이다. 성경에 나오는 모세나 예레미야, 그 외의 여러 예언자들이 하느님의 부름을 받았을 때 보여 준 첫 반응은 한결같이, 자신은 말을 잘 못한다거나 너무 어리다거나 하는 등의 핑계를 대며 책임을 면하려고 한 것이었다. 이를 '왜 나란 말인가? 증후군(Why me? syndrome)'이라고 부르는 사람도 있다. 이들은 왜 사람들에게 돌아가 가르치기를 거부할까? 가장 중요한 이유는 부처님처럼 진리란 전달의 대상이 아니라 스스로 깨달을 수밖에 없는 것이라는 사실을 절감한 것이 아닐까? 영어로 표현하면 진리는 "to be caught, not to be taught"이다. 체득하는 것이지 남이 가르쳐 줄 수 있는 것은 아니라는 뜻이다.

부처님은 결국 사람들에게 나가 가르치기로 했다. 오래전, 사람들을 돕겠다고 했던 자기의 서원을 생각했다. 그리고 천상에 있던 브라마신(梵天)이 내려와서 제발 깨달은 진리를 사람들에게 가르쳐 달라고 세 번이나 간원했다.19) 뿐만 아니라, 부처님은 연못의 연꽃 중에 세 종류가 있음을 보았다. 첫째는 흙탕물 속에 있는 것, 둘째는 흙탕물

---

19) 불교에서 '깨친 이'는 천상의 신도 경배할 만큼 중요하다는 것을 말한다.

수면에서 떠올랐다 잠겼다 하는 것, 셋째는 흙탕물 위에서 아름답게 핀 것. 부처님은 사람도 이 세 종류의 연꽃과 같이, 속세에 완전히 빠져서 자유에는 전혀 관심이 없는 사람, 속세에서 자유로워지려고 애쓰는 사람, 속세에서 이미 자유로운 사람이 있을 것으로 보았다. 부처님은 이 둘째 부류에 속하는 사람들이 자신의 가르침을 필요로 하는 사람들일 것이라 생각하고, 이들을 위한 자비심으로 속세로 나가 가르치기로 결심했다.

'누구를 가르칠까?' 부처님은 우선 자신이 처음에 모셨던 두 스승을 생각했다. 그러나 그는 불안(佛眼)으로 처음 스승은 이레 전, 둘째 스승은 바로 전날 밤에 죽어 천상에 있는 것을 보았다. 다음으로 생각한 것은 함께 고행하던 다섯 친구들이었다. 그는 그들이 베나레스(Benares, 지금의 바라나시 Varanasi) 외각 사르나트(Sarnath)에 있는 공원 녹야원(鹿野苑)에서 고행을 계속하고 있다는 것을 알게 되었다. 부처님은 이들에게 가르침을 주려고 녹야원을 향해 발길을 옮겼다. 200킬로미터, 500리, 걸어서 18일 걸리는 거리라 하여 18유순(由旬)이라고도 한다.

가다가 강을 만났다. 6년이나 고행한 부처님에게 나룻배 삯이 있을 수 없었다. 어떻게 건넜을까? 강을 날아서 건넜다. 이후 인도에서는 강을 건너려는 수도승에게는 뱃삯을 받지 않는 풍습이 생겼다고 한다.

부처님이 녹야원에 이르렀을 때 다섯 친구는 멀리서 걸어오는 부처님을 보았다. 그러나 고행을 견디지 못하고 사치에 빠진 저런 배반자는 모른 척하자고 했다. 하지만 그가 다가올수록 그에게서 저항할 수 없는 힘을 느꼈다. 무시하려던 마음이 자신들도 모르게 바뀌었다. 다섯 친구는 모두 일어나 공손히 인사를 한 뒤, 앉았던 자리를 양보하고,

발 씻을 물을 떠오는 등 부처님을 따뜻하게 맞았다.

영적으로 어느 경지에 도달한 사람은 영적으로 어느 정도 민감한 사람들이 느낄 수 있는 에너지를 발산하는지도 모른다. 시내산에서 신과 만나고 내려온 모세를 보고도 사람들은 그의 "얼굴에서 빛이" 나는 것을 보았다고 했고(출애굽기 34:29~35), 변화산에서 예수님도 "얼굴은 해와 같이 빛나고 그의 옷은 빛과 같이 희게" 되었다고 했다.(마태복음 17:1~3) 성화(聖畵)에는 예수님의 머리 주변에 후광이 있고, 불상 주위에 불꽃이 있는 것도 이런 사실과 무관하지 않을 것이다.

따뜻한 영접을 받은 부처님은 다섯 친구에게 더는 '고타마'나 '친구'라 부르지 말라고 했다. 자신은 이제 '여래(如來, Tathāgata)'요, 참으로 '깨친 자'라고 했다. '여래'는 어원적으로 '이렇게 온 이' 혹은 '이렇게 간 이'라는 뜻이 있다. 산스크리트어 'gam'에 '깨닫다'라는 뜻이 있으므로 '이렇게 깨달으신 이'로 해석할 수도 있다. 예수님이 스스로를 가리킬 때 '인자(人子)'라고 한 것 같이, 부처님은 자신을 말할 때 '여래'라고 했다.

진리의 바퀴를 굴리심

사성제(四聖諦), 네 가지 거룩한 진리

다섯 명의 수도승과 따뜻한 만남을 이룬 부처님은 그들을 위해 처음으로 설법을 했다. 이를 두고 제1차 '진리의 바퀴를 굴리심(轉法輪, dharmacakrapravarta)'이라고 하는데, 그 가르침을 팔리어 경전에 따라 요약하면 다음과 같다.[20]

부처님은 다섯 수도승에게 우선 지나친 쾌락과 지나친 고행이라는 극단을 피하고 '중도(中道)'의 길을 걸어야 한다고 일러 주었다. 그 중도의 내용이 바로 우리가 잘 아는 '팔정도(八正道)' 곧 '여덟 겹의 바른 길'이다. 부처님은 이 팔정도의 중요성을 강조하려고 그 바탕이 되는 '사제(四諦)' 혹은 '사성제(四聖諦)'[21]를 가르쳤다. 사성제는 '네 가지 거룩한 진리'라는 뜻인데 이 네 가지 거룩한 진리를 간단히 '고(苦), 집(集), 멸(滅), 도(道)'라 줄여서 부르기도 한다.[22]

---

20) 팔리어 경전 『싸뮤타 니카야(Saṃyutta-nikāya)』 v. 420.
21) '사성제'에서 '제'에 해당하는 한자 '諦'는 일반적으로 '체념(諦念)'이라는 말에서 보듯 '체'로 발음하지만, 현재 한국 불교계에서는 '제'로 발음하고 있어서 그대로 따른다.

사성제는 의학(醫學) 용어로도 이해할 수 있다. 고(苦)제와 집(集)제는 '진단(診斷)'에 해당한다. 아프다는 사실을 알아내고 그 원인을 분석하는 것이다. 멸(滅)제와 도(道)제는 '처방(處方)'에 해당한다. 아프지만 걱정하지 마라. 나을 수 있다. 낫기 위해서 구체적으로 이런저런 지시를 따라 실천하라는 식이다. 이제 네 가지를 하나씩 살펴보자.

고제(苦諦)

'괴로움(duḥkha)'에 관한 진리다. 삶이 그대로 괴로움이라는 진리를 터득하라는 것이다. 나고, 늙고, 병들고, 죽는 일(生老病死)이 괴로움이요, 싫어하는 사람이나 사물을 대해야 하는 괴로움(怨憎會苦), 사랑하는 사람이나 사물과 헤어지는 괴로움(愛別離苦), 원하는 것을 얻지 못하는 괴로움(求不得苦), 존재 자체의 괴로움(五蘊盛苦). 이른바 '사고(四苦) 팔고(八苦)'다. 후대 주석가들은 이를 다시 육체적·정신적인 것에서 오는 고통, 변화에서 오는 고통, 조건에서 오는 고통의 세 가지로 나누기도 했다. 결국 이런 괴로움은 개별적으로 겪는 육체적·정신적인 고통만을 말하는 것이 아니라, 인간이라면 누구나 겪는 불완전, 불안정, 제한, 결핍, 불만족 같은 '인간의 조건' 자체를 두고 하는 말이라 보아야 할 것이다.

'고(苦)'에 해당하는 산스크리트어 '두카(duḥkha)'는 기름이 쳐져서 부드럽게 돌아가야 할 수레바퀴 축에 모래가 들어가 삐걱거린다는 뜻이

---

22) 예수님의 처음 가르침은 무엇이었을까? 예수님이 갈릴리에서 사람들 앞에 처음으로 나서서 외친 메시지는 "때가 찼다. 하나님의 나라가 가까이 왔다. 회개하여라. 복음을 믿어라."(마가복음 1:15)였다. 「마태복음」에서는 이를 "회개하여라. 하늘 나라가 가까이 왔다."(마태복음 4:17)고 표현했다.

다. 이를 현대어로 어떻게 번역하면 좋을까? 학자 중에는 이 말을 괴로움(suffering), 스트레스(stress), 근심(disress), 불만족(dissatisfaction), 아픔(pain) 등으로 옮기는 이가 있다. 심지어는 좀 거창한 말을 써서, 비극적 얽힘(tragic entanglement), 끊임없는 좌절(perpetual frustration), 인간으로서의 곤혹(human predicament) 등으로 풀기도 한다.

1, 2차 세계 대전을 겪으면서 생겨난 실존주의 철학도 인간의 실존적 모습을 분석하는 데 적극적으로 나섰다. 하이데거, 야스퍼스, 사르트르, 카뮈 같은 실존주의 철학자들이 자주 쓰는 용어인 불안, 절망, 출구 없음, 구토, 이방인, 실향(고향을 잃음), 무의미, 실낙원(낙원을 잃음), 소외 등도 우리가 겪고 있는 삶의 현실적 모습을 적나라하게 그린 말이라고 할 수 있다.

불교가 이렇게 삶을 괴로움이나 고통으로 본다고 하여 불교를 '비관적인 종교'라고 하는 사람도 더러 있다. 하지만 이것은 비관적이냐 낙관적이냐 하고 따질 문제가 아니라, 현실적(realistic)인 관찰이라고 해야 할 것이다. 의사가 환자를 보고 병이 있다고 진단했다면, 우리는 그 의사에게 왜 모든 것을 비관적으로 보느냐고 따질 수 없다. 사실 거의 모든 종교는 인간의 현실적 삶이 완전하지 못하다는 인식에서 출발했다. 우리에게 병이 있다는 것을 알고 받아들이는 것이 병을 고치려는 노력의 시발점인 것처럼, 인간의 조건 혹은 고통에 대한 자각은 죽음에 이르는 병이 아니라 새로운 삶으로의 출발점이다.

이런 의미에서 괴로움을 느낄 수 있는 것도 하나의 특권이라고 할 수 있다. 같은 티끌이라도 그것이 손바닥에 있을 때는 아무런 느낌이 없지만 눈에 들어가면 괴롭게 느껴지는 것처럼, 우리의 영적 감수성이 예민할 때만 삶이 괴로움이라는 사실을 절감할 수 있다. 부처님도 괴로움을 볼 수 있는 사람이라야 나머지 세 가지 진리도 볼 수 있다고 했다.

예수님은 "수고하며 무거운 짐을 진 사람은 모두 내게로 오너라. 내가 너희를 쉬게 하겠다."(마태복음 11:28)고 했다. 여기서 우리는 예수님이 '괴로움'의 진리를 말하는 것이라 볼 수 없을까? 여기서 예수님은 "만약 수고하고 무거운 짐을 지고 있거든……." 하는 가정법을 쓰지 않았다. 우리는 너나없이 모두 수고하며 무거운 짐을 지고 있다는 이 움직일 수 없는 현실을 직설법으로 표현한 것이다. 이런 엄연한 사실을 직시하고 해결책을 얻기 위해 '나에게 오라'고 말한 것이라 보면 지나친 일일까?23)

신학자 폴 틸리히에 의하면 예수님이 사람들을 향해 "내게로 오너라"고 초청한 것은 그들을 또 하나의 새로운 종교로 초청한 것이 아니라, 그들이 모든 형태의 종교로부터 완전히 자유함을 얻으라는 초청이었다고 한다.

부처님은 어떤가? 부처님도 분명 고통에서 해방되는 것이 중요하지 자기가 종교를 세우고 신도 수를 늘리는 데는 관심이 없었을 것이다. 아무튼 부처님이나 예수님이나, 타조처럼 머리를 모래 속에 쑤셔 박고 현실을 도피하는 데서 안위를 찾을 것이 아니라 독수리처럼 현실을 있는 그대로 보고 거기서 해방의 길을 모색하는 태도가 마땅함을 일깨워 주신 분들이 아닌가 여겨진다.

---

23) 여기서 '나에게 오라'고 했을 때의 '나'는 '천상천하유아독존' 할 때의 그 '나'와 같은 것이라 볼 수 없을까? 생각할 문제다.

집제(集諦)

괴로움이 어떻게 일어나는가? 집제는 그 '일어남(samudaya)'의 원인에 대한 진리다. 괴로움은 근본적으로 우리의 '목마름(산스크리트어 tṛṣṇā, 팔리어 tanha)' 때문에 생긴다는 것이다. 보통 '갈애(渴愛)'로 번역하는 이 목마름이란 집착, 정욕, 애욕, 욕심, 욕정으로 목이 타는 것이다. 집제는 이런 타는 목마름이 있기에 우리에게 괴로움이 따른다는 진리를 깨달아야 한다는 가르침이다.

팔리어 본문에 보면, 집착에는 '쾌락'에 대한 집착, '있음'에 대한 집착, '있지 않음'에 대한 집착 세 가지가 있다. 그러나 집제를 우리 나름대로 다시 정리하면 첫째, 감각·재물·명예·권력 등에 대한 집착, 둘째, 사상·견해·이론·관념·신념·이데올로기 등에 대한 집착, 셋째, 자기 자신에 대한 집착이라 풀 수 있다. 쾌락에 집착하는 것도 문제지만, 더 큰 문제는 자신의 고정관념에 집착하는 것이고, 더욱더 큰 문제는 우리 자신에게 집착하는 것이다. 근본적으로 이런 자기중심적, 이기적 태도 때문에 다른 모든 잡다한 집착에서 헤어나지 못하는 것 아닌가?

집착이란 결국 절대적이 아닌 것을 절대적인 것으로 잘못 알고, 거기에 목숨을 거는 것이다. 신학적 용어로 하면 궁극 관심의 대상이 될 수 없는 것에, '궁극 관심(ultimate concern)'을 갖는 것이다. 돈, 성(性), 권력처럼 상대적인 것에 궁극적인 관심을 갖고 달라붙는 것이다. 이것을 그리스도인에게 더욱 익숙한 종교적 용어로 표현하면 '우상숭배'다. 하느님이 아닌 것을 하느님으로 떠받들고 사는 노예적 삶이다. 우리가 이처럼 상대적인 것에 목숨을 거는 한 절대적인 것에 관심을 기울일 겨를이 없게 된다.

『도덕경』에서도, "다섯 가지 색깔로 사람의 눈이 멀게 되고, 다섯 가지 음으로 사람의 귀가 멀게 되고, 다섯 가지 맛으로 사람의 입맛이 고약해집니다."(제12장)고 했다. 이런 감각적 즐거움이나 외형적 가치를 섬기고 거기에 매이면 자유가 없는 삶으로 전락하고 만다는 뜻이다. 유대교와 그리스도교에서 중요하게 여기는 십계명에 "너는 나 외에는 다른 신들을 네게 있게 말지니라."(출애굽기 20:3) 하는 우상 숭배에 대한 경고가 첫째로 등장하는 이유를 알 수 있을 것 같다. 절대적이 아닌 것을 절대적이 아닌 것으로 아는 것, 그리고 거기에서 자유로워지는 것. 이것이 독립적이고 자유로운 삶의 전제 조건이라는 뜻이다.

남양군도나 아프리카에서는 원숭이를 잡을 때 나무에 줄을 매고 줄 끝에 코코넛 열매를 달아 놓는다. 코코넛에 원숭이 손이 겨우 들어갈 정도의 구멍을 뚫어 속살을 파내고 원숭이가 좋아하는 땅콩 같은 것을 넣는다. 원숭이는 코코넛 구멍에 손을 넣어 땅콩을 움켜쥔다. 그러면 구멍에서 손을 뺄 수 없다. 사냥꾼은 유유히 원숭이에게 다가가 원숭이를 잡는다. 어떤 면에서 우리는 모두 이런 원숭이들이다. 불원천리(不遠千里)하고 와서 천재일우(千載一遇)로 땅콩을 쥐었는데, 어떻게 그것을 그냥 포기하고 주먹을 편단 말인가. 무지와 욕심에서 오는 이런 집착이 우리의 자유를 빼앗고 우리를 노예 신세로 떨어지게 한다.

멸제(滅諦)

괴로움을 '없앨 수 있음(nirodha)'에 관한 진리다. 이것은 인간의 가능성에 대한 위대한 선언이다. 지금은 고통을 받고 있지만, 고통에서 해방될 수 있다는 가능성과 희망을 선포하는 셈이다. 불교 용어로 하면

이 고해의 세상에서 '니르바나'를 얻을 수 있다는 기쁘고 복된 소식이다. '니르바나(nirvāṇa, 涅槃이라 음역)'는 '불어선 끈' 상태라는 뜻이다. 불교에서 말하는 '열반'을 그리스도교의 '천국'처럼 우리가 죽어서 들어가는 특별한 '장소'로 생각하기 쉽다. 그러나 열반은 장소가 아니라, 우리 속에서 타고 있는 욕심과 정욕의 불길을 '훅' 하고 불어서 끈 상태, 그리하여 괴로움 대신 시원함과 평화스러움, 안온함과 놓임과 트임을 느끼는 상태……, 바로 이런 '마음 상태'를 말한다. 무거운 짐을 지고 산에 올라 정상에서 그 짐을 벗어 놓을 때처럼 홀가분한 기분을 맛보는 것이다. 이런 상태가 불교에서 내세우는 '지고선(至高善, summum bonum)'의 상태다.

　이런 지고의 상태에 들어가면 어떤 기분일까? 부처님은 여기에 관해 분명한 대답을 하지 않았다. 불교든 어느 종교든 이런 지고의 경지에 대해서는 '말할 수 없음'이라는 표현 외에 달리 표현할 길이 없다고 가르친다. 오직 경험한 사람만이 알 수 있는 것이지 말로 표현한다고 알아들을 수 있는 것이 아니라는 뜻이다. 물고기에게 마른땅을 걷는 것에 대해, 개구리에게 바다에 대해, 모기에게 얼음에 대해, 음치에게 교향곡의 아름다움에 대해 이야기한들 알아들을 수 없다는 것이다. 열반이라는 구경의 경지는 말이나 사변의 대상이 아니라 직관과 체험의 대상이라는 것, 그리하여 부처님은 우리가 직접 그 경지에 이르는 '길'을 가르쳤고, 이것이 바로 다음에 말하는 넷째 진리인 도제다.

도제(道諦)
괴로움을 없애는 '길(mārga)'을 말한 진리다. 이 길의 구체적 내용이 바로 '팔정도', 곧 '여덟 겹의 바른 길'이다. 팔정도는 길이 여덟이라는 뜻이 아니다. 여덟 가지 요소로 구성된 '하나'의 길이다. 이제 그 여덟 가지 요소에 대해 간략하게 이야기한다.24)

팔정도(八正道), 여덟 겹의 바른 길

바른 견해(正見, samyak dṛṣṭi)
삶이 괴로움이라든가 덧없다든가 실체가 없다는 등의 가르침을 옳게 이해함을 뜻한다. 그래서 사물의 있는 그대로의 모습(things they really are)을 가능한 한 분명히 보는 것이다. 여기서 강조하는 것은 이해의 '명료함'이다.

바른 생각(正思惟, samyak saṁkalpa)
자신을 비우고, 집착을 끊고, 고통당하는 모든 사람에게 자비를 베풀고, 살아 있는 모든 생명을 해치지 않겠다고 하는 생각 혹은 의지를 말한다. 여기서 강조하는 것은 생각의 '순수함'이다.

바른 말(正語, samyak vācā)
네 가지 좋지 못한 말 곧 거짓말, 모함하는 말, 거친 말, 쓸데없는 말을 금하는 것이다. 특히 사람들 사이에 불화와 증오를 가져오는 말은 바르지 못한 말이다. 적극적으로 표현하면 진실한 말, 시의 적절한 말,

---

24) 상좌불교의 입장에서 '사제 팔정도'를 가장 잘 다루고 있는 책으로, Rahula Walpola, *What the Buddha Taught* (New York: Grove Press, 1962), 한국어 번역으로 월폴라 라훌라, 전재성 옮김, 『붓다의 가르침과 팔정도』(한국빠알리성전협회, 2002) 참조.

경우에 합당한 말, 남에게 용기를 주는 말이다. 여기서 특별히 주목할 것은 '불화와 증오를 가져오는 말'을 바르지 않은 말이라 가르친 것이다. 아무리 사실에 근거한 말이라도 사람들 사이에 불화를 일으키거나 사회에 분란이 생기게 하는 말이라면 '바른 말'일 수 없다는 뜻이다. 결국 어떤 말이 바른 말이냐 바르지 못한 말이냐를 판가름하는 기준은, 그 말 때문에 화해와 평화의 따뜻함이 생기느냐, 혹은 불화와 반목의 싸늘함이 생기느냐에 달려 있다는 것이다.

바른 행동(正業, samyak karmānta)

다섯 가지 바르지 않은 행동 곧 살생, 도둑질, 음행, 거짓말, 음주 등을 금하는 것이다. 적극적으로 표현하면 자비롭고, 의연하고, 평화로운 행동을 의미한다.

바른 직업(正命, samyak ājīva)

남에게 해를 주지 않는 직업을 갖는 것이다. 전통적으로 무기나 술이나 독약을 파는 것, 인간이나 동물의 생명을 죽이는 것과 관련 있는 직업, 그리고 마술사나 해몽가, 중매쟁이 같은 직업은 올바른 직업이 되지 못한다고 했다.

그러나 가만히 생각해 보면, 무엇이 올바른 직업이냐 하는 것은 직업의 종류에 달렸다기보다 그 직업에 임하는 우리의 태도에 의해 좌우되는 것이 아닐까? 가장 중요한 점은 그 직업이 나의 욕심만을 위한 것이냐, 나도 위하고 남도 위하는 것이냐 하는 점이다. 예를 들어, 요즘 세상에서 바른 직업으로 여기는 의사, 변호사, 교사 등도 자신의 직업을 오로지 돈을 벌어 혼자 잘 살기 위한 수단으로만 생각한다면, 그리하여 남을 나의 돈벌이 수단으로만 취급한다면 결코 바른 직업이라고 할 수 없을 것이다. 반면, 중매하는 것, 요즘의 결혼상담소에서 일하는 것도 그저 돈을 번다는 지상 목표를 향해 아무나 짝을 지어 주는 대신 서로 잘 어울리는 짝을 찾아 행복하게 살도록 도와준다는 갸륵한 마음으로 한다면 올바른 직업 아니겠는가?

바른 정진(正精進, samyak vyāyāma)
네 가지 일에 힘쓰는 것이다. 첫째, 건전하지 못한 마음 상태가 생기지 않도록, 둘째, 이미 그런 마음이 있다면 없애도록, 셋째, 건전한 마음 상태가 생기도록, 넷째, 그런 마음 상태가 생겨났으면 잘 가꾸도록 노력하는 것이다. 다음에 나오는 바른 마음 다함(正念)과 바른 집중(正定)이 잘 되도록 마음을 준비하는 것이다.

바른 마음 다함(正念, samyak smṛti)
네 가지, 곧 지금 이 순간에 일어나는 '몸의 움직임', '감각이나 감정', '마음의 움직임', '개념이나 생각'을 마음을 다해 의식하는 것, 거기에 주의를 집중하는 것이다. 마음 다함(念)을 영어로 'mindfulness'라고 번역한다. 특히 동남아 불교에서 강조하는 수행법으로, 베트남 출신 틱낫한(Thich Nhat Hanh) 스님도 이 수행법(mindful walking, mindful eating 등)을 주로 사용한다.[25]

---

25) 그의 책으로 필자가 옮긴 『살아 계신 붓다, 살아 계신 예수』(솔바람, 2013)와 『귀향』(모색, 2001) 등을 참조. 그리스도교에서도 『그리스도를 본받아』의 저자 토마스 아 켐피스가 "무엇을 하든 습관적으로 하지 말고, 완전히 주의를 집중하라"고 권고하고 있다.

바른 집중(正定, samyak samādhi)

여기서 '정(定)'은 산란하던 마음을 한 곳에 '고정(固定)'하는 것, 마음을 하나로 집중하는 것(one-pointedness of mind)이다. 한문으로는 삼매(三昧)라고 번역한다. 부처님이 성불할 때 거친 네 가지 선정(禪定)과 같은 마음 상태를 이른다.

　팔정도의 여덟 가지 사항을 세 가지로 나누어, 바른 견해와 바른 생각은 설법을 통해 얻는 지혜(慧), 바른 말과 바른 행동과 바른 직업은 윤리적 지침을 가리키는 계율(戒), 바른 정진과 바른 마음 다함과 바른 집중은 마음을 다스리는 명상법(定)으로 분류한다. 전통적으로 불교의 가르침을 이와 같이 계(戒, śīla), 정(定, samādhi), 혜(慧, prajñā) 셋으로 나누고, 이를 보통 계·정·혜 '삼학(三學, triad)'이라 부른다.

　한 가지 주의할 것은 팔정도에서 말하는 바른 견해(正見)와 바른 생각(正思惟)이 분명 '혜'에 해당하지만, 이것이 나중 대승불교에서 말하는 혜와는 약간 다르다는 점이다. 대승불교에서 말하는 혜는 계와 정을 닦고 나서 얻는 결과라고 할 수 있다. 어느 면에서는 팔정도를 완성하고 얻는 혜라는 뜻에서 이를 모두 합해 '9정도'라도 할 수도 있다.

　이와 관련하여 또 한 가지 명심해야 할 것이 있다. 불교의 명상 수행을 구성하는 요소는 크게 두 가지로 나누어 '정과 혜(定慧)'라고 하고, '지와 관(止觀)'이라고도 한다. '지'는 산스크리트어로 '샤마다(śamatha)', '관'은 '비파샤나(vipaśyanā)'라고 한다. 샤마다를 '정(定) 혹은 지(止)'라고 하는 것은 몸과 마음이 흐트러지거나 움직이지 않도록 고정시킨다, 혹은 정지시킨다는 뜻이고, 비파샤나를 '혜(慧) 혹은 관(觀)'이라고 하는 것은 통찰, 직관, 꿰뚫어 봄을 의미한다. 불교에서는 이 두 가지 면이 언제나 같이 있어야 한다고 가르친다. 주객 이분법적 의식에서 벗어나는 '정, 지'만으로는 부족하고, 거기에 '아하!' 하는 깨침의 요소로서의 '혜, 관'이 병행해야 한다는 뜻이다.

미국의 종교 철학자이자 심리학자인 윌리엄 제임스는 신비주의 체험의 특징 중 하나가 '인지적 요소(noetic quality)'라고 했다. 불교에서도 일상적 의식을 뒤로하는 것뿐만 아니라 뭔가 새로운 깨달음이 있어야 한다는 뜻이기도 하다. 나중에 다시 논의하겠지만, 대승불교에서 '마하지관(摩訶止觀)'이니 '정혜쌍수(定慧雙修)'니 하여, 이 둘이 함께 해야 한다는 가르침은 이런 초기 불교의 가르침에 근거한 것이라 볼 수 있다.

팔정도를 살펴보고 그리스도인으로서 주목할 사항 두 가지만 지적한다. 첫째, 거짓말하지 말라, 도둑질하지 말라, 간음하지 말라 등과 같은 계율을 지키는 것을 적어도 초기 불교의 가르침에서는 우리가 장차 받을 상벌과 직접 관계가 없는 것으로 보았다는 사실이다. 계율을 지키되 나중에 상벌 받을 것을 염두에 두고 지키는 것을 '율법주의적 태도'라 한다면, 여기에는 그런 율법주의적 태도가 보이지 않는다. 계율을 지키는 것이 나중에 상을 받거나 벌을 피하려는 것이 아니라, 어디까지나 사물의 본성을 꿰뚫어 보고 고통에서 벗어나려는 하나의 '준비 단계'라고 보았다. 율법의 비율법주의적 이해, 혹은 '휴머니스틱 어프로치(humanistic approach)'라고 할 수 있다. 물론 율법주의적 태도를 넘어서야 한다고 해서 계율 자체를 무시하거나 어기는 일은 있을 수 없다. 계율만 지켜서 되는 것도 아니지만, 계율을 고의적으로 무시하거나 어기면서 계율을 초월하는 단계로 올라 갈 수는 없기 때문이다.

둘째, 사성제와 같은 가르침은 억지로 믿을 필요가 없는 것이라는 점이다. 무조건 '덮어놓고' 믿을 게 아니라 우리 주위나 자신의 삶에서 일어나는 현실이나 현상을 그냥 주의 깊게 관찰하면 된다. 이런 관찰을 통해 자신의 삶이 만족스럽지 못하다는 생각이 들면, 이 제안을 한번 받아들여 실험해 보라는 뜻일 뿐, 종교적이나 윤리적 의무로 부과된 것은 아니다. 부처님 자신도 제자들에게 자기의 가르침을 검토해 보고 따를 가치가 있다는 생각이 들면 한번 실험해 보라고 했다.[26]

한 가지 덧붙이고 싶은 것이 있다. '바른 생각'이나 '바른 행동'에는 남에게 해를 주거나 죽이는 일을 금한다고 했다. 이를 '불살생(不殺生)', 산스크리트어로 '아힘사'라고 한다. 인도에서 발생한 종교는, 씨크교를 제외하면 모두 이 '아힘사'의 원칙을 충실히 따른다. 특히 마하트마 간디는 싸탸그라하(satyagraha, 眞理把持)와 함께 아힘사를 그가 이끈 정치 운동의 기본 원리로 삼았다.

불살생은 살생이나 폭력을 하지 말아야 할 뿐만 아니라 이런 일이 생기는 것을 허용해서도 안 된다는 것을 의미한다. 더욱이 요즘은 다른 생물이나 인간에게 해를 주거나 그들을 죽이는 것뿐 아니라 어머니 지구 자체를 죽이지 않도록 최선을 다하는 것으로 적용한다. 이 문제와 관련하여 필자가 얼마 전 어느 신문에 칼럼으로 쓴 글 하나를 퍼온다.

---

[26] 『마지마 니카야(Majjhima-nikāya)』 XLVII. 4.

곁이야기 둘.

채식을 해야 할 또 하나의 이유

요즘 한국에서는 '건강 신드롬'이라고 할 정도로 건강에 대한 관심이 고조되고 있다고 한다. 금연운동이 한창이고 이와 함께 채식 바람이 대단하다는 것이다. 심지어 우유마저도 육식으로 취급하여 끊는 사람이 늘어난다고 한다. 이렇게 금연과 채식을 강조하는 현상은 일단 긍정적으로 보아야 할 것이다. 지난번 글에서 금연을 하는 또 다른 이유를 살펴보았기에 이번에는 채식을 해야 할 또 다른 이유를 캐어 보고 싶어 컴퓨터를 열었다.

내 주위에도 채식을 하는 사람이 많다. 당연한 이야기겠지만 가만히 보면 채식을 강조하는 사람은 대부분 자기의 건강에 지극히 관심이 많은 이들이다. 육식이 몸에 좋지 않다는 여러 가지 영양학적 이론들을 다 꿰고 있다.

그밖에 요즘에는 공해 문제까지 더해져서, 육류는 대부분 사료를 통한 호르몬이나 농약에 의한 화학물질을 함유하므로 건강식품이 될 수 없다거나 생선도 바다의 오염이나 양식어장의 열악한 조건 때문에 안전한 식품일 수 없다는 사실을 강조한다.

내가 아는 사람들 중 더러 종교적인 이유로 육식을 피하는 사람도 있지만, 이들도 하느님의 피조물인 내 몸을 잘 가꾸는 것이 하느님에 대한 나의 의무를 다하는 것이라고 하여 결국 채식의 이유가 내 몸의 건강에 대한 관심으로 낙착되는 것을 본다.

육식을 피하고 채식을 하는 것이 이렇게 내 한 몸의 건강만을 위한 것인가. 채식하는 이유를 좀더 넓게, 좀더 깊이 생각해 볼 수는 없을까.

최근 한국어로 번역된 제레미 리프킨(Jeremy Rifkin)의 책 『육식의 종말(Beyond Beef)』에서도 잘 지적된 것처럼 인간이 고기를 먹기 시작하면서 식용을 목적으로 하는 소의 숫자가 급격히 불어나, 소를 사육하기 위해 사용되는 토지는 세계 토지의 24%를 차지하고, 또 이런 소가 먹어치우는 곡물은 세계 곡물 생산량의 3분의 1이나 된다.

그뿐만 아니라 미국에서 사용되는 잡초 제거 화학약품의 80%가 소가 먹는 옥수수와 콩을 재배하는 데 뿌려지는 것이다. 이런 의미에서 채식은 지구상에 한정된 자원 낭비를 막고 생태계 파괴와 환경오염 방지에 협조하는 것이라는 말에 공감이 간다.

그러나 여기서 내가 강조하고 싶은 것은 육식을 하지 않는 것이 좋은 더 깊은 '종교적' 이유이다.

내 몸에 좋기 때문에 육식을 금한다는 자못 인간 중심, 나 중심적 생각이 아니라 동물에게 괴로움을 줄 수 없다고 하는 생각 때문에 육식을 거부하는 태도이다. 이런 태도를 가장 극명하게 드러내는 종교는 인도에서 생긴 자이나교(Jainism)이다.

붓다와 같은 시대 인물 마하비라에 의해 창시된 자이나교는 아힘사(불살생, 不殺生)의 가르침을 가장 철저하게 실천하고 있다. 육식을 금하는 것은 물론 길을 갈 때도 길에 있는 곤충을 밟지 않도록 길을 쓸고 지나고, 공기 중의 곤충을 마시는 일이 없도록 마스크를 쓰고 다닌다. 간디가 채식을 한 것도 근본적으로 이런 아힘사의 원칙에 입각한 것이었다.

사실 잡아먹는 것도 문제지만, 동물들에게 그 좁은 사육장 안에서 자기 식성과 관계도 없는 것을 강제로 먹게 하고, 자기 선호와 관계없이 생식을 하도록 강요하여 심지어 '미치게'까지 하는 인간의 행위는 윤리적으로도 심각한 문제라 할 수 있다.

여기서 물론 모두가 당장 채식을 해야 한다고 주장하고 싶은 마음은 없다. 내가 아는 캐나다 밴쿠버 거주 영양학 전문가는 체질에 따라 육식을 해야 하는 사람도 있다고 주장한다. 체질뿐만 아니라 습관이나 기호에 따라 육식하는 사람을 나무라거나 비웃어도 안 될 것이다.

그러나 이런저런 이유로 육식을 하게 되더라도 그럴 때마다 내가 먹는 고기 때문에 희생당하는 쪽이 있다는 사실을 상기하고 황공한 마음을 가져야 하지 않을까 하는 생각이 든다. 소화에 지장을 주는 일일까.

2002. 3. 23. 문화일보

무아(無我), 실체가 없음

부처님이 다섯 수도승에게 '사제(四諦) 팔정도(八正道)'를 가르치자, 그 중 한 수도승이 깨달음을 얻었다.

"콘단냐는 깨달았다. 콘단냐는 깨달았다!"

부처님이 이렇게 외친 것으로 보아 깨친 이 본인뿐 아니라, 부처님의 기쁨도 이루 말할 수 없었던 것 같다.

콘단냐는 이제 아라한(阿羅漢, 산스크리트어 arhat, 팔리어 arahant) 혹은 줄여서 나한(羅漢)이 되었다.

부처님은 나머지 네 명을 깨우치기 위해 계속 '무아(無我, anātman)'의 가르침을 설파했다. 우리가 일반적으로 떠받드는 자아는 없다고 공언한 셈이다. 당시 힌두교에서는 영원히 변치 않는 실체로서의 '나(我, atman)'가 궁극 실재인 '브라흐만(梵, Brahman)'과 동일하다는 '범아일여(梵我一如)'를 가장 중요한 가르침으로 여겼다. 그런데 부처님은 오해되기 십상인 이런 가르침을 받아들이지 않고 우리가 일반적으로 생각하는 '그런 나'는 실체가 없다는 '무아', 혹은 그런 것은 진정한 나일 수 없다는 '비아(非我)'를 가르친 것이다.

부처님은 왜 무아를 설파했을까? 두 가지 이유를 상정할 수 있다. 첫째는 윤리적 요청으로서, 둘째는 이론적 귀결로서이다.

첫째, 윤리적 요청이란 무엇인가? 부처님은 일상적인 '나(self 혹은 ego)'를 영구불변하는 실체로 보고 떠받드는 것이 집착, 증오, 교만, 이기주의 등 모든 윤리적 문제의 근원이라고 보았다. '나'라는 생각, 나를 떠받들려고 애쓰는 것이 결국 '괴로움'으로 이끄는 근본 원인이다. 부처님은 다섯 수도승에게 "그러므로 형제들이여, 누구나 있는 그대로, 올바른 통찰을 가지고 보고 알아야 한다. '이것은 내 것이 아니다', '이것은 내가 아니다', '이것은 나의 나가 아니다'는 것을……. 그리하여 [나에 대해] 염증을 느껴야 거기서 물러설 수 있고, 물러서야 참으로 자유로울 수 있느니라."고 했다.[27]

윤리적 관점에서 볼 때, 무아는 윤리적 출발점이자 귀결점이라고 할 수 있다. 다른 모든 종교에서 그렇듯, 불교에서도 이기적인 자신에게서 해방된 상태가 결국 윤리적 여정에서 이를 수 있는 정점(頂點)이라 여긴다. 그리스도교의 예수님도 "누구든지 나를 따라오려거든 자기를 부인하고, 제 십자가를 지고, 나를 따라 오너라. 누구든지 자기 목숨을 구하고자 하는 사람은 잃을 것이요, 나 때문에 자기 목숨을 잃는 사람은 찾을 것이다."(마태복음 16:24~25)고 말했다. 지금의 자기, 지금의 자기 목숨에 대한 집착에서 벗어나야 참 자유를 얻을 수 있다는 뜻이 아닌가. 초기 그리스도교 교부들이 가르쳤고 지금도 그리스도교 중 동방정교회에서 강조하는 인간들의 '하느님 됨(神化, Deification)'이라는 것도 '나'라는 것이 완전히 없어진 상태에서 지금 여기 있는 것은 오로지 신일 수밖에 없다는 것, 그리고 '나'라는 것은 아무것도 아니라는 것을 자각한 데서 나올 수 있는 겸손이다.

이런 자기 없앰, 혹은 자기 비움은 불교나 그리스도교만의 이야기가 아니다. 유교에서도 사(私)를 잊으라고 하고, 도가(道家)의 장자도 '오상아(吾喪我, 나를 잃어버림)'의 경지를 이야기한다. 이와 관련하여 『장자』에 나오는 "빈 배" 이야기가 생각나 적는다.[28]

---

27) 『싸뮤타 니카야(Saṃyutta-nikāya)』 III. 59.
28) 오강남 풀이, 『장자』(현암사, 1999), 388~389쪽.

배로 강을 건너는데
빈 배 하나가 떠내려 오다가
그 배에 부딪쳤습니다.
그 사람 성질이 급한 사람이지만
화를 내지 않았습니다.
그런데 떠내려 오던 배에
사람이 타고 있으면
당장 소리치며
비켜 가지 못하겠느냐고 합니다.
한 번 소리쳐서 듣지 못하면
다시 소리치고,
그래도 듣지 못하면
다시 소리치고,
그래도 듣지 못하면
결국 세 번째 소리치는데,
그 땐 반드시 욕설이 따르게 마련.
처음에는 화를 내지 않다가
지금 와서 화를 내는 것은
처음에는 배가 비어 있었고
지금은 배가 채워져 있기 때문.
사람들이 모두 자기를 비우고
인생의 강을 흘러간다면
누가 능히 그를 해하리오.

둘째, 논리적 귀결로서의 '무아'란 무슨 뜻인가? 영원불변의 실체로서의 '나'는 불교에서 가르치는 다음의 두 가지 기본 원리로 보아 있을 수 없다는 뜻이다. 그 기본 원리 중 첫째가 '오온(五蘊, skandhas)'이다.

이에 의하면 우리가 생각하는 자아란 결국 물리적 요소(色, rūpa), 느낌을 가능하게 하는 감수 작용(受, vedanā), 물리적·지적 대상을 알아보는 인지 작용(想, saṃjñā), 정신적 상태나 성향을 꼴 지우는 정신 작용(行, saṃskāra), 사물을 판단하는 식별 작용(識, vijñāna)이라고 하는 '색·수·상·행·식(色受想行識)' 다섯 가지 존재 요소들의 일시적 가합(假合)일 뿐, 그 자체로는 독립적 실체가 없다는 것이다.[29]

마치 마차가 실제로는 판자, 바퀴살, 심보, 밧줄로 이루어진 것이고, '마차'란 그저 이런 것들이 합해져 이루어진 것에 붙여진 이름에 불과한 것처럼, 우리가 상식적으로 생각하는 우리의 자아도 잠정적으로 결합된 이 다섯 가지 요소에 붙여진 이름에 불과하다는 것이다.

이 이론으로 보면 삶이란 이 다섯 가지 요소들이 순간적으로 모였다가 흩어졌다가 다시 모였다가 흩어졌다가 하는 과정의 연속이다. 모였다가 흩어지고, 또 다시 모이는 사이의 시간은 몹시 짧아 마치 연속적인 것처럼 느껴지지만, 이것은 영화 필름이 실제로는 한 조각 한 조각 끊어져 있어도, 상영하면 연속적인 행동으로 보이는 것과 같다. 한편, 죽음이란 이 다섯 가지 요소들이 흩어졌다가 다시 모이는 사이의 틈이 보통 이상이고, 모일 때 전과 같지 않은 배율과 조합으로 나타나는 것이라 볼 수 있다는 것이다.

우리의 자아가 그 자체로는 독립적 실체를 가질 수 없다는 또 하나의 이론적 근거는 불교에서 가장 중요한 가르침으로 여기는 '연기(緣起, pratītya-samutpāda, dependent co-arising)' 사상이다. 연기란 '이것이 있

---

[29] 영어로는 오온을 보통 'form, sensation, perception, mental formation, consciousness'로 번역한다.

기에 저것이 있다'는 기본 원칙으로서, 세상의 모든 사물이 예외 없이 다른 무엇에 의해 생겨난다는 가르침이다.30) 모두가 상호 의존, 상호 연관의 관계에서 생겨나고 존재할 뿐 독자적인 실체는 없다는 것이다. 이런 생각이 있는 한, 독립적 실체로서의 '나'는 따로 성립할 여지가 없게 된다.

우리의 자아란 이처럼 실체가 없기에 우리가 집착할 가치가 없다는 것, 거기에서 해방되어야 한다는 가르침이다. 자아에 대한 집착과 자아중심주의가 모든 말썽과 사고의 근원임을 자각한 윤리적 판단을 형이상학적 이론으로 뒷받침해 준 셈이다. 우리의 자아가 이처럼 허구라는 것을 통찰하게 되면 우리는 그만큼 자유로워지고, 세상도 그만큼 아름다워진다. 나아가 개인의 자아뿐만 아니라 세상에 있는 모든 사물도 그 자체로 독립적 실체가 아니다. '무아'를 영어로 'no-self'라고만 하지 않고 'no-substance'라고 번역하는 이유가 여기에 있다.

우리의 자아뿐 아니라 모든 사물에 실체가 없음을 '제법무아(諸法無我, anātman)'라고 하는데, 이것은 모든 것이 덧없다는 '제행무상(諸行無常, anitya)', 모두가 괴로움이라는 '일체개고(一切皆苦, duḥkha)'와 함께 불교에서 전통적으로 말하는 삼법인(三法印), 곧 모든 사물이 생래적으로 지니고 있는 '세 가지 공통적 모습'으로 여겼다.31)

사실 이 무아의 가르침을 '논리적 귀결'이라고 했지만 그것은 불교

---

30) 초기 연기설의 가장 대표적인 예가 이른바 '12연기'라는 것이라 볼 수 있다. 12연기란 모든 것이 12개의 고리로 서로 꼬리에 꼬리를 무는 식으로 돌아간다는 것으로, '무명(無明) - 행(行) - 식(識) - 명색(名色) - 육처(六處) - 촉(觸) - 수(受) - 애(愛) - 취(取) - 유(有) - 생(生) - 노사(老死)'의 열두 고리로 미혹의 인과를 정리한 것이다.
31) 경우에 따라서는 '일체개고' 대신에 '열반적정(涅槃寂靜)'을 넣어 삼법인이라 하기도 하고, 이 넷을 모두 아울러 '사법인'이라 하기도 한다.

논리로 보았을 때의 이야기다. 불교인이 아닌 사람이 더 큰 틀에서 보면 철학적으로 여러 가지 어려운 점을 내포한 문제다. 예를 들어, 카르마(業)의 원리대로라면, 지금 내가 한 행동에 대해서는 나중에 내가 책임을 진다는 이야기인데, 무아의 가르침처럼 '나'라는 것이 없다면 도대체 내 행동에 책임을 지는 것은 누구인가? 그뿐 아니라 '나'라는 것이 없다면 내가 행동한 과거를 기억하는 지금의 나는 누구인가? 하는 등의 문제다.

그러나 여기서 한 가지 분명히 알아야 할 사실은 '무아'가 아니라 영원히 불변하는 실체로서 '나'를 상정해도 위와 같은 질문에 완전한 답을 줄 수 없기는 마찬가지라는 것이다. 예를 들어 카르마의 원리대로 내가 한 행동에 대해서 나중에 내가 책임을 진다고 할 때 불변하는 실체로서의 '나'를 가정하면 결국 '책임지는 일'은 있을 수 없다. 변하지 않는 '나'에게 책임을 물은들 그것이 불변하는 실체인 나에게 무슨 변화를 가져올 수 있단 말인가?

사실 '무아'와 같은 가르침이 이론적으로 일관성이 있는지 없는지를 따지는 일은 불교의 입장에서 보면 화급한 일이 아니다. 부처님이 했다는 비유에 그 생각이 잘 드러나 있다.

어느 날 한 젊은이가 독화살에 맞았다. 친척과 친구들은 그를 불쌍히 여겨 곧 의사를 불러 독화살을 뽑으려고 했다. 그러나 그 젊은이는 이를 거절하고 독화살을 뽑기 전에 이 독화살을 쏜 사람이 누구인지, 활과 화살이 어떤 재료로 어떻게 만들어졌는지 등을 미리 알아야겠다고 했다.

이 젊은이의 태도가 올바르다고 할 수 있겠는가 하는 것이다. 형이상학적 이론이나 논리적 적합성을 따지기 전에 우리가 겪고 있는 아픔과 괴로움에서 벗어나는 일이 급선무라는 뜻이다. 이런 의미에서 부처님의 가르침은 우리가 '지금 여기'에서 겪고 있는 인간의 실존적 문제를 먼저 다루는 실용적 태도와 비슷하다.

또 한 가지. 하루는 부처님이 제자들과 숲 속을 거닐다가 낙엽을 한 줌 집어 들었다. 부처님은 자신이 가르친 것이 숲 속에 있는 수많은 나뭇잎 중에서 지금 손에 들어 있는 낙엽 몇 개와 같다고 했다. 숲 속의 나뭇잎을 다 가르칠 필요도 배울 필요도 없고 오로지 우리에게 자유를 줄 수 있는 가르침만 가르치고 배우면 된다는 뜻이다.[32]

부처님이 형이상학적 사변과 이론을 위한 이론을 기피한 사실은 '부처님의 침묵(the Silence of the Buddha)'에서 더욱 확실히 드러난다.

부처님은 1) 세상은 영원한 것인가? 영원하지 않은 것인가? 영원한 동시에 영원하지 않은 것인가? 영원한 것도 아니고, 영원하지 않은 것도 아닌가? 2) 세상은 공간적으로 무한한 것인가? 유한한 것인가? 무한한 동시에 유한한 것인가? 무한한 것도 아니고, 유한한 것도 아닌가? 3) 여래는 죽음 후에도 존재하는가? 존재하지 않는가? 존재하는 동시에 존재하지 않는 것인가? 존재하지도 않고, 존재하지 않지도 않는가? 4) 영혼은 육체와 동일한가? 다른가? 하는 14가지 질문을 '대답할 수 없는 질문(無記, avyākṛta)'이라며 외면했다. '부처가 외면한 그 열네 가지 질문'인 셈이다.

왜 이런 질문을 외면했을까? 부처님이 무지했기 때문일까? 회의론자나 불가지론자였기 때문일까? 학자 중에는 부처님이 궁극 실재에

---

[32] 『싸뮤타 니카야(Saṃyutta-nikāya)』 LVI. 31.

대한 이론적, 사변적 명제 속에 어쩔 수 없이 내재할 수밖에 없는 모순율을 간파하고 대답을 기피했다고 해석하는 이들이 있다. 궁극적인 것에 대해서는 무슨 말을 하든 일단 말을 하면, 그 말이 갖고 있는 제한성 때문에 그 말은 이미 궁극적인 것을 올바로 표현한 것일 수 없다는 주장이다.[33]

예수님도 빌라도가 "진리가 무엇인가?" 하고 물었을 때 아무 대답도 하지 않았다. 공자도 제자들이 죽음에 대해 물었을 때 "삶도 아직 다 모르는데, 어찌 죽음을 알 수 있겠는가."(『논어』 11:11) 했다. 실재에 대한 이론 자체는 영원한 진리 자체가 아니라는 뜻이다. 필자가 지은 책 중에 『예수가 외면한 그 한 가지 질문』이라는 책이 있다. 이 제목도 세계 종교사의 이런 보편적 사실에서 힌트를 얻어 붙인 것이다.

물론 우리가 자유를 얻는 데 실질적인 도움을 주는 이론이나 가르침이 있다. 그러나 불교에서는 그것이 어디까지나 자유를 얻는 데 도움을 주는 '수단' 혹은 불교 용어로 '방편(方便)'이라는 사실을 명심하라고 가르친다. 말하자면 이런 가르침도, 부처님 스스로 말씀한 것과 같이, 결국 강을 건너기 위한 하나의 '뗏목'이라는 것이다. 일단 강을 건넜으면 그 뗏목은 내 뒤에 오는 사람들이 사용할 수 있도록 거기다 두고 우리의 갈 길을 계속 가야 한다. 강을 건너게 해 준 그 뗏목이 고마워 그것을 계속 지고 다니겠다고 하면 곤란하다. 부처님이 말했다. "너희들은 이 뗏목처럼 내가 말한 교법까지도 버리지 않으면 안 된다."[34]

---

33) 이 문제에 대해서는 T. R. V. Murti, *The Central Philosophy of Buddhism: A Study of the Madhyamika System* (London: George Allen and Unwin, 1960), pp.36~54; Nagao Gadjin, "The Silence of the Buddha and its Madhyamic Interpretation", in *Mādhyamika and Yogācarā* (Albany, NY: SUNY Press, 1991), pp.35~49 참조.
34) 부처님은 가르칠 때 환자의 증상에 따라 다른 약을 처방하는 의사처럼 각자의 지적, 영적

중국 도가 사상에서 장자(莊子)도 이런 경우를 두고 "물고기를 잡는 틀은 물고기를 잡기 위한 것. 물고기를 잡았으면 그것은 잊어야 합니다."고 했다. 이른바 '득어망전(得魚忘筌)'이라는 것이다.35)

귀의(歸依), 불교 공동체의 성립

'무아'의 가르침이 끝나자 네 명의 수도승도 깨달음을 얻었다. 아라한이 된 다섯 제자와 부처님은 '상가(Saṅgha)'로 불리는 불교 공동체를 창립했다. '상가'라는 말에서 한문의 승가(僧伽) 혹은 승(僧)이라는 말이 나왔고, 승단(僧團)이라는 말도 생겼다. 우리말 '스님'이나 '스승'도 같은 어근에서 나왔다.

불교 초기 경전에 의하면, 승가에 들어가기 위해서는 불·법·승 삼보(三寶)에 귀의하는 '삼귀의(三歸依)'를 세 번 외워야 했다.

"나는 부처님께 귀의합니다.
나는 진리에 귀의합니다.
나는 승가에 귀의합니다."

지금 동남아시아에 가면, "Buddham saranam gacchāmi, Dhammam saranam gacchnāmi, Sangham saranam gacchāmi."를 낭랑하게 외우는 어린아이들을 쉽게 볼 수 있다. 한국에서는 최근 이를 "거룩한 부처님

능력이나 필요에 부응해서 거기에 알맞은 가르침을 주었다. 이런 방법을 '응병여약(應病與藥)', '대기설법(對機說法)'이라 한다.
35) 오강남 풀이, 『장자』(현암사, 1999) 참조.

께 귀의합니다. 거룩한 가르침에 귀의합니다. 거룩한 스님들께 귀의합니다." 하는 노래로 부르고 있다. 물론 '상가(Saṅgha)'가 우리가 일상적으로 말하는 그런 '스님들'만을 의미하는 것은 아니다.

부처님이 다섯 제자와 녹야원에 있을 때였다. 그 근처 베나레스(바라나시)에 사는 어느 부잣집 아들 야사(耶舍, Yaśa)라는 젊은이가 있었는데, 그는 삶의 문제로 잠을 이루지 못하고 고민하던 끝에 새벽에 집을 나와 돌아다니다가 부처님을 만나 위로와 가르침을 받았다. 말없이 집을 나간 아들을 찾으려고 야사의 아버지는 아들의 발자국을 따라갔다. 야사의 아버지가 오는 것을 본 부처님은 야사를 보이지 않게 하고 그의 아버지에게도 진리를 설했다. 다른 사람의 눈에 보이지 않는 상태에서 아버지께 들려주는 부처님의 설법을 들은 야사는 깨침을 얻어 부처님의 여섯 번째 제자가 되었다. 그의 아버지도 삼보에 귀의하는 절차를 밟고 들어온 최초의 재가(在家) 남신도가 되었다.[36]

그 후 야사의 어머니와 아내도 야사를 찾아 나왔다가 부처님의 가르침을 받고 최초의 재가 여신도들이 되었다. 야사는 친구 네 명을 데려오고, 뒤에 다시 50명을 데려왔다. 그들은 모두 깨침을 얻고 부처님의 제자가 되었다. 이제 제자는 60명으로 늘어났다.

한 가지 지적할 것은 부처님이 강을 날아서 건넜다든지 야사를 투명인간으로 만들었다든지 하는 '기적' 이야기가 부처님의 생애 이야기에 많이 나온다는 것이다. 물위를 발이 젖지 않고 걸었다든지, 아난다가 떡 한 덩이를 가지고 부처님·스님들·여승들·남신도들·여신도들에게

---

36) 물론 이전에 부처님을 만나 그의 가르침을 받아들인 두 상인에 대한 기록이 있지만 이들은 아직 승단이 생기기 전에 받아들였으므로 완전히 삼보(三寶)에 귀의한 재가 신도라 할 수는 없고, 구태여 불자라 본다면 '이보(二寶)'에 귀의한 재가 신도라 할 수 있다.

계속 나누어주어도 떡이 그대로 남았다든지 하는 등의 이야기다.37)

여기서 우리가 물어보아야 할 것은 이런 기적이 실제로 일어났는가 일어나지 않았는가 하는 것이 아니다. 중요한 것은 이런 기적적인 능력(riddhi)을 대단한 것으로 여겨 그 능력에 집착하느냐 혹은 그것을 영적 여정에서 자연스럽게 따라오는 자연스런 현상으로서, 이런 현상이 생길 때 그것을 하나의 이정표 정도로 생각할 뿐 그런 것에 집중력을 빼앗기지 않고 하던 대로 정진을 계속하느냐 하는 것이다.

어느 종교에서나 이런 초자연적 현상을 종교 수행이 가져올 최종의 목표로 생각하는 경우, 더욱이 그런 능력을 금전적인 이득이나 정치적 권력을 위해 남용하는 경우, 그 사람은 엉터리(charlatan) 종교인일 뿐 참된 종교인이라고 할 수 없다는 것이 일반적 가르침이다. 예수님도 돌로 떡을 만들거나, 성전 꼭대기에서 뛰어내려도 다치지 않음을 보이라고 했을 때 이를 거절하지 않았던가. 종교의 일차적 목적이 초능력의 획득은 아니라는 뜻이다.

부처님은 '많은 사람의 이익과 행복을 위해' 이들 60명의 제자들을 여러 곳으로 보내 가르침을 전하게 했다. 여기서 주목할 만한 사실은 그 당시로서는 파격적으로 인종, 사회 계급, 성별, 빈부귀천을 가리지 말고 가르치라고 했다는 것이다. 이것이 불교를 '보편 종교'로 태어나게 한 근원이다. 또 하나의 보편 종교인 그리스도교도 초기에 예수님이 "그러므로 너희는 가서, 모든 민족을 제자로 삼아……. 내가 너희에게 명령한 모든 것을 그들에게 가르쳐 지키게 하라."(마태복음 28:19~20)는 분부를 했으리라는 믿음을 가지고 전도에 힘썼다.38)

---

37) 각각 『증일아함』 15, 2와 20, 28.

이런 평등하고 비차별적인 포교 결과로 승가에 들어오려는 사람이 많이 생겼다. 부처님은 이들이 먼 길을 걸어와 일일이 부처님을 직접 만나는 수고를 덜어 주려고 제자들 스스로 승가에 들어오려는 사람의 입단식을 치르도록 했다. 입단식은 먼저 삭발을 하고, 승복으로 갈아입고, 삼보에 귀의함을 세 번 외우는 것이다. 나중에 제도화된 것이지만 이외에도 살생, 도둑질, 거짓말, 음행, 음주 등의 다섯 가지를 금하는 오계(五戒)를 받들겠다는 수계(受戒) 절차도 밟았다. 승가는 전통적으로 사부대중(四部大衆)이라고 하여, 출가한 남자 스님 비구(比丘, bhikṣu)와 여자 스님 비구니(比丘尼, bhikṣuṇī), 재가 남신도 우바새(優婆塞, upāsaka)와 재가 여신도 우바이(優婆夷, upāsikā)로 나누어진다. 이 중 특히 출가 스님들의 경우, 별도로 지켜야 할 세부 계율을 받았는데, 비구는 250계, 비구니는 348계였다.

부처님은 사르나트에서 3개월간의 우기를 보내고 이전에 고행하던 우루벨라로 돌아갔다. 가는 길에 30명의 부잣집 젊은이들을 만났다. 이들은 여자들을 데리고 숲으로 놀러 나왔는데, 여자들 중 한 명이 물건을 훔쳐 도망을 가서 그 여자를 찾던 중이었다. 젊은이들은 부처님께 여자의 행방을 물었다. 부처님은 이들에게 말했다. "젊은이들이여! 그대들은 '여자를 찾아 나서는 것'과 '자신을 찾아 나서는 것', 이 두 가지 중 어느 것이 더 귀하다고 생각하는가?" 이 말을 듣고 30명의 젊은이는 모두 부처님에게 귀의하고 제자가 되었다.

우루벨라에 도착한 부처님은 카샤파(迦葉, Kāśyapa) 삼형제를 만났다.

---

38) 실제로 이 말씀이 예수님 자신의 말씀일 수는 없다는 것이 성서학자들의 일반적 견해다. 중요한 것은 초대 교회가 이런 고백을 통해 보편 종교의 성격을 보였다는 것이다. 졸저 『예수는 없다』, 277~278쪽 참조.

맏이는 제자 500명을, 둘째는 300명을, 막내는 200명을, 그러니까 셋이서 제자 천 명을 거느리고 있었다. 부처님은 강물을 가르고 마른땅을 걷듯 강바닥을 걸어가고 공중으로 떠서 배에 오르는 등, 카샤파 삼형제와 초능력을 겨루었다. 결국 삼형제는 부처님의 능력이 우월함을 인정하고 부처님의 제자가 되었다.

부처님은 카샤파 삼형제 및 그들의 제자들과 당시 인도 최대의 왕국이었던 마가다의 수도 라자그리하(王舍城)로 가서 빔비사라(Bimbisāra) 왕의 영접을 받았다. 빔비사라 왕은 자기가 왕자일 때 다섯 가지 소원이 있었는데 그것은 왕이 되는 것, 아라한이 나라에 오는 것, 세존을 경배하는 것, 세존의 가르침을 받는 것, 세존의 가르침을 이해하는 것이었다고 하고 이 소원이 이제 다 이루어졌다고 했다. 왕은 손수 저녁을 준비해 부처님과 일행을 잘 대접하고, 다음 날 성문 밖의 대나무 숲을 보시해 부처님 일행이 머물게 했다. 이것이 바로 '죽림정사(竹林精舍)'라는 것이다.

부처님 일행은 라자그리하 죽림정사에서 두 달을 보냈다. 이때 부처님의 제자 중 가장 유명한 두 제자가 승가에 들어왔다. 첫째가 '지혜 제일'이라는 사리푸트라(舍利子, Sāriputra)고, 다음이 '신통 제일'이라는 못갈야나(目犍連, Maudgalyāna)다.

녹야원에서 부처님의 설법을 듣고 처음 제자가 된 다섯 비구 중 한 명이 마을로 시주를 받으러 갔는데, 사리푸트라는 그 비구의 맑은 얼굴에 끌려 다가왔다. 그에게서 부처님의 가르침을 간단히 들은 사리푸트라는 법안(法眼)이 열렸다. 그는 친구 못갈야나에게 가서 자신이 들은 이야기를 해 주었는데, 못갈야나도 법안이 열리는 경험을 했다. 둘은 동료 250명과 함께 부처님을 찾아왔다. 이들이 오는 것을 보고, 부처님은 곁에 있던 제자들에게 지금 오는 두 제자는 수제자가 될 자질이 있는 젊은이들이라고 했다. 이 이야기는 성경 「요한복음」에서 나다나엘이 제자가 되기 위해 다가오는 것을 보고 예수님이 "보아라, 저 사람이야말로 참 이스라엘 사람이다. 그에게는 거짓이 없다."(1:47)고 했다는 이야기를 떠오르게 한다.

부처님의 아버지 슈도다나(정반) 왕은 아들이 라자그리하에서 가르친다는 소식을 들었다. 왕은 그에게 사람을 보내 고향을 찾으라는 기별을 전하라고 했다. 그러나 기별을 전하러 간 사람들은 가는 족족 아라한이 되어 세상사에 관심이 없어졌기 때문에 기별 전하는 것마저 잊어버렸다. 이렇게 아홉 명을 보냈지만 다 함흥차사였다. 왕은 부처님과 같은 날 태어났고 어릴 때 함께 놀던 부처님의 이복동생 칼루다인을 부처님께 보냈다. 칼루다인도 아라한이 되어 승가에 들어갔지만, 기별만은 잊지 않고 전했다.

부처님은 죽림정사에서 두 달간의 우기를 보낸 다음, 2만 명의 제자들과 함께 자신의 고향을 찾아갔다. 부처님은 아버지, 양어머니, 부인, 아들, 사촌들, 친구들을 모두 승가의 구성원으로 받아들였다. 특히 부처님의 아들 라훌라(羅睺羅, Rāhula)는 머리를 깎고 출가 비구승이 되었다. 또 부처님의 사촌 아난다(阿難陀, Ānanda)와 아난다의 동생 데바닷다(提婆撻多, Devadatta)도 제자가 되었다.

아난다는 '사랑스러운 제자'로, '다문 제일'이라는 이름에 걸맞게 일생 동안 부처님의 수행비서와 같은 '시자(侍者)' 일을 맡아 성실하게 부처님을 도우며 그의 말씀을 모두 듣고 기억했다. 반면 데바닷다는 나중에 부처님께 승단을 통치할 권한을 양도하라고 요구하고 부처님이 그 요구를 거절하자 부처님을 죽이려고 언덕에서 바위를 굴리고, 좁은 길에서 부처님을 향해 야생 코끼리를 내몰기도 하고, 심지어 승려 500을 이끌고 나가 따로 분파를 만드는 등의 배신행위를 했다.[39] 이발사 출신으로 10대 제자 중 한 사람이 된 '지계 제일'이라는 우팔리(優婆離, Upāli)도 이때 승가에 합류했다.

승가의 구성 이야기를 끝내기 전에 여자가 어떻게 비구니로 승가에 들어오게 되었는가 하는 문제를 거론하지 않을 수 없다. 이 문제는 나중 동아시아 불교사에 지대한 영향을 미쳤기 때문이다. 불교 초기 역사에 의하면, 여자는 일반 재가 여신도는 될 수 있었지만 사원에서 독신으로 사는 비구니는 될 수 없었다. 그렇다면 어떻게 독신 비구니 제도가 생겼을까?

부처님이 성불한 5년 뒤, 부처님의 이모이자 양어머니 마하프라자파티(Mahāprajāpati)가 많은 여자를 데리고 부처님을 찾아와 승가에 들어갈 수 있게 해 달라고 요청했다. 제자 아난다도 부처님의 양어머니를 정식으로 받아들이자고 두 번이나 간청했지만, 부처님은 이를 거절했다. 아난다는 세 번째로 부처님을 찾아가, 양어머니가 부처님을 키울 때 한 고생 등을 상기시키며 다시 설득했다. 부처님은 속으로 생각했다.

---

39) 데바닷다는 '불교의 가롯 유다'라 알려져 있지만, 최근에 나온 책으로 원필성 역음,『데바닷다, 그는 정말 악인이었는가』(운주사, 2004)는 데바닷다가 불교 부파의 분열 과정에서 '주류 불교'에 의해 일방적으로 매도당했을 가능성을 이야기하고 있다. 재미있는 사실은 그리스도교의 가롯 유다도 유대교와의 관계에서 반유대교적 정서를 반영 내지 부추기기 위해 꾸며진 이야기라 보는 견해가 있다. 필자의「세상 죄를 지고 가는 또 하나의 어린양」,『Curo』(2004, 12월호) 참조.

'내가 아난다의 청을 다시 거절하면 아난다의 마음이 산란해지고, 결국 내가 그에게 맡긴 불법이 그의 마음에 혼동을 가져오겠구나.'

부처님은 자신이 가르친 법이 천 년 동안 그대로 보존되어 내려가기를 바랐다. 하지만 아난다를 혼란하게 한다면 그 바람은 이루기 어렵다고 생각했다. 결국 여자들을 받아들이면 불법이 500년밖에 지속되지 못하겠지만, 일단 엄격한 '여덟 가지 규칙(八敬戒)'을 준수한다는 조건으로 양어머니를 비구니로 받아들이게 했다.40)

이 이야기는 좀더 구체적으로 확대되고 전개되어, 여자를 승가에 받아들였기 때문에 불법이 다음의 세 가지 형태로 변질될 것이라는 생각으로 발전했다. 부처님의 법이 부처님이 가르친 그대로, 순수한 '정법(正法)'의 형태로 보존되는 기간은 500년에 불과하고, 그 후에는 불법이 가짜와 뒤섞여 위조지폐처럼 '정법(正法)'과 비슷하기만 한 '상법(像法)'의 형태로 천여 년을 이어가다가, 그 후에는 결국 완전히 변질된 '말법(末法)'의 형태로 떨어지고 만다는 것이다.41)

후대 해석에 의하면, 정법 시대는 교법과 수행과 깨달음 세 가지가 완전히 가능한 시기, 상법 시대는 깨달음은 없고 교법과 수행만 있는 시기, 말법 시대는 깨달음과 수행이 없고 교법만 있는 시기'라 했다. '말법'사상이라는 이 설 때문에 일종의 불교 종말관 같은 것이 등장한 셈이다.

여자를 승단에 받아들이는 것과 관련된 이런 이야기가 역사적으로

---

40) 초기 경전인 『출라박가(Cullavaga)』 XI. 6.
41) 『싸뮤타 니카야(Saṃyutta-nikāya)』 XVI. 13. 정법 시대가 500년 계속될 것이라는 점에는 이설이 없는 반면, 상법 시대와 말법 시대가 얼마나 오래 가느냐 하는 데에는 몇 가지 이설이 있지만 대략 상법 시대 천 년, 말법 시대 만 년으로 보는 것이 통설로 내려온다.

정확한 것이라 보는 학자들은 거의 없다. 이런 반여성적 이야기는 후대 보수적인 불자들이 삽입했을 것이라는 주장이다. 아무튼 이런 이야기는 그것이 역사적 사실인가 아닌가와 상관없이 중요하다. 이 이야기가 중국과 일본에서 새로운 불교 종파가 나오게 하는 계기를 제공했다는 사실 때문이다. 중국에서는 대략 5, 6세기 무렵을 말법 시대의 시작으로 보았다. 그 무렵, 이런 말법 시대의 흑암에서는 종래의 가르침으로 사람들을 구할 수 없다고 주장하며 많은 사람이 새로운 법과 새로운 처방을 들고 나왔다. 이것이 담란(曇鸞, 476~542)의 정토종(淨土宗)과 신란(信行, 540~594)의 삼계교(三階敎) 등 중국 불교 종파들이 생긴 중요한 계기 중 하나다. 마찬가지로 일본에서도 11, 12세기를 말법 시대로 믿고, 이 시기를 전후해서 신란(親鸞, 1173~1262)의 조도신슈(淨土眞宗)와 니치렌(日蓮, 1222~1288)의 니치렌슈(日蓮宗) 등 새로운 종파가 등장했다.42)

비구니 승단까지 생긴 불교 공동체는 점점 커졌다.43) 앞에서 말한 것처럼, 승가는 당시 인습과 달리 사성제도와 같은 차별을 무시하고 누구나 환영했다. 그러나 주로 왕족을 위시한 무사계급, 상인, 수공업인이 부처님을 많이 따랐다. 빔비사라 왕이 죽림정사를 기증한 것 외에도 많은 상인과 귀족이 땅을 기증한 것이 이를 말해 주는 예들이다.

---

42) 이런 종파들에 대해서는 나중에 동아시아 불교를 이야기할 때 별도로 이야기한다.
43) 종교사적으로 볼 때 여성의 독립적인 승단이 성립된 것은 부처님과 동시대에 살았던 마하비라가 창설한 자이나교와 불교에서 처음 있은 일이었다. 또 서울대학교에서 불교철학을 강의하는 조은수 교수에 의하면, 1960년대 불교가 미국에 널리 퍼지게 된 이유 중 하나가 바로 불교가 서양 종교에 비해 이처럼 좀더 양성평등적 경향을 가진 종교로 시작한 것이라 이해한 미국 페미니스트들이 불교를 선호한 까닭일 수도 있다고 한다. 조은수, 「서문에 대신하여」, 『동아시아의 불교전통에서 본 한국 비구니의 수행과 삶』(한마음선원 국제학술대회 프로시딩스, 2004, 5) 20~22쪽, vi~xix. 참조.

입멸(入滅), 부처님의 죽음

부처님의 죽음은 팔리어 경전 『대반열반경(Mahāparinibbāna-sutta)』에 소상하게 나와 있다. 이 경전에 근거해 중요한 대목을 짚어 본다.

부처님이 사람들을 가르치며 45년을 보내고 80세가 되었을 때다. 그때 부처님은 베살리 지역에서 걸식을 하며 가르침을 펴고 있었는데, 석 달 후면 자신은 열반에 든다고 했다. 죽음을 예고한 것이다.

부처님은 가까운 곳에서 금세공을 하는 춘다(Cunda)가 주는 음식을 받아먹고 심한 통증을 느끼기 시작했다. 무슨 음식이었을까? 경전에 나오는 음식 이름의 문자적 뜻 그대로 그것이 돼지고기였다고 하는 사람도 있고, 돼지가 밟고 다니던 밭에서 나온 채소나 버섯 종류라는 사람도 있다. 초기 불교에서는 채식을 위주로 했지만, 채식이 절대적 의무는 아니었다. 걸식을 할 때는 주는 대로 다 먹었다. 따라서 돼지고기를 먹었을 수도 있다. 아무튼 부처님은 통증을 느끼며 쿠시나가라(Kuśinagara)로 옮겨 갔다.

가까운 강에서 목욕을 한 부처님은 잠깐 쉬면서 아난다에게, 춘다가 자기가 준 음식 때문에 부처님이 아프다고 생각하지 않도록 잘 말하라고 일러 주었다.

그 후 부처님은 쿠시나가라 성 밖에 이르러 큰 나무 사이에 자리를 잡았다. 머리는 북쪽으로 두고 오른쪽 옆으로 누웠다. 갑자기 나무에 꽃이 피고, 꽃잎이 부처님 위로 떨어졌다. 하늘에서는 아름다운 음악과 노랫소리가 들렸다. 하늘의 신들도 이 순간이 슬퍼 울었다. 부처님은 이런 것도 좋지만 제자들이 진리를 올바로 실천하는 것보다 그를 더 기쁘게 하는 일은 없다고 했다. 사도 요한이 "내가 내 자녀들이 진리 안에서 행한다 함을 듣는 것보다 더 즐거움이 없도다."(요한3서 4절)고 한 말을 생각나게 하는 대목이다. 부모나 사람을 가르치는 사람이라면 누구나 갖는 공통적 심정일 것이다.

부처님은 제자들에게 승단의 장래, 장례식의 절차, 제자들의 수행 등을 지시하고 위로의 말을 했다. 아난다는 몹시 슬퍼 잠시 자리를 떠나 울음을 터뜨렸다. 부처님은 아난다를 불러 "모든 것은 변하고 후폐할 수밖에 없느니라. 아난다야! 무엇이건 어찌 없어지지 않을 수 있다고 생각하느냐?"고 위로했다. 또 아난다에게 더욱 열심히 정진하여 완전한 자유를 얻으라며 용기를 주고, 그동안 아난다가 자신에게 보여 준 진심 어린 보살핌에 대해 칭찬하는 말을 했다.

이때 '수바다라(須跋陀羅, Subhadra)'라는 사람이 부처님을 뵙겠다고 간청했다. 그는 설법을 듣고 제자가 되었는데, 부처님 생애 마지막 제자가 된 셈이다.

부처님은 다시 아난다를 향해 말했다.

"너는 '스승의 가르침이 끝났구나. 이제 우리에게는 스승이 없다'고 생각할지도 모르겠다. 하지만 아난다야! 그렇게 생각하면 안 된다. 내가 너희에게 가르치고 설명한 것, 진리와 계율이 내가 가고 난 뒤에는 바로 너희의 스승이 되리라."

그리고 나서 제자들에게 불·법·승 어느 것이든 의심이 들거나 불확실한 것이 있으면 물어보라고 세 번씩이나 말했다. 아무도 물어보는 이가 없자, 드디어 마지막 유언을 남겼다.

"모든 것은 덧없다. 게을리 하지 말고 부지런히 정진하여라."

부처님은 이 말을 남기고 성불할 때 들었던 것과 같은 선정에 들었다가 고요히 숨을 거두었다.44) 그 순간 큰 지진이 나고 엄청난 천둥소리가 들렸다. 불교에서는 부처님의 죽음을 '대열반(mahāparinirvāṇa)에 드셨다'고 하거나 '입멸(入滅)하셨다'고 표현한다.

제자들의 반응은 두 가지였다. 아직도 완전한 깨달음에 이르지 못한 제자들은 부처님의 죽음이 너무나 빨리 왔다며 슬퍼하고 통곡했다. 깨달음에 이른 제자들은 "만사는 덧없는 것. 어찌 없어지지 않을 수 있겠는가." 하며 죽음을 그대로 받아들였다. 특히 부처님의 사촌이며 지도자 격인 아누룬다(Anurunddha)는 이렇게 말했다.

"형제들이여, 이제 됐소. 그만 울고, 그만 통곡하시오. 세존께서 친히 말씀하지 않으셨소? 우리 주변 원근에 있는 모든 것의 본성에 따라, 우리는 그런 것들과 갈라서고 이별하고 떠나야 하는 것이라고."

죽음에 대한 불교의 기본 태도를 볼 수 있는 대목이다. 부처님과 깨달음에 이른 제자들은 죽음을 인간이 거쳐야 하는 자연스러운 과정으로 여긴다. 이런 불교적 태도를 더욱 생생하게 보여 주는 극적인 이야기가 있다.

키사 고타미(Kisā Gotamī, 가녀린 여인 고타미)라는 여인이 있었다. 아들을 낳았는데, 아장아장 걷기 시작할 무렵 병이 들어 죽고 말았다. 여인은 죽은 아기를 허리춤에 끼고 사방을 다니며 아기를 살릴 수 있는 약이 있냐고 사람들에게 물었다. 어떤 사람이 아기를 살릴 약을 알 수 있는 사람은 부처님밖에 없으니 부처님께 가 보라고 했다.

고타미를 본 부처님은 말했다.

---

44)『디가 니카야(Dīgha-nikāya)』 II. 154~156. 길희성 외 역,『경전으로 본 세계종교』(전통문화연구회, 2001), 577쪽.

"약을 구하러 여기까지 잘 찾아 왔소. 이제 동네로 가서 겨자씨를 얻어 오시오. 단, 가족 중에 죽은 이가 없는 집에서 얻어 와야 하오."

여인은 기쁜 마음으로 동네로 가서 겨자씨를 구했다. 겨자씨를 얻고 돌아서서 "이 집에서 죽은 사람이 없나요?" 하고 물어보면 모두 전에 누구누구가 죽었다고 대답했다. 동네를 다 돈 여인은 죽음의 실상을 보게 해 준 부처님의 자비심을 깨달았다. 여인은 아기를 공동묘지로 안고 가서 눕힌 다음 아기의 손을 잡고 말했다.

"아기야, 나는 너만 죽은 줄 알았다. 그러나 너만이 아니구나. 누구나 다 죽을 수밖에 없는 것을."

여인은 아기를 두고 돌아가 부처님의 제자가 되었다.45)

소크라테스나 장자 같은 성현도 죽음을 모든 것에 내재한 하나의 불가피한 과정으로 보고 그것을 담담하게 받아들이거나 심지어 환영하기까지 했다. 특히 장자는 죽음을 계절의 변화처럼 자연스러운 현상으로 끌어안아 죽음을 이기는 '안명(安命)'을 강조했다. 이 모두가 십자가 위에서 죽음을 맞으며 "나의 하나님, 나의 하나님, 어찌하여 저를 버리시나이까?" 하는 예수님의 처절한 절규와 극명한 대조를 이룬다. 예수님이 가장 인간적이었기 때문일까? 물론 예수님의 이런 울부짖음도 죽음 자체에 대한 두려움이 때문이라기보다, 그가 하느님을 가장 필요로 할 때 하느님이 자신과 함께 하지 않았다는 절망감의 반응이라고 볼 수도 있다.46)

---

45) Thomas, 앞의 책, pp.110~111. 한 가지 재미있는 사실로 중국에서는 이 부분을 번역할 때 그 여인이 마을로 돌아가 집집을 방문하면서 사람들의 위로를 받아 사별의 슬픔을 이긴다는 뜻으로 풀이해 공동체의 중요성을 강조했다고 한다. 필자가 2004년 여름 서울에서 열린 국제과정사상 학회에 참석했을 때 하와이대학교 Roger T. Ames 교수에게 직접 들은 것이다.
46) 하비 콕스, 오강남 옮김, 『예수 하버드에 오다』(문예출판사, 2004), 400~412쪽 참조.

부처님이 입멸한 다음 날 아난다는 주위 성읍에 있는 사람들에게 기별을 전했다. 사람들은 모여 춤을 추고 음악을 연주하며 꽃다발과 향을 바쳤다. 시신을 새 천과 솜으로 겹겹이 싸, 향유통에 모시고 6일간 애곡한 다음, 7일째 되는 날 화장을 하고, 그 재를 열 나라에 나누었다. 부처님의 지시대로 그것을 봉안하기 위해 네거리 모퉁이에 봉분을 만들었다. 이것을 '스투파(stupa)'라고 하는데, 여기에서 한문의 탑파(塔婆)라는 말이 나왔고, 줄여서 탑(塔)이 되었다. 스투파는 처음에 둥그런 무덤 형태였다. 하지만 곧 여러 모양으로 화려하게 꾸며지고 일반 신도들의 순례와 경배의 대상이 되었다. 그중 가장 유명한 것이 산치와 바르후트에 있다.

중국에는 벽돌로 만든 전탑(塼塔), 한국에서는 화강암으로 만든 석탑(石塔), 일본에서는 나무로 된 목탑(木塔)이 많다. 부처님의 유골을 봉안한 것으로 알려진 것을 진신 사리탑, 부처님의 말씀인 경전을 담은 것을 법신 사리탑이라고 한다.

'사리(śarīra)'는 몸이라는 뜻으로 처음에는 부처님의 몸을 화장하고 남은 유골을 뜻했지만, 요즘은 입적한 고승들의 몸을 화장한 뒤에 나오는 작은 구슬 모양의 결정체를 일컫는다. 엄격하게 구별하면 스님의 몸에서 나온 사리는 '승 사리(僧舍利)'라고 해야 한다.

Ⅱ. 인도 불교의 발전과 쇠망

초기 인도 불교

불교 경전의 성립

불교 경전을 '삼장(三藏, Tripiṭaka)'이라고 부른다. 왜 그렇게 부르는가? 부처님 입멸 후 제자들은 부처님이 실제로 무슨 말씀을 하셨는지 분명히 하고, 그것을 하나로 모아 둘 필요를 느꼈다. 부처님의 말씀을 공식적으로 모으는 작업을 '결집(結集, saṅghīti)'이라고 하는데, 역사적으로 몇 차례 이런 결집이 있었다. 결집이라고 해서 기록된 문헌을 모아 책으로 낸 것은 아니었다. 당시에는 글로 쓴 불교 문헌이 없었기 때문이다. 결집에 해당하는 산스크리트어 '상기티'는 문자적으로 '암기' 혹은 '합송(合誦)'을 의미한다. 중구난방 따로따로 외우지 말고, 외울 것을 공식적으로 확정한 뒤에 모두 함께 외우고 구전(口傳)으로 후세에 전하자는 의미가 있다.

제1차 '결집'은 부처님 입멸 직후 마가다국의 수도 라자그리하에서 있었다. 500명의 제자가 모였고, 모임의 지도자는 마하카샤파였다. 그는 먼저 부처님의 제자 우팔리에게 부처님의 말씀 중에서 특히 승단의 규범이나 규례와 관계있는 것을 모두 읊으라고 부탁했다. 이렇게 승단과 관계있는 부처님의 말씀을 율(律, Vinaya)이라고 했다.

이어서 마하카샤파는 부처님과 일거수일투족을 함께 한 부처님의 사촌이자 제자, 보좌관이며 시자(侍者)였던 아난다에게 앞서 우팔리가 읊은 것 외에 부처님이 하신 모든 말씀을 읊어 달라고 부탁했다. 아난다는 "이와 같이 나는 들었다.(如是我聞, Evaṃ mayā śrutam) 부처님이 언제, 어디서, 누구에게 말씀을 하셨다."는 말로 시작해, 부처님께 들은 모든 것을 다 읊었다. 이렇게 아난다가 일러 준 부처님의 말씀을 경(經, Sūtra)이라고 했다.[1]

초기 경전 중 팔리어로 된 것을 '니카야(Nikāya)'라고 한다. 니카야는 디가 니카야(Dīgha-nikāya, 長部), 마지마 니카야(Majjhima-nikāya, 中部), 싸뮤타 니카야(Saṃyutta-nikāya, 相應部), 앙구타라 니카야(Aṅguttara-nikāya, 增支部), 쿠다카 니카야(Khuddaka-nikāya, 小部)의 다섯 부분으로 이루어졌다. 산스크리트어도 된 것은 '아가마(Āgama)'라고 한다. 아가마는 4, 5세기경 한문으로 번역되었고, 이것이 『아함경(阿含經)』이다. 『아함경』은 장아함(長阿含), 중아함(中阿含), 증일아함(增一阿含), 잡아함(雜阿含) 네 부분으로 이루어졌다.

우리에게 너무나 익숙한 『법구경(法句經)』은 팔리어 경전 『쿠다카 니카야(Khuddaka-nikāya, 小部)』에 속한 경전으로, 부처님의 말씀을 약 400개의 짧고 아름다운 운문 형식의 문장으로 정리해 놓은 『담마파다

---

1) 아난다의 기억력과 같이 기막힌 기억력을 영어로 'photographic memory(사진기 같은 기억력)' 이라고 한다. 학생들에게 이런 기억력이 있냐고 물어보면 없다고 한다. 나는 이런 기억력이 있다고 일단 큰 소리를 친다. 그리고 조금 있다가, "그런데 필름이 낡아서……." 한다. 옛날에는 책 없이 모두 기억에 의존했기 때문에, 아난다뿐만 아니라 대부분 사람들의 기억력이 지금과 비교할 수 없을 정도로 좋았다. 뿐만 아니라 경전의 내용도 틀에 박힌 듯 일정해서 기억하기에 비교적 쉽도록 정리되어 있다.

(Dhammapada)』를 한역한 것이다. '담마파다'는 '진리의 길' 혹은 '진리의 말씀'이라는 뜻이다.

팔리어 본에서 몇 군데 인용한다.

> 경전을 아무리 많이 외워도 게을러 실천하지 않으면, 남의 소를 세는 목동과 같아 종교적 삶에 보람을 찾지 못하리.(I. 9.)
>
> 잠 못 이루는 사람에게는 밤이 길고, 지친 사람에게는 갈 길이 멀듯, 진리를 알지 못하는 사람에게는 삶의 사슬이 길기만 하다. (V. 1.)
>
> 어리석은 사람은 "이 자식들이 나의 것이다, 이 재산이 나의 것이다." 한다. 자기 자신도 자기 것이 아닌데 어찌 자식이나 재산이 자기 것이랴.(V. 2.)
>
> 어리석은 사람은 한평생 어진 사람과 가까이 해도 진리를 알아볼 수 없다. 숟가락이 그 국 맛을 모르듯.(V. 5.)
>
> 지혜로운 사람은 한순간 어진 사람과 가까이 해도 진리를 알아볼 수 있다. 혀가 그 국 맛을 알듯.(V. 6.)
>
> 육중한 바위가 바람에 흔들리지 않듯, 지혜로운 사람은 비난과 칭찬에 움직이지 않는다.(VI. 6.)[2]

---

[2] 이상은 S. Radhakrishnan, tr., *The Dhammapada* (Oxford: Oxford University Press, 1950)에서 인용.『법구경』의 영어 번역은 100여 종이 있다. 최근의 번역으로 Glenn Wallis, tr., *The Dhammapada: Verses on the Way* (New York: Modern Library, 2004), Gil Fronsdal and Jack Kornfield, trs., *The Dhammapada: a New Translation of the Buddhist Classic With Annotations* (Boston: Shambhala, 2005) 등이 있다.『법구경』에는 예수님의 산상수훈을 생각나게 하는 것이 많다. 한 예로, "다른 이들의 잘못이나 허물을 보지 말고, 먼저 자신의 잘못이나 허물을 볼지어다."(IV. 7.) 하는 것은 "어찌하여 너는 남의 눈 속에 있는 티는 보면서, 네 눈 속에 있는 들보는 깨닫지 못하느냐?"(마태복음 7:3)고 한 예수님의 말이 떠오르게 한다. 같은『쿠다 니카야』에 속한 것으로 "무소의 뿔처럼 혼자서 가라"는 말 때문에 비교적 잘 알려진『숫타니파타 (Sutta-nipāta, 經集)』가 있다.

경과 율에 이어 부처님의 가르침 중 특별한 문제나 주제에 더욱 상세하고 체계적인 해설을 덧붙였다. 전통적으로는 그것도 아난다가 외운 것이라고 하지만 실제로는 새로운 의식과 이해를 가진 후대의 학승들이 체계적으로 주석한 것이라 본다. 이런 주석을 따로 모아 논(論, Abhidharma)이라고 했다.

이렇게 하여 불전은 '경·율·론'을 갖추게 되었고, 이 때문에 '세 개의 바구니'라는 뜻의 '트리피타카(tripiṭaka)'라 부르게 되었다. 이를 동아시아에서는 '삼장(三藏)'이라고 한다.

부파(部派)불교의 출현

부처님 입멸 후 열린 제1차 결집 이후 100년이 지난 기원전 390년 무렵, 베살리에서 제2차 결집이 있었다. 승가의 몇 가지 사소한 규율을 놓고 전통을 그대로 따를 것이냐 새로운 환경과 필요에 따라 바꿀 것이냐 하는 문제를 논의하는 모임이었다. 예를 들어, 비구들은 어떤 음식도 보관하면 안 되는데 소금은 예외로 할 수 있는가, 정오 이후에는 식사를 금하는데 해가 서쪽으로 어느 정도 기울 때까지는 허용해야 하지 않겠는가, 특수한 보시를 받는 것을 허용해야 하는가 하는 것 등 열 가지였다.

700명의 지도자들이 모여 엇갈린 의견을 하나로 모으려고 했지만 뜻을 이루지 못하고 승가는 결국 동서로 갈렸다. 전통을 바꿀 수 없다고 주장하는 보수 스님들은 상좌부(上座部, 산스크리트어로 Sthaviravāda, 팔리어로 Theravāda)가 되고, 조금은 바꿀 수 있다고 주장하는 진보 스님들은 대중부(大衆部, Mahāsaṅghika)가 되었다. 그 이후 분열은 계속되어 상좌부 내부에서도 여러 가지 엇갈린 의견에 따라 설일체유부(說一切有部, Sarvāstivāda) 등의 12개의 부파(部派)가 생겨나고, 대중부 역시 교리의 세부적 차이 때문에 설출세부(說出世部, Lokottaravāda) 등의 6개 부파가 생겼다. 이렇게 불교는 역사적 출현 이후 곧 18개 이상의 부파로 나뉘어 갔다. 상좌부와 대중부의 가장 큰 차이점은, 상좌부가 부처님의 말씀을 최종적이며 절대적인 권위로 받든 데 비해 대중부는 이를 인정하지 않은 것이다.

상좌불교의 근본 가르침은 무엇이었을까? 상좌불교의 근본 가르침과 수행법은 기원전 5세기 중인도 마가다국 출신으로, 스리랑카에서 불교에 지대한 공헌을 하고 말년에 고향으로 돌아온 승려 붓다고사(佛音, Buddhaghoṣa)의 『비수디막가(清淨道論, *Visuddhimagga*)』에 가장 명쾌하게 정리되어 있다.

동남아시아 상좌불교의 수행 안내서로 가장 대표적인 『비수디막가』는 '팔정도'에 나타난 '계·정·혜'를 '청정'을 위한 가르침이라고 주장하고, 이를 정교하고 체계적으로 해설한 다음, 이를 올바로 실천하여 청정에 이르는 것이 곧 니르바나에 이르는 길임을 강조하고 있다. 이렇게 하여 니르바나에 이른 사람이 '아라한'으로 무한한 자유를 누리며 사는 사람이고, 이런 사람이 되는 것이 종교적 이상이라고 했다.[3]

대중부도 여러 파에서 다양한 가르침을 주장했지만, '부처님에 대한

---

3) 이 책의 영어 번역으로 Buddhaghosa, *The Path of Purification* (*Visuddhimagga*), tr. by Nanamoli Thera (Berkeley, CA: Shambhala Publication, 1976) 참조. 한국어 번역으로는 초기불전연구원 엮음, 『청정도론』(전3권, 초기불전연구원, 2004년)과 범라 옮김, 『위숟디 막가―청정도론』(전2권, 위빠싸나, 2003)이 있음.

이론', 곧 '불타론(Buddhology)'을 새롭게 부각시킨 것이 흥미롭다. 초기 불교가 부처님을 우리에게 깨달음에 이르는 길을 가르쳐 준 스승으로 본 것에 비해, 대중부는 부처님을 우주적 존재로 보았다. 인간과 함께 먹고, 마시고, 걷고, 가르치고, 잠자던 역사적 존재로서의 부처님은 인간의 눈에 그렇게 '보였을 뿐' 존재론적 실체가 없다는 것이다. 인간의 영적 유익에 도움을 주려는 교육적 목적에서 그렇게 나타나 보였을 뿐 진짜 부처님은 이 세상이나 육체적인 것과 직접적인 관련이 없는 '초월적 부처(Supramundane Buddha 혹은 산스크리트어로 lokottara Buddha)'라는 주장이었다. 이런 주장 때문에 대중부 부파 중 이런 주장을 하는 이들을 일컬어 '설출세부(說出世部, Lokottaravāda)'라고 한다.

설출세부의 이런 주장은 초기 영지주의적(Gnostic) 그리스도인들 사이에서, 육체를 가진 예수님이란 모든 것의 근본인 우주 의식에서 유출된 하나의 '환영(幻影)'으로서, 인간에게 그렇게 나타나 '보였을 뿐' 그 자체로 실체가 없다고 주장하던 '가현설(假現說, Docetism)'과 유사한 점이 있다.

제3차 결집은 2차 결집 이후 150년이 지난 기원전 247년에 그 유명한 아쇼카(阿育, Aśoka) 성황의 주선으로 열렸다. 상좌부 내 여러 파의 이견을 조정하기 위한 것으로 상좌부 스님 1,000명이 모였다. 특기할 것은 제3차 결집에서 불경을 '문자화'하기 시작했다는 것이다. 물론 이때 문자화한 불경이 지금까지 내려오는 불경의 원본이라고는 할 수 없다. 현존하는 불경은 그 이후 계속된 변형과 발전의 결과물로 보아야 할 것이다. 예를 들어, 부처님의 가르침 중 최고층(最古層)을 담고 있는 현존 팔리어 경전 중에 아쇼카 왕의 석주 비문에 상응하는 내용을 찾을 수 없다. 학자들은 현존하는 팔리어 경전이 문자로 확정된 시기를 대략 기원후 5세기경이라 보는 것이 보통이다.

　3차 결집 이후 몇 세기가 지나 대승불교가 생기면서, 상좌부 경전과 상관없이 『반야경』, 『법화경』, 『화엄경』, 『아미타경』 등의 대승경전들이 계속 편찬되어 불교 경전은 더욱 방대해졌다. 동아시아에서는 불경 모음에 인도에서 전해진 경·율·론 외에 동아시아 고승들의 저술까지 포함시켰는데, 이런 방대한 분량의 불서를 통틀어 대장경(大藏經)이라 한다.

　불경의 성립 과정은 어느 면에서 성경의 성립 과정과 비슷하다. 성경도 처음에는 여러 독립된 구전으로 내려오다가 나중에 문자화되었으며 문자화된 뒤에도 독립적으로 돌아다녔다. 그리스도인이 '구약'이라고 부르는 히브리어 성경은 유대인 학자들이 기원후 90년경 팔레스타인 얌니아(Jamnia)에 모여 지금의 형태로 확정 지었고, 신약은 367년에 알렉산드리아의 주교 아타나시우스(Athanasius)가 그때까지 떠돌던 복음서 등 여러 문서 중 27권을 선정해 그 권위를 인정했는데, 이것이 4세기 말 신약성경 '정경'으로 확정되었다. 그리스도인은 유대인의 히브리어 성경을 '구약', 그 이후에 생겨난 것을 '신약', 이 둘을 합해 '성경'이라고 부른다. 불경이든 성경이든 처음부터 오늘 우리가 보는 책으로 인쇄되어 전해 내려온 것이 아니다. 오랜 기간 구전되다가 문자화되었고, 인쇄술이 발명되기 전까지는 한 권 한 권 필사되어 전해졌기에 어쩔 수 없이 사본마다 약간씩 다를 수밖에 없다. 불경이든 성경이든 일점일획의 오류가 없다는 말은 적어도 그 본문을 두고서는 성립할 수 없는 주장이다.

여기서 제3차 모임을 주선했고 초기 불교 발전에 지대한 영향을 끼친 아쇼카 왕에 대해 잠깐이나마 언급하지 않을 수 없다. 인도 불교는 기원전 3세기 인도 대륙의 대부분을 다스리던 아쇼카 왕이 기원전 297년 불교로 개종하면서 새로운 전기를 맞았다. 왕은 불교로 개종했지만 계속되는 전쟁으로 살생을 피할 수 없었다. 특히 인도의 통일을 위해 남방의 칼링가(Kaliṅga)를 정벌하면서 수십만 명이 죽고 다치는 것을 보고 마음은 통회로 가득 찼다. 이제부터는 진정으로 불법을 따르고 사랑하며 가르치는 일에 전념하겠다고 결심했다. 이른바 '진리의 다스림'으로 세상을 정복하겠다는 것이다.

'진리의 정복'을 위해 아쇼카 왕은 동남아시아 여러 나라로 포교사를 보내고, 인도 내의 기록일 뿐 역사적 사실로 입증되지는 않았지만, 멀리 시리아, 그리스, 이집트에도 포교사를 보냈다고 한다. 심지어 자신의 아들과 딸을 스리랑카로 보내 불법을 전하게 했다고도 한다. 불교를 인도인의 종교에서 '보편 종교'로 변화시킨 셈이다. 그 외에도 여행자를 위한 휴식처, 병든 사람과 동물을 위한 병원, 고아원과 양로원, 학교 등을 세우는 사회사업에도 열심이었다. 모든 사람에게 평등과 비폭력(ahimsā)의 원칙을 실천하라고 가르쳤다. 자신도 사냥하는 습관을 버리고 부처님의 사적을 찾아 순례하는 일로 대신했다. 궁중에서도 채식을 했고 동물을 제물로 드리는 일을 금했다. 본래 10개의 스투파에 봉안되어 있던 부처님의 유골을 스투파 8만 4천 개를 다시 만들어 그곳에 나누어 봉안하도록 했다.

특히 관심을 끄는 대목은 아쇼카 왕이 나라 안에 있는 모든 종교가 서로 협력하고 화목할 것을 강조했다는 사실이다. 그는 이런 자신의 생각을 칙령(勅令) 형식으로 전국 곳곳의 바위, 동굴, 돌기둥(石柱)에 새겨 놓았다. 현재 발견된 34종 중 유명한 것 하나를 인용하면 다음과 같다.

> [과인 아쇼카 왕은] 모든 종교인을, 그들이 수도인이든 평신도든, 한결같이 존경하노라. 과인의 선물이나 존경심보다 더욱 중요한 것은, 과인이 모든 종교의 기본 교리를 옹호한다는 것이리라. 기본 교리는 각 종교마다 다를 수 있으므로……. 자신의 종교는 자랑하고 남의 종교를 비판하는 일을 삼가야 하리. 이렇게 삼가면 자신의 종교도 강화시키고 남의 종교도 돕는 일이 되나, 그렇지 않으면 자신의 종교에도 해를 주고 남의 종교에도 도움을 주지 못한다. 자신의 종교를 선전하느라 남의 종교를 비하하는 것은, 그것이 맹목적인 충성에서 나왔든, 자신의 종교를 더욱 돋보이게 하려는 의도에서 나왔든, 자신의 종교에 오히려 더욱 큰 해악을 가져다줄 뿐이다. 조화가 최선이라. 모두 다른 사람의 가르침에 귀 기울이고 존경하도록 할지라……. 그리하면 자신의 종교도 발전하고 진리도 더욱 빛나리.(제12석주 비문)

흔히 아쇼카 왕을 기원후 313년 밀라노 칙령을 공표하여 그리스도교를 신봉할 자유를 허락한 로마 황제 콘스탄티누스와 비교한다. 표면적으로 비슷한 점이 많은 것이 사실이다. 그러나 아쇼카 왕도 정치적 지도자였던 만큼 정치적 관심에서 완전히 자유로웠다고는 할 수 없지만, 콘스탄티누스 황제의 경우, 개인적 신앙심이나 보편적 가치에 대한 확신보다 그리스도교를 오로지 통치를 위한 수단으로 이용하려고 한 정치적 의도에 있어서 아쇼카 왕과 비교할 수 없을 정도로 강했다고 볼 수 있다.

중국인 중에는 중국에 불교를 일으킨 양 무제(梁武帝)를, 일본인 중에는 일본에 불교를 정착시킨 쇼도구다이시(聖德太子, 574~622)를 아쇼카 왕에 비견할 만하다고 보는 이들이 많다. 한국에서는 누가 아쇼카 왕과 견줄 만할까? 신라 시대 불교를 흥기시키려고 한 법흥왕일까? 불교와 직접적인 관계는 없지만 세종대왕 같은 분일까?

독일의 종교사학자 프리드리히 하일러(Friedrich Heiler)는 아쇼카 왕을 두고 '세계 역사에서 가장 숭고한 사람 중 하나'라고 했다. 실로 나라를 관용과 진리로 다스린 아쇼카 왕은 그 후 불교를 받아들인 모든 국가 지도자들이 본받으려고 애쓴 귀감이었다. 불교 위정자뿐만 아니라 우리 스스로도 2천 3백 년 전에 이미 종교 간의 관계에 이렇게 트인 마음을 가진 사람이 있었다는 사실 앞에서 이웃의 종교에 대해 지금 어떤 태도를 취하고 있는가 다시 한 번 자성하지 않을 수 없다.[4]

---

4) 아쇼카 왕에 대해서는 Anuradha Senevirratna, ed., *King Asoka and Buddhism* (Buddhist Publication Society, 1995)와 N. A. Nikam and Richard McKeon, eds., *Edicts of Asoka* (Chicago: University of Chicago Press, 1978) 참조할 것.

큰 수레, 대승불교의 등장

 기원전 1세기경 인도 서북부를 중심으로 대승불교(大乘佛敎)가 출현했다. 대승불교는 초기 부파불교의 사변적, 개인적, 소수 엘리트 중심적 성향에 반대하는 진보적 승려들이 일으킨 일종의 혁신 운동이다. 초기에는 별도로 대승불교를 세운다는 자각도 없이 시작했다가 뒤에 자신들은 여러 사람을 차안(此岸)에서 피안(彼岸)으로 실어 나르는 '큰 수레(大乘, Mahāyāna)'인 데 반해 부파불교는 '작은 수레(小乘, Hīnayāna)'라고 했다. '소승'이라는 말에는 이처럼 본래 경멸하는 뜻이 들어 있다. 동남아 소승불교 국가에서 온 스님을 상좌(Theravāda) 스님이라고 하지 않고 소승(Hīnayāna) 스님이라고 부르는 것은 우리의 의도와 상관없이 옳지 않은 일이다.

 이렇게 하여 생긴 대승불교의 가장 큰 종교적 특징은 보살(菩薩, bodhisattva)사상을 발전시킨 것이다. 이런 의미에서 대승불교를 '보살승(Bodhisattvayāna)'이라고도 한다. '보살'은 '깨침(bodhi)을 위한 존재(sattva)', 곧 깨침을 구하거나 깨침 속에 있는 존재라는 뜻이다. 대승불교 신봉자들은, '소승'은 자신의 구원에만 관심이 있어서 개인적 수행으로 '아라한'이 되려는 것을 목표로 삼는 데 반해, 자신들은 모든 사람이 구원받는 보편적 구원을 위해 희생하는 '보살'이 되는 것을 종교적 이상으로 삼는다고 한다. 보살은 열반에 들 자격이 충분하지만 중생의 아픔을 자신의 아픔으로 여기는 자비(慈悲, karuṇā)의 마음 때문에 나보다 남을 먼저 피안(彼岸)으로 보내려고 자원해서 이 사바세계에서 고통당하는 사람들과 함께하며 그들을 돕는 존재다. 그야말로 철저히 '남을 위한 존재(being for others)'인 셈이다.

곁이야기 셋.

지옥에 간 테레사 수녀

알바니아에서의 안락한 생활을 마다하고 인도 콜카타(캘커타) 빈민들을 돕는 데 일생을 바친 마더 테레사 수녀가 죽어서 지금 지옥에 가 있을 것이라는 이야기가 있다.

이게 무슨 말인가? 테레사 수녀가 교회를 잘못 선택했기 때문일까? 그리스도교의 어느 복잡한 교리를 받아들이지 않았거나 잘못 이해했기 때문일까?

그럴 것 같지는 않다. 성경에 보면 심판의 날 양과 염소를 가르는데 '네가 어느 교회에 속했었나', '네가 삼위일체를 제대로 알고 있었는가'가 아니라 '사람들이 배고플 때 먹을 것을 주었는가', '목마를 때 마실 것을 주었는가'를 기준으로 삼는다고 한다. 이런 기준에 따라 천당에 간다면 테레사 수녀보다 더 자격이 있는 사람이 어디 있겠는가.

그렇다면 무슨 이유로 그가 천당이 아니라 지옥에 있을 것이라는 말이 나오는가. 테레사 수녀의 사랑과 자비 때문이다. 사랑이란 남을 내 몸 같이 여기는 것이고 자비란 남의 아픔을 나의 아픔으로 여기고 함께 아파하는 것이다. 사랑과 자비로 가득했던 테레사 수녀가 어찌 지옥에서 고통당하는 많은 사람을 외면하고 혼자 하늘나라에서 안락한 삶을 누리고 있을 수 있겠는가. 도저히 참지 못하고 지옥행을 자원했을 것이라는 얘기다.

그야말로 뼈 있는 농담이다. 가만히 생각해보면 많은 사람의 경우 종교 생활을 하는 것은 결국 천당에 가기 위함이다. 그러나 진정으로 사랑과 자비를 실천하는 마음이라면 나만 천당에 가겠다고 할 수 없다는 사실을 발견하게 된다. 무슨 일이 있어도 나만은 천당에 가야겠다는 마음이라면 오히려 그 마음 때문에 천당에 갈 수 없을 것이다. 남의 고통을 외면하고 나만 잘 살겠다는 이기적 마음을 가진 사람이 어떻게 천당에 갈 자격이 있겠는가.

이번 이라크 전쟁에서 유명해진 페르시아 만 해안 도시 바스라에서 1,200년 전에 살았던 이슬람 성녀 라비아의 기도가 생각난다.

"오, 주님, 제가 주님을 섬김이 지옥의 두려움 때문이라면 저를 지옥에서 불살라 주옵시고, 낙원의 소망 때문이라면 저를 낙원에서 쫓아내 주옵소서. 그러나 그것이 주님만을 위한 것이라면 주님의 영원한 아름다움을 제게서 거두지 마옵소서."

2003. 6. 20. 동아일보

보살의 길

대승불교가 보살사상을 강조하면서 '보살의 길'이라는 대승불교 나름대로의 새로운 구원론(soteriology)이 생겼다. 보살이 되는 구체적인 방법을 제시한 것이다. 이것은 지금까지 상좌불교에서 강조하던 '사제팔정도'나 '삼학'을 새로운 시대에 맞도록 정교하게 확장한 수행법을 개발했다는 뜻이다. 한 가지 기억할 것은 상좌불교에서는 궁극 목표를 위한 수행이 기본적으로 승려를 위한 것이지만, 대승불교 보살의 길은 승려뿐만 아니라 평신도에게도 해당된다는 점이다.

그럼 '보살의 길' 혹은 '보살도'란 구체적으로 무엇일까? 여러 단계의 발전을 거쳐 형성된 보살의 길은 대략 다음의 여섯 가지로 구성되었다. '1) 진리를 들음, 2) 깨우치겠다는 마음을 일으킴, 3) 구체적인 결의를 다짐함, 4) 확신을 보장받음, 5) 여섯 가지 실천 사항을 완성함, 6) 열 계단을 오름'이다. 이제 이를 간략하게 설명한다.

첫째, 부처님이나 다른 보살, 친구에게 교훈을 듣는 것이다. 교훈을 들으면 선한 일을 하려는 마음이 생긴다. 교훈은 마음에 덕의 씨앗을 심고 선이 뿌리내리게 한다. 이런 훌륭한 교훈과 쌓은 선업에 힘입어 둘째 단계로 넘어간다.

둘째, '깨우치겠다는 마음을 일으키는 것(bodhicitta-utpāda)'이다. 이른바 '발보리심(發菩提心)'이다. 구체적으로 '위로는 자신의 깨침을 구하고, 아래로는 사람들을 교화함(上求菩提 下化衆生)'의 이상을 추구하는 마음이다. '자신을 이롭게(自利) 하고 남을 이롭게(他利)' 하는 것이다. 그러나 이 둘이 결국 하나라는 사실을 깨닫게 된다. 자신이 깨우쳐야 다른 사람을 교화할 수 있고, 다른 사람을 교화하기 위해서는 자신이 깨우쳐야 한다는 뜻이기도 하지만, 더욱 중요한 이유는 궁극적으로 자신과 남이라는 구별이 사라짐을 깨달아 알기 때문이다. 이런 마음을 일으키는 것만으로도 과거의 모든 악업은 소멸되고 미래의 선업이 보장된다고 한다.

셋째, 서원(誓願, praṇṇidhāna)을 세우는 일이다. '서원'이란 일종의 맹세나 결의와 같은 것이다. 앞으로 나아갈 길이 멀고 험하더라도 멈추지 않고 계속하겠다는 마음을 다짐하는 일이다.

중생 가없어도 모두 건지기 서원합니다.
번뇌 끝없어도 모두 끊기 서원합니다.
진리의 문 한없어도 모두 배우기 서원합니다.
불도 더없어도 모두 이루기 서원합니다.[5]

衆生無邊誓願度
煩惱無盡誓願斷
法門無量誓願學
佛道無上誓願成

서원에는 위의 '사홍서원(四弘誓願)'처럼 모든 보살이 공통적으로 세우는 서원이 있고, 보살에 따라 12서원, 18서원 등의 구체적인 서원도 있다. 구체적인 서원으로 가장 잘 알려진 것은 나중에 아미타불이 된 법장(Dharmakara) 비구가 세운 48서원으로, 그중에서도 자신의 이름을 부르는 이는 모두 서방 극락정토로 옮겨 나게 하겠다고 한 제18서원이다. 여기에 대해서는 뒤에 정토종 이야기에서 좀더 자세히 다루기로 한다. 서원에는 힘이 있다. 이 힘을 '원력(願力)'이라고 한다.

넷째, 서원을 세우고 수많은 부처님 중 한 분을 만나 그 앞에서 그 서원을 공표하여, 그 부처님에게서 앞으로 몇 겁 뒤에 어느 불토에서 무슨 부처가 될 것이라는 확약을 받는 것이다. 확신을 객관적으로 더욱 공고히 하는 일이라고 할 수 있다. 당대에 부처님을 만나지 못하면 위대한 보살이나 스승에게서 이런 확약을 받을 수도 있다.

다섯째, 위의 단계를 거친 뒤에는 '여섯 가지' 혹은 '열 가지' 바라밀

---

[5] 요즘 한국 법회에서는 "중생을 다 건지오리다. 번뇌를 다 끊으오리다. 법문을 다 배우오리다. 불도를 다 이루오리다." 하는 노래로 지어 부른다.

(波羅蜜, pāramitā)을 실천한다. '바라밀'은 문자적으로 '저쪽으로 완전히 건너감(度彼岸)'이란 뜻이다. 깨침이라는 구경(究竟)의 경지에 이르려는 보살이 완벽하게 이루어야 할 구체적 실천 사항인 셈이다. 여섯 가지 나 열 가지로 나뉘어 있지만, 사실은 서로 연관을 가지고 있다고 보아야 한다. 여섯 가지 바라밀은 다음과 같다.

보시(布施, dāna)
자비의 마음으로 다른 이들에게 조건 없이 주는 것이다. 요즘말로는 관대(generosity), 자선(charity), 기부(donation), 나눔(sharing) 등으로 옮길 수 있을 것이다. 필자 개인적으로 '나눔'이 가장 좋지 않은가 생각한다. 보시는 일반적으로 재시(財施), 법시(法施), 무외시(無畏施)의 세 가지가 있다. 물질을 나눠 주는 것, 진리의 말을 나눠 주는 것, 남에게 무서워하지 말라고 용기를 주는 것이다. 참된 보시는 주는 자와 받는 자의 구별이 없어지고, 우월감이나 열등감이 개입되지 않았을 때 이루어진다. 보시를 통해 내 속에 있는 탐욕(貪), 미움(瞋), 어리석음(癡)이라는 '세 가지 독(三毒)' 중 특히 '탐욕'을 극복하는 법을 배울 수 있다.

　남에게 무엇을 줄 때, 교회에 헌금을 하거나 절에 시주를 드릴 때, 내가 복을 받기 위함이나, 남에게 관대한 사람이라는 인상을 주기 위함이나, 우쭐대기 위함이나, 받는 사람이나 단체에 영향력을 행사하기 위함이라면 이는 '자기중심적' 동기에서 나온 자선이다. 삼독 중 하나인 탐욕을 없애는 것이 아니라, 도리어 자신을 더욱 탐욕스러운 사람으로 만드는 어처구니없는 결과를 가져오게 된다. 그리스도교 용어로 바꾸면, 똑같이 나누는 일이지만 그것이 오로지 자신을 희생한 '아가

페'적 사랑인가, 돌아올 부가가치를 염두에 둔 '타산적' 사랑인가에 따라 정반대의 행위가 된다는 것이다. 사도 바울은 "내가 내 모든 소유를 나누어 줄지라도, 내가 자랑삼아 내 몸을 넘겨줄지라도, 사랑이 없으면, 내게는 아무 이로움이 없습니다."(고린도전서 13:3)고 말했다.6)

지계(持戒, śīla)

윤리적 실천 사항이다. 초기 불교에서 말하는 팔정도 '계·정·혜'에서 '계'에 해당하며 이를 '열 가지 좋은 행동'으로 재조직했다. 열 가지란 살생, 도둑질, 음행, 거짓말, 분열을 가져오는 말, 거친 말, 쓸데없는 말, 욕심, 미움, 그릇된 생각을 멀리한 행동을 말한다. 이렇게 좋은 행동을 하면 내적 균형과 안정을 얻을 수 있고, 이로 인해 수행의 길을 계속하는 데 유리한 조건이 이루어진다는 것이다.

인욕(忍辱, kṣānti)

참는 것이다. 여러 가지 어려운 여건에서도 화내지 않고, 오히려 너그럽게 이해하고 용서하는 것이다. 불교에서는 우리가 사는 이 세상을 '사바(娑婆, sabhā)세계'라고 하는데, '사바'란 산스크리트어를 음역한 것이고 본래의 뜻대로 번역하여 '인토(忍土)' 혹은 '감인토(堪忍土)'라 한다. 이 세상이란 어쩔 수 없이 '참으면서 살아야 하는 세상'이라는 뜻이다. 인욕을 통해 '삼독' 중 특히 '미움'을 극복할 수 있다.

그러나 한 가지 물어볼 것이 있다. 참고 이해하고 용서해야 한다고,

---

6) 헌금의 영적 효용성에 대해서는 필자의 책 『예수가 외면한 그 한가지 질문』(현암사, 2002), 216~228쪽 참조.

나쁜 짓을 하는 사람을 무조건 가만히 보고만 있어야 할까? 국가의 모든 사법제도와 감옥을 다 없애도록 촉구해야 할까? 누가 내게 나쁜 짓을 했는데, 무조건 참고 이해하고 용서했다고 치자. 여기에 용기를 얻은 그 사람은 다른 사람에게도 계속 나쁜 짓을 할 것이다. 그래도 무조건 참고 용서해야 할까? 그건 아니라고 생각한다. 그런 사람은 당연히 벌을 주고 감옥에 넣어야 한다. 단, 그것이 그 사람에 대한 증오심이나 복수심 때문이어서는 안 된다는 것을 명심하자. 말하자면 전염병을 앓는 사람을 용서나 사랑이라는 이유로 마음대로 돌아다니게 할 수 없는 것과 같다. 전염병을 앓는 사람은 병원에 격리 수용하고 필요에 따라 자유를 억제해야 한다. 그것은 물론 전염병 환자 개인에 대한 증오심과 복수심 때문이 아니다. 병든 사람의 몸을 째고 환부를 도려내는 일처럼, 환자를 위하는 마음으로 일시적 고통을 가하는 것은 인욕의 원칙에 어긋나는 일이 아니다. 문제는 그런 일을 할 때도 나를 중심으로 생각하느냐 남을 중심으로 생각하느냐에 달린 것이다.

또 한 가지, 무조건 모든 것을 참아야 하는가? 개선하거나 개혁할 의지도 무조건 버려야 하는가? 여기에 대한 답으로 신학자 라인홀드 니버(Reinhold Niebuhr)가 했다고 하는 다음 기도가 많은 것을 시사한다.

> 하느님,
> 제가 바꿀 수 없는 것들은
> 그대로 받아들일 수 있는 의연함을 주시고,
> 바꿀 수 있는 것은 바꾸려는 용기를 주시고,
> 그리고 바꿀 수 없음과 있음의 차이를 분간할 수 있는 지혜를 허락하소서.

God, grant me the serenity
to accept the things I cannot change;
Courage to change the things I can;
And wisdom to know the difference.

인욕과 관련한 글로 그 유명한 『보왕삼매론』을 음미해보는 것이 좋을 것 같아 인용한다.

곁이야기 넷.

보왕삼매론

1. 몸에 병 없기를 바라지 말라. 몸에 병이 없으면 탐욕이 생기기 쉽나니, 그래서 성인이 말씀하시되 "병고로서 양약을 삼으라" 하셨느니라.
2. 세상살이에 곤란 없기를 바라지 말라. 세상살이에 곤란이 없으면 업신여기는 마음과 사치한 마음이 생기나니, 그래서 성인이 말씀하시되 "근심과 곤란으로써 세상을 살아가라" 하셨느니라.
3. 공부하는 데 마음에 장애 없기를 바라지 말라. 마음에 장애가 없으면 배우는 것이 넘치게 되나니, 그래서 성현이 말씀하시되 "장애 속에서 해탈을 얻으라" 하셨느니라.
4. 수행하는 데 마(魔) 없기를 바라지 말라. 수행하는 데 마가 없으면 서원이 굳건해지지 못하나니, 그래서 성현이 말씀하시되 "모든 마군으로서 수행을 도와주는 벗을 삼으라" 하셨느니라.
5. 일을 꾀하되 쉽게 되기를 바라지 말라. 일이 쉽게 되면 뜻을 경솔한데 두게 되나니, 그래서 성인이 말씀하시되 "여러 겁을 꺾어서 일을 성취하라" 하셨느니라.
6. 친구를 사귀되 내가 이롭기를 바라지 말라. 내가 이롭고자 하면 의리를 상하게 되나니, 그래서 성인이 말씀하시되 "순결로서 사귐을 길게 하라" 하셨느니라.

7. 남이 내 뜻대로 순종해 주기를 바라지 말라. 남이 내 뜻대로 순종해 주면 마음이 교만해지나니, 그래서 성인이 말씀하시되 "내 뜻에 맞지 않는 사람들과 사귀도록 하라" 하셨느니라.
8. 덕을 베풀면서 과보(果報)를 바라지 말라. 과보를 바라면 도모하는 뜻을 가지게 되나니, 그래서 성인이 말씀하시되 "덕을 베푸는 것을 헌신처럼 버리라" 하셨느니라.
9. 이익을 분에 넘치게 바라지 말라. 이익이 분에 넘치면 어리석은 마음이 생기나니, 그래서 성인이 말씀하시되 "적은 이익으로서 부자가 되라" 하셨느니라.
10. 억울함을 당했다고 밝히려 하지 말라. 억울함을 밝히면 원망하는 마음을 돕게 되나니, 그래서 성인이 말씀하시되 "억울함을 당하는 것으로 수행하는 문을 삼으라" 하셨느니라.

이처럼 막히는 데서 도리어 통하는 것이요, 통함을 구하는 것이 도리어 막히는 것이니, 이래서 부처님께서는 저 장애 가운데 보리도를 얻으셨느니라. 앙굴리마라와 제바닷다 무리가 반역된 짓을 했지만 부처님께서는 모두 수기(授記)를 주셔서 성불하게 하셨으니, 어찌 저의 거슬리는 것이 나를 순종함이 아니며 저가 방해한 것이 나를 성취하게 함이 아니리요. 요즘 세상에 도를 배우는 사람들이 만일 먼저 역경에서 견디어 보지 못하면 부딪칠 때 능히 이겨 내지 못해서 법왕의 큰 보배를 잃어버리게 되나니 이 어찌 슬프고 슬프지 아니하랴!

정진(精進, vīrya)

힘쓰는 것이다. 나의 약점을 극복하고 장점을 계발하며, 진리를 탐구하고 남을 위해 선행하는 일에 정력을 다하는 것이다. 팔정도의 여섯 번째 명상과 관계하여 나오는 '정진(精進, vyāyāma)'과 내용도 비슷하고 한자 번역도 같지만, 여기의 정진은 산스크리트어로 'vīrya'이다. '영웅'이라는 뜻의 'vīra'에서 유래했다. 우리의 노력에 좀더 영웅적이고 용사다운 기개가 필요함을 강조한 것으로 볼 수 있다.

선정(禪定, dhyāna)
팔정도 '계·정·혜'에서 '정'에 해당한다. 산란한 마음을 고정시키고 고요함을 유지하는 것이다. 앞에서 설명했으므로 여기서는 생략한다.

지혜(智慧, prajñā)
사물의 실상을 꿰뚫어 보는 것으로 깨침에 이르는 관문이다. 무엇보다 모든 것이 실체가 없는 '공'이라는 사실에 대한 통찰이라고 할 수 있다. 이런 통찰을 통해 어리석음에서 해방되어 더욱 큰 자유와 평화를 누릴 수 있다. 지혜가 이런 깨침을 가져온다는 의미에서 지혜를 '부처(깨친이)를 낳은 어머니'로 의인화(擬人化)하기도 한다. 가장 중요한 덕목인 셈이다.

　　이상의 '육바라밀'이 보통이지만, 『화엄경』에서는 여기에 7) 방편(方便), 8) 원(願), 9) 역(力), 10) 지(智) 등을 덧붙여 십바라밀을 만들기도 한다. 또 이런 10바라밀에 상응하도록 『화엄경』의 일부인 『십지경』에 따라, '열 단계(十地, daśabhūmi)'가 있다고도 가르친다.
　　『화엄경』에서는 보살도의 전 과정에 모두 52단계가 있다고 한다. 십신(十信), 십주(十住), 십행(十行), 십회향(十回向), 십지(十地), 등각(等覺), 묘각(妙覺)이다. 이 전체 단계 중에서 '십지'는 제41지에서 제50지에 해당한다. 십지의 이름만 열거하면 다음과 같다.

1. 환희지(歡喜地) - 기쁨이 넘친다.
2. 이구지(離垢地) - 더러움을 버리고 청정해진다.
3. 발광지(發光地) - 내적인 지혜의 빛이 해처럼 빛난다.
4. 염혜지(焰慧地) - 빛이 더욱 찬연하게 빛난다.
5. 난승지(難勝地) - 무지에 갇힌 사람들이 이기지 못할 경지에 이른다.
6. 현전지(現前地) - 사물의 실상을 얼굴을 맞대고 보듯 보게 된다.
7. 원행지(遠行地) - 인간으로서의 능력을 초월하였기에 이제 더는 인간으로 태어나지 않고 부처의 세계에서 천상의 보살이 될 정도가 된다.
8. 부동지(不動地) - 진리에 굳건히 서므로 더는 동요가 없고, 이제 뒤로 물러나는 일이 없게 된다.
9. 선혜지(善慧地) - 선한 통찰로 사람들의 고통을 보고 능력을 발휘하여 사람들을 가르친다.
10. 법운지(法雲地) - 진리의 구름 속에 머물면서 중생에게 진리의 비를 내린다.

여기까지 이르는 데 보통 '3대아승지겁(阿僧祇劫)'이 걸린다고 한다. '아승지' 혹은 '아승기(asaṃkhya)'는 무한의 수를 이르는 말이며, '겁(kalpa)'은 4억 3천 2백만 년이다. 이 '겁'은 하늘 사람이 하늘하늘한 하늘 옷을 입고 둘레가 40리나 되는 바위를 3년마다 한 번씩 돌면서(문헌에 따라 둘레가 400리나 되는 바위를 100년마다 한 번씩 돌면서), 옷자락으로 바위를 스쳐 그 바위가 다 없어질 때까지의 시간이라고 비유한다. 이런 겁이 수없이 지난 시간이 아승지겁이고, 아승지겁이 다시 세 번이나 지나야 보살도를 완성할 수 있다는 것이다. 종교사적으로 볼 때 여러 종교에서 말하는 이런 식의 시간은 달력으로 계산하는 연대기적(chronological) 시간이 아니라 '신화적 시간(illo tempore)'을 가리키는 것이다. 보살도 같은 종교적 경지에 이르는 것이 그만큼 어렵다는 것을 이런 엄청난 시간의 길이를 이용해서 표현했다고 할 수 있다. 종교 경전에 나오는 숫자는 대부분 숫자적 가치(numerical value)가 아니라 '수비학(數秘學)적 가치(numerological value)'로 읽어야 한다는 뜻이다. 나중에 언급하겠지만 중국 불교, 특히 화엄종이나 선종에서는 인도 불교와 달리, 이런 깨달음에 이르는 보살의 길이 한 생애 안에, 심지어 한 순간에 완성될 수 있음을 강조하게 된다.

흥미 있는 사실은 그리스도교 전통 중 중세 신비주의자들도 '보살의 길'과 비슷한 신앙의 단계를 이야기했다는 것이다. 그리스도교에서는 이를 대략 다음과 같이 네 단계로 구분한다. 1) 자기를 자각하는 단계(self-awareness), 2) 자기를 정결하게 하는 단계(purification), 3) 내적 빛을 보는 단계(illumination), 4) 신과 합일하는 단계(unity).

열 가지는 아니지만 십지를 네 가지로 축약하면 이와 비슷한 결과가 나올 것으로 유추할 수 있다.

중국 도가의 장자(莊子)도 득도의 일곱 단계를 말했는데 이와 비슷한 부분이 많다. 힌두교 요가학파의 『요가경(Yoga Sūtra)』에도 이와 유사한 여덟 단계가 있다. 이렇게 영적으로 자라나는 체험 과정을 단계로 이야기하는 것은 종교사에서 발견할 수 있는 보편적인 현상 중 하나임을 알 수 있다. 신앙은 자라야 한다. 이른바 '처음 믿음'은 유치한 믿음이므로 계속 정진해야 한다고 말하는 대목이다.[7]

우주적 보살들

절에는 불상이 많다. 무슨 까닭인가? 서양 학생이나 그리스도인은 '불상'이라고 하면 부처님의 모습을 본떠 만든 형상으로, 그리고 '부처님'이라고 하면 기원전 6세기 인도에서 태어난 석가모니 부처님 한 분만이라 생각하기 쉽다. 그런데 왜 이렇게 많은 종류의 불상이 있을까? 답은 간단하다. 많은 불상은 많은 보살과 많은 부처님이 있기 때문이다. 그럼 많은 보살과 많은 부처님이란 무엇인가? 우리가 살펴본 대로 불교에서는 누구나 궁극적으로는 보살, 부처님이 되려고 한다. 깨달음의 경지에 높낮이는 있을 수 있지만, 높은 경지든 낮은 경지든 일단 깨달음에 이른 이는 모두 보살이요 부처다. 따라서 이론적으로는 무수한 보살과 무수한 부처가 있을 수밖에 없다.

그러나 실제적으로 무수한 보살 중에 긴 여정의 보살행을 완성하고 열 단계 중 마지막 단계인 '진리의 구름(法雲地)'에 도달한 특별한 보살을 '위대한 존재'라는 의미의 '마하살(摩訶薩, Mahāsattva)'이라고 하여 보통 보살과 구분한다.[8] 이런 '우주적' 보살이 『법화경』에는 23명, 『유마경』에는 50명 등장한다. 그중에서 불자에게 가장 잘 알려진 보살은 1) 미륵보살, 2) 관세음보살, 3) 문수보살, 4) 보현보살, 5) 지장보살이다. 이들 보살에 대한 신앙이 대승불교 신앙에 큰 몫을 차지하기에 이들에 대해 잠깐씩 살펴본다.

---

7) 신앙이 자라나야 하는 것이라는 생각을 다루고 있는 대표적인 책으로, James W. Fowler, *Stages of Faith: The Psychology of Human Development and the Quest for Meaning* (San Francisco: HarperSanFrancisco, 1981), Harry R. Moody and David Carroll, *The Five Stages of the Soul* (New York: Anchor Books, 1997), 『십우도』 등 참조. 간단한 설명은 『예수는 없다』, 49~55쪽 참조.
8) 한국에서 불교 여신도를 '보살'이라 부르는 것은 아주 흥미 있는 일이다. 보살들의 여성성을 강조한 것이거나 한국 불교 여신도들의 위상이 그만큼 높았다는 뜻인가? 아무튼 이런 특수 용법은 본래 역사적인 것이 아니었음을 기억할 필요가 있다.

미륵보살(彌勒菩薩, Maitreya)

이름은 '자애롭다'는 뜻이다. 그래서 한문으로는 '慈氏'라고도 번역한다. 팔리어 경전에 보면 석가모니 부처님이 도솔천에서 이 세상으로 오자, 도솔천으로 올라가 부처님 자리를 대신한 보살로 나와 있다. 지금도 도솔천에 살면서 때가 오면 다시 세상으로 내려와 화림원(華林園)에 있는 용화수(龍華樹) 밑에서 성불하고, 중생들을 다시 교화하리라 한다.

미륵보살은 언제 지상으로 올까? 앞에서 언급한 '말법 시대', 혹은 '말세'가 되면, 부처님의 가르침이 점점 사라짐에 따라 인간들도 점점 악해지고, 거기 따라 수명도 점점 짧아진다고 한다. 결국 인간은 10년도 채 못 살게 될 뿐만 아니라 짐승처럼 서로 잡아먹으려고 광분한다. 이렇게 되자 인간 중 더러는 이렇게 살아서는 안 되겠다고 생각하고 착하게 살기로 작정한다. 이 덕에 수명도 다시 점점 길어져서 인간은 8만 년까지 살 수 있게 되는데, 이때 미륵보살이 세상에 나타난다고 한다. 말하자면 미륵보살은 불교의 메시아인 셈이다. 이런 종말론적 색깔 때문에 미륵 사상은 종말론을 강조하는 페르시아 종교 조로아스터교의 영향을 받았다고 주장하는 학자도 있다.

미륵보살의 출현이 석가모니 부처님 이후 몇 년, 몇 만 년, 몇 억 년 후인지는 분명하지 않다. 그러나 미래에 부처님으로 나타날 보살이지만, 지금도 중생들의 필요에 응하여 그때그때 나타나 도움을 준다고 믿고 있다.[9]

---

9) 미륵보살에 대한 연구로 Alan Sponberg and Helen Hardacre, eds., *Maitreya: The Future Buddha* (Cambridge: Cambridge University Press, 1988) 참조.

고류지(廣隆寺)의 미륵보살반가사유상

　한국에서도 미륵보살은 중요한 위치를 차지하고 있다. 신라 화랑은 미륵보살에 귀의했고, 사람들은 화랑 중 몇을 미륵보살의 화현으로 믿었다. 신라의 것으로 추정되는 '금동미륵보살반가상(金銅彌勒菩薩半跏像)'과 이와 매우 비슷한 일본의 국보 1호 '목조반가사유상(木造半跏思惟像)'은 깊은 선정에 잠긴 미륵보살을 불후의 조각품으로 표현한 것이다. 필자도 일본 교토의 고류지(廣隆寺)에서 이 미륵상을 보았는데, 스위스의 세계적인 철학자 칼 야스퍼스(Karl Jaspers)가 보고 감탄했다는 뜻을 알 것 같았다. 한국과 일본의 학자들은 이 나무로 만든 미륵상이 백제에서 갔느냐 일본에서 만들어졌느냐를 놓고 논의 중이다. 한 가지 분명한 사실은 이 목조상의 재료인 적송(赤松)이 당시 일본에는 없었다는 것이다. 고려 970년에 시작해, 조성하는 데 37년이 걸린 은진 미륵만 보아도 한국 불교에서 미륵 신앙의 힘이 얼마나 강했는지 알 수 있다. 장길산 등도 미래에 올 용화 세계를 희망하였다.

한 가지 흥미 있는 사실은 10세기경 중국 송나라에 살았던 포대화상(布袋和尙)이라는 스님을 미륵보살로 본 것이다. 이 스님은 지팡이에 큰 자루를 걸어 메고 거기다 먹을 것이나 장난감 등을 얻어 넣고 다니다가 아이들에게 나누어 주었기에 특히 아이들이 많이 따랐다. 불교의 산타클로스인 셈이다. 포대화상은 일반인에게도 날씨를 미리 알려 주는 등 초능력으로 좋은 일을 많이 했다. 916년 바위 밑에 단정히 앉아 입적했는데, 죽으면서 남긴 게송에 "참된 미륵이 수없는 몸으로 나누어져 때때로 사람들에게 나타나지만 사람들이 이를 스스로 알아보지 못하는구나." 하는 말이 있었다. 이에 사람들은 그가 바로 미륵보살의 화현이 틀림없다고 믿게 되었다.

앞으로 이야기할 선(禪)의 십우도(十牛圖) 마지막 열 번째 그림에 이 포대화상이 등장한다. 큰 배를 내놓고 소탈하게 웃는 모습 때문에 동아시아는 물론 서양에서도 인기가 있다. 그를 조각한 조각상은 중국 식당의 한 모퉁이나 집 거실 한쪽, 혹은 벽난로 위를 장식하고 있다. 영어로는 통상 'the Laughing Buddha(홍소하는 부처)'라고 한다.

관세음보살(觀世音菩薩, Avalokiteśvara)

산스크리트어 이름을 'ava+lok+ita(내려다 봄)'와 'īśvara(주님, 자재)'의 합성어로 보면, '(세상을) 내려다보는 자유자재하신 주님(the Lord Who

Looks Down)'이라는 뜻이 된다. 이런 의미로 보아 한문으로 '관자재(觀自在)'라고 번역한다. 다시 이름을 'ava+lok+ite'와 'aśvara(소리)'의 합성어로 보면 '가냘픈 소리를 내려다보다'가 된다. 이런 뜻을 반영해서 한문으로 '관세음(觀世音)'이라 번역한다. 한문으로는 이외에도 관세자재(觀世自在), 관세음자재 등으로 번역하고, 줄여서 관음(觀音)이라고도 한다. 세상의 아픔을 자신의 아픔으로 여겨 도와주려고 애쓰는 관음보살은 '대자대비(Mahākruṇā)'의 보살이다.

관세음보살은 여러 경전에 등장한다. 그중에서도 『정토경』의 하나인 『대무량수경』과 『법화경』의 「관세음보살 보문품」에 해당하는 『관음경』에 중요한 보살로 나타난다. 『무량수경』에서는 대세지(大勢至, Mahāsthāmaprāpta)보살과 함께 서방정토 극락에서 아미타불을 보좌하는 보살로 등장한다. 『관음경』에는 관세음보살을 부르기만 하면 무한한 능력으로 중생의 어려움을 살펴 고통을 덜어 주고, 언제든지 다른 부처, 다른 보살, 다른 인간으로도 나타날 수 있다고 나와 있다. 이것을 근거로 중국에 선불교를 전한 달마 대사나 티베트의 종교 지도자 달라이 라마처럼 위대한 불교 인물을 관세음보살의 화신으로 여기기도 한다.

전통적으로 관세음보살을 나타내는 모양으로 '육관음'이라 하여 여섯 가지를 꼽지만, 그중 가장 잘 알려진 것은 '십일면관음(十一面觀音)'과 '천수관음(千手觀音)'이다. '십일면관음'이란 관음보살이 고통당하는 인간들을 구해서 극락정토로 가는 길에 뒤를 돌아보니 아직도 고통당하고 있는 사람들이 많이 남아 있어 크나큰 슬픔으로 머리가 갈라지고, 이러기를 열 번. 마침내 아미타 부처님이 새 머리를 주어 관음보살의 머리가 열한 개가 되었다는 데서 생긴 이름이다. 다른 설명으로는 머리가 한 번에 열 개로 갈라져 각각이 완전한 머리가 되었기 때문이라고도 한다. 동서남북과 그 사이 사이, 그리고 위와 아래를 합한 열 방향(十方, 시방)을 다 보려고 얼굴이 열 개가 되고, 거기에 본래의 얼굴을 더해 얼굴이 열한 개가 되었다고는 볼 수 없을까? '천수관음'이란 어려운 사람들을 직접 돕기 위해 손이 네 개, 열두 개, 스물네 개, 심지어 천 개나 있다고 보았기 때문이다. 손마다 눈이 있기도 하다.

'육관음' 외에도 관음은 사람들이 원하면 여러 다른 형태로 나타난다고 하여 '서른세 개의 몸(33身)'이 있다고도 한다. 손에 법륜, 연꽃, 보주, 염주, 화살, 꽃병, 버들가지 등을 든 모습을 볼 수 있는데, 모두 사람들을 도울 때 필요한 도구들이다. 특히 왼손에 든 연꽃은 사람에게 본래 있는 불성을 상징한다. 연꽃이 활짝 핀 것은 이미 성불한 상태, 봉오리는 앞으로 성불할 상태를 상징한다. 관세음보살이 이처럼 여러 가지 모습으로 나타나는 것을 두고 '보문시현(普門示現)'이라 한다.

『화엄경』「입법계품」에 의하면 관세음보살이 기거하는 곳은 남 인도 '포타라카(Potalaka)' 섬이다. 그러나 중국에서는 중국 남쪽 절강성(浙江省) 앞바다에 있는 주산도(舟山島), 한국에서는 강원도 낙산(洛山) 등에 관세음보살의 거처가 있다고 전해 내려온다.

누구나 관세음보살의 이름을 부르며 소원을 말하면 그 소원을 들어준다고 하기에 불자들은 '나무아미타불'을 외운 다음에 '관세음보살'을 이어 읊어, '나무아미타불 관세음보살'이라 하거나 아예 '나무 관세음보살'만 외운다. 티베트 불교에서는 '옴 마니 파드메 훔(Oṃ maṇi padme hūṃ, 한국 발음으로는 옴마니반메훔)'을 염송하며 관세음보살을 경배하고 그의 도움을 구한다. 티베트에서는 관세음보살의 배우자로서

관세음보살 상

관능적인 자태를 보이는 타라(Tara)도 경배하는데, 21가지 형태 중 흰색과 초록색을 띤 것이 가장 많다.

동아시아에서는 8세기경부터 관세음보살을 남성뿐만 아니라 여성의 모습으로도 묘사했다. 어느 때는 남자의 모습으로, 어느 때는 여자의 모습으로, 어느 때는 수염이라는 남자의 특성과 아름다운 손과 몸매라는 여자의 특성을 한 몸에 지닌 모습이 등장한 것이다.

당나라 시대 장안(長安)에 유행하던 그리스도교 네스토리우스파(派)인 경교(景敎)의 마리아 숭배에 영향을 받았을 것이라 주장하는 사람도 있다. 하지만 이렇게 여러 모습으로 나타나는 것은 도움이 필요한 사람을 돕기 위해 그때그때 알맞은 모습으로 나타난다는 뜻의 상징적 표현이라 볼 수도 있다. 특히 비교종교사적으로 보면 세계 여러 종교에서 신적인 존재의 완벽성, 균형성을 상징하기 위해 그 신적 존재를 '양성구유(兩性具有, androgynous)'로 표현하는 것이 보편적인 현상인데, 관세음보살도 이 경우에 해당하는 것이 아닌가 추론해 볼 수 있다. 신적인 존재가 어느 한 성에만 국한될 수 없다는 뜻이다.

서양에서는 여성의 모습으로 나타난 관음보살이 더 잘 알려져 있다. 따라서 관음보살을 일반적으로 '자비의 여신(Goddess of Mercy)' 혹은 불교의 '마돈나(Madonna)'라 부른다. 일본의 전자제품 '캐논(Canon)'은 관음의 일본 발음 '칸논'을 영어화한 것이다.[10]

문수보살(文殊菩薩, Mañjuśri)

'문수사리(文殊師利)' 혹은 '문수시리(文殊尸利)'의 준말로 '감미롭고 훌륭한 복덕을 지닌 이'라는 뜻이다. 만물의 빔(空)과 둘이 아님(不二) 등을 꿰뚫어 보는 '지혜'의 보살이다.

지혜를 강조하는 문수보살은 석가모니 부처님을 왼쪽에서 보좌한

---

10) 관음에 대해 가장 철저하게 연구한 책으로 Chün-fang Yü, *Kuan-yin: The Chinese Transformation of Avalokiteśvara* (New York: Columbia University Press, 2001), 강희정, 『중국 관음보살상 연구』(일지사, 2004) 등을 볼 것. 한국에서 모든 불교 의식에서 빼지 않고 외우고 있는 『천수경』은 『천수천안 관세음보살 광대원만 무애대비심 다라니 경』의 준말로 제목에서 보이듯 관세음보살을 위해 조선 시대 한국 불교에서 독창적으로 편집한 경이다. 우리가 어릴 때부터 많이 들던 '수리수리 마하수리 수수리 사바하' 등 특히 '다라니'라는 주문이 많이 포함된 것이 특징이라 할 수 있다.

다. 오른손에 칼을 든 경우가 있는데, 무명과 미망을 가르고 사물의 실상을 꿰뚫어 보는 지혜의 칼을 상징한다. 왼손에는 불경, 연꽃, 보주, 혹은 가르치는 데 필요한 막대기 등을 들고 있는 것이 많다. 또 지혜에서 오는 용맹을 상징하기 위해 사자(獅子)를 타고 있는 모습으로 나타나기도 한다. 특히 티베트 불교에서는 칼이 많이 등장하고 동아시아 불교에서는 칼보다 다른 것을 들고 있는 모습이 더 흔하다.

'지혜'가 산스크리트어로 여성명사이고, 모든 이들을 부처로 태어나게 하는 어머니와 같기 때문에 문수보살은 여성의 모습으로도 등장한다. 문수보살의 또 한 가지 특징은 젊음을 상징한다는 것이다.

중국에서는 산서성(山西省)에 있는 오대산(五臺山), 일명 청량산(清凉山)을 문수보살이 상주(常住)하는 곳으로 믿었다. 자연히 오대산 일대는 문수 신앙이 강했다. 7세기 신라 고승 자장(慈藏)도 이곳에 가서 문수보살에게 기도했다. 문수보살이 들고 있는 칼 때문에 군사력을 중시하던 원나라에는 문수보살을 숭배하는 사람이 많았고, 그들은 죽어서 오대산에 묻히는 것이 소원이었다. 칭기즈칸의 손자이며 원나라 태조인 쿠빌라이칸이 죽자, 사람들은 그를 문수보살의 현현으로 여겼다. '만주(滿洲)'라는 이름도 '문수'에서 나왔다. 만주족이 세운 청나라 황제 중에는 오대산을 순례한 이들이 많다. 순례를 하다가 불자들의 믿음을 시험하기 위해 남루한 행색으로 나타난 문수보살을 만나기도 했다. 한국에서는 강원도 오대산을 문수보살의 거처로 여긴다.

보현보살(普賢菩薩, Samantabhadra)
'넓은 덕을 갖춘 이'라는 뜻이다. 사람의 수명을 늘리는 힘이 있다고 하여 '연명(延命)보살'이라고도 부른다. 문수보살과 짝을 이루어 석가모니 부처님을 돕는다. 지혜를 상징하는 대지(大智) 문수보살은 부처님의 왼쪽, 실천을 대표하는 대행(大行) 보현보살은 부처님의 오른쪽에서 부처님을 보좌한다. 이 셋을 '석가삼존(釋迦三尊)'이라고 한다.

일반적으로 문수보살이 사자를 타고 있는 모습에 반하여, 보현보살은 흰 코끼리를 타고 있다. 코끼리처럼 진리를 생활에 적용하고 실천한다는 뜻이다. 가끔은 연화대에 앉은 모습도 있고, 코끼리 위에 연화대를 놓고 그 위에 앉은 모습도 있다.

보현보살은 『화엄경』에서 가장 중요한 보살로 등장한다. 『화엄경』의 「입법계품」에 보면 선재동자는 53명의 스승(선지식) 중 51번째 스승을 만난 다음에야 비로자나불 앞 연화대에 앉은 보현보살을 볼 수 있었다. 선재동자는 보현보살의 몸에서 빛줄기가 나와 중생의 고통을 덜어 주고 기쁨을 더해 주는 것을 보았다. 나아가 보현보살의 몸에 우주의 모든 존재가 다 들어 있다는 것을 발견했다.

보현보살은 '해인삼매(海印三昧, sāgaramudrā samādhi)'와 관계가 있다. 해인삼매는 본래 석가모니 부처님이 든 선정(禪定)의 경지다. 우리의 의식에 미망의 바람이 불어 출렁이는 바다처럼 어지럽지만, 깊은 삼매에 들어가 출렁이던 의식의 물결이 잦아들면 우리의 의식이 다시 잔잔한 바다의 표면처럼 맑아지고, 거기에 과거·현재·미래에 걸친 우주의 삼라만상이 그대로 비치는 삼매의 경지다.

부처님이 『화엄경』에 설한 것은 바로 이런 삼매에서 얻은 것이다. 보현보살이 든 삼매도 바로 이런 것이었다. 이처럼 보현보살은 화엄사상의 주요 가르침인 만물의 상즉·상입, 곧 만물의 상호 연관을 보여 준다. 또 『법화경』에는 보현보살이 『법화경』과 이 경을 따르는 이들을 보호하는 보살로 등장한다. 보현보살의 거처는 중국 사천성(四川省) 아미산(峨嵋山)이다.

지장보살(地藏菩薩, Kṣitigarbha)
'땅처럼 갈무리'함이라는 뜻이다. 이는 중생을 다 구할 힘을 갈무리하고 있다는 것이다. 『지장보살본원경』에 그의 이야기가 나온다. 전생에 지장보살은, 바라문의 딸로 태어나 지옥에서 고통당하는 중생이 한 명이라도 있으면 자신은 열반에 들지 않겠다는 큰 원을 세웠다. 이를 훌륭하다고 여긴 석가모니 부처님은 자신이 열반한 다음부터 미륵보살이 이 세상에 오기 전까지의 중간 기간 동안 지장보살이 세상을 맡아 중생 구제에 힘써 달라고 부탁했다. 그 부탁대로 지장보살은 지금 육도(六道)를 두루 다니며 중생 구제에 힘쓴다. 지장보살도 관세음보살처럼 여성의 모습으로도 그려진다.

참고로 불교에서 말하는 육도에 대해 알아보자. 우리는 완전한 소멸(消滅)을 의미하는 열반에 들지 않는 한, 이 생사(生死, samsara)의 세계에 태어나고 죽고 또 태어나고 죽는 과정을 계속할 수밖에 없다. 죽었다가 태어날 때는 어떤 존재로 태어나는가? 불교에서는 우리가 살아가면서 쌓은 업(業, 카르마)에 따라 여섯 가지 존재 양식 중 하나로 다시 태어난다고 가르친다. 그 여섯 가지 존재 양식이란 1) 천상(하늘에서 사는 존재), 2) 인간, 3) 아수라(싸우기 좋아하는 귀신, 여기서 싸움판을 일컫는 '수라장'이라 하는 말이 나옴), 4) 축생(동물), 5) 아귀(배는 산같이 큰데 목은 바늘처럼 가늘어서 아무리 먹어도 늘 배가 고픈 귀신), 6) 지옥(여덟 개의 뜨거운

지옥, 여덟 개의 추운 지옥 등 수많은 종류의 지옥에서 여러 형태로 고문당하는 존재)이다.11)

놀랍게도 이 중에서 인간으로 태어나는 것이 가장 좋다고 한다. 인간으로 태어나야 깨달음을 얻을 기회가 있기 때문이다. 천상의 존재는 편한 삶을 사느라 깨달음에 이르려는 마음을 내기 어렵고, 인간 이하의 존재들은 깨달음에 이르기에는 너무 멀리 떨어져 있다는 것이다. 그러나 인간으로 태어날 확률은, 망망대해에 조그만 구멍 하나가 뚫린 나무가 물결을 따라 떠다니는데 백 년에 한 번씩 물 위로 머리를 내미는 눈 먼 거북이가 우연히 그 나무 구멍 속으로 머리를 내밀게 되는 것과 같다. '맹귀우목(盲龜遇木)'의 확률이다. 인간으로 태어난 기회를 중히 여기라는 뜻이리라. 아무튼 지장보살은 인간세계는 물론, 육도를 두루 다니며 그 안에 있는 모든 존재를 돌보고 그들이 원하면 깨달음에 이를 수 있도록 도와준다.

사실 인도에서는 지장보살을 그다지 중요한 보살로 여기지 않았다. 그러나 동아시아에서는 관세음보살과 맞먹을 정도로 중요한 보살로 여긴다. 동아시아 무속에서는 죽은 이를 저 세상으로 인도하는 저승사자를 중시하는데, 지장보살의 '지(地)'가 '지옥'과 관계가 있다고 생각한다. '고혼천도(孤魂薦度) 지장보살'이라 부를 정도로 이들은 지장보살이 죽은 사람과 지옥에 있는 중생을 보호하고 그들을 극락으로 인도하

---

11) 참고로 성경에는 우리가 지금 보통 생각하는 그런 의미의 '지옥'이 없다. 지금 그리스도인들이 가지고 있는 지옥 개념은 대부분 단테의 『신곡』에 기초를 둔 것인데, 그 근원을 더욱 거슬러 올라가면 결국 힌두교나 불교의 지옥 개념에 연결된다. 한 가지, '천상'의 존재들을 그리스도교에서 말하는 '천국'에 들어간 사람들과 혼동하면 안 된다. 그리스도교에서는 천국에 들어가면 거기서 영원히 산다고 하지만, 불교에서는 천상의 존재들이 육도의 모든 존재와 마찬가지로 일정 기간 그런 형태로 살다가 죽어 다시 다른 형태로 태어난다고 믿기 때문이다.

는 일을 한다고 믿는다. 그리스도교에서 예수님이 "영으로 옥에 있는 영들에게도 가서서 선포하셨습니다."(베드로전서 3:19)고 한 말과 사도신경의 "지옥으로 내려가셨다."는 구절을 상기시키는 대목이다.12)

중국에서는 지장보살의 거처가 안휘성(安徽省) 양자강 남쪽 기슭에 있는 구화산(九華山)이라고 믿는다. 구화산은 유명한 시인 이태백이 양자강에 배를 띄우고 쳐다보니 산봉우리 아홉 개가 마치 연꽃의 아홉 잎과 같다고 하여 붙인 이름이다. 현재 매년 가을이면 수많은 사람이 찾는 중국의 유명한 명승지 중 하나다.

'구화산' 하면 무엇보다 신라 승 김교각(金喬覺, 696~794)에 대한 이야기를 빼놓을 수 없다. 그는 신라의 왕족이었지만, 속세를 떠나 구화산 지장보살을 찾아 고행을 계속했다. 사람들이 산에 올라왔다가 그가 흰 흙에 기장을 조금 섞어 삶아 먹으면서 수행하는 것을 보았다. 이후 그를 성인으로 모시고, 그를 위해 큰 절을 지은 후 이를 화성사(化城寺)라 했다. 한번은 그가 양자강에 빠졌는데, 이태백이 구해 주어 둘은 형제처럼 친하게 지냈다고도 한다. 99세 되는 해 여름 그는 사람들과 작별하고 함 속에 들어가 가부좌한 자세로 죽었다. 이른바 '좌탈(坐脫)'이다. 3년 후 사람들이 함 뚜껑을 열어 보니 금방 죽은 사람의 모습 그대로였다. 그를 새 무덤에 옮기니 땅에서 혀처럼 생긴 불길이 올라와 오랫동안 꺼지지 않았다고 한다. 이에 사람들은 그가 바로 지장보살의 화신이었다고 믿고 그를 '김지장(金地藏)'이라 불렀다. 한국에도 1998년 경기도 남양주시에 있는 백천사에 김교각 기념관이 설립되는

---

12) 사도신경에 본래 이런 말이 있어 한국 가톨릭은 그대로 신앙고백을 하고 있지만, 한국 개신교에서는 이 구절을 빼 버렸다.

등 그를 기리는 사업이 진행되고 있다.

지장보살은 특히 일본에서 더욱 중요한 보살이다. 일본 사람들은 지장보살을 여행객과 아이를 보호하는 보살로 생각한다. 특히 사산(死産)이나 낙태(落胎)로 이 세상에 나오지 못한 아이들, 이른바 '미즈노꼬(水の子)'의 혼을 보호하는 보살로 여긴다. 일본에 가 보면 지장보살(일본 발음 지조)의 상에는 아기가 걸치는 빨간색 턱받이와 장난감, 사탕 등이 걸려 있는 것을 볼 수 있다. 낙태한 부모는 작은 지장보살 상을 세우는데, 어떤 절에는 수백 개도 넘는 불상이 도열해 있다. 일본에 사시던 형님과 자주 들러 본 요코하마 호조엔(寶藏院)과 지난 여름 학회 참석차 방문한 나가노(長野) 젠코지(善光寺)에도 지장보살 상이 아주 많았다. 육도를 맡았다는 의미로 여섯 개의 지장보살 상이 한군데 모여 있는 것도 보았다. 지장보살 상은 보통 한 손에는 지팡이, 다른 한 손에는 보주를 들고 있다. 일본 지장보살 상은 삭발한 민머리 모양을 하고 있다. 일본 절 문간에 서 있는 지장보살 상은 사람들이 오가며 머리를 쓰다듬어 반질반질 윤이 나 있기도 했다.[13]

우주적 부처님들

그러면 부처는 누구인가? 불교에서는 깨달은 사람이 모두 '부처'다. 따라서 이론적으로 무수한 부처가 있을 수밖에 없다. 그러나 그중에서

---

13) 일본과 미국에서의 지장보살 숭배에 대하여 쓴 책으로 Jan Chozen Bays, *Jizo Bodhisattva: Guardian of Children, Travelers & Other Voyagers* (Boston: Shambala, 2002)를 볼 수 있다. 특히 낙태아와 관련하여서는 William R. LaFleur, *Liquid Life: Abortion and Buddhism in Japan* (Princeton: Princeton University Press, 1992), Damien Keown, ed., *Buddhism and Abortion* (Honolulu: University of Hawaii Press, 1997)을 참조.

특히 3천 명의 부처가 중요하다고 하여, 이들에게 각각 한 번씩 절을 하느라 3천배를 한다. 하지만 실제로 무수한 부처 중에서 많은 사람이 받드는 '우주적 부처들(Cosmic Buddhas)'은 그리 많지 않다. 대표적으로 석가모니불, 아미타불, 비로자나불, 다보불, 아촉불 등을 꼽을 수 있다. 이들은 성불은 했지만 특수한 방법으로 중생에게 계속 도움을 주는 부처들이다.

특히 비로자나(毘盧遮那, Vairocana)불은 『화엄경』에 나오는 주존 부처로 두 눈썹 사이에서 빛이 나와 우주를 밝힌다는 의미에서 '광명편조(光明遍照)'라 번역한다. 오른손은 모든 사람의 두려움을 없애는 시무외(施無畏) 모습(오른손 팔꿈치를 들고 손바닥이 앞으로 보이게 하는 자세)을, 왼손은 모든 사람의 소원을 이루어 주는 여원(與願)의 모습(왼손을 밑으로 내리고 손바닥이 앞으로 보이게 하는 자세)을 하고 있다. 절에 있는 비로전, 대광명전, 보광(普光)전, 대적광(大寂光)전 등은 비로자나불을 모신 법당이다. 일본 나라(奈良) 도다이지(東大寺)에 있는 세계 최대의 청동 대불도 바로 비로자나불의 불상이다.

보살사상의 종교적 의미

앞서 말했듯이 대승불교의 가장 큰 특징은 보살사상이라 할 수 있다. 대승불교의 발전과 함께 등장한 대승경전을 살펴보기 전에 보살사상에 대해 몇 가지 짚고 지나가자.

첫째, 주목할 만한 사실은 이런 우주적 보살 개념과 함께 대승불교 특유의 사상으로 회향(回向, pariṇāmana)이란 개념이 등장한 것이다.

'회향'은 우주적 보살들이 수많은 겁을 통해 지혜와 자비를 실천하여 쌓은 그 넘치는 공덕을 다른 불쌍한 중생에게 나누어 줌을 이른다. 쉽게 말하면, 마치 오랜 세월 성실히 일해 돈을 많이 번 사람이 그 돈을 통장에 예금했다가 가난한 사람들을 불쌍히 여겨 그들의 통장에 돈을 쓸 만큼 옮겨 주는 것과 같다. 보살들은 이렇게 보살행을 실천하며 공덕을 중생에게 옮기기로 서원한 이들이다. 보현보살의 10대 원 중 마지막인 "모든 공덕을 일체 중생에게 회향하겠다."가 바로 그런 예다.

이런 가르침은 해탈에 이르는 것이 자력의 결과라는 소승불교의 가르침과 대조를 이룬다. '회향' 개념은 그리스도교에서 말하는 '은총'이나 '은혜'를 생각하게 한다. 내게 모자라는 것을 대신 채워 주어 살 수 있게 한다는 뜻에서 '대속(代贖)' 개념까지 떠오르게 한다. 그리스도인 중에는 불교를 단순히 '자력 종교'로 취급하는 경향의 사람들이 있는데, 대승불교를 두고는 자력 종교라는 말이 성립할 수 없다. 앞으로 보겠지만 특히 대승불교 중 정토 신앙에서는 아미타불의 원력(願力)을 믿는 믿음만으로 극락에 태어난다고 가르친다.

이와 관련하여 한 가지 덧붙일 것은 우주적 보살만 회향할 수 있는 것은 아니라는 것이다. 신실한 불자라면 누구나 독경을 하든, 예불을 하든, 다른 무슨 일을 하든 그렇게 하여 생기는 공을 다른 모든 중생에게 돌리겠다는 생각을 한시도 잊지 않는다. 이런 회향의 개념 때문에 나와 남의 구별마저 없어지는 일체감, 유대감, 공동체 의식도 생긴다. 이렇게 서로가 나의 가장 귀중한 것을 나누는 것, 이보다 더 참된 사랑과 자비의 실천이 어디 있겠는가?

둘째, 우리가 처음 살펴본 '보살의 길'은 모든 인간이 의미 있는 삶을 살기 위해 걸어가야 할 원형(archetype)이라는 의미에서 이를 이해하는 데 아무 문제가 없다.14) 누구나 신앙생활을 하며 자라야 하고, 또 최고의 경지에 이르기 위해 힘써야 한다. 이들 보살이 걸어간 길을 보고 우리도 그렇게 걸어갈 것을 다짐하며 거기에 걸맞은 노력을 해야 한다. 전적으로 공감할 수 있는 일이다.

그런데, 이렇게 보살의 길을 가서 위대한 우주적 보살(bodhisattva mahāsattvas)을 본받고 그들의 경험에서 용기와 지혜를 얻으려는 것보다, 오히려 그들의 이름을 부르며 기도하고 소원을 아뢰면 아들도 낳을 수 있고, 그 아들이 입학시험에도 합격하고, 졸업해서 사업도 번창하고, 무병하고, 심지어 죽어서 극락에 태어날 수 있다는 등등 현실적으로 덕을 보겠다는 이른바 '기복신앙'을 21세기에 사는 우리는 어떻게 이해해야 할까? 정말로 십일면관음이 시방을 살피다가 우리의 울부짖음을 듣고 그의 천 개의 손 중 하나를 펼쳐서 우리를 구해 주는가? 정말로 지장보살이 죽은 영혼을 천도하여 극락과 열반으로 인도하는가? 불자가 된다는 것은, 혹은 불교를 좋아한다는 것은 이런 기복적 가르침마저 무조건 문자 그대로 믿어야 한다는 뜻인가?15)

어느 종교에나 크게 나누어 '문자적(literal)' 이해와 '영적(spiritual)' 이해라는 두 가지 차원이 있다. 사도 바울도 "문자는 사람을 죽이고,

---

14) 보살사상과 그 사상을 실천한다고 여겨지는 현대인들을 훌륭하게 논한 책으로 Taigen Daniel Leighton, *Bodhisattva Archetypes: Classic Buddhist Guides to Awakening and their Modern Expression* (New York: Penguin Arkana, 1998) 참조

15) 그리스도교 중 가톨릭에서는 성인들이 우리를 위해 대신 기도해 줄 수 있다고 믿는다. 성인들에게 "저희를 위하여 빌어주소서." 하면서 우리의 소원을 아뢸 수 있다고 가르친다. '성인호칭기도'라 하는 것이다.

영은 사람을 살립니다."(고린도후서 3:6) 하고 말했다. 이 둘을 '표층구조'와 '심층구조' 혹은 '밀의적(esoteric) 차원'과 '표의적(exoteric) 차원'으로 나눌 수도 있다. 신앙이나 수행이 깊어 간다는 것은 외적 의미에서 내적 의미를 발견한다는 뜻이다. 진리의 길에 입문하지 못한 사람(the uninitiated)은 어쩔 수 없이 문자적 표층구조를 접할 수밖에 없고, 이 단계를 지나서 진리의 길에 입문한 사람(the initiated)은 문자적 표층구조에만 머물지 않고 그 밑에 깔린 영적 상징 체계를 점점 깊이 알아볼 수 있게 된다는 것이다.

'육도'를 예로 들어 보자. 우주에 천상, 인간, 아수라, 축생, 아귀, 지옥 등 여섯 가지 영역이 있다는 이 가르침은 우리에게 우주가 어떤 구조로 이루어졌는가 하는 천문학적 정보를 전달하려는 것이 아니라, 궁극적으로 종교적 진리를 일깨우려는 것이다. 아직 진리의 길에 입문하지 못한 사람은 육도에 대한 이야기를 듣고 지옥에 떨어지지 않으려고 나쁜 일을 삼갈 것이다. 또 살아가면서 직면하는 여러 가지 절망적 상황에서 극락왕생의 믿음으로 용기와 인내를 얻을 수도 있다. 그들에게 육도는 '문자적으로' 중요한 의미를 지닌다.

하지만 많은 불도와 불교 사상가는 이 가르침이 내포한 정신적, 영적, 내면적, 상징적 교훈을 더 중요시한다. 여섯 가지 존재 양태를 문자 그대로 우리가 죽어서 가야 할 무엇으로 이해하기보다는, 지금 이 순간 우리가 우리의 마음가짐에 따라 육도를 윤회하고 있음을 상징적으로 표현했다고 본다. 우리가 계속 남을 질시하고 남에게 공격적인 행동을 취한다면 그 순간 우리는 아수라계에 사는 것이다. 소비주의에 희생된 대부분의 사람처럼 욕심(greed)과 필요(need)를 분간하지 못하고 끊임없이 상품을 사고 또 사면서도 만족할 줄 모르는 쇼핑 중독 상태라면 그것이 바로 아귀 상태에서 헤매는 것이 아니고 무엇인가. 절망과 좌절의 나락16)에서 하루하루 정신적으로 고된 삶을 사는 사람은 그대로 지옥 밑바닥에 있는 것이다. 그러나 더 큰 힘이 우리를 돕는다는 우주의 기본 원리를 확신하며 새로운 희망의 빛을 찾을 수 있다고 믿는다. 그리스도교에서도 13세기 자유정신(Free Spirit)으로 불리던 일단의 그리스도인들은 장소로서의 천국이나 지옥이라는 것을 거부하고, "신을 아는 사람들은 이미 천국을 소유하고 있고, 윤리적 죄악을 범하는 사람들은 이미 그 안에 지옥을 가지고 다닌다."고 주장했다.17)

셋째, 이런 문제와 관련하여 한 가지 더 살펴볼 문제는 대승불교에서 독창적으로 제시한 '방편(方便, upāya)'18)이라는 개념이다. 미국종교학회(AAR) 회장을 지낸 영국 종교학자 니니언 스마트(Ninian Smart) 교수는 방편 사상이야말로 그리스도교가 불교에서 배워야 할 가장 중요한 가르침이라고 주장했다. 대승불교의 중요한 경전인 『법화경』 제2장이 「방편품」이라는 것만 보아도 대승불교에서 방편 사상이 얼마나 중요한 위치를 차지하는지 알 수 있다.

대승불교의 방편 사상에 의하면 불교의 모든 가르침은 중생이 깨달음에 이르도록 도와주기 위한 방편, 곧 일종의 수단 이상도 이하도 아니다. 따라서 크게 보면 보살사상도 일종의 방편에 불과하다.19)

---

16) '나락(奈落)'이라는 말은 지옥을 뜻하는 산스크리트 낱말 '나라카(naraka)'의 한문 음역이다.
17) Sidney Spencer, *Mysticism in World Religion* (Gloucester, MA: Peter Smith, 1971), p.261.
18) 영어로 보통 'skillful means'라고 번역한다.
19) "······ the bodhisattva doctrine itself is simply a skillful means." Robinson/Johnson, 4th ed. p.84. 존 힉(John Hick) 같은 종교철학자는 심지어 모든 종교가 일종의 방편이라 주장한다. 그의 논문, "Religion as 'Skilful Means'"(http://www.johnhick.org.uk/article9.shtml) 볼 것. 방

일반적으로 부처님과 보살은 사람들이 현재 처한 특수한 상황을 정확하게 진단하고 거기에 가장 알맞은 가르침을 주어, 그 가르침에 따라 사람들의 깨달음이 점점 깊어져 결국 모두가 완전한 깨달음에 이를 수 있도록 했다는 것이다. 여러 가지 다른 가르침은 여러 가지 증세에 따라 처방한 약과 같다. 이른바 '응병여약(應病與藥)'이다. 처방이 건강 자체가 아니듯, 방편은 진리 자체가 아니다. 따라서 수단으로서의 방편은 여러 가지일 수밖에 없다. 보살의 실천 사항을 육바라밀에서 십바라밀로 확장할 때, 그중 하나가 '방편'이다. 이것은 보살이 중생을 인도할 때 방편을 훌륭하게 써야 한다는 것을 뜻한다. 보살은 사람들의 필요에 따라 각각 다른 가르침을 줄 뿐 아니라 심지어 사람 앞에 여자의 모습 등 여러 가지 모습으로도 나타난다.

이런 방편 사상을 이해한다면, 아직 깊은 깨달음에 이르지 못한 불자나 그리스도인이 불교의 가르침이나 그리스도교의 가르침을 문자적으로 이해하고 받아들여서 그들의 실생활에 도움을 얻는다면 그런 문자적 이해의 혜택도 일단 인정해야 한다. 그러나 깨달음이 깊어지면 문자적인 의미 이상을 발견하도록 스스로 노력하고, 앞서 그런 것을 발견한 사람의 가르침을 받는 것도 중요하다.

마치 아이가, 착한 일을 하면 크리스마스이브에 산타 할아버지가 썰

편에 대해 자세히 알려면 John W. Schroeder and Thomas P. Kasulis. *Skillful Means: The Heart of Buddhist Compassion* (Honolulu, HI: University of Hawaii Press, 2001), Mark Tatz, trans., *The Skill in Means (Upayakausalya Sutra)* (Delhi: Motilal Banarsidass, 2001), Michael Pye, *Skilful Means: A Concept in Mahayana Buddhism* (London: Duckworth, 1978), Arvind Sharma, "'Skill in Means' in Early Buddhism and Christianity", *Buddhist-Christian Studies*, vol.10 (1990), pp. 23~33, Michael Pye, "Skilful Means and the Interpretation of Christianity", *Buddhist-Christian Studies*, vol.10 (1990), p.19 ff., Ninian Smart, 'Our Experience of the Ultimate', *Religious Studies*, vol.20, no.1 (1984), p.24 ff. 등 참조.

매를 타고 와서 벽난로 옆에 걸어 놓은 양말에 선물을 가득 넣고 가리라는 희망 때문에 일 년 내내 삶이 즐겁고 의미 있는 나날을 보낼 수 있다면 그것은 그런대로 좋다. 그러나 결혼해서 아이까지 낳은 어른이 아직도 문자적으로 산타 할아버지가 착한 이들에게 선물을 주러 온다고 믿으며 선물에 목을 매고, 오직 선물 때문에 나쁜 일을 하지 않겠다며 노심초사한다면 어떻게 되겠는가? 자신의 아이들에게 선물을 해야 할 처지인데, 아직도 자신이 받을 것만 생각하다니……. 어른이라면, 산타 이야기에서 선물을 받는 것보다 주는 것, 여러 사람이 함께 즐거워하는 것, 온 동네 사람들의 공동체 의식을 함양하는 것, 신 안에서 나를 포함한 모든 인간과 우주가 하나라는 것을 확인하고 축하하는 것 등 더욱 깊고 넓은 의미를 발견하고, 거기에서 보람을 찾아야 할 것이다. 보살을 믿는다는 것도 보살의 도움을 받는 것에만 신경을 쓰는 일이 아니라, 보살의 정신을 본받는 것, 내가 보살이 되는 것, 궁극적으로 나와 너, 그리고 우주가 하나라는 것, 이런 깊은 차원의 진리를 깨닫는 일이 가능하게 될 때 더욱 의미 있는 일이 되지 않겠는가?

다시 말하지만 기복적 보살관은 초신자를 위한 하나의 방편으로는 좋다. 입시를 준비하는 자녀를 둔 어머니가 절에 가서 합격을 기원하는 삼천배를 하며 시간을 보낸다면 심신의 긴장도 풀리고 건강에도 좋다. 방에서 떨고만 있거나, 신경이 날카로워져 공부하는 자녀에게 심적 부담을 주는 것보다 훨씬 낫다. 수험생은 수험생대로 방해받지 않고, 자신을 위해 정성을 다하는 어머니의 사랑을 느껴 이에 보답하려는 마음으로 더욱 열심히 공부할 수 있을 것이기에 정말로 시험을 더 잘 볼 수도 있다.

그러나 언제까지나 보살을 물질적, 사회적 안녕을 추구하는 나의 이기심 충족을 위한 들러리 역으로만 믿어서는 안 된다. 이렇게 자기 중심적 믿음으로 일관하는 것은 초보적 단계의 신앙에 머무는 것이고, 이런 영적 난쟁이 상태로 끝나는 것이 불교이든 그리스도교든 그 신도들에게 궁극적으로 바라는 바라 할 수는 없을 것이다. 부처님이 가르치신 불교의 궁극 목표는 깨달음에 이르는 것, 거기서 오는 해방과 자유를 누리는 것이다. 보살신앙은 아직 이런 단계에 이르지 못한 우리를 보다 높은 경지로 이끄는 '방편'이 될 수 있다. 이런 것을 깨달을 때 우리는 보살사상의 진정한 종교적 의미를 발견하는 것 아닐까.

종교에서 가르치는 것은 일종의 방편으로 보아야 한다는 것, 그 가르침은 점점 높은 단계로 이어져야 한다는 것을 가장 극명하게 강조한 불교 사상가로 중국 화엄종 제5조이며 선불교의 조사였던 종밀(宗密, 780~841)을 들 수 있다.[20] 종밀은 그의 많은 저술 중 특히 인간 존재의 근원을 탐색하기 위해 쓴 『원인론(原人論)』이라는 짧은 저작에서 이 문제를 명쾌하게 다루고 있다.[21] 그는 당시 인간이 가질 수 있는 종교를 유교·도교·불교로 대별하고, 불교를 다시 다섯 가지로 세분한다. 다섯 가지는 1) 인천교(人天教), 2) 소승교(小乘教), 3) 대승법상교(大乘法相教), 4) 대승파상교(大乘破相教), 5) 일승현성교(一乘顯性教)다.

여기서 이를 하나하나 길게 설명할 필요는 없고, 우리가 논의하는

---

[20] 종밀에 관한 연구로 Peter N. Gregory, *Tsung-Mi and the Sinification of Buddhism* (Princeton: Princeton University Press, 1991, 2002), 冉雲華, 『宗密』(臺北, 東大圖書公司, 1988), 종밀 연구 중 일본에서의 성과를 소개한 것으로 조윤호, 『동아시아 불교와 화엄사상』(초롱출판사, 2003), 286~300쪽 참조.

[21] Peter N. Gregory, *Inquiry Into the Origin of Humanity: An Annotated Translation of Tsung-Mi's Yüan Jen Lun with a Modern Commentary* (Hawaii: University of Hawaii, 1995) 참조.

논지만을 위해 간단히 요약하면 다음과 같다. 인천교는 업을 중요하게 여겨 죽은 다음 인간으로 태어나느냐, 천상의 존재로 태어나느냐, 혹은 기타 육도 중 어느 하나로 태어나느냐가 궁극적 관심인 신앙 형태다. 소승교는 인연을, 대승법상교는 아뢰야식(阿賴耶識)을, 대승파상교는 공(空)을 중시한다. 일승현성교는 인간 존재의 근원, 즉 진심·불성·여래장을 중요한 가르침으로 삼고 있다.[22]

종밀의 분석에 의하면 인천교, 곧 지금 나의 행위에 따라 나중에 무엇으로 태어나느냐에 최대의 관심을 기울이는 종교는 최하급의 천박한 신앙 형태다. 그렇다면 인천교는 무조건 나쁘기만 한가? 종밀은 그렇지는 않다고 한다. 인과응보 사상 내지 율법주의 신앙도 없는 것보다는 낫다는 것이다. 초보적인 신앙도 그 신앙을 가진 사람을 다음 단계로, 그 다음 단계로, 그러다가 결국 최고의 단계인 현성의 경지로 이끄는 계기를 마련해 줄 수 있기 때문이라는 주장이다.

같은 맥락에서, 불보살에게 빌어서 불보살이 기계적으로 인간사에 개입한다고 믿거나, 죽어서 지옥이나 어디로 간다는 등의 생각은 어느 정도 우리에게 유익할 수 있다. 하지만 언제까지나 그것을 문자 그대로 믿어야 하는 것은 아니다. 그리스도교도 과거에는 우리가 기도만 하면 신이 우리의 기도를 듣고 직접 개입해서 우리의 문제를 다 해결해 준다고 믿었다. 그러나 이제 이런 개입주의적 신(interventionist God), 초자연주의적 신(supernaturalistic God) 개념이, 적어도 생각하는 그리스도인 사이에서는 전혀 설득력이 없다.[23] 이렇게 초월적인 존재의 개입

---

22) 이런 개념들에 대한 논의는 나중에 나온다.
23) Marcus J. Borg, *The Heart of Christianity: Rediscovering a Life of Faith* (San Francisco: HarperSanFrancisco, 2003), 존 쉘비 스퐁, 김준우 옮김, 『기독교 변하지 않으면 죽는다』(한국

으로 초자연적인 현상이 가능하다는 '믿음'에 목을 매지 않아도 된다는 생각이 한국 불자들 사이에서 점점 보편화되리라는 예상은 어긋난 것일까?

넷째, 보살사상은 종교가 사람을 '진정으로 남을 위하는 존재'로 변화시킬 수 있음을 보여 주는 역사적 실증이다. 영국 역사가 토인비에 의하면, 종교의 본질이 '자기중심주의의 극복'이다. 어느 종교가 참 종교냐 아니냐 하는 기본적인 잣대는 그 종교가 신도들을 이기적으로 만드느냐 희생적으로 만드느냐, 한마디로 사랑과 자비를 강조하고 실천하게 하느냐 그렇지 못하냐에 달렸다는 것이다. '남을 위한 존재'라 할 수 있는 보살정신이야말로 참 종교가 이를 수 있는 종교적 이상을 표현하는 아름다운 상징이다. 이런 보살의 이상 앞에서 이제 불자든 그리스도인이든 자신이 받드는 종교가 종교 본연의 모습으로 승화되어, 자기 종교가 참 종교임을 실증하도록 힘써야 하지 않을까?

필자는 몇 해 전 그리스도교 감사절에 설교를 해 달라는 부탁을 받고, "얌체 신앙을 버려라" 하는 말로 우리의 안일한 신앙 자세를 재점검할 것을 촉구한 일이 있다. 우리는 무슨 일에나 무조건 감사하기만 하면 그것이 곧 신앙이 돈독함을 표현하는 것이라고 생각하기 쉽다. 하지만 감사할 때 불보살이, 하느님이 특별히 나와 내 집과 내 집단만 잘되게 해 주셔서 고맙다는 것은 "얌체 신앙"이다.

타이타닉 호가 침몰할 때, 용케도 먼저 구명선을 타고 멀리서 타이타닉호가 물에 잠기는 것을 보며, "아! 하느님. 제가 무엇이라고 저를 이렇게 눈동자처럼 사랑하셔서 특별히 살려 주시나이까." 하는 태도,

---

기독교연구소, 2001) 등 참조.

이런 것이 참된 감사일까? 이럴 경우 나와 내 가족의 무사함을 감사하기에 앞서 다른 이들이 물속에 잠기는 것을 안타까워해야 한다. 자신이 그 배에 남아 있던 현악사중주단이나 선장처럼 되지 못한 것을 송구스럽게 생각해야 한다. 이것이 인간으로서 가져야 할 기본 태도다. 신앙이 있다는 사람이, 혹은 그런 신앙을 가졌기 때문에, 하늘의 힘을 빌려 자기 살 궁리만 하고, 그 덕에 남보란 듯이 잘 살고, 행복한 내세까지 보장 받았다고 오로지 감사할 뿐이라고 한다면, 그 신앙생활이란 것이 도대체 어떤 것일까?

이제 종교인이라면 얌체 신앙에서 진정으로 남을 생각하는 신앙으로 방향을 바꿔야 한다. 우리가 집단적, 개인적으로 아직 어두웠거나 어렸을 때는 그런 얌체 신앙을 갖고 살았을지라도, 이제, 그리스도교적 용어로, "어린아이의 일을 버렸노라"의 단계로 넘어가야 한다. 좀 거창한 말로 하면 신앙의 근본적 패러다임을 바꿔야 할 때라는 뜻이다. 이런 것이 보살사상을 보며 깨달을 수 있는 것 중 하나가 아닐까.

대승경전들의 등장

대승불교가 생기고 새로운 사상이 발전함에 따라 이런 사상을 반영하는 경전들이 생겨나기 시작했다. 기원전 100년에서 기원후 400년경까지 생긴 '대승경전들'이다. 모든 경은 부처님이 직접 한 말씀을 아난다가 읊은 것이라는 전통에 따라 대승경전의 각 경도, 비록 그것들이 부처님 입멸 후 몇 백 년 뒤에 생겼지만, "나는 이렇게 들었다(如是我聞)"는 말로 시작한다. 물론 역사적으로는 불가능한 일이지만 신앙적으로, 상징적으로 부처님의 직접적인 말씀인 것처럼 받아들인다는 뜻이다. 앞에서 이미 대승경전 이름이 몇 번 나왔기에, 그중 유명한 것 몇 가지만 예로 든다. 나중에 이런 대승경전들을 기초로 해서 생긴 종파들을 다룰 때 그 사상 내용을 다시 다루게 될 것이므로 여기서는 그 경들의 이름을 익히는 정도로 하고 지나가도 좋을 것이다.

『반야경(般若經, Prajñāpārmitā-sūtras)』
대승경전 중에서 가장 먼저 생긴 경전 군(群)에 붙여진 이름이다. 가장 중요한 가르침은 우리가 경험하는 만물이 그 자체로서 실체가 없음을 강조하는 공(空, śūnyatā)에 관한 것이다. 만물이 이른바 자성(自性)이라는 것이 없이 공(空)하다는 것을 깨닫는 것이 바로 반야지(般若智), 곧 '우리를 저편으로 옮겨다 주는 지혜', 우리로 초월을 가능하게 하는 통찰이라 가르친다.[24]

이 경전 군 중 가장 유명한 경은 다른 긴 경에 들어 있는 사상을 가장 간결하게 요약하고 있는 『금강반야바라밀경(金剛般若波羅蜜經, Vajracchedikā-Prajñāpārmitā-sūtra)』과 『마하반야바라밀다심경(摩訶般若波羅蜜多心經, Mahāprajñāpārmitā-Hṛdaya-sūtra)』이다. 이 두 경을 줄여서 각각 『금강경』, 『반야심경』(혹은 『심경』)이라 한다. 영어로는 각각 『Diamond Sutra』와 『Heart Sutra』로 널리 알려져 있다. 특히 『반야심경』은 가장

---

24) '반야지'를 뜻하는 산스크리트어 'prajñāpārmitā'는 크게 'prajñā'와 'pārmitā'의 합성어다. 'prajñā'는 'pra'와 'jñāna'로 이루어졌는데 'pra'는 영어의 'pro', 'jñāna'는 'knowledge'에 해당하여 둘을 합하면 'prognosis'가 된다. 그러나 영어의 'prognosis'는 '미리 알다'라는 뜻이 강한데 반해 'pra+jñāna'는 일반적 지식 이전의 예지 같은 것을 의미한다. 일반적 지식만 강조하던 관행에서 벗어나 초월적 지혜를 추구해야 한다는 뜻이 강하게 나타난다. 'pārmitā'도 'parama'라는 어간에서 생긴 것으로 해석하면 '최고' 혹은 '완성'을 의미하고, 'para(beyond)'+'m(목적격 어미)'+'ita(gone)'로 해석하면 '너머로 간 것', '초월적인 것'이란 뜻이 된다.

짧은 불경으로 동아시아 불자들은 그리스도인이 주기도문이나 사도신경을 외우듯 외운다.

여기 중국 당나라 현장(玄奘, 602~664)의 번역본을 옮겨 놓는다. 한문본 다음에 이를 우리말로 옮겨 보았다. 우리말로 옮긴 것을 읽어도 뜻을 모르기는 한문본으로 읽을 때와 마찬가지일 것이다. 그래도 우리말로 옮긴 것은 원하는 독자들이 있을 것이라 믿고 주석 없이 옮겼다. 한문본이든 우리말 번역이든 불자들이 암송하듯 그냥 노래 부르는 기분으로 한번 읽어 보면 좋을 것이다. 이 책을 다 읽거나, 적어도 다음에 나오는 중관학파 사상에 대한 설명을 읽고 다시 보면 좀더 명확하게 이해할 수 있으리라 기대해 본다.25)

곁이야기 다섯.

摩訶般若波羅蜜多心經
마하반야바라밀다심경

觀自在菩薩 行深般若波羅蜜多時 照見五蘊皆空 度一切苦厄 舍利子
관자재보살 행심반야바라밀다시 조견오온개공 도일체고액 사리자

色不異空 空不異色 色卽是空 空卽是色 受想行識 亦復如是 舍利子
색불이공 공불이색 색즉시공 공즉시색 수상행식 역부여시 사리자

是諸法空相 不生不滅 不垢不淨 不增不減 是故 空中無色 無受想行識
시제법공상 불생불멸 불구부정 부증불감 시고 공중무색 무수상행식

無眼耳鼻舌身意 無色聲香味觸法 無眼界 乃至 無意識界 無無明
무안이비설신의 무색성향미촉법 무안계 내지 무의식계 무무명

亦無無明盡 乃至 無老死 亦無老死盡 無苦集滅道 無智亦無得
역무무명진 내지 무노사 역무노사진 무고집멸도 무지역무득

---

25) 이 경의 사상적·종교적 의미, 특히 이 경의 여러 사용법은 Donald Lopez, Jr., *Elaborations on Emptiness: Uses of the Heart Sutra* (Princeton: Princeton University Press, 1996) 참조.

| 以無所得故 | 菩提薩埵 | 依般若波羅蜜多故 | 心無罣碍 | 無罣碍故 |
| 이무소득고 | 보리살타 | 의반야바라밀다고 | 심무가애 | 무가애고 |

| 無有恐怖 | 遠離顚倒夢想 | 究竟涅槃 | 三世諸佛 | 依般若波羅蜜多故 |
| 무유공포 | 원리전도몽상 | 구경열반 | 삼세제불 | 의반야바라밀다고 |

| 得阿耨多羅三藐三菩提 | 故知般若波羅蜜多 | 是大神呪 | 是大明呪 |
| 득아뇩다라삼먁삼보리 | 고지반야바라밀다 | 시대신주 | 시대명주 |

| 是無上呪 | 是無等等呪 | 能除一切苦 | 眞實不虛 | 故說 | 般若波羅蜜多呪 |
| 시무상주 | 시무등등주 | 능제일체고 | 진실불허 | 고설 | 반야바라밀다주 |

| 卽說呪曰 | 揭諦揭諦 | 波羅揭諦 | 波羅僧揭諦 | 菩提 | 娑婆訶 |
| 즉설주왈 | 아제아제 | 바라아제 | 바라승아제 | 모지 | 사바하 |

옮김

관자재[관세음] 보살이 심오한 반야바라밀다 수행을 실천할 때

다섯 가지 요소들[오온]을 꿰뚫어 보고 그 하나하나가 다 공함을 깨달음으로 모든 괴로움과 재앙에서 벗어날 수 있었습니다.

사리자여, [오온의 첫째 요소인] 색(色, 물질적 요소)이 공과 다르지 않고, 공이 색과 다르지 않습니다.

색이 곧 공이요 공이 곧 색입니다.

[오온의 다른 요소들인] 수(受, 감수 작용), 상(想, 인지 작용), 행(行, 정신 작용), 식(識, 의지 작용)의 경우도 이와 마찬가지입니다.

사리자여, 모든 사물은 그 실상에 있어서 공입니다.

거기에는 태어남도 없어짐도 없고,

더러움도 깨끗함도 없고,

불어남도 줄어듦도 없습니다.

거기에는 색, 수, 상, 행, 식도 없고,

눈, 귀, 코, 혀, 몸, 의식도 없고,

모양, 소리, 냄새, 맛, 만짐도 없고,

보이는 세계 내지 의식의 세계도 없고,

무명이나 무명의 없어짐도 없고,

늙어 죽음이나 늙어 죽음이 다함도 없고,
고, 집, 멸, 도도 없고,
깨달음이나 깨닫지 못함도 없습니다.
깨달음이 없기에
보살들은 반야바라밀다에 귀의하여
그 마음에 걸림이 없어지고,
걸림이 없기에 두려움도 없어지고,
뒤집어진 미망을 멀리하여 결국은 참다운 니르바나에 이르게 되었습니다.
과거, 현재, 미래의 모든 부처님들도 반야바라밀다에 귀의하여 무상정등정각을 얻게 되었습니다.
그러므로 아십시오. 반야바라밀다의 위대하고 신비한 주문,
위대하고 밝은 주문,
더할 수 없이 위대한 주문,
그 어느 것과 견줄 수 없는 주문,
능히 모든 괴로움을 없애 주고, 참되고 거짓이 없는 그 주문을.
이제 반야바라밀다에서 가르치는 그 주문은 다음과 같습니다.

"가테 가테 파라가테 파라상가테 보디 스바하.(가신 이여, 가신 이여, 저 너머로 가신 이여, 저 너머로 아주 가신 이여. 깨달음이여. 스바하)"[26]

『유마경(維摩經詰所說經, *Vimalakīrti-Nirdeśa-sūtra*)』
부처님 입멸 후 몇 백 년이 지나 생긴 불경이지만, 이야기는 부처님

---

26) 'gate'는 'gam(가다)'이라는 동사의 과거완료형 'gata'의 변형이다. 동사 gam에는 '가다'라는 뜻과 '깨닫다'라는 뜻이 함께 있어, '깨달은 이여'로 해도 좋다. 최근에 나온 『반야심경』 해설서로 일반인들을 위해 쉽게 쓴, Red Pine, *The Heart Sutra: Translation and Commentary* (Washington, D.C.: Shoemaker & Hoard, 2004) 참조.

제자들의 이야기다. 부처님의 재가(在家) 제자인 유마 거사가 병이 들어 집에 있는데, 문수 등 부처님의 출가 제자들이 문병 와서 왜 아프게 되었냐고 물었다. 그는 중생이 아프기 때문에 자신도 아프다고 했다. 일체가 불이(不二)임을 강조한 것이다. 유마 거사의 대답으로 자연히 '불이중도(不二中道)'에 대한 토론이 시작되었는데, 문수보살 등은 하늘과 땅, 선과 악, 오는 것과 가는 것, 말하는 것과 말하지 않는 것이 둘이 아니라고 말했지만, 유마 거사는 '불가설·불가언(不可說不可言)'의 경지를 알고, 한마디도 말하지 않았다. 절대적인 것을 말로 표현하면 그것은 이미 절대적인 것이 아니라는 것을 '우레 같은 침묵'으로 웅변한 것이다. 유마 거사는 여러 면에서 부처님의 출가 제자보다 훌륭했다.

재가 수행을 좋게 본다는 점 때문에 효(孝)를 중시하여 출가를 꺼리던 중국에서 특히 환영받은 대승경전이다. 그리스도교로 말하면, 평신도도 목사나 신부보다 더 깊은 영적 경지에 이를 수 있다는 것을 말해주는 사례인 셈이다.

『능가경(楞伽經, Laṅkāvatāra-sūtra)』
의식(意識)의 문제를 깊이 있게 다루고 있다. 의식만이 실재라는 유식(唯識, vijñānamtratā), 혹은 유심(唯心, cittamtratā)과 모든 개별적 의식의 기초가 된다고 믿는 아뢰야식(阿賴耶識, ālayavijñāna), 우리 모두가 가진 여래장(如來藏, tathāgata-garbha) 같은 사상을 강조했다. 인도의 유가학파나 중국의 유식종, 화엄종, 선불교 사상에도 지대한 영향을 끼친 경전이다.

『법화경(妙法蓮華經, Saddharmapuṇḍarīka-sūtra)』

깨달음에 이르는 방법으로 아라한, 연각(혹은 독각), 보살 등의 여러 구별이 있지만 이런 것은 일시적 방편일 뿐, 모두 부처님 수레 하나로 귀일되고 이를 통해 성불한다는 생각을 강조한다. 일불승(一佛乘), 방편(方便) 등의 사상이 잘 드러나 있고, 이런 것을 설명하려고 여러 비유를 쓰는데, 가장 잘 알려진 것이 '불타는 집(火宅)'이다.

『법화경』은 동아시아에서 천태종이 받드는 경전이다. 일본 니치렌슈(日蓮宗) 계통의 소카각카이(創價學會)와 릿쇼고세이카이(入正佼成會)에서는 이 경의 제목(題目, 다이모쿠)을 일본 발음으로 '나무묘호렌게교' 하며 염불 외우듯 외운다. 이 경전을 영어로는 줄여서 보통 『Lotus Sutra』라 부른다.

『정토경(淨土經, Sukhāvatīvyūha-sūtra)』

산스크리트 원문에는 긴 것과 짧은 것 두 가지가 있다. 한문 번역으로는 긴 것은 『대무량수경』, 짧은 것은 『아미타경(阿彌陀經)』으로 번역되었다. 이 경에 의하면, 다르마카라(法藏)라는 비구승이 서방 극락 정토에서 아미타불이 되었는데, 중생은 이 아미타바(無量光) 혹은 아미타유스(無量壽) 부처님의 원력(願力)으로 서방정토에 태어날 수 있다는 것이다. 이 경은 『관무량수경』과 함께 '정토삼부경'을 이루어 중국 정토종이 받드는 소의(所依)경전이 되었다.[27]

---

27) Luis O. Gómez, *Land of Bliss: The Paradise of the Buddha of Measureless Light: Saskrit and Chinese Versions of the Sukhāvatīvyūha Sūtras* (Honolulu: University of Hawaii Press, 1996).

『화엄경(大方廣佛華嚴經, Avataṁsaka-sūtra)』

만물의 상호 연관성과 상호 의존성을 강조하고, 이것을 아는 것이 바로 자유를 얻는 길이라고 역설한다. 『화엄경』의 마지막 품[28]인 「입법계품(入法界品)」을 하나의 경전처럼 취급하기도 하는데, 여기에는 선재동자(善才童子, Sudhana)가 53명의 스승을 찾아가 진리를 구하는 과정을 소상히 밝히는 유명한 이야기가 있다. 일본 초급행열차 노선인 신칸센(新幹線)을 설치할 때 열차 역을 53개로 한 것도 선재동자 이야기 때문이라 한다. 『화엄경』은 물론 중국 화엄종이 받드는 기본 경전이다.

『열반경(大般涅槃經, Mahāparinirvāṇa-sūtra)』

팔리어로 된 부파불교의 『대열반경(Mahāparinibbāna-sutta)』과 다른 대승 경전이다. 부파불교 열반경이 부처님 입멸 전후 사건을 객관적으로 기술하고 있는 데 비해, 대승 『열반경』[29]은 부처님의 우주적 의미와 대승의 교리를 논하고 있다. 중국 천태종은 이 경전이 『법화경』과 함께 부처님이 최후로 가르친 가장 심오한 진리를 담고 있다고 본다.

앞의 경전들은 주로 기원후 100년에서 400년 사이에 생겼지만, 그 후 8세기까지 이런 경전들이 계속 나타났기에 이런 유명한 경전 외에 많은 경전이 있다. 이들은 모두 경(經, sūtras)으로서 부처님이 일생 중에 직접 한 말씀을 모은 것이라 주장한다. 이렇게 후대에 나타난 것은 그동안 어디에 감추어져 있다가 다시 발견되었기 때문이라는 것이다.

---

28) 한문 불교 경전에서는 각 장을 '品'이라 부른다.
29) 한국 불교에서는 '녈반경'이라 발음하기도 한다.

예를 들어, 대승불교 사상가 나가르주나(龍樹, Nāgārjuna)가 용궁에 감춰져 있던 『화엄경』을 바다에 들어가 가지고 왔고, 인도 남쪽 철탑 속에 들어 있던 『금강경』을 철탑을 깨고 찾아왔다는 식이다. 물론 대승경전에 대한 이런 주장은 객관적인 역사적 사실과 상관이 없다.

역사적으로 보면 이런 경전들은 자연스러운 역사의 물결을 따라 각 시대에 새롭게 등장한 새로운 불교 사상을 새롭게 표현하기 위해 새롭게 만든 역사적 산물이다. 물론 이렇게 역사적 부처님과 직접 관계없이 생긴 대승경전도 '여시아문'으로 시작해 아난다가 부처님께 직접 들은 형식을 취하고 있다는 점에서, 엄격히 말하면 이것들은 후대 사람들이 만든 '위조' 경전들인 셈이지만, 이런 경우를 두고 이른바 '경건한 위조(pious fabrications)'라 보는 것이 더욱 적절할 것이다. 종교는 역사가 아니다. 따라서 종교 전통에서 이런 특수 기법은 얼마든지 이해할 수 있는 일이다.

현재 불교학자나 학식을 갖춘 불자 중에 대승경전에 나온 부처님의 말씀을 기원전 6세기 부처님이 직접 하신 말씀이라고 우기며 역사성을 고집하는 이들은 거의 없다. 복음서에 '예수님 말씀'이라고 나오는 모든 말씀을 '예수님 자신의 말씀(verba ipsissima)'이라고 그 역사성을 그대로 주장하는 그리스도인도 점점 줄어들고 있다. 이런 문서들이 우리에게 중요한 것은 그 역사적 사실성 때문이 아니라 그것들을 말하려고 하는 메시지 때문이다.

대승학파들

중관학파

인도에서 생긴 대승불교의 대표적인 학파로는 중관학파(中觀學派, Mādhyamika)와 유가학파(瑜伽學派, Yogācāra)를 들 수 있다. 중관학파는 『반야경(般若波羅蜜多經)』에 나타나는 공(空, śūnyatā) 사상을 중심으로 하여, '제2의 부처님'이라고 불릴 정도로 위대한 불교 사상가로서, 기원후 150년에서 250년 사이에 살았던 인물 나가르주나(龍樹, Nāgārjuna)가 창시한 학파다. 나가르주나의 중관학파는 공(空)을 가장 중요한 가르침으로 하고 공 사상을 체계화했기에 일명 '공관학파(Śūnya-vāda)'라고도 한다. 나가르주나의 사상은 그의 저술 중 『중론(中論, Mūlamadhyamaka-kārikā)』에 조직적으로 나와 있다.[30]

---

[30] 중관학파 사상에 대해서는 다음 연구서들을 참조할 수 있다. C. W. Huntington, Jr., *The Emptiness of Emptiness: An Introdution to Early Inian Madhyamika* (Honolulu: University of Hawaii Press, 1989), Kenneth K. Inada, *Nāgārjuna: A Translation of His Mūla-Madhyamika-kārikā with an Introductory Essay* (Buffalo, N.Y.: State University of New York Press, 1970), T. R. V. Murti, *The Central Philosophy of Buddhism: A Study of the Mādhyamika System* (London: George Allen and Unwin, 1960), Richard H. Robinson, *Early Mādhyamika in India and China* (Madison: University of Wisconsin Press, 1967), Frederick Streng, *Emptiness: A Study in Religious Meaning* (Nashville: Abingon Press, 1967), Paul Williams, *Mahayana Buddhism: The Doctrinal Foundation*

이 공 사상은 불교의 핵심이자 가장 중요하고 심오한 가르침이다. 『반야심경』에서 삼세의 모든 부처와 보살이 구경의 깨달음을 얻어 부처가 되고 보살이 된 것도 모두 "색즉시공 공즉시색(色卽是空 空卽是色)"이라는 공의 실상을 꿰뚫어 보는 '반야지(般若智, prajñapāramitā)'를 통해서라고 주장할 정도다. 이 책 머리말에서 언급한 것처럼 필자는 1971년 초 캐나다에 처음으로 유학 와서, 그해 가을 학기부터 당시 중관론의 세계적 대가로 꼽히는 인도인 무르티(T. R. V. Murti) 교수에게서 일 년 내내 공 사상을 배웠는데, 이것은 지금껏 아름다운 추억으로 남아 있다.31) 하지만 나가르주나가 설파한 이 심오하고 난해한 사상을 어떻게 이 짧은 지면에서 일반 독자들이 최대한 이해하기 쉽게 설명할 수 있을까? 난감하지만 최선을 다해 본다.

우선 지적할 것은 초기 부파불교에서도 부처님이 가르친 무아(無我, anātman)의 교리를 통해, 우리가 그토록 위하고 떠받드는 '나(self)'가 사실은 실체가 없는 허상이라고 믿었다는 것이다. 이것이 '인무아(人無我, pudgala-nairātmya)'다. 그러나 '나'라는 큰 덩어리는 실체가 없지만 그것을 이룬 다섯 가지 구성 성분(五蘊)이나 기본 요소(法, dharma)는 실체를 가진 독립적 실재라 주장했다. 부파불교 중에서도 설일체유부(說一切有部, Sarvāstivāda)는 이런 사변적이고 형이상학적인 논의에 많

(London: Routledge & Kegan Paul, 1989). 뒤의 두 책은 한국어로 번역 출간되었다. 프레더릭 스트렝, 남수영 역, 『용수의 공 사상 연구』(시공사, 1999), 폴 윌리엄스, 조환기 옮김, 『서양학자가 본 대승불교-불교총서 10』(시공사, 2000).

31) 서양에서 '공' 사상을 해석하는 데 지금까지 주로 세 가지 큰 흐름이 있었다. 첫째, 초기 불교학자들이 제시한 바와 같은 '허무주의적 해석(nihilistic interpretation)', 둘째, 러시아 불교학의 대가 체르밧스키(Theodorre Stcherbatsky)와 인도 학자 무르티가 채택한 '절대주의적 해석'(absolutist interpretation), 셋째, 미국 학자들인 로빈슨이나 스트렝이나 거드먼슨(Gudmunsen)이 제시하는 '언어학적 해석(linguistic interpretation)'이다. Huntington, 앞의 책, pp.25~32 참조할 것. 여기서는 둘째와 셋째 해석을 같이 참조하고 따랐음을 밝힌다.

은 시간과 정력을 바치고 있었다. 그러나 나가르주나에 이르러, '나'뿐 아니라 나를 이루고 있는 그 구성 성분이나 요소도 모두 다 독립적으로 실재하는 것이 아니라는 것을 주장하게 되었다. 이 주장이 '법무아(法無我, dharma-nairātmya)'다. 이렇게 '나도 법도 공함(我法俱空)'을 꿰뚫어 보는 것이 바로 '반야지'의 핵심이었다.

나가르주나의 공(空) 사상

나가르주나는 우리가 이런 반야지를 터득하지 못하고 생사고해에서 이처럼 괴로움을 당하며 사는 근본 이유가 '잘못된 견해(邪見, dṛṣṭi, wrong views)' 때문이라고 한다. 잘못된 견해는 근본적으로 세상을 일반화하고 개념화하는 형이상학적 '언어의 유희(戱論, prapañca)'에 의해 생겨나며, 이 때문에 우리는 사물의 실상을 그대로 보지 못하고 사물이 마치 각각 독립된 실체로 존재하는 것인 것처럼 착각한다고 했다. 우리는 이런 잘못된 견해를 벗어 버리고 일체의 사물이 '공하다'는 진리를 깨달아야 한다고 했다.

그렇다면 '공하다'는 것은 구체적으로 무엇을 의미하는가? 편의상 이를 두 가지 측면으로 나누어 생각해 볼 수 있다. 첫째, 우리가 일반적으로 보는 개개의 사물이 공하다는 것. 둘째, 궁극적으로 실재의 참 모습이 공하다는 것이다.

첫째, 공을 사물의 공함(emptiness of everything)에서 생각할 수 있다. 나가르주나는 "연기(緣起) 법칙에 따라 생겨나는 모든 것은 공함을 선언하노라."(MK[32], XXIV, 18)고 했다. 이 세상에서 연기 법칙을 떠나 홀

---

32) 『마댜미카 카리카(Madyamaka-kārikā)』의 약자.

로 생겨나는 것은 아무것도 없다. 따라서 우리가 일상에서 접하는 모든 사물은 궁극적으로 독립적 실체성이 없다는 것이다. 이를 전문적 불교 용어로는, 일체 사물에는 '자성(自性, svabhāva, own-being)이 없다', 혹은 '무자성(無自性)'이라고 한다. 영어로는 "Everything is 'empty' of its own-being."이라고 표현한다. 우리가 일상적 감각으로 인식하는 일체의 사물은 서로서로의 관계에서 생기는 것으로, 그 자체로 독립적이고 궁극적인 실재가 아닌데도 우리의 오도되고 제한된 인식능력 때문에 독립적인 실체로 잘못 받아들이고 있다는 것이다.

예를 들어, 우리 앞에 있는 책상은 반질반질하고 딱딱하며 고정된 것으로 보인다. 그래서 반질반질하고 딱딱하며 고정된 책상이 우리 앞에 하나의 실체로 존재한다고 여긴다. 하지만 현미경으로 보면 어떤가? 책상의 표면은 전혀 반질반질하지 않다. 오히려 울퉁불퉁하기 그지없다. 더 고배율의 현미경으로 보면 또 어떤가? '울퉁불퉁'마저 의미가 없다. 결국 양자, 전자, 중성자 등으로 이루어져 있고, 이것들은 마치 밤하늘에 별이 떠다니는 것 같아 전혀 딱딱하거나 고정된 것이 아니라 극히 유동적이고 영성하다. 원자 이하의 세계는 '구성 요소(building block)'라는 물질 개념마저 의미가 없어지고, 수학 공식으로도 표현 불가능한 무엇이 되고 만다.

화학적으로도 마찬가지다. 책상을 특별한 방법으로 태우면 숯이라는 탄소 덩어리가 되고, 이 탄소 덩어리를 적절히 압축하면 다이아몬드가 된다. 반질반질하고 딱딱한 책상이라는 것은 책상의 진면목을 모두 말한 것이 아니다.

상식적으로 생각해 보아도 마찬가지다. 책상 위에 올라가 선반에 있는 물건을 내리면 책상은 사다리가 된다. 지진이 나서 그 밑에 엎드리면 책상은 지진의 피해에서 우리를 보호해 주는 보호막이 된다. 이처럼 우리가 지금 '책상'이라고 알고 있는 그 책상은 그 자체가 본질이나 실체(essence, substance)를 가지고 있지 않다. 우리가 익히 알고 있는 책상의 모습은 책상의 참 모습, 전체적 모습이 아니라 그것의 극히 미미한 일부일 뿐이다. 상식적 관찰로 파악한 '책상'을 만고불변의 실체 자체로 보지 말아야 한다는 것이다.

둘째, 공을 궁극 실재의 공(emptiness of Emptiness)이라는 관점에서 이야기할 수 있다. 우리가 상식적으로 보는 대로의 사물이 궁극적으로 공하다면, 사물의 진정한 본모습은 어떠한가? '사물의 진정한 모습'을 불교 용어로 법성(法性), 실상(實相, dharmatā), 진여(眞如, tathatā) 등이라 하는데, 도대체 이런 사물의 참모습, 참으로 그러함(Suchness), 실상은 무엇인가? 나가르주나는 우리가 가진 일체의 견해를 버려야 그 실상이 보인다고 했다. 우리의 일상적 견해는 부분적이고 일방적이며 왜곡되고 부정확하다. 사물의 실상을 보여 주기는커녕 오히려 실상을 보는 데 치명적 장애가 된다. 따라서 이런 견해를 말끔히 비워야 한다. 잘못된 견해를 기초로 우리가 형성한 궁극 실재에 대한 일체의 이론, 교설, 개념, 관념, 범주, 체계, 주의, 주장, 독단 등은 전혀 타당성이 없고, 오히려 우리를 오도하고 제약할 뿐이다. 잘못된 견해에 붙들려 있는 한 궁극 실재의 참모습을 꿰뚫어 볼 수 없다. 영어로는 "The Real is 'empty' of our views."라고 표현할 수 있다. 궁극적인 것은 인간적인 견해가 들어가지 않는 빔(空) 그 자체라는 뜻이다.

이런 의미에서 '잘못된 견해'라는 말도 사실은 성립되지 않는다. 모든 견해는 본질적으로 잘못된 것이기 때문이다. 궁극 실재를 두고 A라고 해도 틀리고, B라고 해서도 안 된다. A이면서 동시에 B라고 해도 틀리고, A도 아니고 B도 아니다 해도 역시 틀리다. 그 유명한 '사구부정(四句否定, catuṣkoṭi)'이다. 구체적으로 표현해 보자. 궁극 실재는 크다고 해도 틀리고 작다고 해도 틀린다. 크기도 하고 작기도 하다고 해도 틀리고, 크지도 않고 작지도 않다고 해도 맞지 않다. 궁극 실재는 인간이 상상할 수 있는 어느 범주에도 들어맞지 않는다는 뜻이다. '언설(言說)을 이(離)하다'느니, '언어도단(言語道斷)'이니 하는 표현은 바로 이런 경지를 두고 하는 말이다. 이처럼 사물의 본성은 우리의 생각과 말로는 상상할 수도, 표현할 수도 없는 초월적인 것이다. 거기에는 우리의 일상적인 생각과 말 중에 적용되는 것이 아무것도 없다. 따라서 '빈 것', '공(空)'이라고 밖에 표현할 수 없다. 그렇다고 공이 아무것도 없이 텅 빈 헛것이라는 뜻은 아니다. 그 절대적 실재의 모습은 존재하는 무엇과도 비교할 수 없기에, 또 보통 존재라고 할 수 없기에, 비존재요 '공'이다.33)

나가르주나는 자신의 주장을 뒷받침하기 위해 '프라상가(prasaṅga)' 논법을 사용했다. 서양 논리학에서 'reductio ad absurdum(歸謬法)'이라고 하는 방법이다. 이는 상대가 어떤 명제를 제시하면, 내가 대안을 제시해서 상대의 명제를 반박하는 것이 아니라, 상대의 명제 안에 숨어 있는 내적 모순이나 오류를 밝혀 상대의 명제가 성립할 수 없는

---

33) 서양 철학사에서 궁극 실재가 실체(substance)가 아니라 과정(process)이라고 파악한 것은 화이트헤드(Alfred North Whitehead)의 과정 철학이다. 그의 *Process and Reality* (New York: Free Press, 1969) 참고. 과정 철학을 신학에 응용한 과정 신학도 궁극적 의미의 신을 실체(substance)라 보기를 거부하고 오직 과정이라 본다. 미국 과정 신학자 John Cobb, Jr. 의 신학 사상이 이를 대표하고 있다.

'엉터리(absurdity)'라는 것이 드러나게 하는 방법이다.

여기서 조심해야 할 것은 공이 '궁극 실재'라고 해서 모든 사물과 따로 떨어져 존재하는 '어떤 것(a thing, a being)'이라고 생각해서는 절대 안 된다는 것이다. 공을 물화(物化, reification)하면 산통을 깨는 일이란 뜻이다. 이처럼 공을 개별적인 하나의 존재로 여기지 말 것을 두고, "공도 역시 공(空亦復空, emptiness of Emptiness)"임을 알라고 한다. 나가르주나는 공은 마치 약과 같아서 병을 고쳤으면 몸에서 빠져나가야 한다고 했다. 병을 고쳤는데도 약이 뱃속에 그래도 남아 있으면 그것이 도리어 병이 된다는 것이다. 공은 사물을 실체적인 존재로 보려는 우리의 고질적인 병을 고쳐서 사물을 진정 있는 그대로(things as they really are) 보게 하는 데 근본 목적이 있다. 따라서 "공에 대한 특정 견해에 달라붙는 사람은 고칠 길이 없다."고 선언했다.(MK, XIII, 8)

'반야지'의 산스크리트어 원문은 'prajñapāramitā'이다. 문자적으로는 '저쪽으로 건너감의 지혜', '초월적 지혜'로 번역할 수 있다. 풀어 보면, 현상세계를 꿰뚫어서 그 너머에 있는 실상의 세계를 보는 지혜, 이 괴로운 생사의 세계를 건너 자유로운 열반의 세계에 닿게 하는 나룻배와 같은 지혜라고 할 수 있다. 그래서 한문으로도 '지도(智度)'나 '도피안(度彼岸)'이라고 번역한다. 이런 반야지를 가지면 사물을 있는 그대로 볼 수 있어, 결국 "생사(samsara)라는 현상세계와 열반(nirvāṇa)이라는 궁극 모습 사이에 구별이 없음"(MK, XXV, 19~20)도 볼 수 있다. 생사와 열반도 우리가 생각하는 것처럼 별도의 독립적 실체를 갖고 있는 무엇이 아니기 때문이다. 무명(無明)의 눈으로 세상을 보면 세상은 생사로 보이고, 깨달은 눈으로 세상을 보면 세상은 열반이다. 나아가 반야지로 세상을 보는 사람은 모든 것이 공이라는 것을 알고 생사나 열반 어디에도 집착하지 않는 절대 자유를 누린다. 그러기에 생사와 열반을 자유자재로 오갈 수 있다.

두 가지 진리

그러면 사물에 대한 우리의 견해, 진술, 주장, 관념, 범주 등은 무조건 쓸데없는 것인가? 이 물음의 답으로 나가르주나의 '두 가지 진리'라는 가르침이 등장한다. 한문으로는 '진속이제(眞俗二諦)'라 하며, 산스크리트어로는 'paramārtha-satya와 saṃvṛti-satya'라 번역하고, 요즘말로 고치면 '궁극적 진리(ultimate truth)와 일상적 진리(conventional truth)'라 할 수 있다.

  나가르주나의 가르침을 보자. 우리가 책상을 보고 '반질반질하다'고 하는 진술은 궁극적으로 보면 맞는 말이 아니다. '궁극적 진리'가 아니라는 뜻이다. 그럼 우리는 절대로 '반질반질하다'는 말을 하면 안 되는가? 울퉁불퉁한 책상과 비교해서 반질반질 광택이 나는 책상을 만지면서, "아, 정말 반질반질하구나!" 하고 말하는 것은 무명에서 나온 어리석은 진술이기 때문에 우리는 그것으로 괴로움을 당해야 하는가? 나가르주나는 이 경우에 한 "반질반질하다"는 말은, '일상적 진리'에 해당하며 일상사라는 구체적인 맥락에서 구체적인 현상을 표현하는 데 필수불가결한 것이라고 했다. 하루하루 살아가는 일상사를 위해 없어서는 안 될 방편(方便)인 것이다. 그러나 일상적 진리가 진리의 전부라고 착각하면 안 된다. 일상적 진리는 궁극적 진리로 인도하기 위한 전 단계여야 한다. 나가르주나는 말했다. "일상적 진리에 의존하지 않고서는 궁극 진리를 표현할 수가 없고, 궁극 진리를 이해하지 않고서는 열반에 이를 수 없다."(MK, XXIV, 10)

누가 석양을 보며 "아, 이제 해가 떨어지는구나!" 하는 소리를 했다고 우리는 그 사람의 뒤통수를 때리며 "이 어리석은 사람아! 그런 말을 하면 안 돼. 해가 떨어지는 것이 아니라 우리가 서 있는 지구가 해의 반대 방향으로 돌고 있는 거야." 하면서 그를 나무라지는 않는다. 비록 석양이 해가 떨어지는 것과 상관없이 오로지 지구의 자전에 의해 생길 뿐이라는 것이 정확한 사실이라 하더라도, 일상사에서 "해가 떨어진다"는 말은 시간을 말하기 위한 수단으로, 석양의 아름다움을 찬양하는 표현으로 얼마든지 용인될 수 있고, 또 필요한 것이다. 하지만 지구의 자전을 아는 사람이 "해가 떨어진다"는 말을 쓰는 것과, 그것을 모르는 사람이 문자적 절대성을 고집하며 그 말을 쓰는 것은 천양지차다. 지구의 자전에 대해 모르는 사람은 '해가 떨어짐' 자체를 궁극적 진리로 받아들이고 거기에 집착할 수밖에 없기 때문이다.

이처럼 사물에 대해 일상적인 표현을 사용한다 하더라도, 그것이 '공'의 입장으로 보면 절대적 타당성을 결하고 있다는 사실을 알고 사용하는 것이 중요하다. 그래야만 일상적인 표현을 만고불변의 진리로 여기며, 거기에 집착하는 일을 면할 수 있기 때문이다. 나가르주나는 말했다. "부처님이 가르치신 진리의 가르침은 두 가지 진리에 근거하고 있다. 일상적 진리와 궁극적 진리다. 이 두 가지 종류의 진리를 구별하지 못하는 사람들은 부처님의 가르침 속에 있는 깊은 뜻을 이해하지 못한다."(MK, XXIV, 8~9)

그리스도교의 바울도 비슷한 말을 했다. 그는 고린도인들에게 보내는 편지에서 '일상적 지혜의 말'과 '성령의 말'을 구별하라고 했다. 하느님의 영에 속한 궁극적인 일들은 성령의 말에 의해 촉발된 영적 안목으로만 꿰뚫어 볼 수 있다고 했다. "우리가 이 선물들을 말하되, 사람의 지혜에서 배운 말로 하지 아니하고, 성령께서 가르쳐 주시는 말로 합니다. 다시 말하면, 신령한 것을 가지고 신령한 것을 설명하는 것입니다. 그러나 자연에 속한 사람은(psychicos) 하느님의 영에 속한 일들(pneumatos tou theou)을 받아들이지 아니합니다. 그런 사람에게는 이런 일들이 어리석은 일이며, 그는 이런 일들을 이해할 수 없습니다. 이런 일들은 영적으로만(pneumatikoos) 분별되기 때문입니다."(고린도전서 2:13~14)

나가르주나의 저술에는 『반야경』이나 '보살도'에 대한 직접적인 언급이 전혀 없다. 이 때문에 학자 중에는 그가 정말로 '대승' 사상가인지 의문을 제기하는 이도 있다. 그러나 그가 죽은 다음 그의 뜻을 이은 제자들은 모두 그의 사상을 근거로 대승사상을 발전시켰다. 3세기경 나가르주나의 제자인 아랴데바(提婆, Āryadeva)가 초기 중관 사상을 형성했고, 이후 중관 사상은 5세기경 부다팔리타(佛護, Buddhapālita)와 6세기의 바바비베카(靑辨, Bhāvaviveka)를 대표로 하는 중기를 거쳐, 7세기경 중관 사상의 대가 찬드라키르티(月稱, Candrakīrti)가 등장하며 제3기에 이르렀다. 찬드라키르티는 나가르주나와 아랴데바의 저술에 대한 주석과 자기 자신의 저술을 통해 중관론과 유식론을 합하려고 했다. 그는 논리적 방법으로는 궁극 진리에 이를 수 없고 오로지 보살의 육바라밀을 실천해야 절대 자유의 경지에 이를 수 있다고 역설했다. 그 후 8세기경 샨티데바(寂天, Śāntideva)가 중관 사상을 시적으로 표현

했는데, 그의 책 『입보리행(入菩提行, Bodhicaryāvatāra)』이 유명하다.34)

불교 사상 중 현대 그리스도교 신학에 가장 큰 영향을 준 것으로 중관학파의 공 사상과 선(禪)불교의 가르침을 꼽는 데 이의를 제기할 사람은 거의 없을 것이다. 공 사상은 그리스도교 신학 중 특히 신관(神觀)에 지대한 영향을 미치고 있다. 현재 불교와 그리스도교의 대화에서 공 사상을 중심으로 하는 논의가 가장 많다. 대표적인 예가 교토(京都)학파와 서양 신학자들이 공 사상을 논의한 것을 책으로 엮은 『The Emptying God』이다.35)

사실 공 사상과 모든 면에서 정확하게 같은 것은 아니지만, 여러 면에서 비슷한 생각은 세계 여러 종교에서 발견되는 보편적 사상이라 할 수 있다. 쉽게 찾을 수 있는 것으로 노자의 『도덕경』 제1장에 "말로 할 수 있는 도는 진정한 도가 아닙니다."라는 구절이 있다. 힌두교 『우파니샤드』에서도 궁극 실재를 '네티 네티(neti-neti)'라고 하는데, '이것이라 할 수도 없고 저것이라 할 수도 없다'는 뜻이다. 물론 그리스도교 전통 중에도 똑같지는 않지만 공 사상을 생각하게 하는 사상이 많다. 그중에서 제일 먼저 생각나는 것이 6세기경 시리아에 살았다는 위(僞) 디오니시우스(Pseudo Dionysius, 혹은 Dionysius the Areopagite)의 신비 사상이다. 그리스도교 신비 전통에 가장 큰 영향을 끼쳤다고 여겨

---

34) 이 책의 영어 번역으로는 Kate Crosby and Andrew Stilton, trans. *Bodhicaryāvatāra* (Oxford: Oxford University Press, 1998)을 볼 것. 한국어 번역으로는 청전 옮김, 『입보리 행론』(하얀연꽃, 2004).

35) John Cobb, Jr. and Christopher Ives, *The Emptying God: A Buddhist-Jewish-Christian Conversation* (Maryknoll, NY: Orbis Book, 1990). 개정판은 Masao Abe and Christopher Ives, ed., *Divine Emptiness and Historical Fullness: A Buddhist-Jewish-Christian Conversation with Masao Abe* (Trinity, 1995). 그리스도교를 대승사상으로 재해석한 책으로 대표적인 것은 John P. Keenan, *The Meaning of Christ: A Mahāyāna Theology* (Maryknoll, NY: Orbis Books, 1989).

지는 그의 저술 『신비신학』에 보면 궁극 실재로서의 신은 '존재'가 아니기 때문에, 따라서 인간의 모든 견해나 인간이 생각할 수 있는 모든 범주를 초월하기 때문에, 신은 '아무것도 소유한 것이 없다'고 했다. 최고의 범주인 '영혼'이니 '영'이니 '신'이니 하는 것은 물론이고 '본질'이니 '영원'이니 '일자(一者)'니 '신성'이니 하는 것조차도 신에게는 해당되지 않는다고 했다. 그야말로 인간적인 견해가 들어가지 않는 빔(空) 그 자체다. 우리 자신이 이런 초월적이면서도 동시에 내재적인 신에 대해 일체의 인간적 생각이나 범주를 말끔히 씻어 버릴 때 비로소 신을 직접적으로 체험할 수 있다고 했다. 이런 신학적 태도를 서양에서는 '부정의 신학(negative 혹은 apophatic theology)'이라고 하는데, 이것은 그리스도교 신비주의 전통에서 가장 중요한 개념 중 하나다. 위 디오니시우스의 말을 인용한다.

"신비적 관조를 실행할 때 일체의 감각과 지적 활동, 그리고 일체의 감각적인 것과 지적인 것들을 뒤로하라. …… 앎을 버림으로써만 모든 존재와 모든 지식을 초월하는 그분과의 합일을 향해 최대한 높이 올라갈 수 있다. …… 부탁하노니 빛을 넘어서는 이 어둠으로 들어가라. 인식이나 지식을 잃어버림으로써만 관찰과 지식 너머에 있는 그것을 보고 알 수 있느니."(제2장)[36]

---

36) Spencer, 앞의 책, pp.223~224에서 재인용. 일본 학자 아베 마사오(Masao Abe) 같은 이는 그리스도교 신비주의에서 절대자를 여기 표현처럼 '그분'이라 인격적으로 보기 때문에 불교의 '공'과는 질적으로 다르고, 따라서 같은 선상에서 고려될 수 없다고 주장한다. 그의 논문 "God, Emptiness, and the True Self," in Frederick Franck, ed., *The Buddha Eye: An Anthology of the Kyoto School* (New York: Crossroad, 1982), p.68. 이런 관찰을 주의 깊이 경청해야 하는 것도 사실이지만, 이런 글의 시적, 혹은 헌신적(devotional) 성격을 철학적 잣대로만 재단하려 하는 것도 곤란하다고 볼 수밖에 없다. 그리스도교에서도 엄격히 말하면 신은 바울이 '하느님의 비밀'이라고 할 때 지적한 것처럼 '비밀(mystery)'이라고 이해한다.

최근에는 나가르주나의 공 사상이 결국 인간의 이성이나 거기에 근거한 모든 이론들을 해체(deconstruction)하는 작업이라 보고, 이를 니체(Friedrich Nietzsche), 하이데거(Martin Heidegger), 데리다(Jacques Derrida) 등으로 대표되는 해체주의 내지 포스트모던 사상과 비교하는 논의도 활발하다. 여기서는 나가르주나가 해체주의자냐 아니냐 하는 문제보다, 나가르주나를 해체주의 입장에서도 해석 가능하다는 사실이 흥미롭다. 물론 니체, 하이데거, 데리다 모두 불교에 조예가 깊은 사람들이라, 이들이 불교의 영향을 받았다는 주장도 가능하다. 비트겐슈타인(Wittgenstein)이 한 "말할 수 없는 것에 대해서는 아무 말도 하지 말아야 한다."는 말도 이런 궁극 실재의 신비성이라는 맥락으로 이해할 수 있다.37)

여래장(如來藏) 사상

중관학파와 그 후에 생긴 유가학파 사이에 해당하는 3, 4세기경, 여래장(如來藏, tathāgatagarbha) 사상을 강조하는 경(經)들이 등장했다. 대표적인 것이 『승만경(勝鬘經, Śrīmālādevī Siṃhanāda-sūtra)』이다. 이런 경들이 공통적으로 주장하는 것은 '인간이 생래적으로 여래장을 품고 있다'는 것이다. 학자에 따라서 이 사상이 유가학파에 속한다고도 하고, 별도의 독립적 흐름이라고도 한다. 여기서는 일단 유가학파 이전에 있던 독립된 사상으로 다룬다.

---

37) Lopez, op. cit., pp.252~260 볼 것. 기타 Chris Gudmunsen, *Wittgenstein and Buddhism* (New York: Barnes & Noble Books, 1977), Harold Coward, *Derrida and Indian Philosophy* (Albany: State University of New York Press, 1990), J. J. Clarke, *Oriental Enlightenment*, op. cit. 등 참조.

'여래장'은 '여래'와 '장'으로 이루어진 합성어다. 여래(tathāgata)란 말은 '이렇게 오신 이', '이렇게 가신 이', '깨달음을 이루신 이', 곧 '부처'라는 뜻이고, 장(garbha)이란 말은 모태(womb, matrix)와 태아(embryo, fetus)라는 뜻을 동시에 가지고 있다. 따라서 우리가 여래장을 품고 있다는 말은 문자적으로 1) 부처님을 잉태할 수 있는 모태(자궁)를 가지고 있다는 것, 2) 부처님으로 자라날 태아나 씨앗을 갖고 있다는 두 가지 뜻이다. 우리 속에 부처님을 키울 공간이 있다고 하든, 그 공간에서 자라날 태아를 품고 있다고 하든, 둘 다 인간이란 너나 할 것 없이 모두 성불하고 부처가 될 수 있는 가능성을 지니고 있다는 뜻이다.

우리 속에 있는 여래장을 설명하기 위해 여러 가지 메타포가 사용되었다. 예를 들면, 시든 연꽃 속에 들어 있는 부처님, 누더기에 싸인 불상, 벌들로 덮인 꿀, 껍질에 싸인 과일, 더러운 광석 속에 들어 있는 황금, 흙 속에 숨겨진 보물, 흙으로 뒤덮인 고귀한 불상 등이다. 이들은 변하거나 때묻을 수 없는 무엇임과 동시에 완성을 향해 자라날 가능성을 상징한다. 우리가 우리 속에 있는 부처의 씨앗을 알아보지 못하는 것은 탐욕과 분노와 무지(貪瞋癡)라는 삼독(三毒)이 우리의 눈을 가리고 있기 때문이다. 우리가 이런 미혹의 생각들을 버리기만 하면, 우리 속에 생래적으로 내재한 순진무구의 본성, '뺄 것도 없고 더할 것도 없는 진여 그 자체'가 저절로 빛을 발하는 것을 볼 수 있고, 이로써 우리는 자유로워지게 된다. 여래장 사상은 특히 동아시아 불교에서 우리 속에 있는 불성(佛性), 자성(自性) 사상과 함께 중요한 위치를 차지했다.

그리스도교 신비사상가들에게서 발견되는 공통점 중 하나는 인간 속에 내재하는 신의 현존을 강조했다는 것이다. 대표적인 예가 예수님이 "내가 아버지 안에 있고 아버지께서 내 안에 계시다."(요한복음 14:10) 고 한 것과, 사도 바울이 "나는 그리스도와 함께 십자가에 못박혔습니다. 이제 살고 있는 것은 내가 아닙니다. 그리스도께서 내 안에서 살고 계십니다."(갈라디아서 2:20)고 한 말이다. 신약 성서가 편집될 당시 정경으로 들어가지 못한 초기 복음서 중 하나인『막달라 마리아 복음서』에도 "깨어 있으라. 누가 '여기 있다, 저기 있다' 하며 너희들을 미혹하지 않도록 하라. 인자가 거하는 곳은 바로 너희 속이니라. 그에게로 가라. 그를 찾는 사람은 그를 찾으리라."38)는 말이 있다. 중세 그리스도교 최고의 신비사상가 마이스터 에크하르트(Meister Eckhart, 1260~1328)도 "영혼 속에는 창조되지도 않았고 창조될 수도 없는 무엇이 있다."39)고 했다. 인간 속에 내재한 신적인 것을 가리킨 말이다. 이외에도 중세의 많은 신비주의 그리스도교인이 우리 속에 있는 그리스도, 그리스도의 씨앗, 그리스도의 탄생을 이야기했다. 이렇게 내재한 신적 요소를 불꽃, 섬광, 정점, 바탕, 영, 그리스도라고도 했다.40)

특히 퀘이커교에서는 우리 속에 '신의 한 부분(that part of God)', '내적 빛(Inner Light)'이 있다고 하는데, 이것을 '우리 속에 태어난 그리스도'라고 했다. 우리는 그리스도를 잉태한 어머니라는 뜻이다. 이런 뜻에서 우리는 의식하든 의식하지 못하든 모두 성모 마리아인 셈이다. 우리가 품고 있는 "이런 빛 혹은 그리스도는 [일반적으로 말하는] 영혼

---

38) 사본 제8쪽. Jean-Yves Leloup, *The Gospel of Mary Magdalene* (Rochester, Vermont: Inner Traditions, 2002), p.70에서 인용.

39) Spencer, 앞의 책, p.244.

40) 신약성서「마태복음」13장에는 예수님의 일곱 가지 비유가 나오는데, 그중 세 가지가 '씨앗'에 관한 것이다. '씨 뿌리는 자의 비유, 곡과 가라지의 비유, 겨자씨의 비유'다. 이 중 특히 셋째 겨자씨의 비유는 신비주의 그리스도인들이 많이 인용하는 것이다.「마가복음」 4장도 함께 참고.

과 다르다. 영혼은 죄로 후폐해지고 더러워질 수 있지만 이 신적 씨앗은 전혀 후폐될 수 없다. 그것은 그 자체로 영원하고, 창조된 것이 아니다. …… 그것은 우리 속에 숨겨져 있고 감싸여 있고 갇혀 있는데, 이는 우리의 죄 때문이다."[41]

이처럼 그리스도교 신비주의에서는 우리 속에 있는 그리스도를 발견하라고 주장한다. 그리스도는 '기름 부음을 받은 자'라는 뜻으로, 일차적인 의미는 '왕'이었다. 왕은 누구에게도, 무엇에도 지배받지 않는 절대주권, 절대 자유를 상징한다. 내 속의 그리스도를 찾는 것은 결국 이런 자유를 찾으라는 말이기도 하다. 여래장 사상을 생각나게 하는 대목이다.

동양 사상 중에서 '우리 모두가 한울님을 모시고 있다'는 동학(東學)의 시천주(侍天主) 사상, 우리 속에 '씨올'이 있다는 신천 함석헌 선생의 주장도 이와 관련해서 살펴볼 수 있지 않을까? 또 맹자가 말한 성선설과 특히 인간이면 다 가지고 있다는 사단(四端)설, 왕양명이 주장한 양지(良知) 사상도 우리 속에 성인이 될 수 있는 씨앗이 있다고 말한다는 점에서 이와 같은 맥락에서 볼 수 있을 것 같다.

유가학파

중관학파의 공 사상은 얼핏 보면 모든 것을 부정하기만 하는 철학적 '사디즘(sadism)'으로 보이고, 경우에 따라서는 어떤 종류의 실재도 모두 부정하는 순수한 '허무주의(nihilism)'로 비칠 수도 있다. 중관학파의

---

41) Spencer, 앞의 책, p.288.

이런 약점을 보완하기 위해 창설된 학파가 기원후 5세기경 아상가(無着, Asaṅga, 약 410~500)와 바수반두(世親, Vasubandhu, 약 420~500) 두 형제가 만든 유가학파(瑜伽學派, Yogācāra)다.

전설에는 이 학파의 창시자가 마이트레야나다(Maitreyanātha)로서, 그를 미륵보살의 현현이라 여겼다. 또 아상가가 도솔천으로 올라가 미륵보살에게 올바른 가르침을 받고 내려와 창설했다는 설도 있다. 유가학파의 가르침은 미륵보살의 계시이므로 더욱 권위가 있다는 주장을 신화적 기법으로 아름답게 묘사한 것이라 볼 수 있다.

유가학파의 본래 이름은 요가차라(Yogācāra)다. 이는 '요가의 실천'[42]이라는 뜻이다. 그러나 모든 것은 의식(vijñāna)과 마음(citta)의 표상(representation)일 뿐이라는 가르침을 강조했기에 '유식학파'라고도 불린다. 영어로는 '의식만' 혹은 '마음만'이라는 뜻을 살려 'Consciousness-only school', 'Mind-only school', 또는 'Representation-only School'이라고 한다. 유가학파의 사상은 주로 『능가경(楞伽經, Laṅkāvatāra-sūtra)』, 『해심밀경(解深密經, Saṃdhinirmocana-sūtra)』 등의 경전과 마이트레야나다와 바수반두의 저작에 의존한다.

"마음먹기 탓", "모든 것은 오로지 의식일 뿐(萬法唯識)", 원효 대사가 중국으로 가던 중 동굴에서 자다가 달게 마신 물이 아침에 보니 해골에 담겼던 물임을 발견하고 토하면서 "세상은 모두 마음의 작용에 의한 것(三界唯心造)이다."고 한 말 등은 모두 유식학파의 기본 가르침을 반영한 것이다. 우리가 보고 경험하는 바대로의 이 세상은 우리의 주관적 의식 작용에 의해 이루어진 것이라는 뜻이다. 한문으로는

---

[42] 여기서 '요가'라 함은 보살행을 의미하고 그중에서도 특히 명상을 뜻하는 것이다.

'심생즉종종법생 심멸즉종종법멸(心生卽種種法生 心滅卽種種法滅, 의식이 생기면 여러 가지 사물이 생기고, 의식이 없어지면 여러 가지 사물도 없어진다)'이라고 표현한다. 쇼펜하우어의 유명한 책 제목처럼 이 세계는 '의지의 표상으로서의 세계'일 뿐이다.

여기서 흥미로운 사실 하나를 살펴보고 지나가자. 4세기, 서양에서 그리스도교가 로마제국의 공식 종교로 공인되기 전에 지중해 연안의 여러 문화권에서는 영지주의(靈知主義, Gnosticism)라는 보편적인 종교 형태가 유행이었다. 그리스도교 역시 영지주의의 가르침으로 그들의 영적 필요를 채웠다. 이를 영지주의 그리스도교(Gnostic Christianity)라고 한다. 이 형태의 그리스도교는 얼마 후 콘스탄티누스 황제 이후 억압을 받다가 거의 사라지고 말았다. 오로지 6세기 시리아의 디오니시우스, 13세기 독일의 에크하르트 등 신비주의 흐름으로 그 명맥을 유지하며 내려왔을 뿐이다.[43]

영지주의의 세계관, 인간관, 구원관을 이론적으로 체계화한 사상가는 플로티누스(Plotinus, 205~270)다. 그의 책 『엔네아드(Enneads)』는 후세 그리스도교 신비주의에 절대적인 영향을 끼쳤다. 그가 주장하는 '유출설(流出說)'에 의하면, 이 세상의 근원은 일자(一者, to hen)로서, 이 일자를 의식의 면에서 말하면 모든 생명의 바탕이 되는 절대 의식인 '누우스(nous, Spirit, 영)'다. 거기에서 우리 개인의 개별 의식인 '싸이키

---

[43] 영지주의에 대해 가장 좋은 안내서로 Karen L. King, *What is Gnosticism?* (Cambridge, MA: Harvard University Press, 2003)이 있고 간단한 입문서로, Stephan A. Hoeller, *Gnosticism: New Light on the Ancient Tradition of Inner Knowing* (Wheaton, IL: Quest Books, 2002), Richard Valantasis, *Gnosticism and Other Vanished Christianities* (New York: Doubleday, 2006)가 있다. 그리고 좀 상세하게 다룬 책으로 Kurt Rudolph, *The Nature and History of Gnosticism* (San Franscisco: Harper & Row, 1983)을 참조할 것.

(psyche, sou, 혼)'가 나오고 이 개인적 의식 작용에 의해 몸과 기타 구체적인 물질세계가 가능하게 되었다는 것이다. 따라서 우리의 근원을 따져 올라가면 이 절대 의식, 영어로는 'One Consciousness', 우리말로 '일심(一心)'이라고 할 수 있는 그윽한 심층 무의식의 세계에 이른다. 해가 모든 것을 밝게 비추지만, 해를 직접 보면 그 자체로는 어둠이다. 신비주의자들은 이것을 두고 '황홀한 어두움(the dazzling darkness)'이라 표현하기도 했다.

영지주의에 의하면, 우리가 할 일은 바로 자신의 정체성을 깨닫는 것이다. 이 깨달음이 곧 '그노시스(gnosis)'다. 그노시스를 보통 우리말로 '영지(靈知)', 영어로는 'knowledge'라고 번역하지만 정확히 말하면 '깨달음', '통찰', '직관'이요, 영어로는 'realization' 혹은 'insight'이다.

"네 자신을 알라"는 보통 소크라테스의 말로 알려져 있지만, 실은 그가 델피의 신탁으로 받은 것으로서 그 당시 널리 알려진 말이었다. 아무튼 여기서 '내 자신을 안다'는 것은 내면의 나, 참 나를 깨달으라는 것이다. 영지주의 그리스도인 알렉산드리아의 클레멘트(Clement of Alexandria)는 "우리가 배울 수 있는 최대의 배움은 나 자신을 아는 것이다. 우리가 나 자신을 알 때 신을 알 수 있기 때문이다."고 했다. 내 속에 있는 절대 의식은 바로 신이다. 이를 깨닫는 것은 내가 바로 신이라는 나의 진정한 정체성을 재발견하는 것이다.

다시 유가학파의 이론으로 돌아간다. 이처럼 유가학파에서 '의식'은 중요한 관심사였기 때문에 이 의식이 무엇이고, 이 의식이 어떤 작용을 하는가에 대한 논의를 철저히 했다. 그 이론 가운데 몇 가지를 살펴본다.

팔식(八識)

유가학파에 의하면, 의식에는 여덟 종류가 있다. 우리의 감각기관에 기초한 안이비설신(眼耳鼻舌身)의 다섯 가지 의식과 이를 통합한 제6식인 '의식(意識, mano-vijñāna)', 통합된 것을 종합 처리하는 제7식인 마나식(末那識, manas)이 있다. 제7식은 우리 스스로 깨닫는 '자의식'과 같다. 개별적 자의식 너머에는 모든 의식의 저장고인 제8식 아뢰야식(阿賴耶識, Alāya-vijñāna)이 있다. 산스크리트어 알라야(alāya)는 '힘아라야/히말라야(눈을 저장한 곳)'라는 말에서 보듯, '저장소'라는 뜻이다. 한문으로는 '장식(藏識)'이라 번역하고, 영어로는 'store-house consciousness'라고 번역하는 것이 보통이다. 우리의 모든 개별적 의식이 아뢰야식에 모이고, 또 우리의 모든 개인적 의식이 아뢰야식에서 나온다. 우리가 세상을 세상으로 경험하는 것은 아뢰야식 때문이다. 우리가 경험하는 세상도 그 자체로 실재하는 것이 아니라 아뢰야식에서 나온 의식에 따라 형성된 것에 불과하다는 것이다.

유가학파에서는 이 아뢰야식에 과거의 업에 따라 생긴 '씨앗들(種子, bījas)'이 들어 있다고 한다. 이 씨앗들은 우리가 갖는 긍정적이거나 부정적 태도에 따라 영향을 받는다. 영향을 받은 씨앗은 다시 우리의 생각과 말, 행동에 영향을 준다. 그러면 우리의 생각과 말, 행동은 다시 아뢰야식 안에 있는 씨앗에 좋은 영향이나 나쁜 영향을 준다. 이렇게 꼬리에 꼬리를 물고 계속 영향을 주고받는 현상을 훈습(薰習)이라 한다. 훈습 중 나쁜 훈습에서 생기는 좋지 못한 업(業)의 고리를 끊을 수 있는 길은 오직 보살도에서 가르치는 육바라밀을 실천하는 것뿐이다. 이를 꾸준히 실천하면 아뢰야식에 있는 씨앗은 순수해지므로 더는 우리의 생각과 말, 행동에 나쁜 영향을 주지 않는다. 꾸준한 수행을 하다 보면 갑자기 일상적 의식 과정이 정지하고 아뢰야식의 심저를 꿰뚫어 볼 수 있는 능력이 생기는데, 이것이 깨침이다. 이런 깨침의 체험을 갖는 것이 수행의 완성이다.

유가학파에서 말하는 아뢰야식은 여러 면에서 심리학자 칼 융이 말한 '집단 무의식(the collective unconscious)'을 떠오르게 한다. 사실 서양에서 잠재의식과 무의식을 말하기 시작한 것은 18세기 서양 낭만주의 심리학자들이 유가학파의 심리 분석을 접하고부터다.

삼성(三性)

유가학파는 우리가 '실재'라고 생각하는 것에 세 종류가 있다고 주장한다. 이를 '삼성론(三性論, tri-svabhāva)'이라 부른다.

첫째, 변계소집성(遍計所執性, parikalpita)은 허상으로 된 실재를 가리킨다. 우리의 상상이나 말장난에서 생긴 것으로, 실제로는 있을 수 없는 것들이다. 예를 들면, '불임녀의 아이' 같은 것이다. 영어로는 'imagined reality'라고 한다.

둘째, 의타기성(依他起性, paratantra)은 인과관계에 의해 생성된 사물이다. 변계소집성처럼 완전한 허상은 아니지만, 다른 것에 의존해서 가능한 실재이기 때문에 절대적인 것이라 할 수 없다. 영어로는 'interdependent reality'라고 한다.

셋째, 원성실성(圓成實性, pariniṣpanna)은 육바라밀의 보살도로 우리의 의식을 청정하게 하고 사물을 있는 그대로 볼 수 있게 되었을 때 볼 수 있는 참다운 실재, 또는 실상(實相)이다. 이 실상은 세상의 어느 것으로도 설명할 수 없는 완전한 공의 상태다. 타타타(tathatā, Suchness), 진여(眞如)의 차원이다. 영어로는 'perfected reality'라고 한다.44)

삼성론도 결국 중관론의 공 사상처럼 우리가 보는 사물은 실재 자체가 아니므로 거기에 집착하지 말라고 하는 윤리적 차원을 내포하고 있다. 사물의 참된 모습을 보고, 진리에 이를 때까지 허구적이고 상대적인 진리에 정신을 팔지 말라는 메시지다. 이렇게 복잡하고 추상적인 공 사상이나 삼성론 같은 이론도 단순히 우주와 삶에 대한 형이상학적 이론 체계를 구성하려는 지적 작업만은 아니다. 궁극적으로 우리를 자유와 해방, 불교나 힌두교에서 말하는 해탈(解脫, mokṣa)에 이르게 하려는 목적에서 논의한 것이다. 거의 모든 종교에서 제시하는 이론들은 이런 실제적 유용성을 위한 것이다. 이를 일반적으로 종교적 논의의 구원론적 관심(soteriological concern)이라 한다.

삼신불(三身佛)

유가학파에서 강조하는 이론으로 중요한 것은 부처의 삼신불(三身佛, tri-kāya) 사상이다. 우리가 "부처"라고 할 때 거기에는 세 가지 차원의 뜻이 있다는 것이다.

첫째, 법신(法身, dharma-kāya)은 우주의 궁극 근원이다. 만물의 본체, 모든 존재의 근본 바탕이다. 동시에 사람 속에 들어 있는 맑고 밝으며

---

44) 이 외우기 어려운 산스크리트 낱말들을 외우기 위해, 옛날 가정교사 할 때 사용하던 암기법을 대용해 보았다. 첫째 허상으로서의 실재는 전혀 참된 실재와 관계가 없는 '파리 갈비다'라 선언할 수밖에 없다. 둘째 인과관계에 의해 생긴 실재는 어느 정도 실재성을 가지고 있지만 아직 궁극 실재가 아니므로 '봐라 딴 데라'. 셋째 진정한 실재는 상상으로 그려보거나 말로만 듣는 것이 아니라 파리(Paris)에 직접 가 보아야 파리의 참 모습을 알 수 있는 것처럼, '파리니 서반나?'

바른 순수한 마음 그 자체이기도 하다. 인격이나 비인격으로 나누는 등 일체의 범주를 넘어서는 절대적 경지를 일컫는다.

둘째, 보신(報身, saṃbhoga-kāya)은 보살도를 완성하고 그 '과보(果報)'로 얻은 '영광스러운' 부처님이다. 아미타불과 같은 부처님이며, 보통 사람들은 볼 수 없고 보살들만 볼 수 있다. 인격과 경계, 법주를 초월하는 절대적 법신불이 중생의 구원을 위해 상대의 세계에 자신을 드러낸 상태다.

셋째, 응신(應身, nirmāṇa-kāya)은 보신불을 볼 수 없는 보통 인간들이 직접 볼 수 있도록 특정 시대, 특정 지역에 잠시 나타나는 역사적 부처님으로, 석가모니 부처님 같은 부처님이다. 화신(化身) 혹은 응화신(應化身)이라고도 한다.

대승불교의 '삼신불'을 그리스도교에서 가르치는 성부, 성자, 성령의 '삼위일체' 교리와 비교하려는 이들이 있다.[45] 여러 가지 면에서 시사하는 바가 많지만, 둘을 역사적 내지 교리적 맥락에서 면밀히 관찰하고 엄격하게 분석할 필요가 있다. 사람들이 보통 말이나 사고로 표현 불가능한 절대자를 표현하고자 할 때, 그 절대자의 여러 측면을 몇 가지로 나누어 생각하는 일은 세계 종교사에서 아주 흔한 일이다. 삼위일체도 절대자를 논의할 때, 1) 절대적 실재로서의 면, 2) 절대자가 구체적으로 인간과 관계를 맺을 때의 면, 3) 절대자가 우주에 편만한 힘으로 작용할 때의 면을 드러내려 한 것이라 이해할 수 있다. '삼위(三位)'의 '위'는 라틴어 'persona'의 번역으로, 연극을 할 때 배우들이 쓰

---

[45] 한 가지 예로 최근에 한국에서 나온 하세가와 요조(長谷川洋三), 이동형 옮김 『기독교와 불교의 동질성』(붓다마을, 2005)을 볼 것.

는 '가면(假面)'을 뜻한다. 배우는 경우에 따라 관객에게 다른 얼굴, 다른 면으로 나타난다. 절대적인 실재가 인간과의 관계에서 적어도 세 가지 다른 면으로 보일 수밖에 없다는 것을 나름대로 체계화한 것이 삼위일체 교리나 삼신론 뒤에 숨은 뜻이라 보면 좋을 것이다.

한 가지 덧붙이면, 인도 불교에서는 여래장, 아뢰야식, 법신을 우리 속에 들어 있는 무한한 가능성, 그 근거가 되는 '씨앗'과 같다는 의미에서 셋을 동일시하는 경향이 강해졌다. 진리를 추구하는 것은 씨앗을 찾고, 이를 꽃피게 하는 것이라고 본 셈이다.

중관론과 여래장 사상, 유식론을 종합적으로 생각하면 이 세 가지 사상은 모두 궁극 실재에 대한 나름의 이론이라 볼 수 있다. 물론 이론이긴 하지만 궁극 실재에 관해서는 이론이 성립할 수 없다고 주장하는 이론이요, 말이긴 하지만 말로는 안 되는 것을 말하기 위한 말이다. 여기서 궁극 실재를 두고 법신이니 아뢰야식이니 하는 말을 사용했다고 해서, 모든 말을 거부한 중관론의 공 사상과 완전히 다르다고 주장할 수도 있다. 맞는 말이다. 그러나 그 엄청난 궁극 실재를 표현하는 방법이 한 가지만일 수는 없다. 많은 사람이 궁극 실재를 신학적 용어로는 '신', 철학적 용어로는 '하나(一者)', 심리적 용어로는 '의식', 윤리적 용어로는 '선(善)', 감성적 용어로는 '사랑' 등으로 이해하려 한다. 나아가 일반 용어로는 '점', 수학적 용어로는 '영(0)'으로 이해하려는 사람도 있다. 점과 영은 그 자체에 길이나 넓이, 크기가 없고, 아무런 특성도 가질 수 없지만 다른 것과의 관계에서 불가결의 요소, 막강한 요소로 작용하기 때문이다. 아무튼 궁극 실재는 엄청나서 이론의 그물에는 걸리지 않고, 이론을 놓을 때 체험할 수 있는 무엇이라는 것이다.

탄트라

중관학파, 유가학파 등이 이처럼 추상적이고 사변적인 이론에 몰두하자, 이를 이해하지 못하는 일반 불교 신도들은 종교적 욕구를 다른 데서 충족시킬 수밖에 없었다. 이 '다른 데'가 바로 탄트라(tantra) 전통이었다. 탄트라는 기원전 2천 5백 년경부터 시작된, 인도의 오랜 전통으로 주술, 주문(呪文, dhāraṇi), 환상, 남녀 교합 등을 중심으로 이루어진 일종의 서민층을 위한 토속적 종교 형태라고 할 수 있다. 이런 흐름이 6, 7세기경부터 불교에 큰 영향을 주었는데, 가장 중요한 불교적 변용으로 그들이 명상 수련에서 마음을 집중하는 데 쓰는 만다라(maṇḍala, 曼陀羅), 주문처럼 반복적으로 외우는 만트라(mantra, 眞言), 두 손을 모으고 여러 가지 모양을 만드는 무드라(mudra, 手印 혹은 印相) 등을 꼽을 수 있다. 만다라는 마음에, 만트라는 입에, 무드라는 몸에 영향을 끼친다고 믿는다.

이처럼 불교에 도입된 탄트라 전통을 '금강승(金剛乘, Vajrayāna)', 혹은 밀교(密教)라고 한다. 탄트라에도 여러 갈래의 전통이 있지만 현재 동아시아에서 주종을 이룬 것은 진언승(眞言乘)이다. 티베트 불교와 일본 신곤슈(眞言宗)에서 탄트라 경향이 두드러진다. 2004년 도쿄에 있는 신곤슈 계통의 절 칸조인(觀藏院)[46]을 방문했었다. 그때 그 절 부속 만다라 미술관에서 본 찬란한 만다라 그림들, 경건한 마음으로 만다라 그림을 그리는 이들의 모습이 아직도 눈에 선하다.

---

46) 정확한 주소는 東京都練馬區南田中 4-15-24. 慈雲山曼茶羅寺觀藏院 倂設 曼茶羅美術館

인도 불교의 쇠망

인도 불교는 서기 1세기를 전후로 한 전성기를 지나 서기 8, 9세기경에 쇠퇴하기 시작하여 13세기경에는 인도에서 실질적으로 사라졌다. 이렇게 된 데에는 여러 이유가 있겠지만, 가장 큰 이유 몇 가지를 들면 다음과 같다.

첫째, 힌두교의 부흥 때문이다. 인도 사회에서 불교가 힌두교에 밀렸다는 뜻이다. 7세기경 힌두교가 부흥하면서 부처님을 비쉬누 신의 현현(아바타르)으로 해석하는 등 불교를 힌두교의 일부로 보기 시작했다. 부처님을 믿는 것은 결국 힌두교를 믿는 것이라는 주장도 나왔다. 한편 힌두 최고의 사상가인 샹카라(Saṅkara) 같은 열성 힌두교인들이 불교를 박해하고 공 사상 같은 불교 사상을 베단타 같은 힌두교 철학에 흡수한 것도 불교의 쇠망과 무관하지 않다.

둘째, 외부의 침입 때문이다. 6세기부터 인도 서북부 간다라 지방으로 들어온 훈족의 침입으로 불교 사원들이 피폐해졌다. 또 8세기 이후 여러 차례에 걸친 이슬람 터키인의 침공으로 불교 대학과 사원, 경전 등이 소실되었다. 승려들은 네팔, 티베트 등의 인근 국가나 남인도 등으로 흩어졌다. 이슬람교도에게는 '붓다'의 '붓'이 '우상'이란 말과 동의어였다. 따라서 그들은 불교를 없애는 것이 자신들의 종교적 의무를 수행하는 것이라고 여겼다.

셋째, 더욱 근본적인 이유는 불교의 제도 자체 안에 있었다고 보아야 한다. 불교는 사원을 늘리고 대학을 세우는 등, 덩치가 커지면서 왕과 귀족의 후원을 받게 되었고, 이로 인해 상대적으로 서민의 재정적 지원과 관심에서 점점 멀어졌다. 일반인과 관계가 소원해지자, 일반인을 위한 관혼상제 의식 등은 힌두교에 맡겨 버렸다. 불교는 자체의 종교적 수행과 이론에만 몰두하는 폐쇄 집단이 된 것이다. 사회 저변에 뿌리박지 못하고 고립된 채 전문 승려만을 위한 특수층 종교로 변했기 때문에 뿌리가 허약한 구조에서 외적의 침략 등으로 인해 상부 구조가 허물어지면서 구조 전체가 그대로 사라질 수밖에 없었다. 이처럼 뿌리가 미약한 상태였기에 뿌리에서 새 움이 돋는 것 같은 재기도 불가능했다.

그러나 제도나 기구로서의 불교는 사라졌지만 그 사상은 여러 가지 형태로 변모되어 인도 역사에 면면히 흐르고 있다. 인도가 영국에서 독립하면서 국기에 불교의 법륜(法輪)을 넣은 것은 이런 불교적 영향의 일면을 보여 주는 구체적인 예다.

여기서 한 가지 특기할 만한 사실은 최근 인도에 불교 회복 운동이 일어났다는 것이다. 이 불교 회복 운동은 인도에서 불가촉천민에 속한 빔라오 람지 암베드카르(Bhimrao Ramji Ambedkar, 1891~1956)에 의해 촉발되었다. 그는 온갖 수모와 천대를 받으면서도 불가촉천민으로서는 인도에서 두 번째로 고등학교를 졸업했다. 그의 재능을 아깝게 여긴

후원자의 도움으로 학업을 계속해, 미국 컬럼비아대학과 영국 런던대학에서 각각 경제학과 법학으로 박사 학위를 획득했다. 32세에 인도로 돌아가 변호사와 뭄바이(봄베이) 주정부 법무장관으로 일하는 등 여러 가지로 불가촉천민의 지위 향상을 위해 힘썼지만, 힌두교에 머물러 있는 한 그런 일이 불가능함을 통감하고 1935년 힌두교를 떠났다.

이슬람교와 시크교 등 여러 종교를 알아본 후 그는 결국 불교에 귀의하기로 결심했다. 1955년 뭄바이에 인도불교협회를 조직하고, 부처님 열반 2천 5백 주년 기념일인 1956년 10월 14일 부인과 함께 삼귀의를 외우며 불교로 개종했다. 50만 명이 그의 호소에 응해 신불교인들(New-Buddhists)이 되었다. 그러나 불행히도 그 후 한 달 반 만인 12월 6일 65세의 나이로 세상을 떠났다. 그가 운동을 직접 이끌지는 못했지만, 그 운동은 계속되어 5년 만에 그의 동료와 불가촉천민 3백만 명 이상이 그의 뒤를 따라 불교에 귀의했다. 물론 이런 대대적인 개종에도 불구하고 인도 인구에서 불교인이 차지하는 비율은 0.7%로 미미하다. 이 운동의 장래가 어떻게 될지 자못 궁금하다.[47]

12, 13세기경 인도에서 사라지기 전에, 불교는 이미 주변의 여러 나라로 퍼졌다. 상좌불교 혹은 소승불교는 스리랑카, 미얀마, 캄보디아, 타이, 라오스 등 동남아시아로 퍼지고, 대승불교는 중국, 한국, 일본, 티베트, 몽고 등 동북아시아로 전파되었다. 그래서 일반적으로 상좌불

---

[47] 암베드카르가 체험을 바탕으로 부처님의 생애를 재조명한 『Buddha and His Dharma(부처님과 그의 진리)』를 썼는데 최근 한국어로 번역되었다. 암베드카르, 이상근 옮김, 『인도로 간 붓다』 (청미래, 2005) 참조. 재미있는 것은 그가 부처님의 사성제를 설명하면서, 고통의 원인이 우리 자신의 무지와 집착이라는 부처님의 말씀을 거부하고, 고통의 원인은 일차적으로 카스트 제도 같은 불의한 사회제도와 타인들의 몰인정한 행동이라 강조했다는 것이다. 그리고 불가촉천민으로 태어난 것도 우리가 쌓은 업 때문이라는 업(카르마) 사상 같은 것도 배격했다.

교를 '남방불교'라 하고 대승불교를 '북방불교'라고 한다.[48] 이제 우리와 직접적으로 관련이 큰 동아시아의 대승불교를 중심으로 그 발전 과정과 기본 가르침을 살펴보기로 한다.

---

[48] 물론 상좌불교 계통에 속하는 유부(有部)도 대승불교와 함께 중국으로 들어갔으므로 북방불교라고 해서 오로지 대승불교만이라고 볼 수는 없다.

III. 동아시아 불교

불교의 중국 전래

동아시아에서의 불교는 중국뿐만 아니라 대부분의 나라에서 중요한 종교이지만, 인도 불교가 중국을 통해 동아시아에 들어왔고 중국에서 발전하여 주변국가로 퍼졌으므로 여기서는 중국의 불교 역사에 초점을 맞추어 살펴본다.

중국에 언제 불교가 전래되었는지는 확실히 알 수 없다. 불교 전래에 대한 설은 여러 가지다. 그중 한 가지가 한(漢)나라 명제(明帝, 재위 58~75) 때 그의 꿈 때문에 중국에 불교가 들어오게 되었다는 이른바 명제의 '감몽구법설(感夢求法說)'이다.

하루는 명제가 꿈을 꾸었다. 금빛 찬란한 신인이 궁전 앞을 날아가는 꿈이었다. 다음 날 군신들에게 꿈 이야기를 하고 그 뜻을 물었는데, 한 신하가 그 신인은 분명히 인도에서 많은 사람이 믿는 부처님일 것이라고 대답했다. 명제는 신하의 말을 듣고 서역으로 사신을 파견했다. 사신은 가서 『사십이장경(四十二章經)』을 베껴 왔고, 왕은 수도 낙양(洛陽)성 밖에 절을 지어 이 경을 모셨다.

이 설에 조금이라도 역사적 신빙성이 있다면, 신하가 왕의 꿈을 그렇게 해석할 수 있었다는 것은 이미 불교가 중국에 들어와 있었음을 의미한다. 그러나 많은 학자가 이 설에 들어 있는 역사적 모순성 때문에 이 설을 하나의 전설로만 여긴다. 아무튼 불교가 중국에 들어오게 된 정확한 사정과 연대는 알 수 없지만, 여러 정황으로 미루어 대략 서력 1세기 전후에 당시 빈번하던 동서 교역의 통로인 실크로드를 통해 들어왔으리라 본다.1)

불교가 들어왔을 때, 중국에는 전통 종교인 유교와 도교가 성행하고 있었다. 불교와 중국 전통 종교는 윤리적, 사회적, 사상적 문제를 중심으로 한 일련의 갈등을 피할 수 없었다. 예로 유교에서는 부모에 대한 효(孝)를 강조했다. 효를 받드는 사람은 부모에게서 받은 '몸과 머리칼, 피부(身體髮膚)'를 훼손할 수 없고, 또 자식을 낳아 대를 잇는 것이 부모에게 해야 할 효의 기본이라 믿었다. 그러나 불교를 받들어 승려가 되려면 삭발을 해야 하고, 또 독신으로 지내야 하므로 자식을 낳을 수도 없었다. 따라서 부모도 모르는 그런 비윤리적인 종교는 받아들일 수 없다고 했다. 나아가 중국 사회에서는 일반적으로 걸식이 수치스러운 일이었기 때문에 불교에서 실천하는 걸식 행각이 사회에 기생(寄生)하여 사는 수치스러운 일로 여겨지기도 했다.

이런 갈등의 표현으로 심지어 '노자화호설(老子化胡說)' 같은 것이 떠돌고, 이를 문자화한 『노자화호경』이 생겨 널리 퍼지기도 했다. 이 설은 "노자가 서쪽으로 갔다."는 『사기(史記)』에 나오는 말 한마디를

---

1) 중국에서의 불교 발전을 알아보기 위해서는 표준 교과서로 Kenneth Ch'en, *Buddhism in China: A Historical Survey* (Princeton: Princeton University Press, 1964)가 있다. 본격적인 연구로는 Erik Zürcher, *The Buddhist Conquest of China: The Spread and Adoptation of Buddhism in Early Medieval China*. 2 vols. (Leiden, Netherlands: E. J. Brill, 1972) 참조. 간략한 것으로는 鎌田武雄(가마다 시게오), 정순일 역, 『中國佛敎史』(경서원, 1985).

근거로, 노자가 사실은 인도인 오랑캐들을 교화하기 위해 오랑캐의 나라 인도로 가 거기서 인도인의 사악함을 보고 그들의 씨를 말려야 한다고 생각해서 독신 생활을 강조했는데, 이 가르침을 중국으로 역수입하는 것은 말도 안 되는 소리라는 주장이다. 다른 문화권의 종교를 받아들이는 것은, 중국만이 문명국이고 다른 나라는 모두 야만국이라는 종래의 중화사상에 어긋나는 일이기도 했다.

이처럼 중국의 재래 종교와 갈등을 겪었지만 불교는 당시 내외적인 정치 상황과 맞물려 3, 4세기경 남북조(南北朝) 전체에서 환영받는 종교가 되었고, 5세기와 6세기 수·당(隋唐) 시대에 들어서는 중국에서 가장 영향력 있는 종교로 발전했다. 당나라 문화를 중국의 황금기로 본다면, 이 시기는 결국 불교문화가 중국에 꽃핀 시기라 할 수 있다.

불교가 들어오면서 우선, 불교 경전을 한역하는 역경(譯經) 작업이 시작되었다. 초기 번역자는 지금의 이란 북부 지방 파르티아(安息國)의 태자로 148년 낙양에 도착한 안세고(安世高)와 그보다 조금 지나 168년에 대월지국(大月之國)에서 도착한 지루가참(支婁迦讖, Lokakṣema) 같은 외국인들이었다.

안세고는 주로 명상과 관련된 경전을, 지루가참은 대승불교『반야경』계통의 책을 번역했다. 그 이후 계속 외국인들이 들어와 경전 번역 작업을 활발히 전개했는데, 4세기 초까지 이들 초기 번역자와 연구자는 산스크리트어로 된 불교 원문을 한문으로 번역할 때 불교 용어를 당시 중국에서 유행하던 도가(道家) 철학의 용어를 차용해서 번역했다. 예를 들어, 산스크리트어의 'śūnyatā(空)'를 도가 사상의 중심 개념 중 하나인 '무(無)'로 번역하는 것과 같은 경우다. 불교 사상 체계를 소개할 때도, 절대적 실재로서의 무(無)와 현상세계의 존재로서의 유(有)를 대비한다든가, 도가 철학의 기본 개념인 체(體)와 용(用)으로 대비하는 등의 방법을 사용했다. 이런 식으로 발전한 불교를 '도교적 불교'라고 하고, 불교 용어를 도가 용어에 끼워 맞추는 방식을 '격의(格義)'라고 한다. 중국 불교 사상사에서 주목할 만한 흥미로운 현상으로서, 한 문명권의 사상 체계가 생판 다른 문명권에 들어갔을 때 어떻게 수용되고 변용되는가를 구체적으로 보여주는 역사적 예라고 할 수 있다.2)

중국 불교의 기초를 다지는 데 가장 크게 공헌한 사람은 '도안(道安, 312~385)'이다. 불교를 널리 전파하여, 중국 불교의 정치적 발전에 절대적 공헌을 한 혜원(慧遠, 334~416)을 비롯한 수천 명의 제자를 거느리면서, 특히 『반야경』 계통의 경전 연구와 주석에 큰 업적을 남겼다. 그의 영향으로 '반야'에 대한 연구가 당대를 풍미했다. 장안(長安)에 새로 역경원을 설립하고 많은 경전을 번역하게 했으며, 번역된 경전에 서문을 쓰고 목록도 작성했다. 특히 '격의'불교가 불경의 원의를 왜곡하는 경향이 있음을 지적하고, 새로운 번역 방법의 모색을 촉구했다.

도안이 터를 닦은 결과, 외국인 승려들이 계속 중국으로 와 번역 작업과 경전 연구에 박차를 가했다. 이들 중 가장 크게 공헌한 사람이 그 유명한 '구마라지바(鳩摩羅什, Kumārajīva, 344~413)'다. 그를 '구마라집', 줄여서 '라집'이라고도 불렀다. 구마라지바는 중국 불교 역사에 하나의 굵은 획을 그은 번역자 겸 사상가이기에 그에 대해서는 좀더 자세히 거론한다.

---

2) Donald S. Lopez, Jr., ed. *Buddhist Hermeneutics* (Honolulu: University of Hawaii, 1988) pp.177~178 참조.

구마라지바는 인도 브라만 계급의 아버지와 쿠차(龜玆國, Kucha) 왕의 누이동생을 어머니로 하여 쿠차에서 태어났다. 그가 태어나자 어머니는 여승이 되려고 했다. 하지만 구마라지바의 아버지는 이를 허락하지 않고 아들을 하나 더 낳은 뒤에 출가하라고 했다. 구마라지바가 일곱 살 때, 그의 어머니는 다시 아들을 낳고 출가의 원을 이룰 수 있었다. 이 때 구마라지바도 함께 출가했다. 2년 뒤 둘은 카쉬미르로 가, 당시 유명하던 반두닷다(Bandhudatta) 밑에서 공부했다. 구마라지바는 열두 살에 카쉬미르를 떠나, 카쉬가르(Kashgar)에서 다시 1년간 공부했다. 그때까지 주로 상좌불교의 '설일체유부(Sarvāstivāda)' 계통의 공부를 했지만, 이때부터는 베다경을 비롯한 인도 사상 전반을 폭넓게 공부하기 시작하면서 자연스럽게 나가르주나의 『중론』 등 대승불교 문헌도 접하게 되었다. 대승불교를 공부하면서 그는 자신이 상좌불교 문헌으로 공부한 것은 "금덩어리가 있는데 알아보지 못하고, 돌을 가지고 놀았던 것과 같다."고 했다. 구마라지바는 열세 살에 고향 쿠차로 돌아와 스무 살 때 궁중에서 구족계를 받았다.

쿠차에서 20여 년을 보내는 동안 그는 오로지 대승불교 사상만을 공부하고 가르쳤다. 카쉬미르에 있을 때 스승으로 모셨던 반두닷다를 쿠차로 초청해 그에게 대승사상, 특히 '공' 사상을 가르치기도 했다. 처음 반두닷다는 공 사상을 이해하지 못하고 공허한 이론에 불과하다고 했다. 반두닷다는 자신의 주장을 설명하는 예를 하나 들었다.

한 미친 사람이 물레로 실을 잣는 사람에게, 돈을 많이 줄 테니 세상에서 가장 가는 실을 뽑아 달라고 부탁했다. 실을 뽑는 사람이 가는 실을 뽑아 주자, 미친 사람은 너무 굵어서 안 된다고 했다. 두 번째로 뽑아 준 실도 너무 굵다고 했다. 미친 사람이 세 번째 찾아왔을 때, 실을 뽑는 사람은 허공에 대고 "여기 당신이 원하는 실이 있소." 했다. 미친 사람이 보이지 않는다고 했지만, 실 만드는 사람은 너무 가늘어서 보이지 않을 뿐이라고 했다. 미친 사람은 그제야 만족해하며 그 실을 임금님에게 바쳤다.

반두닷다는 공 사상이 이처럼 실체가 없는 공허한 이론이라고 했다. 그러나 구마라지바의 계속된 가르침에 그도 결국 대승불교로 돌아섰다고 한다.

구마라지바의 명성은 중국까지 퍼져, 중국 왕들은 그를 강제로라도 데려오려 했다. 우여곡절 끝에, 401년 후진(後秦)의 왕 요흥(姚興)이 군대를 보내 그를 장안(長安)으로 모셔왔다. 왕은 지극 정성으로 모시며 그가 서명각(西明閣)과 소요원(逍遙園)에서 중국인 동료 800명과 함께 경론을 번역하고 강설하는 데 전념하도록 도왔다. 그가 죽기까지 12년 간 이 제자들과 함께 35부 300권 이상의 불경을 번역한 것은, 가히 초인의 경지에 이르렀음을 뜻할 뿐 아니라, 앞서 말했듯 중국 불교의 대전환점을 이룬 일대 사건이라고 할 수 있다. 이를 뒷받침하는 몇 가지만 예로 들면, 그가 번역한 중관학파 계통의 『중론』, 『십이문론(十二門論)』, 『백론(百論)』의 세 가지 '논'은 후에 '삼론종(三論宗)'이라는 종파를 탄생시켰고, 그가 번역한 『법화경』은 '천태종(天台宗)'을 불러일으키는 근거가 되었으며, 『아미타경』은 정토종의 소의경전(所依經典)이 되었다.

그 후 역경(譯經) 사업의 또 다른 대가인 7세기 당나라 현장(玄奘)이 인도에서 배운 정통 산스크리트어 지식과 모국어인 중국어 실력을 바탕으로 유려하고 정확한 번역을 했지만 사람들은 아직도 한문 불경을 읽을 때 구마라지바의 번역을 선호하는 경향이 있다. 마치 영어권 그리스도교인들이 1612년 흠정역(King James Version)이 나온 이후에, 더욱 정확하고 쉬운 말로 된 성경 번역이 나왔지만 아직도 상당 수 흠정역에 집착하는 것과 비슷한 현상이다. 한국에서도 최근 「표준 새 번역」 성경이 나왔지만, 마침표와 따옴표 등의 문장부호도 없고 부정확한 말이 많은 「한글 개역」 성경을 선호하는 사람이 많은 것은 놀라운 일이다.3)

역사적 사실인지는 모르지만, 구마라지바와 관련한 한 가지 재미있는 이야기가 있다. 요흥 왕은 구마라지바처럼 훌륭한 천재가 후사를 남기지 않고 사라지는 것이 아까운 일이라고 생각하고, 그의 거처에 여자 열 명을 두고 시중을 들게 했다. 구마라지바는 왕의 소원을 받아들이고 "흙탕에서 연꽃이 돋아나면, 연꽃만 취하고 진흙은 취하지 않는다."는 말을 했다. 그 일로 구마라지바에게는 아들이 생겼고 손자들도 생겼다고 하는데, 원효 대사의 아들로 태어난 설총처럼 뛰어난 학자가 된 자식은 없었던 모양이다. 최초의 우생학(優生學)적 실험은 성공하지 못한 셈인가? 하지만 그의 문하에는 3천 명의 제자가 있었고 이 중에서 훗날 중국 불교사에 위대한 공적을 남긴 승조(僧肇), 도생(道生) 같은 위대한 학자가 많이 나왔다.4)

---

3) 현장이 번역한 것을 분량으로 따지면 성경 신구약 번역의 25배에 해당된다고 한다.
4) 승조에 대한 연구로는 Walter Liebenthal, trans., *Chao Lun*, 2nd ed. rev. (Hong Kong: Hong Kong University Press, 1968), Richard H. Robinson, *Early Mādhyamika in India and China* (Madison, Milwaukee & London: The University of Wisconsin Press, 1967) 등 참고. 도생에 대한 연구로 Young-Ho Kim, *Tao-Sheng's Commentary on the Lotus Sūtra: A Study and Translation* (Albany, NY: State University of New York Press, 1990) 참조.

중국의 불교 종파들

중국에 수용된 불교는 발전을 거듭해 훌륭한 학승을 많이 배출하고 5, 6세기에는 '종파(혹은 학파)'를 형성하기 시작했다. 이런 '종파'는 그리스도교의 '교파'와는 다르다. 그리스도교의 교파는 신학적 견해의 차이로 생기는 것이 보통이지만, 중국 불교의 종파는 자신이 특별히 중요하게 여기는 경전을 중심으로 모인 사람들이다. 종파를 그리스도교로 예를 들어 설명하면, 성경에서 「시편」을 중시하고 그것을 같이 읽고 연구하여 글로 쓰고 그 생각을 널리 전하는 사람들이 모여 '시편종'을 만들고, 「요한복음」을 좋아하고 연구하는 사람들이 모여 '요한종'을 만드는 것과 같다.

중국에서 생겨난 주요 종파는 삼론종(三論宗), 유식종(唯識宗), 천태종(天台宗), 화엄종(華嚴宗), 정토종(淨土宗), 선종(禪宗) 등 여섯이다. 이 외에도 모든 것이 실재한다고 주장하는 '구사종(俱舍宗)', 모든 것이 정말로 존재하는 것은 아니라고 반대하는 '성실종(成實宗)', 『십지경론(十地經論)』을 중심으로 생긴 '지론종(地論宗)', 지금은 말법(末法) 시대임을 강조하는 '삼계교(三階教)', 율장(律藏)을 중심으로 계율을 강조하는

'율종(律宗)', 만트라를 중요시하는 '진언종(眞言宗)', 『열반경』을 중심으로 불성의 유무를 논하는 '열반종(涅槃宗)' 등이 있었다. 하지만 그 영향력이 앞의 여섯 종파에 비해 상대적으로 작고, 상당수는 후대 종파에 흡수 통일되었기 때문에 여기서는 이런 종파에 대한 개별적 논의를 생략한다.[5]

주요 여섯 종파 중에서도 삼론종과 유식종은 그 실질적 내용을 인도의 중관학파와 유가학파를 이야기할 때 살펴보았기에 여기서는 그 역사적 맥락만 짚고 넘어가고 천태종, 화엄종, 정토종, 선종에 대해서만 상세하게 살펴본다. 이 중에서 특히 한국 불교에서 주종을 이루고, 현재 서양에서 가장 큰 관심의 대상이 된 선불교에 대해서는 좀더 깊이 있게 논의해 보기로 한다.

삼론종(三論宗)

삼론종은 인도 중관학파(中觀學派, Madhyamika)의 창시자 나가르주나(龍樹)가 쓴 『중론』과 『십이문론』, 그의 제자가 쓴 『백론』, 이 '세 가지 논(三論)'을 중심으로 하는 종파라서 붙여진 이름이다. 삼론종은 그 유명한 구마라지바가 중국에 와서 나가르주나의 『중론』을 번역하여 제자들에게 강론하면서 마련된 터 위에 그의 제자 중 가장 뛰어난 고구려인 승랑(僧朗)이 실제적 창시자가 되어 창설하고, 그 후 길장(吉藏)이

---

[5] 중국 불교 종파들의 대략적인 역사와 종지를 알기 위해서는 Junjiro Takakusu, *The Essentials of Buddhist Philosophy* (Westport, Connenticut: Greenwood Press, 1973), 그리고 중국 불교 종파들의 기본 철학을 개괄한 책으로 심재룡, 『중국 불교 철학사』(철학과 현실사, 1994 혹은 한국학술정보, 2004)가 좋다.

대성시킨 종파다. 이 종파는 이름 그대로 나가르주나의 저술에 나타난 공(空) 사상을 충실히 받아들여 연구와 명상의 주제로 삼았다. 나중에는 천태종에 흡수되어 천태 사상의 이론적 기초를 제공했다.

유식종(唯識宗)

모든 것이 '의식일 뿐'이라는 가르침 외에, '모든 존재(다르마, 法)의 특성(相)'을 캐는 일에도 충실했기에 법상종(法相宗)이라고도 한다. 이 종파는 손오공(孫悟空)과 저팔계(豬八戒)를 데리고 인도에 갔다 왔다는 그 유명한 서유기(西遊記)의 삼장법사(三藏法師) 현장(玄奘, 596~664)이 인도에서 유가학파(瑜伽學派, Yogācāra)의 가르침을 배워 중국에 옮겨 놓은 것이다. 현장 밑에는 유식종의 실제적 초조(初祖)라는 규기(窺基)와 뛰어난 학문으로 규기의 경쟁자라 일컫는 신라 승 원측(圓測, 613~696)이 있었다. 삼론종과 유식종은 이처럼 인도 불교를 성실하게 중국에 이식한 종파들이다.

천태종(天台宗)

삼론종과 유식종에 비해 천태종, 화엄종, 정토종, 선종의 네 종파는 '중국화'된 불교라고 할 수 있다. 중국식 사고와 표현 방법으로 완전히 다시 판을 짜서 만들어 낸 불교라고 해도 과언이 아니기 때문이다. 영어로 표현하면 삼론종과 유식종은 'Buddhism in China'인데 반해 나머지 네 종파는 'Chinese Buddhism'이라고 할 수 있다.

천태종은 전통적으로 혜문(慧文, 약550년)을 초조(初祖)로 들고 혜사(慧思, 515~577)를 제2대조로 꼽지만, 실질적인 창시자는 3대조 지의(智顗, 538~597)로 본다. 천태종은 지의가 중국 남쪽 천태산(天台山)에 살았기 때문에 붙여진 이름인데, 이것만 보아도 그가 천태종에서 차지했던 위치가 어떠했는지 알 수 있다. 지의를 높여 '지자대사(智者大師)'라고도 한다. 천태종은 지의가 특히 『법화경(法華經)』을 중심으로 가르쳤기 때문에 '법화종'이라는 이름도 얻었다. 영어로는 'the Lotus School'이라고 한다.

지의의 『마하지관(摩訶止觀)』은 명상지침으로 불후의 명작이라고 할 수 있다.6) 『법화문구(法華文句)』, 『법화현의(法華玄義)』와 함께 '천태삼대부(天台三大部)'로 불린다. 또 고려 승 제관(諦觀, ~971)이 중국에서 쓴 짧은 책 『천태사교의(天台四教義)』는 중국, 한국, 일본에서 천태종의 핵심 가르침을 전하는 기본 교과서 역할을 했다.7)

천태종에서 강조하는 중요한 가르침으로는 '오시팔교(五時八敎)'라는 교판(敎判) 사상과 '공가중(空假中) 삼제(三諦) 사상', '일념삼천(一念三千)' 같은 것이 있다. 천태 특유의 가르침인 이 세 가지에 대해 간단히 살펴보자.

---

6) 영어 번역으로 Neal Donner and Daniel B. Stevenson, tr., *The Great Calming and Contemplation: A Study and Annotated Translation of the First Chapter of Chih-i's Mo-ho Chih-kuan* (Honolulu: University of Hawaii Press, 1993) 참조. 지의에 관한 책으로 이제 고전같이 된 책, Leon Hurvitz, *Chih-I: An Introduction to the Life and Ideas of a Chinese Buddhist Monk* (Bruxelles: Juillet, 1962)가 있고, Paul Swanson, *Foundations of T'ien-t'ai Philosophy* (Berkeley: Asian Humanities Press, 1989)와 필자가 북경대학 교수인 저자로부터 직접 받은 李四龍, 『天台智者研究』(北京大學出版社, 2003) 등이 있다.

7) 영어 번역으로 Daniel W. Chappell, ed. *T'ien-t'ai Buddhism: an Outline of the Fourfold Teachings Recorded by Korean Buddhist Monk Chegwan* (Hawaii: Daiichi-shobo, 1983) 참조.

교판(敎判) 사상

'교판'은 '교상판석(敎相判釋)'의 준말이다. 인도 불교에는 없고 오로지 중국 불교에만 있는 특이한 현상이다. 인도에서는 불교가 자연스런 역사적 단계를 거쳐서 발달했다. 초기 경전에서는 부처님이 '나'는 실재가 아니지만 '법'은 실재라고 가르치고, 몇 세기 후에 나온 대승경전에서는 부처님이 법마저도 공하여 실체가 없다고 가르친다. 인도에서는 이런 사상적 변천이 하등 문제 될 것이 없는 자연스런 역사적 전개였다. 하지만 중국에서는 이런 역사적 전개 과정을 전혀 모른 채, 경을 무조건 다 부처님의 입에서 나온 직접적인 말씀으로만 알았다. 경이란 경은 모두, 이른바 '금구직설(金口直說)'이라는 것이다.

따라서 인도에서 생긴 초기 『아함경』과 후기 대승경전들이 거의 한꺼번에 중국으로 들어와 앞뒤 연대기적 순서 없이 마구잡이로 번역되어 나오자 중국인들로서는 이렇게 서로 상반되는 가르침을 담은 경들이 다 한 분 부처님의 말씀일 수 있을까 어리둥절할 수밖에 없었다. 어찌 한 부처님이 이 경에서는 법이 실재라고 했다가 저 경에서는 법이 공하다고 하는 등, 한 입으로 두 말, 세 말을 할 수 있는가. 부처님이 거짓말을 하거나 혼동을 일으킨 것은 아닌가 하는 의문을 갖지 않을 수 없었다. 물론 부처님이 그럴 수는 없었다. 그래서 부처님이 왜 이렇게 상호 모순인 가르침을 폈는가 그 이유를 찾다가 생각해 낸 답이 바로 '교판' 혹은 '판교'다.

중국 사람들은 부처님의 여러 가르침이 부처님이 성불하신 후 입멸하실 때까지의 45년 중에서 구체적으로 어느 시기에 가르친 것인가, 그리고 누구를 상대로 가르친 것인가에 따라 다를 수밖에 없다고 생각했다. 부처님은 '방편'으로 각각 다른 가르침을 각각 다른 시기에 각각 다른 사람을 상대로 가르쳤다는 것이다. 종파에 따라 여러 가지 교판 이론이 있지만, 그중에서 천태 지의의 '오시팔교' 교판 사상이 가장 정교하고 조직적이기에, 교판 이론의 한 가지 예로 천태 교판을 알아본다.

'오시'란 부처님의 설법 시기에 다섯 단계가 있었다는 뜻이다. 첫째 시기는 '화엄시(華嚴時)'로, 부처님이 성불하신 직후 21일간을 말한다. 이 기간에 가르치신 것은 현재 『화엄경』에 포함되어 있는 가르침이란 주장이다. 그러나 부처님의 성불 체험을 설한 이 최고의 가르침을 사람들은 '귀머거리'처럼 알아듣지 못했다.

그래서 둘째 시기인 '아함시(阿含時)'가 왔다. 부처님은 가르침의 수준을 듣는 사람의 눈높이로 낮추어 지금 『아함경』에 포함된 것처럼 매우 초보적인 가르침을 줄 수밖에 없었다는 것이다. 그 가르침이 녹야원에서 다섯 친구들을 가르친 것과 같은 종류라 하여, 이 시기를 '녹야원시'라고도 한다. 한편, 더 높은 가르침으로 이끌기 위한 준비 단계에 해당하는 시기라는 뜻에서 '유인시(誘引時)'라고도 한다. 이 기간은 12년이다.

셋째 시기는 '방등시(方等時)'라고 한다. 부처님은 이제 영리한 근기를 가진 사람들이 어느 정도 어려운 가르침을 받을 준비가 되었다고 생각하여 초기 대승의 가르침을 주었다. 『유마경』, 『능가경』, 『승만경』 등에 포함된 가르침이다. 이 기간 상좌불교의 가르침에 집착하는 아라한들의 잘못된 생각을 꾸짖기도 했기에 '탄아시(彈呵時)'라고도 부른다. 기간은 8년이다.

넷째 시기는 '반야시(般若時)'다. 부처님은 사람들이 가르침을 받을 준비가 잘 되었다고 생각하여 발달한 대승사상을 가르쳤다. 『반야경』에 나오는 대로의 가르침이었다. 이 가르침 때문에 다른 가르침은 모두 도태된다는 뜻에서 '도태시(淘汰時)'라고도 하고, 공 사상이 모든 것을 하나로 통일시킨다는 뜻으로 '회일체법시(會一體法時)'라고도 한다. 기간은 22년이다.

마지막 다섯째 시기는 '법화열반시(法華涅槃時)'라고 한다. 『법화경』과 『열반경』에 있는 가르침을 편 시기로 『법화경』은 8년간, 『열반경』은 열반에 드시기 전 하루 동안 설하신 것이다. 『법화경』은 '일체 중생은 모두 성불할 수 있다(悉皆成佛)'는 가르침으로, 부처님의 가르침 중 최고다. 『열반경』은 『법화경』의 혜택을 누리지 못한 이들도 부처님의 법신이 상주하기에 언젠가는 성불할 것임을 말해 주는 가르침이다. 부처님의 모든 가르침을 집약한 결정이라 보았다.

이 다섯 시기를 모두 합하면 50년이 된다. 지의는 부처님이 29세에 성불하시고 79세에 입멸하셨다고 보았기 때문이다.

천태 교판에서는 부처님이 이렇게 서로 다른, 혹은 모순처럼 보이는 가르침을 가르친 것이 그 가르친 시기가 이처럼 각각 달랐을 뿐 아니라 그가 가르치는 대상이 각각 다른 근기를 가지고 있기 때문에 거기 따라 그때그때 필요한 대로 다른 종류의 가르침을 가르쳤기 때문이라고도 주장한다. 이런 다른 가르침이 여덟 가지인데, 그것이 바로 '팔교(八敎)'라는 것이다.

팔교는 우선 그 가르치는 '방법'에 따라 네 가지로 분류된다. 1) 돈교(頓敎) - 아무런 방편을 쓰지 않고 직접 진리에 접하게 하는 가르침,

2) 점교(漸敎) – 여러 가지 방편을 써서 사람들이 서서히 진리에 임하도록 유인하는 가르침, 3) 비밀교(秘密敎) – 저마다 부처님이 자기에게만 주는 것이라고 여기도록 하는 가르침, 4) 부정교(不定敎) – 일정하게 정해진 것이 없이 모두가 다 함께 듣지만 각자의 입장에 따라 다르게 듣고 다르게 이해하게 되는 가르침이다.

또 그 가르침은 '내용'에 따라 다시 네 가지로 분류되기도 한다. 1) 장교(藏敎) – 경율론 삼장에 의한 가르침, 2) 통교(通敎) – 성문승(聲聞乘), 연각승(緣覺乘), 보살승(菩薩乘) 삼승에 모두 통하는 가르침, 3) 별교(別敎) – 보살승 수행자만 이해할 수 있는 특별한 가르침, 4) 원교(圓敎) – 원융무애의 최고 가르침이다.

천태에서는 『법화경』에서 강조하는 것처럼 결국에는 삼승이 모두 하나로 통합되어 '일승(一乘)' 혹은 '불승(佛乘)'만이 가능한데, 천태종이 실천하는 것이 바로 이것이라고 주장했다.

물론 이런 분류가 역사적으로는 아무 의미가 없다. 부처님 입멸 후 몇 백 년이 지나서 생긴 『화엄경』의 가르침이, 부처님 성불 직후의 가르침일 수는 없다. 마찬가지로 기원전 2세기경에 생긴 『반야경』 사상이 실제로 부처님이 55세 이후 22년간 가르친 직접적인 가르침일 수도 없다.

물론 이런 식으로 불경 모두가 부처님의 직접적인 말씀 자체라고 믿는 불교학자들이나 지식층 불자들은 이제 거의 없다. 그러나 얼마 전까지만 해도 모든 불경이 부처님의 말씀이라고 믿고 주장하는 불자들이 대부분이었다. 한 가지 예로, 일본의 '도미나가(富永仲基, 1715~1746)'라는 오사카의 민간 학자는 문헌비판 방식을 도입해, 대승경전은 부처님이 직접 하신 말씀이 아니라는 것을 논증하려고 했다. 이것은 대승경전의 종교적 가치를 폄훼하려는 것이 아니라, 그 역사적 맥락을 짚으려 한 것뿐이다. 그러나 그때만 해도 모든 경전은 부처님이 직접 하신 말씀을 담은 것이라고 믿던 이들에게 도미나가의 논증은 엄청난 충격이었다. 당시 불교학자 일부는 그의 논증을 뒤집어 보려고 애를 썼지만 이제 불교학자와 지식층 불자 대부분은 그런 것이 헛된 노력이었음을 인정한다.

이런 문제는 그리스도교에서도 깊이 생각해야 할 문제다. 첫째, 얼마 전만 해도 대다수의 그리스도교인은, 그리고 지금도 많은 보수주의 그리스도교인은, 복음서에 예수님의 말씀이라고 나온 것은 모두 예수님이 직접 하신 말씀이라고 믿었다. 그러나 근래에 도입된 문헌학적 역사 비평학의 도움으로 복음서에 예수님이 말씀하신 것으로 된 말씀이 모두 예수님이 직접 하신 말씀일 수는 없다는 사실을 알게 되었다. 예를 들면, 「요한복음」서에는 예수님 '자신의 말씀 자체(verba ipsissima)'가 거의 없다고 보는 견해 등이다. 누구든 이런 견해를 받아들이는 사람은 그리스도교인이 아니고, 또 이렇게 되면 그리스도교는 망한다고 주장하는 그리스도교인이 아직 우리 주위에 더러 있다지만, 이런 주장은 쓸데없는 오해에서 나온 기우에 불과하다.

둘째, 그리스도교에서는 "하느님은 전지전능하신 아버지시다." 하는 가르침을, 어린아이나 어른이나 신앙적으로 초보인 사람이나 많이 발전한 사람이나 똑같이 '문자 그대로' 받아들여야 할 '보편타당한 절대적 진리'라고 주장하는 경향이 뚜렷하다. 그러나 교판론에서는 어떤 가르침이든 그것을 받아들이는 사람들의 지적·영적 수준에 따라 달라야 한다고 보았다. 가르침은 진리 자체가 아니라 진리에 도달하게 하는 수단이다. 불교 용어로 '방편'이다. 약 처방이 환자의 증상에 따라 다르듯, 가르침이라는 수단도 가르침을 받는 사람의 형편과 지적·영적 발달 수준에 따라 다를 수밖에 없다. 일정한 가르침은 그것이 필요한 사람에게만 주는 특수 처방일 뿐, 모두 똑같이 받아들여야 할 만병통치약이나 만고불변의 진리 자체가 아니라는 것이다. 불교는 이 사실을 분명히 깨닫고 실제적으로 훌륭히 적용했다. "병에 따라 약을 준다(應病與藥)", "능력에 맞추어 가르친다(對機說法)"는 원칙이 이를 분명히 말해 주고 있다.

공가중(空假中) 삼제(三諦) 사상

천태종은 만물의 실상이 세 가지 면을 가지고 있다는 '삼제(三諦)' 설을 주장한다. 모든 사물은 궁극적으로 '공'하기에 '공제(空諦)'다. 그러나 궁극적으로는 비궁극적이긴 하지만 일단은 현실적으로 우리가 경험하는 일시적 현상, 혹은 가(假) 현상으로 나타나 있다는 의미에서 '가제(假諦)'다. 이처럼 사물의 실상은 공이면서 가이고, 가이면서 공이라, 결코 어느 한쪽으로 쏠릴 수 없기에 '중제(中諦)'라는 것이다. 이 말은 모든 것이 공이며 가이고, 또한 중이라는 뜻이다.

인도의 중관론에서 실재를 두 가지 면으로 파악한 '이제(二諦)'설을 천태종에서는 세 가지 부면으로 이해한 것으로 볼 수 있다. 아무튼 사물에 이처럼 공·가·중의 특성이 있음을 깨닫는 것, 바로 사물을 그대로 보는 것, 사물의 본성을 보는 것, 불교 용어로는 '진여(眞如)'를 보는 것, 이것이 바로 불성을 보는 것이다.

일념삼천(一念三千)

일념삼천은 '일념에 삼천세계가 들어 있다'는 뜻이다. '일념'이란 무엇인가? 일념은 '한 생각'이 번쩍하고 지나가는 데 걸리는 순간을 의미한다. 영어로는 보통 'one moment of thought'라고 번역한다.

'삼천'이란 무엇인가? '삼천세계'를 말한다. 왜 삼천인가? 『화엄경』에 보면 '십계(十界)'라는 말이 나온다. 생명의 열 가지 존재 양식으로, 지옥·아귀·축생·아수라·인간·천상 등 '6도'에 성문·연각·보살·부처를 더한 것이다. 이 열 가지의 하나하나는 그 속에 나머지 아홉 가지를 포함하고 있다. 예를 들어 인간계는 지옥에서 부처를 그 속에 그대로 가지고 있다는 것이다. 따라서 10×10, '백 개의 세계'가 된다.

『법화경』에는 '십여시(十如是)' 이론이 나온다. 모든 사물은 상(相), 성(性), 체(體), 력(力), 작(作), 인(因), 연(緣), 과(果), 보(報), 본말구경(本末究竟)에 따른 열 가지 다른 모습을 보인다는 것이다. 천태종에서는 『화엄경』에서 말하는 '백계'와 『법화경』에서 말하는 '십여시'를 곱해 천 개의 각각 다른 모습의 세계, 곧 '천계'가 성립한다고 보았다. 여기서 그치지 않는다. 『대지도론』에는 오온계, 중생계, 국토계라는 '삼종세간(三種世間)'이 나온다. 모든 것은 이 세 가지 조건에 따라 달라진다는 것이다. 천태종은 이 이론도 끌어들여 천 개의 세계가 세 가지 세간에서 각각 다른 모습을 보이므로, 도합 삼천 개의 각기 다른 세계가 있다고 주장한다. 극히 현란하고 인위적이며 복잡한 계산에 의해 도출된 결론이지만, 결국 '삼천세계'란 이처럼 여러 가지 요소들이 얽히고설켜 이루어진 유기적 우주 전체를 말한다고 보면 된다.

그럼, '일념에 삼천세계가 들어 있다'는 것은 무엇을 말하려는 것인가? 한 순간 한 가지 사물을 생각하면, 그 순간 온 우주가 내 마음속에 들어 있다는 뜻이다. 내 마음속에는 부처님과 지옥의 존재가 다 들어 있다. 그러면 이것은 또 무엇을 말하려는 것인가? 내 마음속에 다른 모든 것과 함께 불성이 있어서 내가 그대로 부처님이 될 수 있다는 이야기를 하려는 것이라 볼 수 있다. 나의 범부로서의 삶이 부처님의 삶과 본질적으로 다르지 않다는 것이다. 나만 그런 것이 아니라 모든 중생이 다 그렇다. 따라서 모두가 부처님이 될 수 있다는 불교식 '복음'을 전하려는 것이라 볼 수 있다.

지관(止觀)

천태종은 이런 사상에 근거하여 우리 속에 있는 불성을 찾는 데 힘쓰라고 가르치고, 이를 위해 명상을 강조한다. 천태 지의가 『마하지관』이라는 명상법에 관한 책을 쓴 것도 이런 의미에서 당연한 일이라 할 수 있다. '지(止)'란 우리 몸과 마음의 잡된 움직임이 완전히 정지한 상태로, 평정과 고요함을 유지함을 말한다. '관'은 들여다본다는 뜻이다. 마치 연못의 물이 완전히 잔잔하면 그 속을 들여다 볼 수 있듯이 몸과 마음이 고요하면 우리 속에 있는 본래적 불성을 볼 수 있다는 것이다.

천태의 명상법 중 한 가지 특이한 점은 초보자들에게 우선 자신의 '망상'에 집중하라고 가르치는 것이다. 우리의 일념에 삼천세계가 들어 있고 그 삼천세계에는 불성과 온갖 잡생각이 불가분의 관계를 가진 하나의 유기체로 들어 있다. 따라서 명상을 하기 위해 고요히 앉아 있을 때 잡생각이 떠오르면 거기에 집중해서 그 잡생각이 결국 독립적인 무엇이 아니라 불성과 같다는 진리를 깨달으라는 것이다. 그렇게 되면 망념에 사로잡히지 않고 참으로 자유로운 인간이 될 수 있다고 한다. 자유로운 인간은 망념에 사로잡히거나 물들지 않을 뿐만 아니라 그 망념을 통해 자유롭고자 애쓰는 사람들과 일체가 되어 그들의 구제를 위해 힘쓰는 보살이 된다고 했다.

화엄종(華嚴宗)

화엄종은 대승불경 중 『화엄경(華嚴經, Avataṁsaka-sūtra)』을 중심으로 생긴 종파이다. 가르침 중에 '법계(法界, dharmadhātu)' 사상이 가장 중요하므로 '법계종'으로도 부르고, 화엄종 조사 중 실질적 창시자라고 할 수 있는 제3조 법장(法藏, 643~712)의 호를 따서 '현수종(賢首宗)'이라고도 한다.

전통적으로 화엄종의 가르침은 초조(初祖)로 보는 두순(杜順, 557~640)에 의해 기초가 놓이고, 제2조 지엄(智儼, 602~668)에 의해 기틀이 잡히고, 제3조이면서 동시에 실질적인 창시자라 할 수 있는 법장(法藏, 643~712)에 의해 체계화되고, 제4조 징관(澄觀, 약 737~838)에 의해 분명해지고, 화엄 제5조이면서 동시에 선종(禪宗)의 조사로서 선교(禪敎) 일치를 위해 힘쓴 종밀(宗密, 780~841)에 의해 널리 알려지게 되었다. 화엄의 전통에서 벗어나 독자적 화엄교학을 세운 이통현(李通玄, 635~730)도 중요한 인물이다.

신라의 의상(義湘, 625~702) 대사는 중국에서 7년간 제2조 지엄(智儼) 밑에서 법장과 함께 공부하고 신라로 돌아왔다. 영주 부석사(浮石寺)를 창건하고 신라 화엄종의 초조(初祖)가 되었는데, 이를 '부석종'이라 한다. 의상은 지엄의 문하를 떠나며 한 구에 일곱 글자씩 들어간 30구, 210자의 시구 같은 것을 특수 도표 형식으로 배열한 작품을 남겼는데, 이것이 그 유명한 『화엄일승법계도(華嚴一乘法界圖)』다. 줄여서 『법성게』라고도 한다. 가운데 "법성원융무이상 제법부동본래적"으로 시작하여 "일중일체다중일 일즉일체다즉일 일미진중함시방 일체진중역여시 일념즉시무량겁"을 거쳐 "구래부동명위불"로 끝난다.

지금 언급한 것만 옮기면 다음과 같다.

> "일체 사물의 본성은 두루 걸림이 없이 원융하므로 두 가지 상으로 나뉠 수 없고, 모든 사물은 움직임이 없이 본래 고요하다. …… 하나 속에 일체의 사물이 있고 일체의 사물 속에 하나가 있다. 하나는 곧 일체요 많음이 곧 하나다. 한 알의 작은 티끌 속에 온 우주가 들어 있고 다른 모든 티끌 속에도 이와 마찬가지. 한 순간이 곧 무량겁. …… 예로부터 움직임이 없으니 이름하여 부처라 하리."

이는 우리가 곧 살펴볼 화엄사상의 근본정신을 집약한 것이라고 할 수 있다.

법장은 의상과 동문수학했지만 의상보다 18세가 적다. 법장은 나중에 신라 승 승전(勝詮)이 귀국하는 편에 의상에게 『화엄오교장(華嚴五敎章)』 등 자신이 쓴 책 몇을 보내면서 검토해 줄 것을 부탁하는 편지를 동봉했는데, 그 편지 본문이 『삼국유사(三國遺事)』에 나와 있다. 편지의 친필 원본인 『현수기해동서(賢首寄海東書)』가 일본 덴리(天理)대학에 보관되어 있다는 주장도 있다. 법장의 『화엄오교장』에는 두 가지

```
一―微―塵―中―含―十  初―發―心―時―便―正―覺―生―死
一  量―無―是―卽―方  益―寶―雨―議―思―不―意  涅
卽  劫―遠―劫―念―一  生―佛―普―賢―大―人―如  槃
多  九  量―卽―一―切  滿―十―海―入―能―境―出  常
切  世―無―一―念―塵  亂―虛  別―印―三―昧―中―繁  共
一  十  是―如―亦―中  雜  空  分―無―然―冥―事―理―和
卽  世―互―相―卽―仍―不  衆―生―隨―器―得―利―益  是
一  相―二―無―融―圓―性―法  叵  際―本―還―者―行  故
一  諸  智―所―知―非  餘  佛  息―盡―寶―莊―嚴―法―界
中  法  證  甚―性―眞  境  爲  妄  無―隨―家―歸  意  實
多  不  切  深―極―微  妙  名  想  尼  分―得―資  如  寶
切  動  一  絶―相―無  不  動  必  羅―陀―以―糧  捉  殿
一  本―來―寂―無―名  守  不  不―得―無―緣  善―巧  窮
中  ―成―緣―隨―性  自  來―舊―床―道―中―際―實―坐
```

화엄일승법계도

이본(異本)이 있는데, 이는 의상이 법장의 원본을 고쳐 개정본을 만든 결과, 원본과 개정본이 함께 유통되었기 때문이라 보기도 한다.

신라의 원효(元曉, 617~686)도 화엄을 주로 연구하고 가르쳤다. 그가 쓴 많은 화엄 관계 저술 중 『기신론소(起信論疏)』와 『별기(別記)』는 법장의 『기신론의기(起信論義記)』에 지대한 영향을 주었다. 원효의 화엄을 해동종(海東宗) 혹은 분황종(芬皇宗)이라고 한다.

일본에서는 740년 신라 승 심상(審祥)이 『화엄경』을 강의하고, 화엄이념에 따라 나라(奈良)에 있는 도다이지(東大寺)에 화엄의 주불(主佛)

인 비로자나 '대불(大佛)'을 조성했다. 이것은 옥내의 청동상 중 세계에서 가장 크다. 필자도 가 보았지만, 바닥에 그 불상 실제 콧구멍 크기의 구멍을 만들어 놓았는데, 아이들이 그리로 들락날락할 정도였다.

한 가지 덧붙이면, 현재 일반적으로 한국 조계종의 창시자로 받들고 있는 고려 지눌(知訥, 1158~1210)은, 화엄종 전통에서 벗어난 8세기 당나라 화엄 사상가 이통현(李通玄)과 화엄종 제5조이자 선사 종밀(宗密, 780~841)의 영향을 많이 받았다. 지눌은 불교의 가르침을 선(禪)과 교(敎)로 나누고, 교의 중심 사상을 화엄학으로 보았다. 이 전통은 계속 이어져 지금도 한국 불교에서는 '교학'이라고 할 때 화엄의 가르침을 으뜸으로 여긴다.

화엄사상은 중국, 한국, 일본의 정신사에 지대한 영향을 미쳤다. 예를 들면, 화엄사상은 선의 이론적 기초를 제공했다. 선을 서양에 소개한 스즈키는 "선(禪)이 중국 불교 사상의 실천적 완결이라고 한다면 화엄 철학은 그 이론적 극한점이라 할 수 있다. 선의 철학은 화엄이고 화엄의 가르침은 선의 삶에서 그 열매를 맺는다."고 했다.[8]

화엄사상이 중국 불교에서 형성된 최고의 사상 체계라는 데 이의를 제기하는 학자는 거의 없다. 오히려 지금은 영국 역사학자 토인비(Arnold Toynbee)를 비롯하여 많은 서양 사상가가 화엄의 유기체적 세계관을 21세기의 가장 훌륭한 대안 사상이라 보기까지 한다.[9]

---

8) D. T. Suzuki, in B. L. Suzuki, *Mahayana Buddhism* (London: 1959), p.xxxiv. 그리고 그의 *Essays in Zen Buddhism*, vol. 3 (London: 1939), p.68.

9) 화엄학에 관한 책으로 Francis H. Cook, *Hua-yen Buddhism: The Jewel Net of Indra* (University Park: The Pennsylvania State University Press, 1977), Garma C. C. Chang, *The Buddhist Teaching of Totality* (University Park: Pennsylvania State University Press, 1974), 한국어 번역 까르마 C. C. 츠앙, 이찬수 옮김, 『화엄철학』(경서원, 1998) 등 참조.

법계연기(法界緣起)

화엄사상에서 가장 중요한 가르침은 '법계연기'다. '법계'란 무엇인가? 물론 법관이나 변호사처럼 법을 다루는 일을 업으로 하는 이들의 모임인 '법조계'의 준말이 아니다. 어근으로 따지면, 산스크리트어 '다르마다투(dharmadhātu)'라는 합성어의 한문 번역이다. '다르마'란 불교의 존재론적 논의에서는 '존재(existences)' 혹은 '기본 요소(elements)'를 의미한다. '다투'는 영역(realm) 혹은 바탕(ground)이라는 뜻이다. 직역하면 '존재의 영역', '존재의 바탕', '존재의 근원'이라 할 수 있다.[10] 이해하기 쉽게 말하면 '우주의 총체(the totality of the cosmos)'나 현재 흔히 쓰는 말로 '궁극 실재'라 할 수 있다.

'연기'란 모든 사물이 서로 연관되어 있음을 의미한다. 초기 불교에서는 '연기'라 할 때 "이것이 있음으로 저것이 있고, 이것이 생김으로 저것이 생긴다."나 "이것이 없음으로 저것이 없고, 이것이 멸함으로 저것이 멸한다."는 설명에서 보듯이 주로 사물이나 사건의 '시간적' 연속성에 중점을 두었다. '어떤 것이 있고, 그것을 원인으로 하여 다음 것이 생긴다'는 식이었다.

그러다가 역사가 흐르면서 이 연기법은 시간적인 원리이기보다 존재론적 구조로 여겨지기 시작했다. 일체의 사물이 '지금' 있는 그대로 다른 것과의 연관을 떠나서는 있을 수 없음을 강조하게 된 것이다. 화엄종은 이런 구조론적 연기 사상의 중요성을 극대화하고 이를 가장 정교하게 체계화한 종파라 할 수 있다. 화엄 교학이 말하는 '법계연기'

---

[10] 영어로는 많은 학자가 'dharma-elements', 'reality of dharmas', 'realm of all elements', 'ground of being', 'the noumenal ground of phenomena', 'ultimate reality', 'supreme reality' 등등으로 번역한다.

란 결국 이 법계의 모든 사물이 지금 여기에서 그대로 상호 의존(相互依存), 상호 연관(相互聯關)의 관계 속에 있다는 것을 밝히려는 가르침이다. 이를 화엄 자체의 용어로 표현하면 모든 것이 상즉(相卽)·상입(相入)의 관계라는 것이다.

사종법계(四種法界)

이 '법계연기' 사상을 분명히 밝히기 위해 두순의 『법계관문(法界觀門)』을 비롯하여, 지엄의 『화엄일승십현문(華嚴一乘十玄門)』, 법장의 『금사자장(金獅子章)』과 『화엄일승교의분제장(華嚴一乘教義分齊章)』 등의 저술을 통하여 화엄 조사들이 많은 설을 제시했다.11) 그러나 이 복잡한 이론을 가장 조직적으로 간결하게 밝힌 것이 제4조 징관이 『법계현경(法界玄鏡)』에서 제시한 '사종법계(四種法界)'라는 설명 체계다. 여기서는 편리를 위해 이 이론을 간단히 살펴보기로 한다.

이 이론에 의하면 네 가지 법계, 1) 사법계(事法界), 2) 이법계(理法界), 3) 이사무애법계(理事無礙法界), 4) 사사무애법계(事事無礙法界)가 있다. 다시 말해 세계를 네 가지 입장에서 관찰할 수 있다는 것이다.

첫째, 우리가 감각으로 감지할 수 있는 현상세계가 있는데 이를 '사(事)법계'라고 한다. 둘째, 그러나 조금이라도 영적인 수양을 한 사람은 이런 감각의 세계가 실재의 전부가 아니라는 것을 알게 된다. 이렇게 현상세계가 실체성이 없음을 깨닫고 더 깊은 면을 들여다보아 알아낸 실재의 세계가 바로 '이(理)법계'다. 셋째, 그러나 사법계와 이법계가

---

11) 이런 조사들의 저작 중 일부는 다음 책에서 찾을 수 있다. Thomas Cleary, *Entry in the Inconceivable: An Introduction to Hua-yen Buddhism* (Honolulu: University of Hawaii Press, 1983).

따로따로 노는 별개의 세계가 아니라, 사법계를 관통하고 있는 하나의 순수한 원리가 이법계요 이법계의 구체적 표현이 사법계라는 것, 따라서 이법계와 사법계 사이에 아무런 장애가 없이 서로 같고 서로 들어감(상즉·상입)을 깨닫게 되는데, 이렇게 깨닫게 된 세계가 바로 '이사무애(理事無礙)법계'다. 넷째, 궁극적으로 이법계와 사법계만 상즉·상입한다면 사(事)가 바로 이(理)이므로, 이(理)로서의 사(事), 혹은 이(理)와 같은 사(事)가 자연히 다른 사(事)와 서로 상즉·상입의 관계를 맺고 있는 셈이다. 이렇게 구체적 현상계의 사물들마저도 아무런 장애가 없이 서로가 서로에게 들어가고 서로 같음을 터득하는데, 이렇게 터득한 세계가 바로 '사사무애(事事無礙)법계'다. 바로 이 진리를 터득하면 우리는 트임과 자유를 얻게 된다는 것이다. 이렇게 사사무애라는 궁극적 실재의 모습을 깨우쳐 트임과 자유를 누리는 것이 화엄에서 말하는 삶의 궁극 목표다.

이런 설명이 얼마나 추상적이고 난해한가? 법장도 당나라 황후였던 측천무후(則天武后)에게 이런 상즉·상입의 세계를 좀더 구체적으로 알아듣기 쉽게 설명하기 위해 궁전에 있던 금으로 만든 '금사자'를 비유로 설명한 적이 있다.[12] 금으로 만든 사자에서 금은 이(理)에 해당하고 머리나 다리나 꼬리 같은 부분은 사(事)를 말하는 것이라고 했다. '금사자'는 이처럼 이와 사가 동시에 들어가 있다는 의미에서 '이사무애'다. 동시에 머리나 다리나 꼬리 등 모든 부분이 금으로 되었다는 점에서 머리나 다리나 꼬리 등도 서로 상즉·상입의 관계를 가진 '사사무애'다.

법장은 또 방 안의 모든 벽과 바닥과 천장에 거울을 붙이고 방 가운

---

12) 측천무후에 대한 소설로 샨 사, 이상해 옮김, 『측천무후』(현대문학, 2003)가 있다.

데 불상을 놓은 다음 불상에 등을 달았다. 방을 어둡게 한 다음 측천무후를 방으로 인도했다. 측천무후는 물론 무한정하게 반사되는 무수한 불상의 모습을 볼 수 있었다. 법장은 이런 것이 바로 상즉·상입하는 화엄의 세계를 상징하는 것이라고 했다.

이것은 『화엄경』에 나오는 '인드라 망(帝釋網)'이라는 비유와 궤를 같이하는 것이다. 이 비유에 의하면 인드라(Indra) 혹은 제석천(帝釋天)이라는 신의 궁전에는 끝이 없이 넓은 그물이 있고, 그 그물코마다 보석이 달렸다. 이 보석들은 서로를 반사하고 있어서 한 보석이 그 속에 다른 보석들의 상을 가지고 있고, 다른 보석도 다른 보석들의 상을 품고 있는 그 보석의 상을 받아서 비추고……. 이런 식으로 한 보석에 모든 보석이, 모든 보석에 그 한 보석이 있어 일중다 다중일, 일즉다 다즉일의 세계, 이른바 상즉·상입 '중중무진(重重無盡)' 법계연기의 경지를 보여 준다고 했다.

『화엄경』에는 이런 상즉·상입의 세계를 체득한다는 궁극 목표를 완성한 사람의 이야기가 나온다. 이 경 「입법계품(入法界品)」[13])에 등장하는 선재동자(善財童子, Sudhana)다. 모든 구도자들의 원형이라 할 수 있는 이 선재동자는 진리의 세계를 추구하기 위해 53명의 스승(善知識)을 찾아 구도 행각을 하는데, 이런 오랜 여정을 거쳐 눈을 떠서 보게 된 세계가 바로 만물이 만물에 상즉·상입하는 통전(統全)의 세계였다. 선재동자는 이런 체험을 그의 여행 끝 부분 미륵보살의 안내를 받아

---

13) 이것을 독립된 경전으로 여기기도 하는데, 그 경우 Gaṇḍavyūha-sūtra라 불린다. 『화엄경』의 한문 번역으로 『60권 화엄경』, 『80권 화엄경』, 『40권 화엄경』 세 가지가 있는데, 마지막 것이 여기에 해당한다. 「입법계품」의 영어 번역은 Thomas Cleary, tr., *Entry into the Realm of Reality* (Boston: Shambhala, 1989)를 볼 것.

들어가 본 황홀한 보탑(寶塔)의 세계로 묘사하고 있다. 그가 들어가 본 보탑은 끝이 없이 넓고 휘황찬란한데, 그 보탑 안에는 또 그와 비슷한 보탑들이 다시 무수히 많음을 보았다. 그러면서도 이 모든 보탑이 서로 방해하는 일이 없이 돌아가고 있었다. 상즉·상입하는 사사무애의 세계였던 것이다.14)

이런 사사무애의 세계는 사실 이론이나 사변으로 얻어지는 것이 아니다. 이른바 '해인삼매(海印三昧, sāgara-mudrā samādhi)'의 경지를 통해서만 도달할 수 있는 것이다. 해인삼매란 무엇인가? 잔잔한 바다에 우주의 삼라만상이 도장 찍은 듯 그대로 비치는 것을 볼 수 있는 삼매 상태를 의미한다. 화엄종의 주장에 의하면, 부처님이 보리수 밑에서 성불하신 직후 7일간 이런 삼매경에서 전 우주의 모든 부분이 상즉·상입하는 하나의 단일 유기체임을 체득했다는 것이다. 따라서 이 상즉·상입의 화엄적 세계관이야말로 부처님의 가르침 중 최초요, 동시에 최고의 가르침이라는 것이다.15)

그러나 우리 범부로서는 이런 해인삼매의 경지에 직접 들어갈 수가 없다. 어쩔 수 없이 일단은 경이나 조사들의 가르침을 이해하는 쪽으로 노력할 수밖에 없다. 따라서 이런 가르침들을 좀더 이해하기 쉽게 우리 식으로 말해 보자.

집은 기둥과 지붕과 벽과 문과 창문 등으로 이루어졌다. 말할 것도 없이 이런 부분들이 없으면 집이라는 것이 없다. 그러나 집이라는 기본 실재가 없으면 이런 부분들도 아무 의미가 없다. 집과 부분은 불가

---

14) 이 장면을 요약한 것으로 Thomas Cleary, *Entry into the Inconceivable: An Introduction to Hua-yen Buddhism* (Honolulu: University of Hawaii Press, 1983), p.9 참조할 것.

15) Cook, 앞의 책, p.73.

분의 관계를 가지고 있다. 집이라고 하면 이런 부분을 생각하지 않을 수 없고, 이런 부분들도 집이라는 것을 전제로 하지 않으면 무의미하다. 집이라는 것 속에는 이런 부분들이 들어가 있고 이런 부분들에는 이미 집이라는 것이 들어가 있다. 이(理)와 사(事)가 상즉·상입하는 '이사무애법계'다.

그러나 이것만이 아니다. 기둥이 없으면 집이 없고 집이 없으면 지붕이나 벽이나 창문도 없다. 그러므로 기둥 속에 이미 지붕이나 벽이나 창문이 들어가 있고 지붕이나 벽이나 창문 속에 이미 기둥이 들어가 있는 셈이다. 기둥과 다른 부분들은 서로를 포함하고 있고 서로에게 포함되어 있다. 바로 '사사무애'의 세계다.

쌀 한 톨 속에는 햇빛이 있고, 비가 있고, 구름이 있고, 바람이 있고, 천둥이 있고, 시간이 있고, 공간이 있고, 농부의 땀이 있고, 농부를 가능하게 한 그 부모가 있고, 그 부모의 부모가 있고, 농기구가 있고, 농기구를 만드는 쇠붙이가 있고, 광부가 있고, 그것을 만든 사람과 파는 사람 등이 있고……, 결국 쌀 한 톨 속에 온 우주가 다 있다. 전통적인 용어로 하면 '작은 티끌 하나에(於一微塵中)' 온 우주가 다 들어 있다는 것이다. 쌀 한 톨도 결코 독립적인 존재일 수가 없다. 그 속에 쌀 아닌 모든 것이 다 들어 있다. '일중다 다중일(一中多 多中一)'이요 '일즉다 다즉일(一卽多 多卽一)'이다. 일체의 사물은 우주 안에 있는 모든 것과의 관계 속에서만 존재가 가능하다. 서로 영향을 받고 영향을 주는 유기적 관계를 떠나서는 아무것도 있을 수 없다.

우리 식으로 말해도 여전히 쉽지는 않다. 정신이 빙글빙글 돌 지경이라 여길 수도 있다. 그렇지만 이야기를 좀더 진행시켜 보자. 재미있는 사실은 이런 화엄의 세계관과 아주 비슷한 생각이 서양에서도 많다는 것이다. 그런 생각을 한 대표적인 사람이 영국의 신비주의 시인 겸 예술가 윌리엄 블레이크(William Blake, 1757~1827)다. 그는 '무죄의 전조'라는 시에서 이렇게 읊었다.

> 모래 한 알에서 세계를 보고
> 들꽃 한 송이에서 하늘을 보기 위하여
> 그대 손바닥으로 무한을 붙들고
> 이 한 시간 속에서 영원을 잡아라

영국 문학사에 크게 공헌한 존 던(John Dunne, 1572~1631) 신부가 1623년 겨울, 병상에서 멀리 들리는 조종(弔鐘)을 들으며 쓴 그 유명한 글도 함께 읽어 본다.

> 누구도 외딴 섬일 수 없는 것.
> 모두 대륙의 한 조각, 본토의 일부일 뿐.
> 한 줌의 흙이 바닷가에서 씻겨 나가면,
> 유럽이 그만큼 작아지는 것.
> 뾰쪽 내민 땅(岬)이나
> 그대의 친구들 혹은 그대 자신의 장이 없어져도 마찬가지.
> 어느 한 사람이라도 죽으면
> 그것은 그만큼 나를 줄이는 것,
> 나는 인류의 한 부분이기에.
> 그러므로 결코 누구를 위하여 종은 울리는가 물어보지 말지니
> 그것은 그대를 위한 조종(弔鐘)이기에.

최근에는 이런 화엄의 유기체적 세계관을 홀로그래프(holograph)로 설명하려는 사람들이 있다. 홀로그래프란 신용카드 같은 데서 흔히 볼 수 있는 레이저 광선의 입체 그림이다. 이 그림의 특징은, 하나가 전체 속에 있는 것은 물론이지만, 전체가 하나 속에 나타난다고 하는 것이다. 이런 면에서 인드라 망에 달린 보석들을 연상시킨다.16)

인간을 놓고 생각해도 지금까지의 상식이 무너진다. 나 자신은 나 자신만의 것일 수 없다. 천지의 모든 것이 협력하여 오늘의 내가 있는 것이다. 일반적으로 생각하는 인과율 같은 것도 달라진다. 보통 아버지가 원인이고 아들이 결과라 생각하지만, 아들이 없어서는 아버지가 있을 수 없으므로 아들이 원인이고 아버지가 결과일 수 있다. 아버지는 원인이면서도 동시에 결과이고, 아들은 결과이면서 동시에 원인이다. 상식적이고 인습적인 사고의 전도(顚倒)를 의미한다.

화엄사상의 적용

도대체 쓸데없는 말장난에 불과한 것처럼 보이는 이런 번쇄철학(煩瑣哲學)의 실용적 가치란 무엇인가 의문을 제기하지 않을 수 없다. 왜 이런 복잡한 사상을 알아야 하는가? 역사적으로 화엄사상을 두고 이런 식의 비판이 계속된 것도 사실이다. 그러나 일견, 별로 할 일 없는 사람들의 사변일 뿐 완전 무용지물 같은 화엄사상도 곰곰이 살펴보면 바로 오늘 인류 사회에 그렇게도 중요한 유기적(organic)·통전적(holistic) 세계관이라 할 수 있다. 이런 사상이 줄 수 있는 철학적·실제적 유익은

---

16) 이런 홀론적 세계관을 비교적 상세하게 다룬 책으로 토마스 G. 핸드, 이희정 옮김, 『동양적 그리스도교 영성』(한국기독교연구소, 2004), Ken Wilber, ed., *The Holographic Paradigm and Other Paradoxes* (Boston: Shambala, 1982) 등 참조할 것.

말로 할 수 없다. 그중 몇 가지만 열거한다.

첫째, 화엄의 입장에서 법계연기 사상은 새로운 교판 사상의 이론적 근거가 된다. 화엄종은 불교의 가르침이 모두 다섯 종류라고 보았다. 이른바 '오교(五敎)'라는 것이다. 1) 사법계만 보는 소승불교의 가르침, 2) 이법계만 보는 대승 초기의 가르침, 3) 이사무애법계를 보는 대승 후기의 가르침, 4) 법계에 대해서는 무슨 가르침이든 있을 수 없다고 하는 대승 돈교(頓敎)의 가르침, 5) 사사무애법계를 가르치는 대승 원교(圓敎)의 가르침, 이렇게 다섯 가지로 나누어지는 것은 결국 법계를 어떻게 보았는가, 거기에 대한 통찰이 어느 정도 깊었던가에 따른 것이라고 주장한다.

둘째, 중국 불교사에서는 깨침의 경험이 '돈오(頓悟)'냐 '점오(漸悟)'냐, 다시 말해 깨침이 갑작스러운 것이냐 점진적으로 서서히 오는 것이냐가 계속적인 논의의 주제였다. 중국에서는 대체로 '돈오' 쪽으로 기울어지는 경향이 강했다. 이런 사상사적 환경에서 화엄의 상즉·상입 사상은 돈오에 새로운 이론적 뒷받침을 제공한 셈이다.

앞에서 보살의 십지(十地)에 대해 이야기할 때 잠깐 언급한 바와 같이, 화엄에서는 보살이 최종의 경지에 이르기 위해 거쳐야 하는 길에 십신(十信), 십주(十住), 십행(十行), 십회향(十回向), 십지(十地), 등각(等覺), 묘각(妙覺)이라는 52단계가 있다고 믿는다. 만사가 상즉·상입하기 때문에 첫 단계와 52째 단계가 별개의 것이 아니다. 이 둘뿐 아니라 모든 단계가 모두 서로 상즉·상입의 관계를 가지고 있으므로 각 단계는 서로 불가분·불가결의 관계를 가진 셈이다. 이런 존재론적 연관성을 전제로 한다면 '십신'의 첫 단계를 완성하는 것은 결국 마지막 '묘각'의 단계를 완성하는 것과 다르지 않다. 이를 화엄의 용어로 하면 '신만성불(信滿成佛)' 혹은 '일념성불(一念成佛)'이다. 믿음이 생기는 순간 이미 성불한 것이고, 한순간 이미 부처님이라는 것이다. 심지어는 '무념성불(無念成佛)' 곧 있는 그대로 이미 성불한 상태라는 것이다.17)

셋째, 이런 유기적·통전적 생각을 가지면 자연히 편견이나 옹고집에서 해방된다. 모든 것이 관계에서 결정된다는 것을 알기 때문에 독단이나 독선적인 주장이 있을 수 없다. 똑같은 책상이라도 어린아이에게는 너무 높고 거인에게는 너무 낮다. 같은 책상이라는 사물 속에 낮음과 높음이 같이 들어가 있는 셈이다. 똑같은 책상이라도 거기 앉아서 공부할 때는 책상이 되고, 그 위에 올라가서 전구를 바꿀 때는 사다리가 되고, 거기 걸터앉으면 의자가 된다. 똑같은 책상 속에 책상 됨은 물론 사다리 됨도 의자 됨도 들어가 있는 셈이다. 어느 사물에 불변하는 본질이 있음을 거절하는 이른바 '비본질론적(non-essentialist)' 입장이다. 이런 태도 속에는 어느 한 가지 견해를 영원불변의 진리라고 주장하는 독선적 태도가 있을 수 없다.

넷째, 나와 남의 존재론적 구별이 없어지기 때문에 남의 아픔이 나의 아픔이고 남이 아파할 때 나도 아파하는 참된 자비(com-passion, 함께 아파함)의 마음, 진정한 보살정신이 가능해진다.

다섯째, 상즉·상입 사상은 부처님의 성불 체험이 바로 나의 성불 체험이라는 생각을 가능하게 한다. 부처님과 나도 상즉·상입의 관계이기 때문에 부처님과 나도 별개의 개체가 아니다. 따라서 부처님이

---

17) 좀더 자세한 설명은 Kang-nam Oh, "Dharmadhātu: An Introduction to Hua-yen Buddhism" *The Eastern Buddhist*, New Series, vol. XII no. 2 (October 1979), pp.72~91 참조할 수 있음.

성불하셨다는 것은 곧 내가 성불한 것과 마찬가지다.[18] 물론 현실적으로 내가 이미 부처라는 뜻은 아닐지 모른다. 마치 보살도의 첫 단계와 마지막 단계가 서로 다르지 않다고 해서 중간 단계가 필요 없다고 할 수 없듯이 내가 그대로 부처님이라고 하더라도 그 중간 상태도 여전히 중요한 것만은 사실이다. 그러나 적어도 상즉·상입의 관점에서 볼 때 부처님의 성불 체험은 바로 나의 성불과 같은 바탕을 가진 것이라는 확신을 가질 수 있다.

물론 어느 사상이나 그렇지만 화엄사상도 오용(誤用)된 경우가 있다. 그 대표적인 예가 일즉다 다즉일 같은 화엄사상을 천황에게 절대적으로 충성해야 한다는 '일군만민상하일체(一君萬民上下一體)'로 바꾸어 일본 천황 주의의 이론적 근거로 삼은 것이다.[19]

화엄사상과 그리스도교

화엄사상을 받아들일 수 있다면 그리스도교 가르침 중 여러 가지를 함께 이해할 수 있다는 사실을 발견하게 된다. 예를 들어, 그리스도교 신약성경 「마태복음」에 보면 최후 심판의 장면이 나오는데, 거기 임금이 의인들을 향해 "너희는 내가 주릴 때에 내게 먹을 것을 주었고, 목마를 때에 마실 것을 주었고, 나그네로 있을 때에 영접하였고, 헐벗을 때에 입을 것을 주었고, 감옥에 갇혀 있을 때에 찾아 주었다."(마태복음 25:35~36)고 한다. 자기들이 언제 그런 일을 하였는가 의아해 하고 있는 그 의인들을 향해 임금은 다시 입을 열어, "너희가 여기 내 형제

---

[18] 이를 확대하면 내가 성불하였다는 것은 동시에 삼라만상이 모두 깨달았다는 뜻이기도 하다. 이를 두고 일본 선사 도겐(道元)은 '동시성도(同時成道)'라고 했다.
[19] 龜川敎信(가메카와 쿄신), 『緣起の構造』(全人社, 1944), 제4편 「緣起の國家的收容」 참조.

자매 가운데, 지극히 보잘것없는 사람 하나에게 한 것이 곧 내게 한 것이다."고 대답한다. 이런 이야기를 물론 윤리적인 차원에서 이해할 수도 있지만, 화엄의 상즉·상입의 원리에 비추어 보면 하느님이 나와 하나요, 나와 모든 이들이 하느님 안에서 다 하나이므로 결국 우리 중 지극히 작은 자에게 하는 것이 곧 하느님에게 하는 일과 같다는 더 깊은 차원의 진리를 말하는 것으로 받아들일 수도 있을 것이다.[20]

최후의 만찬에서 예수님이 떡을 떼어 제자들에게 나누어 주면서 '이것은 나의 몸'이라고 하고 포도주를 나누어 주면서 '이것은 나의 피'라고 했다. 사상적 배경이나 맥락이 다른 것은 물론이지만, 이 경우도 화엄이 말하는 상즉·상입의 원리를 이해한다면 떡 속에 예수님의 살을 비롯하여 모든 것이 들어 있고 포도주 속에 예수님의 피를 비롯하여 만물이 들어 있다는 의미에서 이 말을 자연스럽게 이해할 수 있게 되는 것 또한 사실이 아닐까?

그 뿐이 아니다. 그리스도교에서는 그리스도의 죽음과 부활을 두고 우리도 그리스도와 함께 죽고 그리스도와 함께 부활해야 한다고 한다. 물론 그리스도가 죽은 것처럼 나도 옛 사람으로서의 내가 죽고, 그리스도가 살아나신 것처럼 나도 새 사람으로 다시 살아나야 함을 상징적으로 의미하는 말로 받아들이는 것이 보통이다. 그러나 이 말도 화엄의 상즉·상입의 관점에서 보면 그리스도와 내가 따로 있는 둘이 아니라 하나이므로, 그가 죽고 다시 살아났다고 하는 것은 결국 나와 그가 함께 죽고 함께 다시 살아난다고 하는 말로도 이해할 수 있는 것 아니

---

[20] 구체적으로 화엄을 언급하지는 않았지만 이 이야기를 화엄사상과 비슷한 관점에서 풀이하고 있는 책으로 캐나다 연합교회 목사 David J. H. Hart가 쓴 *Christianity: A New Look at Ancient Wisdom* (Kelona, BC: Northstone, 2005), p.155 참조할 것.

겠는가?

예수님은 "너희 원수를 사랑하고 너희를 박해하는 사람을 위하여 기도하라."(마태복음 5:44)고 했다. 베트남 출신의 틱낫한 스님은 이 말을 두고 다음과 같이 말했다.

> 여러분이 여러분의 분노를 깊이 들여다보신다면, 여러분은 여러분이 원수라고 생각하는 그 사람도 고통을 당하는 사람이라는 것을 알게 됩니다. 그 사실을 알게 되는 순간, 그를 용납하고 그를 자비로 대할 힘이 생기게 됩니다. 예수님은 이를 '원수를 사랑'하는 것이라고 하셨습니다. 여러분이 여러분의 원수를 사랑한다면, 그가 더 이상 원수일 수 없습니다. '원수'라는 개념은 사라지고 고통으로 아파하는 사람, 그리하여 여러분의 사랑과 보살핌이 필요한 사람이라는 생각이 그 자리를 대신하게 됩니다.21)

원수의 입장을 이해함으로 그에 대한 우리의 분노는 사라지고 오히려 그를 사랑하게 된다는 뜻이다. 그러나 화엄이 가르치는 불이(不二)의 입장에서 본다면, 본래 너와 나라든가 친구나 원수라는 두 가지 개념이 따로 있을 수가 없기 때문에 구태여 따로 사랑해야 할 원수라는 것이 없음을 발견하게 되고 마는 셈이다. 모두가 온 우주에 어울려 같이 살아가는 한 몸일 뿐이기에. 그러기에 자연히 "네 이웃을 네 몸과 같이 사랑"할 수밖에 없는 것 아닌가.

사실 사람과 사람 사이의 관계만이 아니다. 사람과 자연과의 관계에 있어서도 화엄적 시각이 필요하기는 마찬가지다. 화엄의 세계관으로

---

21) 틱낫한, 오강남 옮김, 『살아 계신 붓다, 살아 계신 그리스도』(한민사, 1997), 132쪽.

보면 역사적으로 고통을 받고 있는 것은 인간만이 아니라 자연도 마찬가지이기 때문이다. 사도 바울도 말했다. "피조물이 다 이제까지 함께 탄식하며 함께 고통하고 있다."(로마서 8:22)고. 이제 자연이 당하는 고통을 우리 자신의 고통으로 느끼고 아파할 줄 알아야 할 것이다. 어쩌면 오늘처럼 생태계의 위기가 절박한 상황에서는 화엄의 원리를 무엇보다 사람과 자연의 관계에 적용하는 것이 그 어느 때보다 더욱 절실한 일인지도 모른다. 물론 자연이 당하는 고통을 보는 것뿐 아니라 풀 한 포기 나무 한 그루, 햇빛과 미풍에서 우주 전체를 보고 거기서 창조주의 숨결과 손길을 감지하는 자세, 아니 그것이 그대로 나 자신의 일부임을, 나 자신임을 체감하는 예민성, 이보다 더 중요한 것이 어디 있을까? 우리는 부평초처럼 떠다니는 외톨이가 아니다. 모두가 모두를 감싸 안고 있고 모두가 모두에게 감싸 안겨 있는 이 우주의 장엄함에 감격하는 것 이상 큰 기쁨이 또 있을까?

정토종(淨土宗)

정토종은 정토를 말하고 있는 『정토경(Sukhāvatīvyūha-sūtra)』을 근거로 한 이른바 '정토삼부경'인 『대무량수경(大無量壽經)』, 『관무량수경(觀無量壽經)』, 『아미타경(阿彌陀經)』을 믿음의 근거로 삼는 종파다. 정토 신앙은 연원을 따지면 3세기 중반으로 올라갈 수 있고 4, 5세기 혜원(慧遠, 335~417) 같은 위대한 인물이 지극 정성으로 받들던 신앙 형태이기도 하다.

그러나 종래까지 주로 개인적 수행에 국한되던 정토 신앙을 대중화하여 사회에 널리 전하는 한편, 그런 운동을 기초로 하나의 종파로서의 정토종을 세운 것은 보통 정토종의 초조(初祖)로 여기는 담란(曇鸞, 476~542)의 공헌에 의한 것으로 본다. 이렇게 시작한 정토종은 염불에서 염주 사용을 도입한 도작(道綽, 562~645)과 염불 신앙을 최고로 널리 펼친 선도(善導, 613~681)의 지도력으로 크게 융성했다. 특히 선도는 민중을 위해 『아미타경』과 극락정토를 그린 그림을 널리 보급했다. 정토 신앙이 이처럼 민중 속으로 파고들었기 때문에 중국에서 그 후 9세기에 있었던 극심한 불교 박해에서 다른 종파들은 사라졌지만 정토종은 선불교와 함께 살아남을 수가 있었다.

한국에서도 신라의 원효가 화엄사상만 아니라 정토 신앙을 받아들이고 이를 널리 펴는 데 힘썼다. 일본 불교의 경우 신라 승 혜인(慧印)이 640년 천황 앞에서 처음으로 『정토경』을 강(講)한 이후 정토 신앙이 뿌리내리기 시작해서 정토 사상이 가장 찬란한 꽃을 피웠다고 할 수 있다.22)

정토 신앙의 근거

정토 삼부경의 하나인 『무량수경』에 의하면 옛날 어느 왕이 출가하여 다르마카라(法藏, Dharmakara)라고 하는 비구승이 되었는데, 이 세상에서 고통당하는 이들을 구원하기 위해 우주 서쪽에 서방정토(西方淨土)를 세우고 거기에 주재하는 부처님이 되기로 마음먹었다. 앞에서 '보

---

22) Junjiro Takakusu, 앞의 책, p.168. Kenneth K. Tanaka, "Faith in Wŏnhyo's *Commentary on the Sutra of the Buddha of Immeasurable Life*: The Elevated Role of Faith over Contemplation and Its Implication for the Contribution of Korean Buddhism to the Development of Japanese Pure Land Buddhism" in *Pacific World: Journal of the Institute of Buddhist Studies*, Third Series, No. 6 (Fall 2004), pp.45~56 참조.

살의 길'에 대해 이야기하면서 살펴본 것과 같이, 대승불교에서는 부처님이 되기 위해 보살의 길을 갈 때 반드시 '서원'의 단계를 거쳐야 한다. 다르마카라도 이에 따라 48개의 서원을 했다.23) 이 48서원 중 제18번에 해당하는 서원이 가장 중요한 서원으로 이를 왕서원(王誓願)이라 하는데, 자기가 서방정토 극락(極樂) 세계의 부처님이 되면 누구든 절대적인 믿음과 지극 정성으로 자기를 생각하기만 하면 이들을 모두 그곳에 다시 태어나게 해 주겠다는 약속이었다. 이른바 '부처님을 생각'하는 '염불(念佛)'에 의한 '극락왕생(極樂往生)'이다.

『아미타경』은 아미타불의 이름을 마음에 새기는 것을 강조하고, 『관무량수경』은 아미타불의 모습을 시각화(觀)하는 것을 중요시한다. 이 경들에 의하면, 이 비구승이 정말로 그 긴 보살의 길을 완성해서 결국 정토를 세우고 지금 그것을 관장하는 '아미타 부처님(阿彌陀佛)'이 되었다는 것이다. 산스크리트어로는 Amitābha 혹은 Amitāyus인데, 각각 '무한한 빛', '무한한 목숨'이라는 뜻이기 때문에 한문 번역으로는 無量光, 無量壽라고 한다. 빛은 '지혜'를 상징하고 목숨은 '자비'를 표상하므로 그의 지혜와 자비가 온 우주에 가득함을 뜻한다.

이제 신도들이 할 일은 아미타불이 한 '서원의 힘(願力)'을 믿고 열심히 그를 '마음에 새기든가' 그를 '시각화하는 일'이다. 이런 수행법들이 모두 중요하지만 중국 불교 정토종에서는 특히 그의 이름을 외우는 '칭명염불(稱名念佛)'을 대표적인 염불 수행으로 삼았다.24) 아미타불의

---

23) 한역에는 48개의 서원이지만 산스크리트 원문에는 46개의 서원이 나온다. F. Max Müller, tr., *The Larger Sukhāvatīvyūha-sūtra*, Sacred Books of the East, vol. 49 (New York: Dover Publications, 1969 reprint), pp.73~75.
24) 이 세 가지를 전문용어로 각각 실상염불(實相念佛), 관상염불(觀相念佛), 칭명염불(稱名念佛)이라 한다. 현재 칭명염불이 보통이지만, 칭명을 하면서 실상염불, 관상염불을 함께 하는 것으

이름만 부르면 부처님을 '친견(親見)'하거나 부처님과 하나가 되고, 죽어서는 정토에 다시 태어난다는 믿음이다. "너희가 내 이름으로 구하는 것은, 내가 무엇이든지 다 이루어 주겠다."(요한복음 14:13)는 예수님의 말씀을 믿는 그리스도인의 믿음과 일맥상통하는가?

정토란 어떤 곳인가? 정토는 향내 나는 나무와 연꽃을 비롯하여 여러 종류의 아름다운 꽃들로 가득하고 아름다운 보석으로 장식되었으며 거기 흐르는 강물에서는 향기로운 냄새와 음악처럼 아름다운 소리가 나고 그 물에서 놀 때 물의 덥고 차가움을 마음대로 조절할 수 있고 어디를 가나 부처님의 설법을 들을 수 있고 자비와 기쁨과 인내와 관용과 평화의 가르침을 얻을 수 있으며 원하는 것은 다 이룰 수 있는 곳이다. 가히 이름 그대로 '극락(極樂)'의 땅이라 할 수 있다.

앞에서 나온 보살에 관한 논의에서 이미 언급된 것처럼, 정토에 있는 아미타불은 좌우로 관세음보살(觀世音菩薩, Avalokiteśvara)과 대세지보살(大勢至菩薩, Mahāsthāmaprāpta)을 거느리고 있다. 이를 정토 삼존(三尊)이라고 한다. 그중 특히 관세음보살은 세상에서 괴로움을 당하는 이들의 신음을 들어 주고 도와주겠다고 했기 때문에 아미타불을 부를 때 '나무아미타불 관세음보살'이라 하며 이 보살의 이름을 함께 부르기도 하고, 많은 경우 그냥 '나무 관세음보살'이라 하며 그의 이름만 부르기도 한다.

자력과 타력의 연합

정토종의 가르침 중 많이 논의되는 것 하나는 초조 담란이 말한 '자력

로 이해하고 있다.

(自力)' 불교와 '타력(他力)' 불교의 구분이다. 그는 불교를 이처럼 두 종류로 나누고, 정토종은 물론 아미타불의 원력에 의지하는 불교이므로 이를 '타력' 불교라고 했다. 자력 불교는 자기의 힘을 과신하기 때문에 교만해지고, 이로 인해 자의식이나 자기중심주의를 오히려 더욱 강화할 위험이 있다고 했다.

그는 또 불교를 이행도(易行道)와 난행도(難行道)로 나누고, 정토종은 물론 아미타불의 원력에 힘입어 정토에 이르는 것을 믿기에 이행도에 속한다고 주장했다. 탐(貪)·진(瞋)·치(癡)에 찌든 인간으로서, 특히 말법(末法)시대에 해당하는 이 말세에 살고 있는 우리들이 스스로 깨달음에 이른다는 것은 어려운 길일 수밖에 없는데 비해 정토종은 '무한한 빛', '무한한 생명' 아미타불의 이름만 부르면 그 무한한 빛이 우리의 삶 속으로 들어옴을 경험할 수 있도록 가르치기에 그야말로 쉬운 길이라는 것이다.

그러나 담란 스스로도 경계했듯이 이런 단순한 대칭적 구별은, 대부분의 경우와 마찬가지로, 단지 편리를 위한 것일 뿐 엄격하게 따지면 꼭 맞는 구별이 아니라는 사실을 명심할 필요가 있다. 자력 불교 혹은 난행도라는 선불교에서도 병아리가 계란 속에서 부리로 껍데기를 쪼는 것을 '줄'이라 하고 어미 닭이 밖에서 단단한 부리로 쪼아 껍데기를 깨는 것을 '탁'이라 하여 이 둘이 합쳐서 병아리가 껍데기를 깨고 나오는 것처럼 학생의 깨달음도 오로지 자기 힘만으로 되는 것이 아니라 외부의 도움이 있어야 된다고 생각하는데, 이를 일러 '줄탁동시(啐啄同時)'라고 한다. 한편 정토종에 대해서도 스즈키(D. T. Suzuki)는 '나무아미타불'을 외울 때 '나무'는 자력, '아미타불'은 타력, 따라서 '나무아미

타불'은 '자력과 타력의 연합을 상징하는 것'이지 타력만 이야기하는 것이 아니라고 했다.25)

여기서 알 수 있는 것은 염불을 한다는 것이 우리가 죽어서 우주의 서쪽 어느 끝자락에 있는 아미타불의 정토에 이르도록 해 주는 것일 뿐 아니라 죽기 전 지금 여기서 염불하는 사람의 마음에 그 무한한 빛이 들어오게 함으로 이 티끌 세상의 삶 자체에서 이미 정토를 미리 맛보게 해 준다고 주장한다는 사실이다. 전에도 약간 언급했지만, 궁극적으로 정토 신앙의 깊이에 접한 사람의 경우, 정토(淨土)와 예토(穢土)를 둘로 나누는 이분법을 극복하고 이 세상에서 그대로 정토를 체험한다는 것이다. 이렇게 정토를 맛본 사람은 자연히 다른 중생들에게 더욱 큰 자비와 겸손과 부드러움을 보이게 된다. 다음 삶을 기다릴 것 없이 이 세상에서 이미 거침이 없는 자유와 역동적 생명력을 맛보면서 사는 삶이 가능해진다는 뜻이기도 하다.

흥미로운 것은 이와 아주 비슷한 종교적 수행이 그리스도교 전통에도 있다는 것이다. 동유럽과 러시아에 퍼져 있는 동방정교에서 헤시캐즘(hesychasm)이라는 전통으로 내려오던 '예수의 기도(Jesus' Prayer)'가 그것이다. 바울이 데살로니가 교회에 보낸 편지에 "쉬지 말고 기도하라"는 말을 했는데, 동방 교회에서는 그것을 "주 예수 그리스도, 제게 자비를 베푸소서." 하는 기도를 쉬지 말고 하는 것으로 받아들였다. 이 기도를 하루 3천 번씩 외우다가 6천 번, 만 2천 번으로 늘리면 그 후에는 깨어 있든지 잠을 자든지 그 기도가 속에서 저절로 나오는 경험을 하게 된다. 어느 무명의 러시아 순례자가 쓴 것으로 되어 있는

---

25) 그의 *Shin Buddhism* (New York: Harper & Row, 1970), p.20.

『예수의 기도』라는 책에 보면 그 순례자는 예수의 기도를 실천하면서 기쁨과 평안을 체험하고, 천국에서인들 어찌 이보다 더 행복할 수 있는가 고백한다. 땅에 걸어다니는 것이 아니라 신나게 공중을 떠다니는 것 같은 느낌을 받고 또 그가 만나는 사람, 그가 대하는 짐승, 풀 한 포기, 나무 한 그루와 일체감을 느끼며 이 모두가 사랑스럽게 보이게 되었다고 한다.26)

믿음, 정토종의 궁극 목표

한 가지 주의할 것은 적어도 불교의 기본 가르침으로 볼 때 극락왕생이 인간으로서 도달할 수 있는 최후 목표가 아니라는 사실이다. 불교에서는 궁극 목표가 열반에 들어 존재 자체가 소멸되는 것이라 본다. 앞에서도 잠깐 언급했지만, 정토에서 산다는 것은 아직도 존재를 가지고 있다는 뜻이기에 아직 열반에 이른 것이 아니므로 정토의 삶 자체가 최종 종착지가 될 수는 없다. 정토는 모든 조건이 좋아 조만간 열반에 이르는 것이 보장된 상태이긴 하지만 아직 열반이나 해탈이라는 최종 목표에 이른 것은 아니다. 그럼에도 불구하고 실질적으로 일반 정토종 신도 대부분이, 그리스도인이 천국에 가는 것을 최종 목표로 삼듯, 극락왕생 자체를 궁극 목표로 여기는 것이 역사적 현실이다.

한국에는 개별적인 종파들이 '통불교'로 종합되었기 때문에 정토종이라는 독립된 종파는 따로 없다. 그러나 불자라면 누구든 모두 아미타불을 염불한다. 또 선 체험을 강조하는 불자가 염불을 하는 경우, 염불을 방편으로 삼아 정신을 집중하고 거기 따라 특수한 의식 상태에

---

26) 오강남 엮어 옮김, 『예수의 기도』(대한기독교서회, 2003) 참조.

몰입하게 되기도 하는데, 이런 것을 '염불선'이라 한다. 결국 염불과 선이 종합되어 새로운 형태로 나타난 현상이라 볼 수 있다.

일본의 경우 불교 신도의 절대 다수가 정토종에 속한다. 그중에서도 일본 불교의 마틴 루터(Martin Luther)로 알려진 신란(親鸞, 1173~1262)에 의해 개혁된 조도신슈(淨土眞宗)가 가장 우세하다. 신란은 처음 천태종의 가르침에 따라 열심히 수행했지만 도저히 깨달음에 이르지 못함을 안타깝게 생각하고 결국 '이행도'인 정토 신앙을 받아들였다. 그는 자신의 체험을 통해, 정열로 불타고 있는 타락한 인간으로서는 염불 자체도 실행하기 힘들다고 보고 인간이 할 수 있는 것은 오로지 아미타불의 원력에 절대적으로 의탁하는 절대 신앙뿐임을 강조했다. 우리가 갖는 믿음 자체도 공덕으로나 정토에 이르기 위한 조건으로 생각하면 안 된다고 했다. 정토에 이르는 것은 철두철미하게 아미타불에 의해 주어지는 은혜일 뿐이라는 것이다. "선한 사람도 왕생하는데, 하물며 악한 사람이랴"는 말로 인간이 죄가 많을수록 은혜가 많다고 보기도 했다. 죄가 많으면 그만큼 아미타불의 자비를 더욱 믿게 되고, 따라서 더욱 큰 은혜를 받을 수 있기 때문이라는 것이다.27)

그는 마틴 루터처럼 일본에서 최초로 승려의 결혼을 실천하고 다른 이들에게 권장한 사람이기도 하다. 이 종파는 일본 이민자들과 함께 하와이에도 들어오고, 2차 대전 이후 미국과 캐나다 서해안 일본 사람들이 사는 곳에 퍼지면서 이름도 '미국 불교 교회(Buddhist Churches of America)'로 바꾸고 일요일 모임 형식도 찬송이나 설교 등 그리스도교

---

27) 신란에 관한 책으로 길희성, 『일본의 정토사상』(민음사, 1999)과 그의 *Understanding Shinran: a Dialogical Approach* (Fremont, CA: Asian Humanities Press, 1995), 그리고 Dennis Hirota, *The Collected Works of Shinran*, 2 vols. (Kyoto: Shin Buddhism Translation Series, 1997) 참조.

형식을 많이 채택했다.

이처럼 정토종이 '믿음만'을 강조하고 있다는 사실은 그리스도교 종교 개혁자 마틴 루터가 가르친 '믿음으로만(sola fide)'을 연상하게 한다. 루터도 교회에서 '면죄부(indulgences)'를 사는 행동을 통해 부모나 친척을 지옥에서 연옥으로 옮길 수 있다고 하는 등 '행위'를 강조하는 교회의 가르침에 정면으로 반대하고, 의인은 오로지 '믿음으로만' 살리라는 이른바 '이신칭의(以信稱義, justification by faith)'를 자기가 이끈 종교개혁의 기본 원리로 삼았다. 정토 신앙은 이처럼 그리스도교, 특히 개신교 신앙과 상응하는 부분이 많다. 16세기 일본으로 간 예수회 선교사 자비에르(Fransis Xavier)는 일본에서 정토종을 대하고 마틴 루터가 자기보다 먼저 일본을 다녀간 것인가 생각할 정도였다.

선종(禪宗)

'선(禪)'이란 말은 산스크리트어 '디아나(dhyāna)'를 중국 음 '선나(禪那)'로 표기한 후, 여기서 '나'가 생략되고 '선'만 남아 생긴 것이다. '디아나'는 '명상'이라는 뜻이다. 그 이름이 산스크리트어에서 나오고 그 뿌리도 불교인 것만은 사실이지만 선불교는 엄격한 의미에서 인도 불교를 아버지로 하고 중국 도가(道家) 사상을 어머니로 하여 새로이 태어난 가장 중국적인 '중국 불교'라 할 수 있다.

선불교는 이런 의미에서 '동아시아 불교의 꽃'이라 해도 손색이 없을 정도로 불교와 동양 정신의 정수를 모은 것이라 볼 수 있다. 지금 서양에서도 '불교'라고 하면 실제적으로 거의 '선불교'를 의미한다고 볼 수 있을 정도로 불교 종파 중에서 가장 인기가 높다.28) 물론 최근에 와서는 달라이 라마의 영향으로 티베트 불교가 선불교에 버금갈 정도로 많은 주목을 받고, '비파사나'라는 동남아시아 명상법이 많이 퍼져 있는 것도 사실이지만, 아직도 선불교의 영향이 지대하다는 데 의견을 달리할 사람은 별로 없다.

선불교를 서양에 소개한 스즈키 다이세쯔(鈴木大拙)가 선불교 용어를 일본식 발음으로 표기했기 때문에 서양에서는 현재 선불교 용어를 주로 일본식 발음으로 표기하고 있다. 그래서 '선(禪)'을 'Zen'이라 하고, '공안(公案)'을 'koan'이라 한다. 한때 "서양 사람들을 두 부류로 나누는데 한 부류는 스즈키를 읽은 사람, 다른 한 부류는 읽지 않은 사람"이라는 농담이 나올 정도로 선불교가 서양에 알려진 것은 서양 정신사에 하나의 중요한 사건이었다.

독일 철학의 거장 하이데거(Martin Heidegger, 1889~1976)는 스즈키의 책을 보면서, "내가 그를 정확하게 이해했다면 그는 내가 지금까지 하려 했던 말을 그대로 하고 있다."는 말을 했다고 한다. 어느 역사가는 스즈키가 쓴 선에 관한 책의 출판은 서양 정신사에서 플라톤이나 아리스토텔레스의 저작이 라틴어로 번역되어 나온 것에 버금갈 만큼 중요한 의미를 지닌 사건이라고까지 했다. 지금 서양의 웬만한 도시에는 어디나 Zen Center가 있어서 서양 사람들이 참선에 열중하는 모습을 볼 수 있다.29)

한국에서도 일반 불자들 사이에서 정토 신앙이 우세한 것처럼 보이

---

28) Duncan Ryuken Williams and Christopher S. Queen, eds., *American Buddhism: Methods and Findings in Recent Scholarship* (Surrey: Curzon Press, 1999), p.247.
29) 서양에서의 불교 현황에 대해서는 나중 별도로 취급한다.

기는 하지만, 전통적으로 선불교가 한국 불교의 주종을 이룬다. 특히 한국 불교에서는 고려 이후 여러 종파를 통합하여 선(禪)과 교(敎)로 나누고, 이 둘 중에서도 '선을 주로 하고 교를 종으로 함(禪主敎從)'이나 '교를 두고 선에 들어감(捨敎入禪)'이라 하여, 어디까지나 선을 교보다 우위에 놓을 뿐 아니라, 결국 교는 선을 위한 준비 단계로 보았다. 한국의 일반 대중 불자가 한국 불교의 이런 선불교적 기풍을 얼마나 이해하고 실천하는가 하는 것은 별개의 문제라 하지 않을 수 없지만, 기본적으로 한국 불교는 선불교라 해도 과언이 아니다. 한국 불교의 가장 큰 종단인 조계종이 지눌 스님을 창시자로 모시는데, 지눌 스님이 선사(禪師)였다는 것도 결코 우연이 아니다.[30] 현재 조계종에서는 매년 1,800여 명의 선 수행자들이 90여 개의 선원에서 각각 3개월씩 계속되는 동안거(冬安居)와 하안거(夏安居)에 참여하여 참선 수행을 하고 있다. 이상 몇 가지 점을 감안하여 선불교에 대해서는 다른 종파보다 좀더 자세히 설명하려 한다.

---

30) 선사로서의 지눌에 대한 연구로 Robert E., Jr. Buswell, *Tracing Back the Radiance: Chinul's Korean Way of Zen* (Honolulu: University of Hawaii Press, 1991), 심재룡, 『지눌연구 - 보조선과 한국불교』(서울대학교출판부, 2004), 길희성, 『지눌의 선사상』(소나무, 2001) 등 참조.

선종의 발전

여기서 한 가지를 분명히 할 필요가 있다. 지금껏 살펴본 것과 마찬가지로 불교 전통은 모두 선(명상)을 강조한다. 부처님이 부처님 된 것이 선(명상)을 통한 것이고, 또 모든 불자가 부처님처럼 되려 한다는 점에서 선은 불교의 보편적이고 핵심적인 수행 방법이라 할 수 있다. 그래서 천태선이니, 염불선이니 하는 말이 성립된다. 그러나 여기서 '선종(禪宗)'이라 하는 것은 이런 보편적 명상 수행 일반을 의미하는 것이 아니라 천태종, 화엄종과 같이 하나의 독립적 학파를 형성하고 나름대로 특수한 전통을 수립한 종파와 그 종파의 가르침을 뜻한다.

종파 혹은 학파로서의 선종은 이렇게 보편적인 선적 실천을 여러 가지로 분류하고, 물론 자기들이 가르치는 선풍을 가장 훌륭한 것이라 주장한다. 선종의 주장에 따르면 전통적으로 선에는 다섯 가지가 있다고 한다.

첫째, 외도선(外道禪)은 불교 전통과 관계없이 일반인이 하는 명상 수행을 뜻한다. 선불교의 주장에 의하면 이는 '유루공덕(有漏功德)', 곧 번뇌를 벗어나지 못한 선이다. 번뇌를 벗어나지 못하는 것은 선을 하면서도 아직 '나'라고 하는 의식을 중심으로 하기 때문이라 한다. 뭔가 얻고 싶은 목적을 가지고 수행한다는 뜻에서 아직 집착을 버리지 못한 상태다.

둘째, 범부선(凡夫禪)은 불자 중에서 초보에 속하는 '범부'들이 수행하는 선이다. 어떤 일을 하면서 거기에 집중한다는 뜻에서 집중 명상이라 할 수 있다. 다도, 활쏘기, 서예 등을 통해서 집중하며 자기를 잊는 명상법이다. 아직도 '나'를 완전히 없애지는 못한 상태라 볼 수 있다.

셋째, 소승선(小乘禪)은 '내가 없음(我空)'을 이해한 이들이 계속해서 하는 선이다. 요즘 서양에서나 한국에서 많이 하는 비파사나(Vipassanā) 관법이 여기에 속한다 할 수 있다. 이런 명상법을 통해 얻게 되는 상태는 열반, 곧 '욕심의 불길이 꺼져 버림'이다.

넷째, 대승선(大乘禪)은 '내가 없음(我空)' 뿐 아니라 '사물이 없음(法空)'을 본 이들이 닦는 선이다. 보살선, 오문(五門)선, 염불선 등 대승 일반에서 행하는 선이다. 대승에서 가르치는 진리에 대한 통찰을 얻게 된다.

다섯째, 최상승선(最上乘禪)은 여래청정선 혹은 여래선, 일행삼매, 진여삼매라고 하고 달마가 인도에서 중국으로 와 직접 전한 특별한 선법이라 하여 조사선(祖師禪)이라 하기도 한다. 그러나 나중에 가서 이를 다시 셋으로 세분하여, '색즉시공'의 이치를 깨달아 아는 의리(義理)선, '무색무공'이라는 없음을 깨닫는 여래선, 그리고 '색즉시공'을 깨닫고 일체를 긍정하며 이를 실행에 옮기는 조사선으로 분류했다. 이 셋 사이의 우열은 물론 없는 것으로 여긴다. 모두 '무루공덕,' 곧 번뇌를

완전히 벗어난 상태를 얻는 것이다.31)

선종의 계승

종파로서의 선종에서는 물론 선의 전통이 바로 부처님에게서 시작하여 중국에 전해진 것이라고 주장한다. 전설에 의하면, 부처님이 한 번은 영취산(靈鷲山, 독수리산)에서 설법을 하는데 아무 말도 하지 않고 조용히 연꽃 한 송이를 들어 청중에게 보였다. 청중 중에서 오로지 마하카샤파(摩訶迦葉, Mahākāśyapa)만이 그 뜻을 깨닫고 얼굴에 웃음을 띠었다. 부처님은 그 꽃을 그에게 주면서, "이것으로 '올바른 진리의 눈(正法眼藏)'을 그대에게 맡기노라."고 했다. 이것이 이른바 염화시중(拈華示衆) 혹은 염화미소(拈華微笑)라는 고사성어의 근원이다.

이렇게 '말없는 가르침'으로서의 선이 시작되어 계속 내려오다가 제28대조로 보디다르마(菩提達磨, Bodhidharma, 약 470~534)32)라는 사람이 나타났다. 그는 인도 남쪽 어느 왕국의 셋째 왕자였는데, 자기 스승의 명을 받들고 인도를 떠나 중국을 향해 동쪽으로 왔다. 중국에서는 그의 이름을 줄여 보통 '달마(達磨)'라고 불렀다. 여기서 "달마가 서쪽에서 온 까닭은?(如何是祖師西來意)"이라는 화두가 생겼다.

---

31) 자세한 설명은 숭산 스님, 현각 엮음, 허문명 옮김,『선의 나침반』(열림원, 2001) 제2권, 34~60쪽 참조.

32) 이런 식으로 선의 전통이 이어져 온 전설적 내력을 알아보기 위해서는 Sohaku Ogata, tr., *The Transmission of Lamp: Early Masters Compiled by Tao Yuan, a Chinese Monk of the Sung Dynasty* (Wolfeboro, NH: Longwood Academy, 1990)와 Thomas Cleary, tr., *Transmission of Light: Zen in the Art of Enlightenment by Zen Master Keizan* (San Francisco: North Point Press, 1990) 등을 참조할 것.

중국 선종의 초조 달마

선종이 인도에서 시작되었다는 것은 중국 선종에 속한 사람들이 그 근원을 부처님에게 두려는 염원 내지 희망사항의 표현으로 이해해야 한다. 중국 선종에서 가르치는 대로의 선은 어디까지나 순수한 중국산이라 보는 것이 학자들의 일반적 견해다. 아무튼 달마에 관한 이야기를 역사적 사실이라 가정한다면, 달마가 중국 광동(廣東) 땅에 발을 디딘 것이 대략 520년경이라 추산할 수 있다. 그때는 이미 중국에 불교가 화려한 꽃을 피우고 있었다. 특히 양나라 무제(武帝)는 중국의 아쇼카 왕이라고 할 정도로 불교 발전에 지대한 공헌을 한 임금이었다. 달마는 지금의 남경(南京)에서 무제를 만났다. 무제는 달마 대사에게 물었다.

"짐은 왕위에 오른 이후 절을 많이 짓고, 불상도 많이 세우고, 불경도 많이 필사하고, 스님들도 많이 도왔는데, 이런 일에 어떤 공덕이 있겠소?"

달마는 "무공덕!"이라는 말 한마디로 그의 말을 일축하고 말았다. '쓸데없는 짓'이라는 것이다.

"불법을 위해 모든 일을 다 했는데, 왜 헛일이라는 것이오?" 무제가 놀라면서 다시 물었다.

"이런 것들은 열등한 행위에 불과합니다. 이런 행위는 그것을 행하는 사람들을 천상이나 지상에 태어나게 해 주는 하찮은 일로서, 아직도 유루(有漏)를 벗지 못한 것, 마치 형체에 따라다니는 그림자와 같습니다. 이런 것들은 실재하는 것처럼 보이나 실상은 존재하는 것이 아닙니다."[33]

"그러면 참으로 공덕이 있는 행위란 무엇이란 말이오?"

"그것은 순결한 지혜로 가득하고 신비롭고 완전한 것으로서 그 실상은 공적(空寂)한 것입니다. 이런 공덕은 세상의 여러 가지 업적으로 얻을 수 있는 것이 결코 아닙니다."

그러자 무제는 달마를 향해 물었다.

"그러면 거룩한 진리(聖諦)의 으뜸가는 뜻(一義)이 무엇인고?"

"그것은 넓고 텅 빈 것으로 그 속에는 거룩이고 뭐고 할 것이 없습니다.(廓然無聖)"

"그렇다면 지금 짐 앞에 있는 이는 누구인가?"

"저도 모르겠습니다."

여기 마지막 대답은 '불식(不識)'이다. 보통 이것을 "저도 모르겠습니다."로 풀지만, 문법적으로는 "폐하께서는 알 수 없는 일입니다", "누구도 알 수 없는 문제입니다"로 풀어도 된다. 만약 그렇게 푼다면, '이런 어려운 형이상학적 문제는 논의의 대상이 될 수 없는 법, 어찌 폐하의 질문에 대답할 수 있으리오.' 하는 뜻이 내포된 셈이다. 말을 넘어서는 진리를 어찌 말로 할 수 있는가? 빌라도가 예수님을 향해 "진리가 무엇인가?" 하고 물었을 때 예수님도 진리를 어찌 함부로 말로 할 수 있으리오 하는 식으로 빌라도의 질문을 외면했다. 빌라도의 그 엄청난 질문이 『예수가 외면한 그 한가지 질문』이었듯이 무제의 이 질문도 '달마가 외면한 그 한 가지 질문'이었던 셈이 아닌가!

아무튼 이런 만남이 역사적 사실인지 아닌지 모르지만, 이 이야기는

---

33) '유루공덕'이란 완전한 해탈이 아니라 아직도 자기 자신의 세속적 이익을 위해 '자기' 중심적으로 공덕을 쌓으려는 것을 의미한다. 위에서 말한 '외도선'에 해당되는 것에 지나지 않는다고 본 것이다.

무제가 가지고 있던 선행(善行) 중심주의적 혹은 율법주의적 종교관에서 탈피하여 어디까지나 깨달음을 중요시하라는 선불교의 기본 태도를 강조하기 위한 것이라 볼 수 있다. 선불교에 의하면 이런 겉치레나 행사 중심으로서의 종교는 진정한 의미의 종교일 수가 없다는 뜻이다.

그 길로 달마는 양자강을 건너가, 지금 중국 무술과 관계되어 서양 사람들에게도 잘 알려져 있는 숭산(嵩山) 소림사(少林寺)로 들어가 암벽을 마주 보고 앉아 9년간 참선에만 정진했다. 사람들은 그를 두고 '벽관 바라문(壁觀 婆羅門)'이라 부르고, 그가 실행한 참선 방법을 '면벽(面壁)' 참선이라 했다.

달마는 한 번도 눕지를 않았다. 잠이 오는 것을 막기 위해 눈꺼풀을 뜯어 던졌는데, 눈꺼풀이 떨어진 곳에서 풀이 나와 지금의 차(茶)가 되었다는 전설도 있다. 아마 그때 중국 사람들이 자기들의 눈과 비교하여 인도 사람 달마의 그 큰 눈을 보고 눈꺼풀이 없는 것으로 착각한 데서 이런 이야기가 나오지 않았나 하는 생각도 든다. 아무튼 달마는 앉아서 참선만 하느라 팔다리가 말라 버리고 몸통만 남았다. 이 이야기를 바탕으로 일본에서 만드는 '다루마'라는 인형은 팔다리가 없고 넘어뜨려도 언제나 다시 앉기만 하는 오뚝이 모양을 하고 있다.

곁이야기 여섯.

달마 대사와 바울 선생

R형, 종교가 우리에게 무슨 의미가 있는 것일까요? 티베트의 종교 지도자 달라이 라마는 종교의 두 가지 중요한 기능으로 우리들의 마음을 부드럽고 착하게 하는 것과 우리들이 어려움에 처했을 때 그것을 이기고 설 수

있는 힘을 주는 것이라고 한 적이 있습니다. 저도 그 말에 동감입니다. 종교가 일차적으로 수행해야 할 일은 우리들의 마음을 변화시켜 우리들이 부드럽고 사랑스러운 사람이 되어 다른 사람들과 부드럽고 사랑스러운 인간관계를 맺도록 하는 일이 아닐까 생각합니다.

우리가 종교를 가졌다고 하면서도 아무 변화가 없다거나 종교를 가졌다고 해서 오히려 더욱 목이 뻣뻣해지고 저돌적이 되어 쓸데없이 주위에서 더욱 말썽과 분란을 일으키는 요인이 된다면 그 종교는 뭔가 잘못된 것이 아닌가 의심해 보지 않을 수 없습니다. 그 종교가 아무리 외형적으로 화려하고 남의 눈에 뜨이는 일들을 많이 하고 교인이나 신도를 많이 거느리고 있다 하더라도, 엄격히 종교적인 관점에서 본다면, 좀 심하게 들리는 말이겠지만, 그것은 결국 '헛일'에 지나지 않는다는 생각이 듭니다. 이런 말을 하고 있으니 달마 대사의 이야기가 생각납니다. 달마 대사는 저의 이런 말을 너무 심하다고 생각하지 않을 분 같기 때문입니다.

R형, '보디다르마'라는 이름을 들어보신 적이 있으시지요. 중국에 선법(禪法)을 전한 인도 사람으로 중국, 한국, 일본에서는 이 이름을 줄여서 '달마(達磨)' 대사라고 합니다. 중국 사람들이 믿기로는 그가 인도 선종 전통에서 28대조인데, 인도에 희망이 없다 생각하고 중국으로 건너와 중국 선종의 초조(初祖)가 되었다는 것입니다.

달마 대사는 중국에서 처음으로 양나라 무제를 만나게 되었습니다. 무제는 불심이 강한 사람으로 그동안 불교의 중흥을 위해 여러 가지 훌륭한 일을 많이 해 왔습니다. 그는 달마 대사를 보자 이제 자기의 공적을 이해해 줄 줄 아는 분이 나타났다고 생각하고 기뻤던 모양입니다. 그래서 그는 달마 대사에게 자신은 일생 동안 사찰을 건립하는 등의 일을 했다며 "그 공덕이 어떠하오?" 하고 물었습니다. 그러자 달마 대사는 한마디로 '무공덕(無功德)!'이라 했다는 것입니다. '헛일'이라는 것이지요.

달마 대사는 아마도 요즘 말로 해서 외교술이 좀 부족했던 모양입니다. 인도 사람들은 대체로 외교술 같은 데는 무신경이었는지도 모르겠습니다. 조금만 외교적 수완이 있었더라도, "폐하, 그동안 참으로 훌륭한 일을 많이 하셨습니다. 그러나 그것만 가지고는 부족한 것 같습니다. 더욱 중요한 것을 잊지 마시기 부탁드립니다." 정도로 말할 수 있었을 터인데, 그러지 못하고 면전에서 다짜고짜로 '별 볼일 없소' 했다는 것입니다.

하기야 그렇게 뚝 잘라서 대답하는 것이 더욱 선적(禪的)인지도 모르겠습니다. 선에서는 외적 종교 행사나 사업이 아무리 화려해도 내적으로 영안이 열려 진리를 통찰하는 영적 체험을 망각하면 그런 종교 행사나 사업은 그 자체로서 무의미하다고 봅니다. 아무튼 이런 단도직입적 대답으로 무제는 그만 풀이 죽어 시무룩하게 되고 그 만남은 그걸로 끝나 버리고 말았습니다. 달마 대사는 그 길로 양자강을 건너 북쪽 숭산 소림사에 가서 면벽(面壁) 9년 참선에 정진했습니다.

이런 이야기를 하고 있으니까 요즘 한국이나 이민 교회에서 성공했다는 대형 교회 목사님들이나 텔레비전 전도자들이 바울 선생에게 무제의 질문과 비슷한 질문을 했다면 바울 선생은 무엇이라 대답했을까 궁금해집니다.

"바울 선생님, 선생님의 선교 정신을 잘 알고 있습니다. 저도 선생님의 그 열렬한 선교 정신을 본받아 그동안 교인 30명이 모이던 교회에서 시작하여 3천 명이 모이는 교회로 '성장'시켰고, 교회 건물도 유리와 벽돌로 으리으리하게 지었을 뿐 아니라 여러 곳에 지교회도 설립했고, 전국 각처에 순회 설교를 다니고, 텔레비전과 라디오로 복음을 전하고, 수많은 자금을 들여 선교사들을 파송하고, 성서 보급에 앞장서서 지방과 중국, 북한에 성서도 보내고……. 감히 바울 선생님, 선생님이 보시기에 부끄럽지 않은 일을 했다고 자부할 수 있지 않겠습니까?"

바울 선생도 좀 외교술이 있다면, "목사님, 참 훌륭한 일을 많이 하셨습니다. 그런 면에서는 비행기도, 텔레비전도 없던 시대에 원시적으로 걸어 다니며 선교하던 저보다 훨씬 더 큰 업적을 남기셨습니다. 그러나 그런 외적인 것만 가지고는……." 하는 말로 말문을 열 수도 있을 것입니다. 그런데 바울 선생도 그렇게 외교적이지는 못했던 모양입니다. 그도 다짜고짜로 말했습니다.

"우리 주 예수 그리스도의 십자가 외에는 결코 자랑할 것이 없습니다.

> 그런 통계 숫자, 종교 행사, 심지어 종교생활에서 생명처럼 여겨지는 '할례나 무할례'마저 아무것도 아닙니다. 오로지 새로운 존재가 되는 것, 이것이 문제입니다."(갈라디아서 6:14~15 참조)
> 양 무제처럼 시무룩해져서 바울 선생을 못마땅하게 여길 목사님들의 모습이 눈에 보이는 듯합니다. 바울 선생도 이런 목사님들과는 번지수가 다르다고 생각하고 한강을 건너 북쪽 어디론가 훨훨 길을 떠나 버리는 것이 아닐까요?
> R형, 달라이 라마의 말을 한 번만 더 인용합시다. 사람들에게 부드러운 친절과 자비심을 베푸는 것이 그대로 자기의 종교라는 것을 그는 다음과 같이 말했습니다. "이것이 나의 소박한 종교입니다. 복잡한 철학들이나, 절간, 교회, 성당 같은 것이 필요 없습니다. 우리 자신의 머리, 우리 자신의 심장이 곧 절간이요 교회요 성당입니다. 철학은 곧 친절입니다."

제2조 혜가

달마를 중국 선의 초조(初祖)로 하고 그 뒤를 이어 혜가(慧可, 487~593)가 등장한다. 혜가는 본래 유학자였으나 불교에 들어와 신광(神光)이라는 이름의 스님이 되었다. 40세가 된 신광은 달마의 위대함을 전해 듣고 그의 가르침을 받기 위해 그를 찾았다. 그러나 달마는 전혀 본 척도 하지 않았다. 신광은 진리를 깨달으려면 이 정도의 난관쯤은 극복해야 한다고 생각하고 참았다. 눈이 많이 오는 어느 날 저녁, 신광이 달마가 좌선하는 석굴 밖에 서서 기다리는데, 새벽녘이 되자 눈이 무릎까지 찼다. 이를 불쌍히 여긴 달마가 드디어 그를 보고 물었다.

"내가 그대를 위해 무엇을 할 수 있다는 것이오."

신광은 눈물을 흘리면서 말했다.

"귀한 가르침을 받으러 여기까지 왔사오니 부디 자비로 진리의 문을 여시고 이 불쌍한 중생에게 구원의 손길을 펴소서."

"무상의 대도(大道)는 오래고 힘든 훈련과 지극히 참기 힘든 일을 참고 지극히 수행하기 어려운 수행을 행함으로만 얻을 수 있는 것인데, 어찌 그대같이 천박한 덕, 가벼운 지혜로 이런 진리의 가르침을 얻으려 하는고. 쓸데없는 헛수고에 그칠 것이니."

이에 신광은 자기의 뜻이 진지함을 보이기 위해 몸에 지니고 있던 칼을 꺼내 자기의 왼팔을 끊어 달마에게 바쳤다. 이른바 '단비구법(斷臂求法)'이라는 것이다. 달마는 이제야 그에게 지극한 구도의 정성이 있음을 보고 '신광'이라는 이름을 '혜가'로 바꾸라고 했다. 혜가는 이에 용기를 얻어 물었다.

"부처님들의 진리를 들을 수 있을까요?"

"부처님들의 진리란 다른 사람을 통해 얻을 수 있는 것이 아니지."

혜가는 다시 물었다.

"저는 아직 '마음의 평화(安心)'를 얻을 수 없습니다. 어찌하면 마음의 평화를 얻을 수 있겠습니까?"

"마음에 평화가 없다고 하니 평화롭지 않다는 그 마음을 이리 가져와 보시지. 그러면 내가 그것을 평화롭게 할 터이니."

"제가 마음을 오랫동안 찾았지만 아직 그 마음을 찾지 못했습니다."

이에 달마가 외쳤다.

"그렇다면 이제 내가 그대의 마음을 평화롭게 한 것이로고."

이에 혜가는 활연대오(豁然大悟)했다. 마음이란 것이 따로 있는 무엇이 아님을 깨달은 것이다.

달마는 혜가에게 『능가경』을 전해 주었다고 한다. 물론 이런 이야기가 역사적 사실이라 보기는 힘들다. 그 당시 군인이 아니면 칼을 가지고 다닐 수 없었고, 무엇보다 유교적 전통에서 자라난 혜가가 '신체발부 수지부모 불감훼손'이라는 효(孝)의 기본을 무시하고 팔을 잘랐다고 하는 것도 모순일 수밖에 없다. 그러나 이런 이야기에서 중요한 것은 역사적 사실 자체가 아니라 이런 이야기를 통해 전해 주려는 메시지다. 이른바 전해 주려는 '메시지(message)'와 그것을 옮기는 수단으로서의 '미디어(media)'를 구별하라는 것이다. 미디어로 무슨 수단을 어떻게 썼든 그것이 전달해 주려는 기본 메시지를 간취하는 것이 중요한 것이다. 특히 『능가경』을 전해 주었다고 하는 사실은 그 경의 중심 사상이 '마음만(唯心, cittamatra)'이라고 하는 사실을 감안할 때 그 사상이 선의 전통에서 얼마나 중요한 위치를 차지하는지를 말해 주는 것이라 해석할 수 있다.

달마가 소림사에 머문 지 9년이 지나 이제 떠날 때가 되었다고 생각했다. 팔다리도 없어졌다는데 어떻게 떠날 생각을 했는지는 모르지만, 아무튼 그는 제자들을 불러 각자 그동안 깨달은 바가 무엇인지 말해 보라고 했다.

한 제자가 나서서 말했다.

"진리란 긍정과 부정을 넘어서는 경지라는 것을 깨달았습니다."

달마는 그를 보고 말했다.

"너는 나의 살갗을 얻었구나."

다음 제자가 나와서 말했다.

"저는 아난다가 아촉불의 불국을 본 것과 같다고 생각합니다. 한

번 보이고 나서 다시는 보이지 않는 것입니다."

이에 달마는 그를 보고 말했다.

"너는 나의 살을 얻었구나."

그 다음 제자가 나와서 말했다.

"저는 사대(四大)가 비었고 오온(五蘊)이 그 실체가 없음을 깨달았습니다. 정말로 존재한다고 할 수 있는 것은 아무것도 없습니다."

달마는 그를 보고 말했다.

"너는 나의 뼈를 얻었구나."

드디어 혜가가 나왔다. 그는 스승에게 경건하게 절을 올린 다음, 가만히 서 있을 뿐 아무 말도 하지 않았다. 이에 달마가 그를 보고 말했다.

"너는 나의 골수를 얻었구나."

이것은 가르침에 대한 이해가 점점 깊어져야 함을 말하고 있다. 물론 마지막 혜가의 태도는 앞에서 언급한 것처럼 『유마경』에서 유마거사가 '불이(不二)'에 대해 웅변적 침묵을 지켰다는 것과 궤를 같이하는 이야기다. 사실 이런 태도는 불교에만 있는 것이 아니다. 『장자』에 보면 설결(齧缺, 이 빠진 이)이라는 사람이 왕예(王倪)라는 사람에게 무슨 질문을 네 번씩 했는데, 왕예는 네 번 다 모른다고 했다. 이에 설결은 껑충껑충 뛰면서 기뻐했다. 왕예가 아무 말도 하지 않은 것은, 정말로 진리를 깨달은 사람은 그것이 말로 표현할 수 없는 것임을 절감하고 침묵을 지킬 뿐이라는 사실을 몸으로 보여 준 것이라 할 수 있다.[34]

---

[34] 오강남 풀이, 『장자』, 322~325쪽. 초기 그리스도교에서도 성경을 이해할 때 육적(physical) 차원, 심리적(psychic) 차원, 영적(pneumatic, spiritual) 차원, 신적(divine) 차원에 따라 이해해야 함을 강조했다. Richard Smoley, *Inner Christianity: A Guide to the Esoteric Tradition* (Boston: Shambala, 2002), pp.19~20.

『도덕경』에도 "아는 사람은 말하지 않고, 말하는 사람은 알지 못한다.(知者不言 言者不知)"고 했다.(제56장) 이 이야기는 선의 전통도 이런 '불언지교(不言之敎)'라고 하는 신비주의 일반의 보편적 특색을 가지고 있음을 말해 주는 대목인 셈이다.

제6조 혜능

제2대 혜가를 지나 제3대 승찬(僧璨, ?~606), 제4대 도신(道信, 580~651)을 거쳐 제5대 홍인(弘忍, 602~675)에 이르렀다. 승찬, 도신, 홍인에 대해서도 위와 비슷한 이야기들이 있지만 여기서는 생략한다.

홍인에게는 신수(神秀, 605~706)와 혜능(慧能, 638~713)이라는 두 뛰어난 제자가 있었는데, 일반적으로 각각 북종선(北宗禪)과 남종선(南宗禪)의 초조가 되었다고 전해지고 있다. 남종선은 돈오(頓悟, sudden awakening)를 강조하므로 '돈오선'이라고도 하는데, 역사적으로 이것이 동아시아 선의 주종을 이루었다.35) 글도 읽을 줄 모르던 혜능이 절간 부엌에서 쌀이나 찧고 있다가 어떻게 제6조가 되었는가 하는 이야기와 그의 가르침의 내용은 혜능의 제자가 쓴 그 유명한 『육조단경(六祖壇經)』36)이라는 책에 잘 나와 있다.

『육조단경』에 의하면, 혜능은 어릴 때 아버지를 잃고 어머니를 봉양

---

35) 한국 불교에서는 깨침이 '갑작스럽게' 오는 것을 '몰록' 오는 것이라 한다.
36) 『육조단경』에는 현재 크게 다섯 가지 다른 판본이 있다. 영어 번역도 몇 가지가 있다. 법성 해의 『육조법보단경해의』(큰수레, 1995), 486쪽 참조할 것. 보통 '경'이라고 하면 부처님이 직접 하신 말씀을 일컫는데, 예외적으로 혜능의 말을 '경'이라고 했다고 하는 것은 그가 선불교 전통에서 어떤 위치를 점하는가 보여 주고 있는 셈이다. 여기 이야기는 법성 해의와 '돈황본'을 대조하며 필자 나름대로 요약한 것이다. 돈황본이란 11세기 몽고의 침략 때 문서를 보호하기 위해 돈황의 석굴들 속에 이를 보관했는데, 1907년 이 동굴들을 발견하여 5세기부터 11세기까지의 문헌과 그림들 2만여 점을 건졌다. 그중에 『육조단경』 사본도 발견되어 이를 '돈황본'이라 하는 것이다.

하기 위해 장에 가서 땔나무를 팔았다. 하루는 어느 주막집에 나무를 팔고 문밖으로 나서다가 그 주막에 머물고 있던 한 손님이 경을 읽는 것을 들었다. 혜능의 '마음이 곧 개오함을 얻어(心卽開悟)' 그것이 무슨 경인가 물어보니 『금강경』이라고 했다. 다시 그 경을 어디서 구했는가 물으니 제자 천여 명을 거느리고 있는 황매현 동선사 제5조 홍인 대사에게 받은 것이라고 했다. 혜능은 늙은 어머니가 홀로 지낼 수 있게 주선을 하고 곧 먼 길을 떠나 홍인 대사를 찾아갔다.

홍인 대사는 물었다.

"그대는 어디 사람이고 무엇을 구하는고?"

혜능은 대답했다.

"저는 영남 신주 사람인데, 제가 멀리서 찾아와 스승께 절하는 것은 오로지 성불하는 길을 구함이요 다른 것을 구함이 아니옵니다."

"영남 사람이라면 오랑캐인데 어찌 성불을 할 수 있겠는가?"

"사람에게는 비록 남·북이 따로 있겠지만 불성에는 남·북이 따로 없습니다. 제가 오랑캐의 몸으로는 스님과 같지 않지만 불성으로는 어찌 차별이 있을 수 있겠습니까?"

대사는 혜능의 당돌한 대답을 듣고 그가 비범하다는 것을 눈치 챘지만 다른 제자들의 이목을 생각해서 그를 방앗간으로 보내 방아를 찧게 하고 장작을 패게 했다. 그는 거기서 여덟 달 이상을 그렇게 보냈다.

그러던 어느 날 홍인 대사는 모든 제자들을 불러놓고 말했다.

"너희는 각기 반야의 지혜를 가지고 게송 하나씩을 지어 나에게 가져오너라. 내가 그 게송을 보고 누구든 큰 뜻을 깨달았으면 그에게 가사와 법을 전하여 제6조가 되게 하리니 서둘도록 하여라."

제자들은 그 절의 제자 중 나이가 제일 많던 수제자 신수(神秀) 상좌가 대를 이을 것인데 공연히 우리가 게송을 지을 이유가 무엇인가? 그렇게 하는 것은 번거롭고 부질없는 일이라 생각하고 모두 신수만 쳐다보고 있었다. 신수는 조사의 자리를 탐하는 것 같이 보이는 것이 두려웠지만, 아무도 게송을 짓는 이가 없다면 조사께서 제자의 마음을 어떻게 헤아릴 수 있을까 하는 생각으로 게송을 지었다. 그러나 차마 바치지 못하고 있다가, 결국 어느 날 밤 아무도 모르게 조사 스님이 거처하는 방 남쪽 복도 벽에다 써서 붙였다.

몸은 보리수[깨달음의 나무]
마음은 맑은 거울 대
부지런히 털고 닦아서
티끌이 없도록 하라

身是菩堤樹 心如明鏡臺
時時勤拂拭 莫使有塵埃

다음 날 5조 스님이 이 게송을 보고 신수가 '문 앞에는 이르렀지만 아직 문안으로 들어오지는 못했구나' 하는 사실을 감지하고, 신수를 몰래 불러 게송을 하나 더 지어 보라고 했다. 그러나 이미 지은 이 게송이라도 그것을 의지해 수행하면 적어도 악도(惡道)에 떨어지는 일은 없으리라 생각하고 제자들에게 그 게송을 모두 외우게 했다. 며칠 후 사미승 하나가 그 게송을 외우면서 방앗간 앞을 지나고 있었다. 혜능이 그 사미승에게 물었다.
"외우는 것이 무슨 게송인가요?"

사미승은 "그대 오랑캐는 모르고 있었는가?" 하고 핀잔을 주며, 5조의 명에 따라 신수 상좌가 써 붙인 게송이라 일러 주었다. 혜능은 자기도 그것을 외우고 그 게송에 절하고 싶으니 자기를 그곳으로 안내해 달라고 부탁했다. 그리로 갔는데, 옛날 벼슬을 했던 어느 사람이 큰 소리로 게송을 읽었다. 혜능은 그에게 자기에게도 게송이 있는데, 자기는 글을 모르니, 그것을 대신 벽에 좀 써 달라고 부탁했다.

"이 오랑캐야. 너도 게를 짓는다니 정말로 별일이구나."

혜능이 사람을 선입견을 가지고 보면 안 된다고 말하자 그는 내심 놀라면서 대신 써 주기로 했다. 서쪽 벽에 쓴 그 게송은 다음과 같았다.

> 보리[깨달음]에 나무 없고
> 거울 또한 대가 아니라
> 본래 한 물건 없거니
> 어느 곳에 티끌 있으랴
>
> 菩提本無樹 明鏡亦無臺
> 本來無一物 何處有塵埃[37]

게송을 보고 모두 놀라며 정말로 겉모습으로 사람을 판단하면 안 되겠다고 했다. 조사도 이 게송을 읽고 놀랐지만, 또 다시 다른 제자들의 이목을 생각하여, 이 게송도 참 모습을 본 것이 아니니 지워 버리라고 명했다. 조사는 다음 날 몰래 방앗간에 찾아가 지팡이로 방아를 세 번 치고 갔다. 혜능은 이를 알아듣고 밤 삼경에 조사의 방을 찾았다.

---

[37] 판본에 따라서 차이가 난다. "몸은 보리수 / 마음은 맑은 거울 대 / 불성은 언제나 맑고 깨끗하니(佛性常淸淨) / 어느 곳에 티끌 있으랴"로 된 것도 있다.

조사는 사람들이 보지 못하게 가사로 문을 가리고 혜능에게 『금강경』을 가르치니, 혜능이 '한 마디에 크게 깨달음(言下大悟)'을 얻었다. 이윽고 조사는 혜능에게 가사와 바리를 전하며 말했다.

"너를 제6조로 삼으니 스스로 잘 보살피고 널리 많은 중생을 구하도록 하여라."

그러고는 가사와 바리의 전수는 분쟁의 소지가 있으니 더는 전수하지 말라고 이르고, 몇 가지 가르침을 준 다음 다른 제자들이 해칠까 두려우니 빨리 거기를 떠나라고 하였다. 혜능이 그곳 지리에 익숙하지 못했기 때문에 조사가 직접 그를 데리고 강으로 내려가 배를 태워 떠나 보냈다. 자기는 3년간 더 살고 세상을 떠나리라고 하며, 3년 전에는 가르침을 전하지 말라고 일러 주었다.

한편 절에서는 혜능이 가사와 바리를 가지고 없어진 것을 알아내고 그것을 다시 찾으려고 한 무리가 혜능의 뒤를 쫓았다. 두 달 후 혜능과 마주쳤는데, 혜능은 가사와 바리를 돌 위에 올려놓고 숲 속에 숨었다. 그중 혜명이라는 힘센 자가 그것을 들려고 하는데 전혀 움직이지 않았다. 그는 이에 놀라 혜능을 불러내어 그를 스승의 예로 대하고 그에게 가르침을 구했다. 혜능이 "그대가 태어나기 전 본래 모습이 어떠했는가?" 하고 물으니, 곧 깨달음을 얻었다. '언하대오(言下大悟)'였다. 이 이야기에서 '본래면목(本來面目)'이란 화두가 나왔다.

그를 돌려보내고 혜능은 계속 남쪽으로 가 사냥꾼들 사이에서 15년을 살다가 드디어 광주(廣州) 법성사(法性寺)로 나왔다. 마침 바람이 불어 깃발이 펄럭이고 있었는데, 한 스님은 '바람이' 움직인다고 하고 다른 스님은 '깃발이' 움직인다고 하는 등 몇이서 입씨름을 하고 있었다. 이때 혜능은 "바람이 움직이는 것도 아니고 깃발이 움직이는 것도 아니고 그대들의 마음이 움직일 뿐이오." 하고 대답했다. 사람들이 그를 알아보고 가르침을 청하자 혜능은 법을 펴기 시작했다.

 이것이 혜능이 어떻게 제6조의 위치를 차지하게 되었는가를 설명하는 배경 이야기다. 그러나 여기서도 마찬가지로 역사적으로 정확한가 하는 것은 별개의 문제다. 이런 이야기에서, 예를 들어, 혜능을 글도 모르는 나무꾼으로 묘사하고 있다는 것은, 선이 문자에 사로잡히지 않고 그것을 뛰어넘는다는 것을, 그리고 그가 '본래면목을 보라'고 했을 때 '불성'이니 '진여'니 하는 추상적이고 고답적인 전통적 불교 용어를 피하고 구체적이고 생생한 중국 토박이 용어로 표현함으로써 선 전통을 완전히 중국화했다는 것 등을 보여 주는 것이라 간파하면 된다.

 특히 『육조단경』이 혜능의 제자에 의해서 쓰였다는 사실을 감안할 때 혜능을 두둔하고 그의 편으로 치우쳤으리라는 것은 쉽게 짐작할 수 있는 일이다. 따라서 혜능이 신수보다 월등히 우수했다거나 혜능의 남종선 선법이 돈오요 신수의 북종선 선법이 점수라고 하는 등의 흑백 이분법은, 최근 학자들의 연구 성과에 의해, 사실과 많이 다르다는 것이 밝혀졌다.[38]

혜능 이후

그러나 한 가지 분명한 사실은 혜능 계통이 돈오를 강조하고 그의

---

[38] John R. McRae, *The Northern School and the Formation of Early Ch'an Buddhism* (Honolulu: University of Hawaii Press, 1986) 참조. 구체적으로 『육조단경』과 관련된 문제를 논한 것으로 그의 논문, "The Story of Early Ch'an" in Kenneth Kraft, ed., *Zen: Tradition & Transition* (New York: Grove Press, 1988), pp.125~139 참고할 수 있다.

그런 선풍이 결국 중국, 한국, 일본에서 선의 주종을 이루게 되었다고 하는 것이다. 따라서 중국에서의 선종을 이야기할 때 보통 '오가칠종(五家七宗)'이라 하는데 이들이 모두 혜능의 선풍을 받드는 종파들이다.

혜능의 뛰어난 제자로 청원행사(靑原行思, 660~740)와 남악회양(南嶽懷讓, 677~744)이 있었다. 청원행사의 제자로 부드럽고 온건한 방법을 선호한 석두희천(石頭希遷, 700~790) 문하에서 1) 조동종(曹洞宗), 2) 운문종(雲門宗), 3) 법안종(法眼宗)이 나오고, 남악회양의 제자로 과격하고 엄격한 방법을 선호한 마조도일(馬祖道一, 707~786) 문하에서 4) 위앙종(潙仰宗), 5) 임제종(臨濟宗)이 나와 이를 '오가'라 하고, 나중 임제종에서 다시 황룡파(黃龍派)와 양기파(楊岐派)가 갈라져 나왔기에 이들을 모두 합하여 '칠종'이라 한다. 특히 임제종의 개조인 임제의현(臨濟義玄, ?~867)은 큰 소리를 치는 '할'이라든가 '몽둥이'를 사용하였고, "부처를 만나면 부처를 죽이고, 조사를 만나면 조사를 죽이라"는 이른바 '살불살조'를 이야기한 이로도 유명하다.[39]

한국 불교는 알려진 대로 주로 임제종의 선풍을 이어받았다. 고려 말 태고보우(太古普愚, 1301~1382)나 나옹혜근(懶翁惠勤, 1320~1376) 등이 임제 계통의 선사들이었다. 한국에서는 '임제종'이라는 말은 쓰지 않고 내려오다가 일본의 조동종이 한국으로 진출하려는 의도에 반대해서 1911년 한용운(1879~1944) 등이 송광사에서 '임제종'을 설립했다.

---

39) 완전한 문장으로는 "逢佛殺佛 逢祖殺祖"다. 임제 대사 어록의 영어 번역으로 Burton Watson, tr., *The Zen Teachings of Master Lin-Chi* (New York: Columbia University Press, 1999)를 볼 것. 또 달마 이후 '오가'에 이르기까지의 선의 역사를 훌륭하게 간추린 책으로 John C. H. Wu, *The Golden Age of Zen: The Classic Work on the Foundation of Zen Philosophy* (New York: Image, 1995)와 한국어 번역인 오경웅, 류시화 역, 『선의 황금시대』(경서원, 2001)를 참고할 수 있다.

그 후 우여곡절 끝에 결국 1941년 '임제'라는 이름 대신에 6조 혜능 대사의 별칭인 '조계'라는 이름을 채택, '조계종'이라는 종명으로 오늘에 이르렀다.

일본의 경우 에이사이(榮西, 1141~1215)가 두 번에 걸쳐 송나라에 들어가 공부를 했는데, 첫 번째 갔을 때는 신곤슈 계통의 공부를 하고 두 번째 갔을 때는 5년간 임제종 계통의 선법을 배운 다음 일본으로 들어와 일본 린자이(臨濟)의 개조가 되었다. 서양에 선을 소개한 스즈키는 임제종 계통의 선법을 소개한 셈이고, 이로 인해 서양에서는 임제종이 많이 알려져 있다.

한편, 도겐(道元, 1200~1253)은 에이사이에게 임제의 종풍을 배웠지만, 나중에 스스로 중국에 가서 중국 조동종의 선맥을 받고 일본으로 가져와 그 유명한『소보겐조(正法眼藏)』등의 저작을 통해 일본에 조동(曹洞, 소토) 선풍을 일으켰다. 필자도 에이헤이지(永平寺)와 함께 소토의 2대 본사인 요코하마 소재의 소지지(摠持寺)에 가 본 일이 있지만, 일본 소토는 현재 일본 선종 중 가장 큰 종파다.[40]

선(禪)의 기본 가르침

선의 핵심은 '깨침'이다. 부처님이 보리수 아래에서 가졌던 깨침의 체험, 그 후 많은 조사(祖師)가 한 그 깨침의 체험을 나도 하겠다는 것이

---

[40] 임제(린자이) 계통의 선을 위해서는 스즈키 다이세쯔의 책들을 볼 수 있다. 조동(소토) 계통의 선을 소개한 책으로 Shunry Suzuki, *Zen Mind Beginner's Mind* (New York: Weatherhill, 1970)와 이 책의 한국어 번역, 강연심 옮김, 『선심초심』(불일출판사, 1999), 그리고 Francis H. Cook, *Sounds of Valley Streams: Enlightenment of Dōgen's Zen* (Albany, NY: SUNY Press, 1989) 등 참조.

다. '깨침'을 서양에서는 한문 '오(悟)'의 일본 발음에 따라 'satori'라 부른다. 깨치지 않은 우리의 일상적 의식으로는 사물을 있는 그대로 보지 못한다는 것이다. 사물을 여실(如實)하게, 여여(如如)하게 보기 위해서는 반드시 깨침을 얻어야 한다. 이렇게 깨침을 통해 사물을 보게 될 때 참된 진리를 보게 되고, 이에 따라 아무것에도 거침이 없는 무애의 사람, 참된 자유인이 된다는 것이다.

그런데 이런 깨침은 교리나 경전 연구 같은 이론적 탐구라든가 염불이나 예불 같은 종교적 의례(儀禮)만으로는 얻어지지 않고 오로지 마음을 다스림으로 이루어지는 것이라 본다. 이런 선의 기본 정신은 전통적으로 달마가 가르쳤다고 전해 내려오는 그 유명한 다음 구절들에 잘 드러나 있다.

> 불립문자(不立文字) – 문자에 얽매이지 않음.
> 교외별전(教外別傳) – 경전을 떠나서 별도로 전해짐.
> 직지인심(直指人心) – 사람의 마음에 직접 다가감.
> 견성성불(見性成佛) – 내 본성을 보고 깨침을 이룸.

선의 궁극 목적은 깨달음을 얻는 것이라는 사실을 염두에 두면 문자나 교리, 의례 같은 것은 이런 깨달음을 얻는 데 도움을 주기 위한 수단에 불과하다는 사실을 쉽게 이해할 수 있다. 목적과 수단을 혼동하면 안 된다. 문자나 교리 같은 외부적 수단은 결국 '달을 가리키는 손가락'과 같아, 그 손가락은 우리가 달을 보게 하는 수단으로서의 역할을 할 때만 그 가치를 인정받을 수 있다. 이런 기본적 목적에서 벗어나 오히려 우리의 주목을 독점하여 우리가 달을 보는 일을 방해할 경우 분연히 잘라 버려야 한다. 비록 부처나 조사라 하더라도 우리가 달을 본다고 하는 그 한 가지 목적에 걸림이 되면 부처도 조사도 '죽여야 한다'는 것이다. 이것이 바로 임제 선사가 말한 '살불살조'다.

종교적 삶에서 말하거나 행하는 모든 것이 그 자체의 속성에 따라 성(聖)과 속(俗)으로 구분되어 있는 것이 아니라, 우리를 깨침으로 인도하면 그것은 그대로 성이요, 방해하면 속이 됨을 분명히 말하고 있는 셈이다. 어떤 개념이나 이념을 진리 자체라 오해하고 거기에 집착하는 일이 일상적인 우리 일반인에게, 그리고 교리나 신조 등을 진리 자체라 보려는 그리스도인에게, 선불교에서 취하는 이런 '불립문자'의 태도는 그야말로 신선한 충격이 아닐 수 없다.[41]

참선 방법

좌선(坐禪)

그러면 깨침을 얻기 위해 구체적으로 어떻게 해야 하는가? 전통적으로 선불교에서는 이른바 '행주좌와 어묵동정(行住坐臥 語默動靜)' 곧 걷고 서고 앉고 눕고, 혹은 말하고 침묵하고 움직이고 조용하고의 구별 없이 모든 경우 어느 때나 선을 수행할 수 있다고 주장한다. 밥 먹고 산보하고 청소하고 운전하는 것 모두가 참선일 수 있다. 그러나 실제적으로 가장 널리 행해지는 것은 좌선(坐禪)이다.

좌선이란 올바른 자세로 앉아서 숨을 고르게 하고 몸과 마음을 함께

---

41) 그리스도교에서 흔히 발견되는 '문자주의'의 위험에 대한 상세한 논의를 위해서는 필자의 책 『예수는 없다』(현암사, 2001), 63~118쪽을 참조할 수 있다.

가라앉히는 것이다. 앉을 때 보통 둥글고 약간 높은 방석에 앉는다. 옷은 몸을 조이는 일이 없도록 도복 같이 느슨한 것을 입는다. 조용한 곳을 택하고 너무 밝거나 너무 어둡지 않도록 한다. 숨은 배꼽 아래 있는 단전(丹田)으로 천천히 들이쉬었다가 천천히 내쉰다. 필자가 1987년 일본 가마쿠라(鎌倉)에 있는 엔가쿠지(圓覺寺)에 가서 좌선한 경험을 중심으로 좌선의 기본자세를 엮어 보면 다음과 같다.

첫째, 다리. '가부좌(跏趺坐, lotus posture)'로서, 양쪽 발을 각각 다른 쪽 무릎 위에 올려놓는 것이다. 일반적으로 이런 자세를 취하면 깔고 앉은 방석과 두 무릎이 바닥에 삼각대처럼 작용하기 때문에 가장 안정적인 자세라 하여 전통적으로 가장 선호한다. 그러나 초보자라서 이것이 힘들면 '반가부좌'를 하는데, 한쪽 발은 다른 쪽 무릎에 올리고 다른 발은 다른 쪽 무릎 밑에 넣는 것이다. 우리가 보통 책상다리라고 하는 자세다. 서양에서는 이런 것도 힘들면 꿇어앉기도 하고, 작은 걸상을 사용하기도 하고, 심지어 의자에 앉기도 한다. 참선에서는 몸을 앉히는 것보다 더욱 중요한 것이 마음을 앉히는 것이기에 마음을 앉히지 못하게 하는 억지 자세는 피하는 것이 좋다.

둘째, 손과 팔. 손은 오른손을 왼손 손바닥에 얹고 양쪽 엄지가 서로 약간 맞닿게 한 다음 배꼽에서 5센티미터 정도 아래쪽 무릎 위에 놓는다. 양손이 몸에 닿지 않게 몸과 손 사이에 공간을 두면 졸음을 예방하는 데 도움이 된다. 팔과 어깨는 긴장을 풀고 자연스럽게 내려놓는다.

셋째, 등. 가장 중요한 것은 척추를 똑바로 세우는 것이다. 긴장은 풀지만 그렇다고 무너지는 듯한 자세를 취하면 안 된다. 기가 척추를 통해 오르락내리락 자유롭게 흐르도록 한다는 기분을 가지면 된다.

로댕의 '생각하는 사람'과 같은 자세는 '생각'하는 자세로서는 적절할지 모르지만 적어도 참선의 자세로는 반드시 기피해야 한다.

넷째, 눈. 초보자의 경우 감는 것이 더 편하면 감을 수도 있다. 그러나 보통 완전히 감지도 말고 또 너무 크게 뜨지도 않는 것이 좋다고 한다. 너무 뜨면 주위에서 일어나는 일에 정신이 산만해지고, 너무 감으면 졸음이 오거나 허상이 보이기 쉽기 때문이다. 눈을 반쯤 뜰 경우 아래쪽 45도 각도로 약 1미터 정도 앞에 자연스럽게 눈길을 줄 뿐, 초점을 맞추지는 않는다.

다섯째, 턱과 입. 턱은 약간 안쪽으로 당기고 입은 긴장을 푼다. 아랫니와 윗니는 약간 떨어지도록 하고 입술은 가볍게 다문다. 혀는 윗니 바로 위에 있는 입천장에 닿게 하는데, 이렇게 하면 침이 덜 나오게 하는 효과가 있다.

여섯째, 머리. 목을 약간 앞으로 내미는 듯한 기분으로 유지하고 머리는 두 귀의 귓밥이 어깨를 향할 정도로, 그리고 코와 배꼽이 수직으로 일직선상에 있도록 유지한다.

이런 자세로 보통 30분 정도 좌선하고 15분 정도 걷는다. 걸을 때도 물론 좌선할 때의 마음 상태를 유지하라고 한다. 행주좌와(行住坐臥)에서 '행선(行禪)'에 해당한다. 걸을 때는 왼손으로 오른손 주먹을 감싸 잡고, 불상이나 탑을 중심으로 돌 때는 오른쪽 어깨가 불상이 있는 곳을 향하도록 하고, 발을 내딛을 때 발뒤꿈치가 먼저 바닥에 닿도록 한다. 빨리 걸을 때는 손을 자연스럽게 흔들고 발에 주의를 집중한다.

약간 다른 면에서 참선과 관계있는 지침으로 북송 때의 선사 장로종색(長蘆宗賾)이 지은 『선원청규(禪苑淸規)』에 보면 다음과 같은 아홉 가지 사항을 고려해야 한다고 권고하고 있다. 그 골자만 적어 본다.

1. 서원(誓願) – 자신의 깨달음을 이루고 다른 이들을 제도하겠다는 서원을 세움.
2. 사연(舍緣) – 온갖 사소한 인연이나 관심사를 버림.
3. 조식(調食) – 적절한 음식을 섭취함.
4. 조면(調眠) – 적절한 양의 수면을 취함.
5. 택처(擇處) – 물론 어느 정도에 이르면 어디에서나 참선이 가능하지만, 처음에는 조용한 곳이나 명당이라는 곳을 택함.
6. 조신(調身) – 적절한 몸의 자세를 취함.
7. 조기(調氣) – 숨을 조절함.
8. 조심(調心) – 마음을 고름.
9. 변마(辯魔) – '마(魔)'라고 하는 이상 심리 현상이 나타날 때 여기에 마음을 빼앗기는 일이 없이 정진을 계속함.
10. 호지(護持) – 선정의 상태를 일상생활을 하면서도 계속 유지함.

좌선할 때 구체적으로 두 가지 다른 방법을 사용하는데, 곧 1) 간화선(看話禪)과 2) 묵조선(默照禪)이다.

간화선 공안선(公案禪) 혹은 화두선(話頭禪)이라고도 하고, 선종 중 특히 임제종(臨濟宗)에서 실천하는 참선법이다. '공안(公案)'이란 선 전통에서 '공식적으로 잘 알려져 내려오는 사례'를 말하고, '화두(話頭)'란 그중 특히 중요한 '말머리'를 일컫는 것이다. 이 선법은 한국 선 전통이나 일본 임제종에서 계승하고 있다. 한국에서는 공안이라는 말보다는 화두라는 말을 더 많이 사용한다. 공안의 몇 가지 예를 들면 다음과 같다.

당나라 남악회양 문하에 조주종심(趙州從諗, 778~897) 스님에게 한 제자가 "개에게도 불성이 있습니까?" 하고 물으니, 스님은 "있다"고 대답했다.

다시 한 제자가 그에게 "개에게도 불성이 있습니까?" 하고 물으니, 이번에는 "없다"고 대답했다. 이것이 이른바 '조주 무(無)자 공안'이고 좀더 정확히 말하면 이 공안 이야기 중 '무(無)'가 바로 '화두'인 셈이다.

특히 조주 스님과 관계되는 공안이 많은데, 예를 들면 그에게 어느 스님이 "[달마] 조사께서 서쪽에서 오신 까닭이 무엇입니까?" 하고 물으니, 조주 스님은 "뜰 앞의 잣나무(庭前柏樹子)"라 하고, 다른 스님이 똑같은 질문을 하니, "앞니(板齒)에 털이 돋았다."고 대답했다.

또 어느 스님이 조주 스님에게 "만 가지 법은 하나로 돌아가지만 그 하나는 어디로 돌아갑니까?" 하고 물으니, 조주 스님 왈 "내가 청주에서 베 장삼(布衫) 하나를 지었는데, 그 무게가 일곱 근(七斤)이었네."

어느 스님이 운문문언(雲門文偃, 864~949) 선사에게 "부처란 무엇입니까?" 하고 물으니, 그는 "마른 똥 막대기!(乾屎橛)"라 하였다.[42]

공안선이란 이처럼 '무(無)'라든가 '한 손으로 치는 손뼉 소리'라는 '척수(隻手)' 같이 비논리적이고 수수께끼 같은 말에 정신을 집중시키는 방법이다. 말하자면, 일정한 문제 의식을 품고 자나 깨나 앉으나 서나 '쉬지 말고' 오로지 그 하나에 정신을 집중하는 수행법이다. 이른바 '의심 덩어리(疑團)'를 품는 것이다. 처음에는 이런 것들의 문자적인

---

42) 공안에 대해서는 Steven Hein and Dale S. Wright, eds., *The Kōan: Texts and Contexts in Zen Buddhism* (New York: Oxford Press, 2000) 참조할 것.

뜻에 매여 이를 논리적으로, 이성적으로 해결하려 하지만, "만물에 불성이 있다고 했는데, 왜 없다고 했는가?", "손뼉 치는 소리의 색깔이 무엇이더냐?" 하는 등 엉뚱하게 물어 오는 선사(禪師)와의 계속적인 선문답(禪問答)을 통해, 어느 순간 이성적으로는 도저히 풀 수 없는 경지가 있다는 사실을 뼈에 사무치도록 깨닫게 된다. 이처럼 이성을 끝까지 사용한 결과 이성 스스로가 이성에는 한계가 있음을 분명히 자각하고 뒷전으로 물러나는 순간, 이성을 넘어서는 새로운 의식의 경지가 확 트이게 되는 것이다.

이제 말이나 개념이나 이분법적 의식이나 어떤 논리나 범주에도 묶이지 않고 탁 트이는 새로운 경지를 체험한다. 이것이 바로 깨침이다. 자유함을 얻는 것이다. 전통적인 선의 용어로 하면 '의심 덩어리가 툭 터지는' 경험으로서, 드디어 본마음, 불성, 본래의 나를 찾은 것이다. 우주와 내가 하나임을 느낀다. 꽃을 보아도 꽃과 내가 분리된 것이 아니라 내가 꽃으로 살고 꽃이 나로 피는 것이 된다. 이런 것이 어떤 상태일까? 말로 표현할 수 없는 경지라고 한다.[43]

한 가지 명심해야 할 중요한 사항은 실재의 세계가 인간의 말이나 논리나 이성으로 파악될 수 없는 것이라고 하여 우리가 처음부터 이런 것을 포기하고 멍청한 바보로 살아야 실재를 체험할 수 있을 것이라고 생각하면 곤란하다는 것이다. 이성을 다 쓰기도 전에, 이성의 영역에 이르기도 전에 이성을 포기하고 바보가 되라는 것이 아니라, 이성의

---

[43] D. T. Suzuki, *Zen Buddhism*, ed. by William Barrett (New York: An Image Book, 1996), pp.135~154 참조할 것. 여기서 스즈키는 공안의 역할로 두 가지를 든다. "1) 지성의 작용을 제어하는 것, 혹은 지성으로 하여금 그것이 어디까지 갈 수 있는가 하는 것, 그리고 지성이 그 자체로서는 결코 들어갈 수 없는 영역이 있다고 하는 것을 스스로 볼 수 있게 하고, 2) 선 의식을 숙성시켜 결국 깨침의 상태로 깨고 들어갈 수 있게 하는 것"이라고 했다. 136쪽.

활용을 극대화한 다음 이성 스스로가 자기의 한계를 자각하고 이성 스스로가 자기가 들어갈 수 없는 영역이 있음을 인정할 때, 바로 그때, 이성으로 파악될 수 없는 새로운 차원의 실재가 확연하게 전개될 수 있다고 하는 것이다. 이성 이전의 상태를 'pre-rational(전이성적)'이라 하고 이성을 초월한 상태를 'trans-rational(초이성적)'이라고 한다면 이 둘을 구별하지 못하고 혼동하는 경우를 두고 'pre/trans fallacy(전/초 오류)'라 할 수 있다.

스님들의 글 중 깨침의 체험을 두고 '생각 이전으로 돌아감'이라 표현하는 일이 많은데, 용법에 따라 맞는 말일 수도 있지만 우리가 지금 말하는 문맥으로 보면, '생각 이전'이 아니라 '생각 너머로, 혹은 생각 이후로 뛰어넘음'이라고 하는 것이 더 정확한 표현이다. 종교의 영역은 이성에 반대하는 것(contra-ratio)이 아니라 이성을 초월하는 것(supra-ratio)임을 기억할 필요가 있다. 이성에 무조건 반대하는 입장이 광신적, 미신적, 초자연주의적 태도라고 한다면 이성의 한계를 깨닫고 그 너머로 들어가려는 것은 경건한 신비주의적 태도라 할 수 있다.

선을 비판하는 학자 중에는 '선문답'에서 선사들이 이처럼 동문서답하는 것은 제자들의 예리한 질문에 대한 그들의 불학무식을 감추기 위한 위장술 내지 말장난에 불과하다고 비판하는 이들도 있다. 이런 비판에 대해 일본 선불교 학자 스즈키는 이런 비판자들이야말로 선 체험이 말을 넘어서는 것이라는 사실에 대해 무지하여 이런 말을 할 수 있다고 되받아 비판하기도 했다.[44]

우리가 충분히 짐작할 수 있는 것은 선사들 중 정말로 무식한 사람

---

44) *Philosophy East and West*, vol. 3 (1953) 참조.

도 있었을 것이고, 또 진정으로 깨달은 결과 말을 넘어서는 어느 경지를 말로 할 수 없어서 그런 이상스런 말로 답했을 수도 있었을 것이라는 사실이다. 정말로 무식하냐 혹은 이론을 넘어섰느냐 하는 것을 가리는 척도는 아직도 '이성 이전' 상태에 있거나 그런 것을 조장하느냐 혹은 '이성 초월'의 경지를 알고 그런 경지로 제자들을 인도하려고 했느냐 하는 데 달려 있다고 볼 수 있을 것이다.

전통적으로 1,700가지 공안이 있다고 한다. 12세기에 그 가운데 중요한 100가지를 가려 거기에 게송을 붙이고 관계있는 생각들을 덧붙인『벽암록(碧巖錄)』이 있고, 13세기에 중요한 공안 48개를 뽑아 게송 등을 덧붙여 만든『무문관(無門關)』이 있다.45) 한국에는 고려 때 지어진『선문염송(禪門拈頌)』을 사용하기도 한다. 이렇게 많은 공안이 있지만, 실제적으로 사용되는 공안은 잘 알려진 몇 가지에 국한되는 것이 보통이다.

그리스도교에도 '공안'을 연상시키는 것들이 있다. 히틀러 암살을 시도하다가 체포되어 제2차 세계대전 종전 직전에 처형당한 독일 신학자 본회퍼(Dietrich Bonhoeffer)는 체포되기 전 인도 아쉬람 비슷한 영성 훈련 지하 신학교를 설립하고 제자들을 훈련하며, 그들에게 성경에 나오는 어느 구절을 골라 마음에 새기고 일주일이든 일정 기간 거기에만 정신을 집중해 보도록 했다. 이 경우 이 성경 절을 이성적으로 분석하거나 주석하려 하지 말고 그냥 염두에 두고 차분히 관찰하는 것이라 했다.46)

---

45) 이 두 공안 모음의 대표적인 영어 번역으로 *The Blue Cliff Record*, tr., Thomas Cleary (Boston: Shambala Book, 2005)와 *Gateless Gate: The Classic Book of Zen Koans*, tr., Koun Yamada (Boston: Wisdom Book, 2004)를 들 수 있다.

20세기의 성자 슈바이처 박사도 아프리카에 가서 자기의 윤리 사상을 대표할 수 있을 말 한마디를 찾으려고 고심 고심했다. 하루는 오고테 강을 따라 배를 타고 가면서도 그 한마디를 찾으려고 정신을 집중했다. 정신이 흐트러지는 것을 막기 위해 종이에다 뭔가를 계속 적으면서 갔다. 그러던 중 배 앞으로 하마 한 마리가 지나가는 것을 보면서 한 생각이 탁 떠올랐는데, 그것이 바로 '생명 경외(reverentio vitae)'라는 말이었다. 그 순간 강 옆으로 빽빽이 서 있던 밀림에 훤히 길이 트이는 것 같은 느낌을 가졌다고 한다. 마치 무거운 철문이 열리는 것 같았다. 그러면서 우리는 '살려고 하는 의지'에 둘러싸인 '삶의 의지'라는 사실을 깨닫고, 그 후 계속해서 모든 생명을 경외심으로 대할 것을 역설하게 되었다.

하버드대학교에서 예수에 관해 25년 이상 가르치고 자기의 경험을 최근 『예수 하버드에 오다』라는 책으로 펴낸 신학자 하비 콕스에 의하면, 예수님은 철두철미 유대인 랍비 전통에 따라 가르치는 선생님이었다는 것이다. 예수님이 가르치는 방법도 랍비 전통에 따른 것이었는데, 랍비 전통에서 가르치는 방법이란 어떤 문제에 대해 기존의 정해진 윤리 강령 같은 것을 그대로 되풀이해 주는 것이 아니라, 새로운 이야기나 반대 질문 등을 통해 듣는 이들의 고정관념이나 인습적 관행을 뒤흔들어 줌으로 스스로 문제의 실마리를 찾도록 하는 방법이었다는 것이다. 콕스 교수는 이런 방법이 바로 선사들이 쓰는 공안의 방법과 흡사한 것이라 주장했다.47)

---

46) 디이트리히 본회퍼, 문익환 옮김 『신도의 공동생활』(대한기독교서회, 2003) 참조. 성경 중에 공안으로 사용될 수 있는 말의 예를 위해서는 William Johnston, *Christian Zen: A Way of Meditation* (New York: Harper & Row, 1981)을 볼 수 있다.

묵조선 조동종(曹洞宗)에서 사용하는 선법이다. 현재 일본의 소토 계통에서 계승하고 있다. 묵조선에서는 참선할 때 공안이나 화두가 없이 '그냥 앉는 것'이 그대로 깨달음이요, 그 자체가 바로 부처의 상태에 있는 것이라 본다. 이렇게 조용히 관조하기만 하는 수행법을 '지관타좌(只管打坐, just sitting)'라 한다. 그냥 오랜 시간 말을 잊은 채 침묵하고 앉아 있으면 "몸과 마음이 저절로 떨어져 나가고, 본래의 얼굴이 드러난다."고 한다. 속에서 밝음(照)이 비쳐 우주와 하나 된 참 나를 발견하게 된다고 설명하기도 한다.

물론 묵조선을 수행한다고 해서 반드시 공안이나 화두를 배척한다는 뜻은 아니다. 다만 간화선에서 참선 수행시 공안을 직접 참구하는 것과 달리 묵조선에서는 이를 참선에 직접 사용하지 않을 뿐 일상에서 공안 공부 자체를 거부하는 것은 아니다. 조동종의 종풍에 맞는 100개의 공안 모음으로 중국 송대로부터 내려오는 『종용록(從容錄)』이 있음이 이를 말해 준다.

위의 두 가지 대표적인 선의 방법에 덧붙여 몇 가지 다른 방법을 이야기하기도 한다. 이 중 가장 잘 알려진 것이 이른바 염불선이라고 하는 것이다.

염불선

'나무아미타불'을 외우는 것을 염불이라고 하는데, 염불을 일반 염불과 염불선으로 구별한다. 일반 염불이란 일종의 방편으로서, 자기 몸 밖에 아미타불이 따로 있고, 또 우주 서쪽 어디에 극락정토가 따로

---

47) 하비 콕스, 오강남 옮김 『예수 하버드에 오다』(문예출판사, 2004), 244~250쪽 참조.

있다고 믿고, 거기 왕생하겠다고 해서 염불하는 것이다. 말하자면 정토 신앙을 '문자적으로' 믿고 자기와 별개로 존재하는 무엇을 희구하는 것이다. 이를 '방편염불'이라고도 한다.

이에 반해 염불선은 이런 정토 신앙을 상징으로 받아들이고, 결국 부처님이 자기 속에 있다는 것, 혹은 자기가 바로 부처님이라는 것을 깨달아 이 사바세계가 그대로 극락임을 믿는다. 그리고 이런 깨달음을 위해 염불을 외우는 것이다. 말하자면 끊임없이 외우는 염불이 더 높은, 혹은 더 깊은 의식의 차원에 이르는 수단이라 생각하고 열심히 외우는 것이다.

보통 공안선은 지적인 사람들에게, 묵조선은 의지적인 사람들에게, 염불선은 정(情)적인 사람들에게 더욱 잘 어울리는 선 수행법이라는 지적도 있다. 각자의 성향이 지·정·의(知情意) 중 어느 쪽으로 더 쏠리느냐에 따라 자기에게 알맞은 방법을 선택할 수 있다는 이야기다.

깨침의 경지

깨침은 어떤 것인가? 물론 지금까지 계속 이야기한 것처럼 이런 경지는 말로 표현할 수 없는 무엇이다. 하루살이에게 얼음을 이야기할 수 없고, 우물안 개구리에게 넓은 바다를 이야기할 수 없다. 그러나 선을 수행한 사람들의 이른바 '간증' 비슷한 이야기는 얼마든지 있다. 최근의 예로 필립 카플로(Philip Kapleau)의 책 『The Three Pillars of Zen』은 제목 그대로 세 개의 기둥으로 나누어졌는데, 그중 하나가 선의 깨침을 경험한 사람들의 증언으로 이루어져 있다.

이런 깨침의 경지는 선불교적 용어로 하면 마음이 거울 같아지는 것이다. 만물을 있는 그대로 비추는 것, 사물의 그러함(如如, 眞如, suchness, is-ness)을 그대로 받아들이는 것이다.

깨침을 좀더 일반적인 용어로 하면 '의식의 변화(transformation of consciousness)'라 할 수 있다. 지금까지 가지고 있던 일상적 의식을 넘어서는 초일상적 의식을 갖게 되는 것이다. 결국 일상적 의식이란 모든 것을 너와 나, 이것과 저것, 흑과 백 등으로 나누어 생각하는 '이분법적 의식(dualistic consciousness)'이므로 이런 일상적 의식을 초월한다고 하는 것은 바로 '비이분법적(non-dualistic)', 혹은 '초이분법적(trans-dualistic)' 의식으로 들어감을 의미한다.

말이 좀 추상적이 되었지만, 이를 우리가 잘 아는 '산은 산, 물은 물'을 통해 이해해 보기로 하자. 이 말은 성철 스님이 1981년 1월 종정 취임식 때 본인은 나타나지 않고 종이에 적어 준 법어에서 끝부분에 "시회대중은 알겠는가. 산은 산 물은 물이로다." 한 이후 불자뿐 아니라 일반인에게도 많이 알려진 말이 되었다. 물론 이 말은 성철 스님이 최초로 한 말은 아니다. 중국의 많은 선승은 말할 것도 없고, 한국에서도 고려 말 백운(白雲) 선사나 1982년 입적한 경봉 스님이 즐겨 쓰던 말이다. 이 말의 시초는 중국 송나라 때 임제종 황룡파 청원유신(靑原惟信) 선사가 한 것이라 전해지고 있다. 그 정확한 텍스트는 다음과 같다.

> 내가 30년 전 아직 선 공부를 하지 않고 있을 때
> "산은 산이고, 물은 물이었다."
> 그 후 훌륭한 스님을 뵙고 어느 경지에 들었을 때

"산은 산이 아니고, 물은 물이 아니었다."
그 이후 이제 쉼의 경지에 이르게 되니
"산은 정말로 산이고, 물은 정말로 물이라."

老僧三十年前未參禪時
見山是山 見水是水
乃至後來親見善知識有入處
見山不是山 見水不是水
而後得箇休歇處
依前見山祇是山 見水祇是水

이 말이 유명해지자 일반인들 사이에서 여러 가지 기발한(?) 해석이 등장했다. 예를 들면, 산은 그냥 산으로, 물은 그냥 물로 보라. 산을 미래의 골프장이나 아파트 단지로 보지도 말고, 물을 유람지나 댐공사 예정지로 보지도 말고, 단순하게 산은 산, 물은 물로 그냥 보라는 말이라 읽는다. 또 아침을 잘 먹고 산에 들어가니 산이 산이고 물이 물이었는데, 한참 올라가다가 배가 고프니 산도 산으로 보이지 않고 물도 물로 보이지 않고 눈앞에 온통 먹을 것만 어른거렸지만, 점심을 잘 먹고 나니 다시 산이 산으로 물이 물로 보이게 된다는 해석도 있다. 또 산은 산, 물은 물. 산이 물이 되려고도 하지 말고, 물이 산이 되려고도 하지 말라. 남을 부러워할 것 없이 모두 자기의 분수대로 살라고 풀이하기도 한다. 모두 일리 있는 '이해 내지 오해'일 수 있다. 그러나 이 말의 역사적 뜻은 이보다 좀더 깊다.

첫째, '산은 산 물은 물'의 입장은 상식의 세계에서 본 일상적 세계관이다. 이른바 소박한 실재주의에 입각한 '긍정'의 입장이다. 주체와 객체, 나와 대상을 두 가지 독립적인 실체로 보는 이원론적 사고방식이다. 나의 자의식을 중심으로 우리 주위에 보이는 모든 것을 그대로 다 실재하는 대상으로 받아들이는 유(有)의 입장이다. 나는 나, 너는 너, 책상은 책상이고, 나무는 나무. 모두가 개별적인 실체로 따로따로 존재한다고 본다. 화엄사상의 입장에서 보면 세상을 '사법계(事法界)'로 보는 단계에 해당한다.

이렇게 보는 세계는 언제나 불만족스럽고 불안하다. '나'를 다른 대상과 비교해서 생각하기 때문에 이 '나'를 확대하거나 미화하거나 보호하거나 과장하려 한다. 우리가 이런 자의식을 가지고 사는 한 우리에게는 쉼이 있을 수 없다. 성 아우구스티누스가 그의 자서전에서 "우리의 마음이 당신 안에서 쉼을 얻기까지는 쉼이 없습니다."고 한 말과 같다. 심리학자 매슬로(A. Maslow)에 의하면 언제나 뭔가 모자란 것으로 느끼면서 뭔가를 더 채우려고 안달하는 '결핍 의식(D-cognition)'으로 살아가는 삶이다. 'D'는 Deficiency, '결핍'을 의미한다. 지족(知足)이 없는 상태다.

둘째, '산은 산이 아니고 물은 물이 아니라'는 것은 지금까지의 안일하고 소박한 관념이나 신념 체계에 회의를 느끼고 결국은 이를 거부하는 '부정'의 입장이다. 모든 정신적 용사들이 공통적으로 거치는 '집을 떠남(leaving home)'이나 '뒤집어엎음(subversiveness)'의 태도라 할 수 있다. 고정관념이나 상식의 세계, '당연한 것으로 여기던 세계(taken-for-granted world)'를 넘어서려는 것이다. 종교적 통찰과 안목이 깊어지면서 우리가 보는 현상세계가 전부가 아니라는 것, 그것이 그대로 궁극 실재가 아니라는 것을 깨닫게 된다. 내가 그렇게 떠받들고 위하던 '나'라는 것도 '참 나'가 아니고, 그리고 내가 실재라고 믿었던 산이나 물 모두도 결국 서로의 관계를 떠나서 독립적으로 존재하는 무엇이 아니라는 사실을 알게 된 것이다. 그러면서 이런 개별적 현상들의 밑바닥에 흐르는 일종의 원리 같은 것을 보게 된다. 화엄에서 말하는 '이법계(理法界)'를 보는 것이다. 중관 사상에서 말하는 '공'의 첫 원리를 깨달은 셈이다.

셋째, '산은 정말로 산이고 물은 정말로 물'이라는 것은 현상세계의 참모습을 꿰뚫어 보고 이를 새로운 의미에서 '긍정'하는 입장이다. 부정의 부정, 곧 '대긍정'으로서, '쉼의 경지에 이르렀음'이라 할 수 있다. 이는 주객이나 선악, 미추 등 모든 대립의 세계에서 '이것이냐 저것이냐'로 분주하던 것을 멈추고 '이것도 저것도' 같이 인정할 줄 아는 참된 깨달음의 경지에 들어갔다는 뜻이다. 이제 중관론에서 말하는 열반(니르바나)이나 생사(쌈싸라)가 둘이 아니라는 것을 깨달은 것이다. 우리가 보는 이 현상세계의 본질을 분명히 보고 이것이 그대로 궁극 실체의 다른 면임을 발견한 것이다. 화엄으로 말하면 '이사무애' 내지 '사사무애'의 경지에 이르러 모든 것이 상즉·상입함을 꿰뚫은 것이다. 만물의 여여(如如)함을, '진정 그러함(眞如, tathatā)'을 그대로 본 대긍정이다.

의식의 변화

이 세 단계는 결국 인간이 이를 수 있는 의식의 변화를 이야기하는 것이다. 어느 의미에서 이런 의식의 변화는 선에서만 이야기하는 것이 아니다. 선불교와 밀접하게 관계된 노장(老莊)사상에서는 말할 것도 없고, 선불교와 전혀 관계가 없을 것 같은 그리스도교에서도 이런 의식의 변화는 그 가르침의 핵심을 이루는 것이라 볼 수 있다.

　예수님이 사람들 앞에 나와서 처음으로 외친 것은, 우리가 잘 아는 대로 "회개하여라. 하늘나라가 가까이 왔다"(마태복음 4:17)고 하는 것이었다. 여기서 '회개'라는 말은 옛 잘못을 뉘우치고 앞으로는 그런 실수를 되풀이하지 않겠다는 것을 다짐하는 정도로 이해할 수 있다. 그러나 그 본래 말인 '메타노이아(metanoia)'라는 말은 meta+noia 로서 '의식의 변화'라는 뜻이다. 예수님이 그의 청중을 향해 요구한 것은 윤리적인 반성이나 개선 정도가 아니라 그런 것을 넘어서는 이런 철두철미한 의식의 변화였다. '하늘나라'라고 했을 때 '나라(basileia)'라는 말은 일차적으로 '주권' 혹은 '자유'를 의미한다. 따라서 의식의 변화를 통해 참 나로서의 주권을 회복하고 참된 자유를 누리라고 하는 것이 예수님의 기본 가르침이라 해도 지나칠 것이 없다. 이 문제에 대해서는 여러 곳에서 강조했고, 이 책 뒷부분에 가서도 다시 이야기할 기회가 있을 것이기에 여기서는 이 정도로 하기로 한다.

십우도

선 체험의 과정이 이런 의식의 변화를 심화해 가는 과정이라는 것은 선불교 전통에서 잘 알려진 '십우도(十牛圖)'에서도 그야말로 '그림처럼' 잘 나타나 있다. 여러 가지 이본(異本)이 있지만 가장 널리 알려진 것은 중국 송대의 곽암(廓庵) 선사의 것이다. 어느 목동이 소를 찾아 나서서 소를 찾고, 찾은 후에 경험하는 일을 열 장의 그림으로 보여주는 것이다. 1) 소를 찾아 나섬(尋牛), 2) 자취를 봄(見蹟), 3) 소를 봄(見牛), 4) 소를 얻음(得牛), 5) 소를 길들임(牧牛), 6) 소를 타고 집으로 돌아옴

(騎牛歸家), 7) 소는 잊고 사람만 남음(忘牛存人), 8) 사람도 소도 다 잊음(人牛俱忘), 9) 근원으로 돌아감(返本還源), 10) 저잣거리로 들어가 도움의 손을 드리움(入廛垂手).[48]

　소를 찾아 나선다는 것은 산을 산이라고 보던 지금까지의 상식적인 세계를 부정하고 뒤로한다는 뜻이다. 소의 자취를 보고 소를 발견한 다음 소의 고삐를 잡았지만, 이 체험이 너무나 엄청나서 점차적으로 이에 익숙해져야 한다. 그러고 나면 소를 타고 즐길 수 있다. 신발이 꼭 맞으면 신발을 신었다는 사실을 잊어버리는 것처럼 이제 길들여진 소를 잊어버리게 된다. 산은 산이 아님을 분명히 알게 된 것이다. 그러나 아직 완전한 것은 아니다. 자신마저 잊어버리게 되어야 한다. 그러고 나면 궁극적으로 우주 만물의 근원, 궁극 실재만이 실재임을 깨닫게 된다. 완전한 의식의 변화다. 이런 의식을 가지고 사물을 보면 현상 세계와 궁극 실재가 결국 하나라는 그 진정한 본래의 모습을 그대로 보게 되는 것이다. 이제 산이 다시 산이다. 나아가 이런 경지에서 세상을 보면 세상은 나의 도움을 원하는 도움의 대상으로서의 현실로 나타나는 것이다. 도움의 손길을 펴기 위해 저잣거리로 나간다. 불교 전체를 통해, 그리고 선의 전통에서, 모두 이처럼 '상구보리 하화중생(上求菩提 下化衆生)', '오름과 내려감'의 변증법적 움직임이 강조된다는 것을 말해 주는 대목이다.

---

48) 십우도의 종류를 소개하고 해설한 훌륭한 책으로 장순용, 『禪이란 무엇인가? 十牛圖의 사상』(세계사, 1991), 요코야마 고이츠, 장순용 옮김, 『십우도 마침내 나를 얻다』(들녘, 2001) 등 참조할 것. 이 두 책을 우편으로 보내준 친구 고 심재룡 교수에게 이 자리를 빌려 다시 고마움을 표시한다. 그 외에 십우도의 열 가지 그림에 따라 조사들의 어록을 분류해 놓은 아름다운 책으로 Timothy Freke, *Zen Wisdom: Daily Teachings from the Zen Masters* (New York: Godsfield Press, 1997) 등 여러 가지가 있다.

선 체험의 특징

미국의 철학자 겸 종교심리학자인 윌리엄 제임스(William James)는 그의 고전적인 책 『종교적 경험의 다양성(*Varieties of Religious Experiences*)』에서 종교의 신비체험에는 네 가지 특징이 있다고 했는데, 그것은 1) 말로 표현할 수 없음(ineffability), 2) 주어졌다는 느낌(passivity), 3) 시간적으로 짧음(transiency), 4) 뭔가 확실한 깨달음(noetic quality)을 얻었다는 확신 등이다. D. T. 스즈키를 소개한 바레트(William Barrett)는 선 체험이 서양에서 말하는 '신비주의'와 같은 것이 아니라고 주장한다.49) 그러나 스즈키 자신은 제임스의 주장을 의식하면서, 선에서 말하는 깨달음이 다음과 같이 여덟 가지 특징을 가진 것이라 나름대로 정리하고 있다. 이 여덟 가지는 1) 초이성적임(irrationality),50) 2) 직관적 통찰(intuitive insight), 3) 권위 있는 확신(authoritativeness), 4) 긍정(affirmation), 5) 초월적인 것과 관련된 것이라는 감정(sense of the Beyond) 6) 비인격적 어조(impersonal tone),51) 7) 고양된다는 느낌(feeling of exaltation), 8) 순간적임(momentariness) 등이다.52) 바레트가 선불교를 신비주의와 구별하려는 입장을 보임에도 불구하고, 제임스가 열거한 신비주의 체험의 특징과 스즈키가 나열한 선 체험의 특징을 비교하면, 선의 체험도 결국 세계 종교 전체에 흐르는 신비주의적 색채를 대체적으로 띠고 있는 것이라 보아도 무방할 것이다. 사실 심리학자 융(Carl Gustav Jung)은 스즈키의

---

49) Suzuki, *Zen Buddhism*, op. cit., p.xvii.
50) 스즈키는 irrationality라고 했지만 'irrationality'는 '반이성적' 내지 '비이성적'이라는 뜻을 가진 말이므로 'transrationality'라 하는 것이 적절할 것이다.
51) 이것 역시 'impersonal(비인격)'이라는 말이 주는 부정적 어감 때문에 '초인격적(transpersonal)'이라 하는 것이 더 적절할 것이다.
52) 같은 책, pp.103~108.

선 입문 책 서문에서 "선의 깨달음은 의심할 여지없이 신비주의자의 체험이다."고 단언하기도 했다.53)

선(禪)과 예술

선은 동아시아 문화에 지대한 영향을 끼쳤다. 시, 미술, 서예, 정원, 활쏘기, 연극, 다도, 검도 등 많은 분야에 선적인 요소가 가미되어 있다. 이런 예술 분야들이 선과 관련되는 것은 크게 두 가지 면이라 볼 수 있다.

첫째, 이런 예술적 활동이 '선적 체험에 이르기 위한 수단'이 될 수 있다는 것이다. 예를 들어 '활쏘기의 도(弓道)'를 닦을 때 끊임없는 연습을 통해 일상적 나로서의 '나(ego, self)'를 완전히 잊고 활과 화살과 과녁과 내가 완전히 합일하는 경지, 곧 일상적인 의식을 넘어서는 초일상적 의식의 경지에서 활을 쏘려고 노력하는데, 이는 결국 그와 같은 초이분법적 경지에 도달하기 위해 노력하는 좌선 수행과 맞먹는 것이라 보는 것이다.54) 서예를 할 때도 오랜 수련을 통해 붓을 움직일 때 극히 자연스럽게 무의식적으로 움직일 수 있는 경지에 이르도록 노력하는 것은 결국 참선을 통해 이르고자 하는 경지와 적어도 같은 방향이라는 것이다. 이런 면에서 골프 등 현재 많은 사람이 즐기는 스포츠도 자기를 잊음으로 참 자기를 찾기 위한 정신적 수련법이 될 수 있다. 필자가 가르친 학생 중 캐나다에서 이름을 날리던 하키 선수

---

53) 鈴木大拙(다이세쯔 스즈키), 심재룡 역, 『아홉 마당으로 풀어쓴 禪』(현음사, 1986), 23쪽.
54) Eugen Herrigel, *Zen in the Art of Archery* (New York: Random House, 1981) 참조할 것.

가 있었는데, 이 학생도 하키를 하는 도중 그 비슷한 경지에 이르는 경험을 가끔씩 하게 된다고 했다. 서양에서는 이런 경지를 'Zone'에 들어간다고 표현한다.55)

둘째, 이런 여러 가지 예술이 선과 관계되는 또 다른 측면은 예술 형식이 '선적 체험을 표현하기 위한 수단'이 된다는 것이다. 선적 체험은 일상적인 말로 표현할 수가 없기에 이런 예술 형식을 통해 상징적으로 표현할 수밖에 없다. 일본 불교 전통에서 보석처럼 반짝이는 하이쿠(俳句)라는 시 형식이 있는데, 3행에 각각 5-7-5 모두 17음절로 이루어진 이 짧은 시는 선적 체험을 수정처럼 아름답게 표현한 예술 형식의 예라 할 수 있다. 가장 유명한 하이쿠 시인인 바쇼(芭蕉, 1644~1694)의 하이쿠 하나를 예로 든다.

古池や (후루 이케야)
蛙飛びこむ (키와즈 도비꼬무)
水の音 (미즈노 오토)

오래된 연못
개구리 뛰어든다
물소리 퐁당

뭐라고 말할 수 없는 아련함을 가슴으로 느끼게 되지 않는가? 한 가지 강조하고 싶은 것은 이런 선적 체험을 표현한 예술이 다시 그것

---

55) 필자의 책, 『부드러운 것이 강한 것을 이긴다』(열린책들, 1996), 57~70쪽에 나오는 「골프도(道)」는 스포츠의 정신적인 면을 이야기하고 있다. Michael Murphy, *Golf in the Kingdom* (New York: Penguin Arkana, 1972)과 최의창, 『체육의 역연금술』(태근, 2002), 343~359쪽에 나오는 「마음의 골프」도 같은 계통의 이야기를 하고 있다.

을 보거나 듣는 사람들을 이런저런 면으로 촉발시켜 그들도 선의 경지에 이르도록 인도하는 손가락의 역할을 한다는 것이다. 이런 것을 두고 종교적 진술이나 종교적 예술 작품이 가진 '일깨움(evocativeness)'의 특성이라 한다.

가는 매화 가지에 참새 한 마리가 앉아 있는 선화(禪畵)에서 매화나 참새는 그 그림의 주제가 아니다. 매화와 참새는 자신들 너머에 있는 공백, 그것이 상징하는 궁극 실재를 가리키는 손가락인 셈이다. 우리는 매화와 참새를 봄으로 보이지 않는 궁극 실재로 우리의 시선을 옮겨야 한다.

이렇게 우리의 초점을 배후의 근본 실재로 옮기는 것을 두고 '인식의 뒤집음(noetic reversal)'이라고 한다. 이런 일을 통해 한 폭의 그림이나 한 편의 짧은 시 같은 시간적인 표현에서 '무시간적인 것(a-temporal)', 영원을 감지할 수 있는 것이다.

선종에 대한 다양한 해석

이런 깨침이 무엇일까 심리학적 용어로 설명해 보려는 사람들이 많았다. 그중에서 몇 가지만 간단히 소개해 본다.

첫째, 에리히 프롬(Erich Fromm)은 『*Buddhism and Psychoanalysis*』[56]라는 그의 책에서 깨침은 '우리의 무의식을 의식화하는 것'이라고 했다. 우리는 우리가 경험하는 것의 극히 일부만 의식하고 나머지 대부분은 우리의 의식 영역 밑으로 넣어둔다. 의식되는 부분은 마치 빙산의 일

---

56) New York: Harper & Row, 1970.

각이고 그 밑으로 의식되지 않는 부분이 훨씬 더 크다는 것이다. 이런 무의식 영역에 들어 있는 것들은 언어나 논리나 가치관 같은 '사회적 필터' 때문에 의식의 영역으로 올라올 수가 없다. 참선은 이 필터를 얇게 하거나 제거하는 작업으로서 이것을 통해 '무의식을 의식으로 만드는 것(making the unconscious conscious)'이 가능해진다고 보았다.

둘째, 로버트 온스타인(Robert Ornstein)은 그의 책 가운데 『Psychology of Consciousness』[57] 등을 통해 깨침이란 '우리 두뇌의 좌반구와 우반구의 기능이 균형을 되찾는 것'이라고 설명했다. 그는 뇌의 좌우반구가 그 기능이 다른데, 좌반구는 우리의 이성적·분석적·언어적·직선적인 면과 관계되고, 우반구는 직관적·종합적·심미적·입체적인 면과 관계된다는 설을 받아들였다. 그에 의하면 우리는 지금껏 주로 좌반구의 기능만 중요시하고 그것만 사용하며 산다는 것이다. 문자 그대로 '일방적(one-sided)'인 삶을 사는 셈이다. 참선이란 이처럼 왕성한 좌반구의 이성적인 기능을 줄이고 우반구의 직관적인 면을 북돋는 일로서, 이것이 가능하면 우리는 양쪽을 모두 사용하는 균형진 삶을 살 수 있다고 보았다. 최근에 와서 뇌의 좌우반구 설이 일반적으로 받아들일 수 있는 것인가 하는 논의가 있을 수 있지만, 아무튼 선 체험을 심리적인 용어로 이해하려고 한 예로 주목할 만하다.

셋째, 켄 윌버(Ken Wilber)는 『Up From Eden』(1983) 등 그의 많은 저술을 통해 깨침이란 결국 '초이분법적 의식으로 들어감'이라고 주장한다. 앞에서도 몇 번 언급했지만, 윌버에 의하면 우리의 의식은 개인적으로나 인류 전체의 의식발달사로나 세 가지 단계를 거친다. 첫째는 주객

---

[57] New York: Penguin Books, 1972.

이 아직 분리되지 못한 미이분법적(未二分法的, pre-dualistic) 의식, 둘째는 주객을 나누어 보는 이분법적(二分法的, dualistic) 의식, 셋째는 주객을 뛰어넘어 통전적으로 보는 초이분법적(超二分法的, transdualistic) 의식이다.

아담과 이브가 에덴동산에서 선악과를 따 먹는다는 이야기에서 나타나듯 선과 악, 나와 세계, 주와 객을 구별하지 못하던 동물적인 의식 상태가 있었다. 그때에는 "개 팔자가 상팔자"라는 말처럼, 나를 객관적으로 의식할 능력이 없었기 때문에 근심 걱정이 없었다. 그러다가 자의식이 생기면서 나 스스로를 의식하고 제약된 나, 열등한 나를 확대하려는 '자아 확대 작업(atman project)'이 시작되면서 인생이 고달파진다. 이것이 지금 우리가 사는 모습이다. 그러다가 이를 뛰어넘음으로 여기에서 해방되는 삶을 그리워하게 되는데, 이것을 가능하게 해주는 의식이 초이분법적 의식이고 참선은 이런 의식을 가능하게 해주는 기술이라는 것이다.

넷째, 토머스 머튼(Thomas Merton)이 선불교와 그리스도교와의 관계에 대해 이야기한 것을 하나 덧붙인다. 그는 바울이 고린도인들에게 보낸 편지서에서 언급한 '두 가지 지혜'와 '십자가의 말씀'을 선과 연결시킨다.[58] 바울은 이 편지서에서 한편으로 '말의 지혜' 혹은 '세상의 지혜'를, 그리고 다른 한편으로는 '하느님의 지혜'를 놓고 이 둘을 대비시킨다. '세상의 지혜'는 합리적인 사고와 이에 상응하는 말과 진술로 이루어진 것인 반면, '하느님의 지혜'는 체험과 역설을 바탕으로 한

---

58) Thomas Merton, *Zen and the Birds of Appetite* (New York: A New Directions Book, 1968) pp.55~57.

것으로서 이성의 영역을 넘어선다. 이런 초이성적인 '하느님의 지혜'를 얻기 위해서는 '세상의 지혜' 혹은 '말의 지혜'를 버려야 한다고 했다. 이를 버릴 수 있는 것은 오직 '십자가의 말씀'59)을 통해서다. 십자가의 말씀은 사실 철학적 사고를 하는 그리스인들에게나 율법을 중시하는 유대인들에게는 어리석고 거리끼는 일이지만 하느님의 부르심을 받은 사람들에게는 '하느님의 능력'이 된다는 것이다.

여기서 중요한 것은 '십자가의 말씀' 혹은 '십자가의 도'라는 것이 어떤 이론이나 진술 같은 것과는 전혀 상관이 없고, 오로지 그리스도의 죽음과 부활에 동참함으로 그와 하나가 되는 체험을 말하고 있다는 사실이다. '십자가의 말씀'을 받아들인다는 것은 그리스도가 우리의 죄를 위해 십자가를 지셨다는 전통적 교리를 맹목적으로 수납하는 것을 의미하는 것이 아니다. 이것은 내가 '그리스도와 함께 십자가에 못 박히는 것' 그리하여 이제 일상적인 내가 나의 행동의 주체가 되는 일을 그만두고 내 속에 살아 계시는 그리스도가 나를 움직이도록 하는 것을 뜻한다. 바울은 이런 체험을 "나는 그리스도와 함께 십자가에 못 박혔습니다. 이제 살고 있는 것은 내가 아닙니다. 그리스도께서 내 안에 살고 계십니다."(갈라디아서 2:20)고 말하고 있다.

이처럼 '십자가의 말씀'을 받아들인다는 것은 본래 "하나님의 모습을 지녔으나 하나님과 동등함을 당연하게 생각하지 않으시고 오히려 자기를 비워서 종의 모습을 취하신"(빌립보서 2:6) 예수의 '자기 비움(kenosis)'에 나도 참여하여 나 스스로를 완전히 비움을 의미한다.

---

59) 개역에는 '십자가의 도'라고 번역되었는데, 그리스어 본문은 '로고스'로 되었기에 이런 번역도 가능하다.

머튼에 의하면, 그리스도교의 핵심은 이처럼 스스로 잘 이해하지도 못하는 전통적 교리나 설명 체계를 교회의 권위에 따라 그대로 맹신하고 수납하는 것이 아니라, 그 교리가 진정으로 가리키는 바의 내적 생명력에 접하는 '깊은 개인적 체험'을 갖게 되는 것이라는 이야기다. 이 점에서 그는 이론에 얽매이지 않고 이론이 가리키는 깨침의 체험을 강조하는 선불교가 바울이 말하는 자기 비움의 체험과 궤를 같이하는 것으로 보고 있다.

이상에서 선불교에 대한 몇 가지 해석의 예를 살펴보았다. 한 가지 분명한 사실은 해석이 어떠하든 간에 선불교를 비롯한 명상법이, 믿겨지지 않는 교리를 억지로 믿어야 한다고 강요하는 종교에 식상한 많은 젊은이, 특히 직접적인 종교적 체험을 갈구하는 많은 이에게 크게 어필하는 것이 현실이라는 것이다.

한국 불교

한국으로 불교가 들어온 것은 삼국 시대 고구려 소수림(小獸林)왕 2년인 기원후 372년이라고 본다. 그 뒤를 이어 384년 백제에, 534년 신라에도 불교가 전해졌다. 그 무렵 낙동강 하구에 있던 가야(伽倻)에도 남방에서 불교가 전래되었다는 설이 있다. 아무튼 한국에 들어온 불교는 크게 흥왕하여, 신라는 불교의 힘으로 삼국을 통일하고 불국사, 석굴암 등 찬란한 불교문화를 꽃피우게 되었다. 신라 시대의 위대한 스님은 앞에서도 잠깐 언급한 원효(元曉, 617~686)와 의상(義湘, 625~702)으로 이들은 학문적으로 중국과 일본의 불교에도 크게 공헌했다.[60]

통일 신라에 이어 고려도 불교국으로 훌륭한 스님을 많이 배출했는데, 그중에서 대각(大覺)국사 의천(義天, 1055~1101)과 보조(普照)국사 지눌(知訥, 1158~1210), 태고(太古)화상 보우(普愚, 1301~1382) 등을 들

---

[60] 坂本幸男(사카모토 유키오), 『華嚴教學の研究』(平樂寺書店, 1956), Steve Odin, *Process Metaphysics and Hua-yen Buddhism: A Critical Study of Cumulative Penetration vs. Interpenetration* (Albany, NY: SUNY Press, 1982), 불교사학회 편, 『韓國華嚴思想史研究』(민족사, 1988), 鎌田茂雄(카마타 시게오), 『新羅佛教史序說』(大藏出版, 1988), 정병삼, 『의상화엄사상사연구』(서울대학교출판부, 1998), 김상현, 『元曉 연구』(민족사, 2000), 김상일, 『元曉의 判比量論 비교 연구』(지식산업사, 2004) 등 참조할 것.

수 있다.

의천은 고려왕 문종의 아들로 중국 송나라에 선종을 비롯한 여러 종을 배우고 고려로 다시 돌아와 천태종을 전파하고 한편으로 송, 요, 일본 등지로부터 불경을 모아 편찬하는 큰일을 이루었다. 지눌은 화엄에 통달하고 선을 깊이 깨달은 다음 당시의 선을 '돈오점수(頓悟漸修)'의 원리에 따라 개혁하는 데 힘써, 지금 조계종(曹溪宗)의 기초를 놓았다. 보우는 선종 중에서 임제종 계통을 실천한 인물로, 지금 태고종은 그를 초조로 삼고 있다. 고려 시대에도 팔만대장경을 조성하는 등 불교는 문화적으로도 큰 유산을 남겼다.

앞에서 말한 중국의 불교 종파들이 삼국 시대나 고려 시대에 한국으로 거의 다 들어왔다. 그러나 고려 말 승려들이 정치에 너무 깊이 관여하여 물의를 일으켰다고 생각한 조선조는 불교를 억제하고 유교를 받드는 억불(抑佛) 숭유(崇儒) 정책을 채택했다. 이런 정책에 따라 그 전에 들어온 여러 가지 종파들을 크게 '선(禪)과 교(敎)' 두 가지로 통합했다. 따라서 한국에는 현재 정토종이라든가 화엄종이라든가 하는 별개의 종파가 따로 독립해 있지 않다. 선을 하는 이들도 염불을 할 수 있고, 『화엄경』이나 『법화경』을 연구한다. 이런 식으로 종파를 별로 따지지 않는 태도 때문에 한국 불교를 두고 이른바 '통불교(通佛敎)'적 특성을 가지고 있다고 한다.

조선 시대 말에 가서는 억불 정책이 더욱 강화되어 심지어는 승려들의 서울 성안 출입을 금지하기도 했다. 조선 말기에는 일제가 조선을 병탄하면서 일본 불교가 들어오기 시작했다. 승려들의 결혼을 허용하는 일본 정토종 계통의 불교가 들어오면서 한국에도 결혼을 하는 대처승 제도가 도입되었고, 이것은 해방 후 대처승과 비구승 간에 생겼던 불화의 씨앗이 되기도 했다. 1954년 이승만 대통령이 대처승은 왜색이므로 사찰에서 물러나라는 지시를 하여 비구·대처 간의 분규가 본격적으로 시작되어, 결국 1969년 비구측은 '조계종'으로 정식 등록되고, 1970년 대처승단은 별도로 '태고종'으로 등록하게 되었다. 그 이후로도 별도의 신흥 종단이 계속 나타나 현재 약 50개의 독립된 종단이 형성되어 있다. 현재 한국 불교도 그동안의 여러 가지 어려움을 지나 대중 불교 운동이나 불교 정화 운동 등을 통해 새로운 시대에 부응하는 새로운 불교로 거듭나기 위해 애쓰고 있다. 어느 면에서 1924년에 생긴 원불교(圓佛敎)는 종래의 불교를 개혁하고 대중화하려는 운동의 구체적 표현의 일례라 할 수 있을 것이다.

일본 불교

일본 불교는 서기 552년 혹은 538년 백제의 성왕이 일본 왕에게 승려와 금동석가불상, 깃발, 가사와 경론을 보냄으로 시작되었다. 불교는 일본 토착 종교인 신도(神道)와 알력을 빚는 등 우여곡절을 겪었지만 결국 일본 왕가에 의해 채택되고, 그 후 유명한 쇼도구다이시(聖德太子, 574~622)에 의해 확립되었다. 고구려 승 혜자(慧慈)와 백제 승 혜총(惠聰)에게 불교를 배운 그는 호류지(法隆寺)를 짓고, '17조 헌법'을 제정해 나라에서 불교를 받들도록 명하고 스스로 『법화경』과 『승만경』을 강의하는 등 불교를 널리 펴는 데 획기적인 공헌을 했다. 뿐만 아니라 신도(神道)와 불교와 유교를 어우르는 '신불유습합(神佛儒習合)' 정책을 펼쳤는데, 이런 사상은 '양부신도(兩部神道)' 혹은 '신불습합(神佛習合)'이라 하여 신도와 불교의 융합을 이상으로 하는 일본 특유의 신앙 형태를 낳는 출발점이기도 했다.

쇼도구다이시 이후 일본 불교는, 도쿠가와(德川) 시대의 신도 보호 정책과 메이지(明治)유신 초기 '신불분리령(神佛分離令)'과 함께 '폐불훼석(廢佛毀釋)' 정책으로 약간 주춤하기는 했지만, 중간에 끊어지는 일

없이 오늘까지 일관되게 내려오면서 한국이나 중국에서 들어온 이런 저런 종파들을 그대로 유지했고, 거기다가 일본 특유의 요소들을 습합하여 자기들대로 새로운 종파들을 세우기도 했다.

일본에서 생긴 불교 종파 중 가장 대표적인 것이 니치렌슈(日蓮宗)이다. 이 종파의 창시자 니치렌(日蓮, 1222~1282)은 불교에서 말하는 말법(末法)의 암흑 시대가 1050년부터 시작된다고 계산하고, 이 시대를 위해 받들어야 할 특별한 가르침이 바로『법화경』의 진리라고 주장했다. 정토나 선 같은 다른 종파는 모두 마귀나 지옥이라고 보았다.

그는 또『법화경』전체의 진리가 그 경의 다섯 글자 '제목(일본 발음은 다이모쿠)' 자체에 응결해 있기 때문에 경의 제목을 외우는 것이 중요하다고 주장했다. 이 경의 완전한 제목은 한문으로『妙法蓮華經』이므로 여기서 앞에다 '귀의한다'는 의미의 말 '나무'를 붙여 일본 발음으로 '나무 묘호렌게교'를 외우라고 했다.

니치렌은 부처님이『법화경』을 설한 것이 후지산이었다고 주장하고, 새롭게 정화된 참된 진리가 일본에서 세계로 나가므로 일본을 대일본(大日本)이라 부르기 시작했다. 니치렌슈의 평신도 운동인 '소카각카이(創價學會, '새로운 가치를 창조한다'는 뜻)'가 생겨서 천만 명에 가까운 신도를 가지고 있고 일본에서는 정당 활동까지 하는데, 고메이도(公明黨)가 바로 그것이다. 얼마 전에 갈등으로 인해 1991년 소카각카이가 니치렌 본종파에서 분리되었다.

니치렌슈에서 나온 또 하나의 평신도 운동 단체로 5백만 명의 신도를 가진 '릿쇼고세이카이(立正佼成會, '올바름과 사귐을 세운다'는 뜻)'도 그리스도교 셀 운동 같은 소그룹 모임인 '호자(法座)'나 교성회 자체에서 주도하는 세계 평화운동 등을 통해 교세를 확장하고 있다. 소카각카이나 릿쇼고세이카이는 미국이나 유럽, 한국 등지로도 포교하는 데 열심이다.

티베트 불교

최근 서양에서는 달라이 라마의 많은 책이 베스트셀러에 오르고, 티베트 불교를 주제로 한 영화도 나오는 등 티베트 불교가 많은 사람의 주목을 받고, 또 이를 신봉하는 사람도 많다. 가장 잘 알려진 예가 미국의 영화배우 리처드 기어 같은 사람이다. 따라서 티베트 불교에 대해 잠깐이나마 알아보지 않을 수 없다.

티베트 불교를 주로 금강승(金剛乘, Vajrayāna)이라고도 하고, 밀의(密意, Tantric)불교, 라마교(Lamaism)라고도 한다. 티베트에 불교가 들어온 것은 7세기였다. 이때 인도와 중국에서 들어온 불교는 대승불교의 일종이지만, 이것은 봉(bon)이라는 티베트 전래의 토속 종교와 어울려 티베트 특유의 불교를 형성했다.

티베트 불교에서 가장 두드러진 특징은 '주술(呪術)'을 많이 이용하고 '주문(呪文, 만트라)'을 많이 외우는 것이라 할 수 있다. 가장 많이 외우는 주문은 '옴 마니 파드메 훔(Om mani padme hum, 한국 발음 옴마니반메훔)'이라는 것이다. 문자적인 뜻은 "옴, 연꽃 속에 있는 보석이여, 훔"으로 티베트인들의 수호신 격인 관세음(Avalokiteśvara)보살을 부르는 것이다.

그러나 일반인들은 이런 뜻과 상관없이 그냥 많이 외우기만 하면 그 자체로서 영험을 얻을 수 있다고 믿는다. 심지어 입으로 외우는 것만으로는 부족하다고 생각하고, 납작한 깡통 모양의 통에 이 주문을 많이 써넣고, 그 깡통 가운데를 뚫어 손잡이를 끼우고 깡통 한쪽에 추를 단 다음 손잡이를 잡고 깡통을 돌리기도 하는데, 영어로는 'prayer wheel'이라고 한다. 이렇게 휴대용 뿐 아니라 옛날 한국 연자매 모양의 큰 통을 만들어 돌리거나 냇가에다 물레방아를 만들어 돌리기도 한다.

티베트 불교 지도자를 '라마'라고 한다. 14세기경에는 라마가 왕보다 더 큰 권력을 가지게 되어 왕들은 자연히 사라지고 라마들이 종교와 정치 모두를 관장하는 티베트 최고의 지도자가 되었다. 라마들은 크게 두 파로 나뉘는데, 일반적인 용어로 '노란 모자 학파(Yellow Hat school)'와 '빨간 모자 학파(Red Hat school)'다.

빨간 모자 학파 전통에서 내려오는 책 중에 8세기경에 쓰여졌으리라고 생각되는 『티베트 死者의 書(The Tibetan Book of the Dead, Bardo Thodol)』라는 것이 있다. 이 책에 의하면 사람이 죽으면 그 혼이 49일간 '바르도(bardo)'라는 꿈꾸는 것 비슷한 상태에 머문다고 한다. 이 기간 동안 생전에 어떤 삶을 살았느냐에 따라 열반에 들게도 되고, 여러 가지 다른 형태로 다시 태어나게도 된다. 예를 들어, 평소 왕자같이 산 사람은 다시 그런 조건이나 그보다 더 훌륭한 형태로 태어나기를 바라지만, 돼지처럼 산 사람은 깨끗한 궁궐보다는 돼지우리 같은 상태를 더 좋아하게 되어 결국 돼지나 그 비슷한 모양으로 다시 태어나길 원하게 된다는 것이다. 물론 이렇게 관성처럼 작용하는 과거 업(業)에만 의존하는 것은 아니다. 스님이 외우는 독경 소리를 듣고 선택을 바꿀 수도 있다고 믿는다.

노란 모자 학파의 최고 라마를 '달라이 라마(Dalai Lama)'라고 하는데, 노란 모자 학파가 수적으로 더 크기 때문에 달라이 라마가 실제적으로 티베트의 최고 지도자가 된다. '달라이'란 '바다'라는 뜻으로 그 인격의 넓이와 깊이를 상징한다. '달라이 라마'가 죽으면 그가 다시 환생한다고 믿고, 그 환생한 아이를 찾는 작업이 진행된다. 우여곡절을 거쳐 결국 달라이 라마의 환생이라고 여겨지는 아이를 찾게 되면 오랜 기간 철저히 훈련을 시킨 후 지도자로 삼는다. 티베트 사람들은 현재의 지도자 달라이 라마가 관세음보살의 14번째 환생이라 믿는다. 그의 속명(俗名)은 텐진 갸쵸(Tenzin Gyatso, 1935~)다. 달라이 라마는 중국과 긴장 관계를 유지하는 티베트 문제를 불교의 원칙에 따라 평화적으로 해결하려는 입장을 견지하여, 1989년 노벨 평화상을 받았다.

IV. 서양 불교

서양으로 온 불교

동양 문화권에서 2천 5백 년 이상 내려오는 불교도 새로운 시대에 맞추어 변하고 있다. 여러 나라에서 새롭게 일어나는 불교 개혁 운동이 이를 말해 준다. 가장 괄목할만한 변화는 불교가 동양에서보다 서양에서 더욱 활기를 띠고 있다는 사실이다. 따라서 우리의 불교 이야기에서 서양 사회의 종교 현상 일부분으로 자리 잡은 서양 불교의 현황에 대해 살펴보는 작업을 빼놓을 수가 없다.

근세 이전 서양에서는 13세기 마르코 폴로 같은 탐험가나 특별한 여행자를 제외하고는 불교를 접한 사람이 거의 없었다. 그러다가 17세기 동양으로 간 마태오 리치(Matteo Ricci) 등 예수회 선교사들의 보고로 동양의 다른 종교와 함께 불교도 서양에 알려지기 시작했다. 그 후 18세기 상인들이 아시아를 왕래하며 불교에 대한 정보를 가져와 서양 지성인과 학자들의 관심을 끌었다. 예로, 18세기 유럽에서는 쇼펜하우어(A. Schopenhauer), 니체(F. Nietzsche), 와그너(R. Wagner), 그 후 헤세(Hermann Hesse)가 불교에 심취했다. 미국에서는 에머슨(Ralph Waldo Emerson), 소로(Henry David Thoreau), 휘트먼(Walt Whitman)을 비롯한 여러 사상가와 문필가가 불교에 깊은 관심을 가졌다.

불교에 대해 대대적이고 본격적인 관심이 생긴 것은 1893년 미국 시카고에서 열린 세계종교회의(World Parliament of Religions)에 의해서였다. 세계종교회의에 세계 여러 종교의 대표와 함께 불교 대표도 초청된 것이다. 이 획기적인 사건으로 미국 일반 지식인들 사이에 세계 종교, 그중에서도 특히 힌두교와 불교에 대한 관심이 고조되었다. 이후 하버드·컬럼비아·시카고대학을 비롯한 여러 대학에 이런 종교들을 연구하고 가르치는 프로그램이 생겼다.

1950년대 이후 불교는 급작스럽게 대중화되면서 팽창하기 시작했는데, 미국에서는 케루악(Jack Kerouac), 긴스버그(Allen Ginsberg), 스나이더(Gary Snyder), 프롬(Erich Fromm), 영국인이지만 미국에서 활동한 와츠(Alan Watts) 등 문필가들의 공헌이 컸다. 1960년대에는 미국과 캐나다, 유럽 여러 나라 대학에 종교학과가 설립되었다. 종교학 과정에서 중요한 자리를 차지하는 불교학을 통해 불교를 학문적으로 연구하는 학자들, 지적 관심과 교양과목으로 불교를 공부하는 학생들이 대량으로 생겨났다.

엘리트 불교

이렇게 하여 서양에서 불교는 현재 많은 사람, 특히 지성인들 사이에서 크게 주목 받는 종교가 되었다. 그러나 한 가지 주목해야 할 중요한 점은 서양인이 받들고 있는 불교가 아시아 본고장의 불교나 서양에서 동양 이민자들이 신봉하는 불교와 같은 것이 아니라는 사실이다.

동양인이 받드는 전통적인 불교가 주로 예불, 초파일, 연등, 방생, 사십구재나 우란분재[1] 같은 천도재 등 기복이나 사후 문제와 관련된 예식을 중심으로 하는 것이라면, 서양 사람들이 수행하는 불교는 주로 명상과 경전 연구에 중점을 두고 있다는 점에서 서로 대조적이라 할 수 있다.

서양인들이 불교에 관심을 가지는 이유 중에는 불교가 초자연적이고 절대적인 인격신을 상정하고 그에게 복종할 것을 강요하는 율법주

---

[1] '우란분'은 산스크리트어 '울람바나(ulambana)'의 음역으로 '울람'은 '거꾸로 매달림(倒懸)'을, '바나'는 '풀어 줌'을 뜻한다. '우람분재'란 악도에 떨어져 고통 받고 있는 부모와 조상을 구제하기 위해 재(齋)를 드리는 것이다. 음력 7월 15일에 지내는데, 이날이 일 년 중 중간이라 하여 '백중'이라고도 한다. 한국에서 행해지고 있는 영가천도나 사십구재 등에 대해서는, 박연진, 『영가천도와 49재』(민족사, 2001), 우룡 큰스님, 『영가천도 - 불교신행총서 4』(효림, 1999), 효림 스님, 『사십구재란 무엇인가』(바보새, 2004) 등 참조할 것.

의적 종교관으로부터 상대적으로 자유롭다는 점, 대체적으로 무조건적인 '믿음'이 아니라 '깨달음'을 더욱 강조하는 입장, 자기들의 진정한 내면적 정체성을 찾는 데 도움을 줄 것 같은 가능성, 그리고 불교에서 발견되는 평화주의적·자연 친화주의적 태도 등에 호감 내지 호기심을 가지기 때문이라 볼 수 있다. 따라서 동양 불자가 특히 관심을 가지고 있는 동양의 특수한 민속적 내지 문화적 형식이나 관습, 그리고 초자연적인 힘에 기대려는 경향과 관련된 부분에는 자연히 별로 관심이 없기 마련이다.2)

아무튼 학자들 중에는 이런 점에 착안하여 동양인들이 전통적으로 신봉하는 불교를 '민족 불교(Ethnic Buddhism)', '이민 불교(Immigrant Buddhism)', '세습 불교(hereditary Buddhism)', 이민자들이 가지고 온 불교라는 뜻에서 '이삿짐 불교(baggage Buddhism)'라고 하고, 서양인들 사이에서 유행하는 불교를 '엘리트 불교(Elite Buddhism)', '백인 불교(White Buddhism)', '신 불교(New Buddhism)'라 분류하는 이들이 있다. 또 미국에서는 이런 민족 불교와 이민 불교를 '미국 안에 있는 불교(Buddhism in America)'라 하고, 백인 불교와 신 불교를 '미국적 불교(American Buddhism)'로 구별하는 사람도 있다.3)

---

2) 불교가 서양에 전파된 과정을 쉽게 소개하는 책으로 Rick Fields, *How the Swans Came to the Lake: A Narrative History of Buddhism in America* (Boston: Shambala Publications, 1992)와 Stephen Batchelor, *The Awakening of the West: The Encounter of Buddhism and Western Culture* (Berkeley: Parallax Press, 1994)를 참조할 것.
3) Jan Nattier, "Who is a Buddhist? Charting the Landscape of Buddhist America" in Charles S. Prebish and Kenneth K. Tanaka eds., *The Face of Buddhist America* (Berkeley: University of California Press, 1998), pp.183~195. 서양의 불교 현황을 자세히 알기 위해서는, Charles S. Prebish, *Luminous Passage: The Practice and Study of Buddhism in America* (Los Angeles: University of California Press, 1999), Charles S. Prebish and Kenneth K. Tanaka, eds., 위의 책, James Coleman, *The New Buddhism: The Western Transformation of an Ancient Tradition* (New York: Oxford University Press, 2001), Jay L. Garfield, *Empty Words: Buddhist Philosophy and Cross-Cultural*

이런 용어들이 차별 의식을 반영한 면이 있는 것 같아서 썩 내키지는 않지만, 서양에서 현재 일어나는 불교 형태를 구별하기 위해 어쩔 수 없이 그대로 쓸 수밖에 없다. 아무튼 현재 서양인이 수행하는 이른바 엘리트 불교(혹은 백인 불교나 신 불교)도 다시 크게 세 가지로 나눌 수 있다. 그것은 선불교 계통, 티베트 불교 계통, 상좌불교 계통이다. 이런 불교 계통들이 서양에 뿌리내린 전후 사정을 간략하게 살펴보자.

선불교 계통

현재 미국에 있는 2천백여 개의 불교 관련 조직 중에 약 40%가 선불교 계통이다. 서양에서 선불교는 시카고 세계종교회의에 참석했던 일본 카마쿠라 엔가쿠지(圓覺寺)의 샤쿠 쇼엔(釋宗寅, 1859~1919)이라는 선승에 의해 시작되었다. 그는 종교회의 후 일본으로 돌아갔다가 샌프란시스코에 사는 러셀(Alexander Russell) 부부의 초청을 받고 1905년 미국으로 다시 와 샌프란시스코에서 선을 가르치기 시작했다. 뒤를 이어 그의 제자 셋이 미국으로 왔는데, 그중 D. T. 스즈키(鈴木大拙, 1870~1966)가 저술과 강연, 강의를 통해 선을 서양 일반인에게 알리는 일에 가장 획기적인 공헌을 했다. 제2차 세계대전 후 동양과의 접촉이 빈번해지면서 불교, 특히 선불교에 대한 관심이 더욱 고조되었다.

1960년대에 들어오면서 불교에 대한 지적 관심은 직접적인 수행과 실천에 대한 관심으로 옮겨갔다. 이런 요구에 부응해서 유럽과 미국

Interpretation (Oxford: Oxford University Press, 2002), Charles S. Prsbish and Martin Baumann, eds., *Westward Dharma: Buddhism beyond Asia* (Berkeley: University of California, 2002) 등 참조.

여러 도시에 '선 센터'가 생겼다. 선불교를 이론뿐만 아니라 실제 수행으로 체험할 수 있는 기회가 생긴 것이다. 초기 이런 선방을 지도한 스님들은 동양에서 직접 온 스님도 있고, 동양에서 선을 배워 온 서양인 스님도 있다.

위에 말한 일본 린자이(임제) 계통의 승려들 외에 동양에서 온 스님들 중 잘 알려진 스님들은, 1962년 샌프란시스코 차이나타운에 금산사(金山寺)를 짓고 1976년 캘리포니아 유카이아 부근에 만불동을 세운 중국 출신의 쉔화 스님, 1961년 샌프란시스코에 일본 소토(조동)종 계통의 젠(Zen) 센터를 세우고 『선심초심(Zen Mind, Beginner's Mind)』이라는 책을 쓴 일본 출신의 스즈키 순류 스님, 1972년에 도미(渡美)해 로드아일랜드 프로비던스에서 관음선원을 세우고 그 후 세계 도처에 100개 이상의 선원을 개설한 한국 출신의 숭산(崇山) 스님, 1966년 미국으로 온 후 프랑스로 가 오얏골(Plum Village)을 세우고 참여 불교와 마음 다함(mindfulness)의 수행을 지도하는 베트남 출신의 틱낫한 스님 등이다.

한편 미국 출신으로 동양에 가서 선을 배우고 돌아와 참선 지도자로 널리 알려진 이들 몇을 예로 들면, 1966년 뉴욕 주 로체스터(Rochester)에 젠 명상 센터(Zen Meditation Center)를 설립하고 북미 중요 도시에 같은 이름의 선원을 세웠으며 1997년 지금은 선의 현대적 고전으로 꼽히는 책 『The Three Pillars of Zen(선의 세 기둥)』을 쓴 필립 카플로(Philip Kapleau, 1912~), 제2차 세계대전 당시 일본 감옥에 있는 동안 간수가 빌려준 블라이스(R. H. Blyth)[4]의 『Zen in English Literature(영문학에서의

---

[4] 1898년 영국에서 태어나 런던대학을 졸업하고 인도를 거쳐 서울로 와 1925년부터 10여 년간 경성제국대학 영문과 교수로 일한 후 일본으로 가서 일본 하이쿠 연구가로 독보적인 자리를 차지했다. 1964년도 사망.

선)』라는 책을 보고 저자도 같은 감옥에 수감되어 있음을 발견하여 14개월간 그에게 선에 대해 듣고 출옥 후 선을 본격적으로 수행하다가 1959년 하와이에서 부인과 함께 다이아몬드 상가(Diamond Sangha)를 설립한 로버트 에이킨(Robert Aitken, 1917~), 영국 여인으로 일본에서 수행하다가 미국으로 와서 1970년 캘리포니아 북부에 소토 계통의 샤스타 승원(Shasta Abbey)을 세운 지유 케넷(Jiyu Kennett) 등을 들 수 있다.

한 가지 재미있는 사실은 이런 선원 중에 가톨릭 교도인 루벤 하비토(Ruben Habito)가 지도하는 달라스의 '마리아 관음 선 센터(Maria Kannon Zen Center)', 예수회 신부인 로버트 케네디(Robert E. Kennedy)가 세운 뉴저지의 '새벽별 선당(Morning Star Zendo)' 같은 것도 있다고 하는 것이다.

티베트 불교 계통

티베트 불교는 1955년 게세 왕갈(Geshe Wangyal)이라는 몽고의 라마승이 미국 뉴저지 주 프리홀드 에이커즈(Freehold Acres)로 가, 부근에 사는 티베트인들을 위해 봉사하면서 그 씨앗이 퍼졌다. 티베트 불교 계통의 승려가 뉴저지에 있다는 소문을 들은 하버드대학생 몇이 그를 찾아가 티베트 불교를 배우기 시작했다. 그중에 로버트 서먼(Robert A. F. Thurman)이라는 학생이 있었는데, 티베트 불교뿐만 아니라 티베트어에도 능숙하게 되었다. 그는 인도에 있던 달라이 라마에게 가서 공부한 다음 곧 티베트 승려가 되었다. 미국으로 돌아와 승려로서의 생활이 자기의 적성이 아님을 깨닫고 환속한 다음, 하버드대학교에서 티베트 불교로 박사 학위를 받고, 티베트 불교를 미국에 알리는 데 크게 공헌했다. 현재 뉴욕 컬럼비아대학에서 가르치면서 '미국의 불교화(Buddhist America)'를 주장하기도 한다.

그때 같이 뉴저지로 가서 배우던 학생 중에는 제프리 홉킨스(Jeffrey Hopkins)도 있었는데, 그도 역시 버지니아대학 불교 교수로 있으면서 티베트 불교에 관한 저술과 티베트 불교 전문가들을 길러내는 데 크게 공헌하고 있다.

1950년 중국이 티베트를 점령하자 1959년 달라이 라마를 비롯하여 10만 명의 티베트인이 인도로 망명했는데, 그중 2만 명 정도가 라마(lama)였다. 이 중 상당수의 라마가 인도에서 유럽, 미국 등으로 건너가 티베트 불교를 서양 대중에게 널리 전하는 계기를 마련했다.

이들 중 티베트 불교가 실천적인 종교로 서양에 뿌리내리도록 하는 데 가장 크게 공헌한 지도자는 달라이 라마와 쵸걈 트룽파(Chögyam Trungpa)라 할 수 있다. 달라이 라마는 인도 북부 담살라에 본부를 두고 유럽과 미국 등지로 자주 여행을 하며 많은 서양인에게 티베트 불교의 기본 가르침을 소개했다. 최근에는 수없이 많은 저술을 통해 그 일을 계속하고 있다.

쵸걈 트룽파도 영국을 거쳐 미국으로 가, 여러 곳에서 강연도 하고 왕성한 저술 활동을 했을 뿐 아니라, 특히 미국 콜로라도 보울더(Boulder)에 나로파대학(Naropa University)을 세우고 티베트 불교 전파에 크게 공헌했다. 필자도 몇 년 전에 가 보았지만 티베트 불교가 미국에서 어떤 영향력을 갖고 있는지를 한눈에 볼 수 있는 기회였다.

이 외에도 『*Awakening the Buddha Within: Tibetan Wisdom for the Western World*(내 속의 부처를 일깨우기: 서양 세계를 위한 티베트의 지혜)』의 저자 제프리 밀러(법명 Surya Das), 캐나다 노바스코샤에서 감포 승원(Gampo Abby)을 운영하면서 영감이 넘치는 책으로 티베트 불교를 전하는 페마 초드론(Pema Chödrön) 등 수많은 이가 티베트 불교의 가르침과 수행법을 전하고 있어 많은 서양인이 티베트 불교에 친숙함을 느끼게 되었다. 심지어 초인격심리학의 거장 켄 윌버(Ken Wilber)도 티베트 불교에서 가장 가까운 동질성을 발견한다고 했다. 티베트 불교는 선불교에 비해 50년 이상 늦게 들어온 후발 주자지만 1980년대, 90년대에 괄목할만한 성장세를 보여 현재 서양 백인 불교 인구의 약 3분의 1이 티베트 불교식 참선과 명상 수행을 실천하고 있다.[5]

상좌불교 계통

지금 서양에서 급속도로 퍼지고 있는 비파사나는 동남아시아 상좌불교, 이른바 소승불교 계통에서 유래한 것이다. 비파사나(Vipassanā)는 팔리어로서, 거기 해당하는 산스크리트어는 비파샤나(vipaśyanā)다. 한문으로 '지관(止觀)'이라 할 때 '관'에 해당되는 말이다. '관찰', '통찰', '꿰뚫어 봄'이라 할 수 있고, 영어로 observation, penetrative seeing, insight로 번역하는 것이 보통이다. '지관'에서 '지'에 해당하는 말 '샤마다(śamatha)'와 짝을 이루는 불교 명상 방법이다. 샤마다는 일체의 육체

---

[5] Robert Thurman, *Inner Revolution: Life, Liberty, and the Pursuit of Real Happiness*, ed., by Amy Hertz (New York: Riverhead, 1999), Surya Das, *Awakening the Buddha Within: Tibetan Wisdom for the Western World* (New York: Broadway, 1997) 참조.

적·심리적 움직임을 멈춤(止)을 뜻한다. 따라서 '지관'이란 이렇게 심신이 고요한 상태에서 자신의 내면을 들여다보는 명상법이라 할 수 있다.

비파사나는 미얀마(버마)의 마하시 사야다(Mahāsi Sayādaw, 1904~1982)라는 스님이 불교의 전통적 예식이나 기타 형식적 행사를 최소화하고 명상을 강조하면서, 사찰 안에 사는 승려뿐 아니라 일상적인 삶을 살아가는 일반인 모두가 수행할 수 있는 명상법을 체계화한 다음, 수도 양곤(랑군) 등에서 명상 센터(Meditation Centers)를 열고 수십만 명에게 가르친 수행법의 이름이다. 이 수행법은 미얀마를 중심으로 동남아 여러 나라에 널리 전해지기 시작했다.

한편 고엔카(S. N. Goenka)가 널리 퍼뜨린 고엔카 식 비파샤나 명상법이 있다. 고엔카는 앞에서 말한 마하시 사야다의 영향을 받은 미얀마의 재가 불자 우바킨(U Ba Khin, 1899~1971)에게서 배운 사람이다. 그는 미얀마에서 사업을 하던 인도인 가정에서 태어나 힌두교인이었지만, 심한 두통을 치료하기 위해 우바킨의 비파사나 명상 센터에 등록했다가 이것이 그의 두통을 치료하기 위한 것만이 아니라는 확신에서 14년간 우바킨의 제자로 비파사나 수행법을 배웠다.

고엔카는 비파사나 수행법을 인도인들에게도 전하기 위해 1964년 인도로 이민하여 거기서 가르치기 시작했는데, 얼마 지나자 인도인들은 물론 인도를 방문 중인 서양인들까지 매년 수천 명씩 그의 명상 센터를 찾았다. 1976년 뭄바이(봄베이) 부근에 정식으로 '비파사나 국제 아카데미'를 열고, 1979년 이래 미국 수행자들의 초청에 따라 정규적으로 미국에도 가서 가르쳤다.

고엔카는 자기 특유의 '고엔카 코스'라는 10일 프로그램을 개발했는데, 지금까지 50만 이상이 이 프로그램을 거쳐 갔고, 그중 약 35만 명이 미국인이라 추정한다. 그는 부처님이 사람들에게 무료로 가르친 것처럼 자기도 자발적인 보시를 받을 뿐, 일체 무료로 봉사한다고 한다. 일반인에게뿐만 아니라 약물 중독자, 형무소 재소자, 노숙자 등에게도 특별 프로그램으로 그들의 필요에 응하고 있다.6)

1960년대 말 유대계 미국인 조셉 골드스타인(Joseph Goldstein, 1944~)이 평화봉사단으로 동남아시아에 갔다가 부처님이 성불하신 보드가야에서 비파사나 명상법을 배우고 돌아왔다. 역시 유대계 미국인 잭 콘필드(Jack Kornfield, 1945~)도 평화봉사단으로 갔다가 타이에서 비파사나 명상법을 배우고 돌아왔다. 또 한 사람 샤론 샐즈버그(Sharon Salzberger)라는 여자도 인도 콜카타(캘커타)에 가서 같은 명상법을 배우고 돌아왔다. 1974년 여름 골드스타인과 콘필드가 티베트 불교 교육기관 나로파대학에서 비파사나를 가르치라는 초청을 받고 갔다가 거기서 서로 만나 곧 친해졌다.

처음 학교 측에서는 200명이 참석하리라 예상했는데 2천 명이 몰려들었다. 이런 열성적인 관심에 고무되어 둘은 힘을 합하기로 하고, 다음 해 샐즈버그와 또 다른 여자 재클린 슈와르쯔(Jacqueline Schwarz)가 합류하였다. 넷이서 매사추세츠 주에 있던 옛 가톨릭 신학교 자리에 'Insight Meditation Society(통찰명상협회)'를 세우고 자신들의 스승인 인도, 미얀마, 타이 스님들을 초청해 비파사나 명상법을 미국에 널리

---

6) William Hart, *The Art of Living: Vipassana Meditation as Taught by S. N. Goenka* (San Francisco: HarperSanFrancisco, 1987) 참조할 것.

알렸다. 그 후 캘리포니아, 하와이 등지를 비롯 현재 미국 전역에 독자적으로 운영되는 150개 정도의 비파사나 수행 센터가 있고, 서양 불자 중 15% 정도가 이 수행법을 따른다고 볼 수 있다.7)

창시자 마하시 사야다의 방법과 고엔카 방법에 약간의 차이가 있기는 하지만, 그야말로 대동소이한 것이다. 예를 들면, 사야다 방법에서는 천천히 걸어가면서 하는 명상, mindful walking을 중요시하는데, 고엔카는 주로 앉아서 하는 명상을 강조하는 것 등이다. 더욱 중요한 것은 이 두 가지 유형 중 어느 것이든 비파사나는 선불교나 티베트 불교보다 더욱 명상 중심의 불교 수행법이라는 것이다. 2,500년 동안 덧씌워진 아시아적 문화의 외양을 벗고 오로지 부처님의 기본 가르침으로 돌아가자는 운동인 셈이다. 도복이니 계급이니 사찰이니 의례니 기도니 천도니 하는 것에는 일체 관심이 없고, 오로지 부처님의 기본 가르침이라고 여겨지는 것에만 집중할 뿐이다.

비파사나란 결국 '팔정도'에서 특히 '정념(正念, right mindfulness, 마음다함)'을 실천하는 것으로서, 앞에서 논의한 바와 같이 네 가지(四念處), 곧 몸의 움직임, 느낌의 흐름, 생각의 움직임, 생각의 대상을 조용히 관찰하는 것이다.8) 이 중 자기의 호흡을 관찰하는 것을 기본으로 삼는

---

7) 이 계통의 책도 수없이 많다. 그중 내 책상 위에 있는 몇 권을 소개하면, Joseph Goldstein, *Experience of Insight* (Boston: Shambhala, 1987), 같은 저자, *One Dharma: The Emerging Western Buddhism* (San Franscico: HarperSanFranscisco, 2002), 동 저자와 Sharon Salzberg 공저, *Insight Meditation: A Step-By-Step Course on How to Meditate* (Boston: Shambhala, 2003), Jack Kornfield, *A Path with Heart: A Guide Though the Perils and Promises of Spiritual Life* (New York: Bantam, 1993), 동 저자, *Teachings of the Buddha* (Boston: Shambhala, 2004) 등이다.
8) 고엔카는 이 중에서 몸의 움직임만 관찰하면 다른 것은 저절로 됨을 강조하고 있다. 어느 의미에서 'mindfunness'를 중심으로 하는 틱낫한 스님의 가르침도 실제적으로는 선이라기 보다 비파사나 수행법에 더 가깝다고 볼 수 있다. 그의 수많은 책 중에 특히 *Miracle of Mindfulness: A Manual on Meditation* (Boston: Beacon Press, 1992) 참조할 것.

다. 이런 마음 다함의 명상을 통해 사물이 무상하다는 것, 인생이 아픔이라는 것, '나'라는 것이 실체가 없다고 하는 '삼법인(三法印)'을 깨닫게 되고, 그렇게 되면 우리를 얽매고 있는 욕심과 화냄과 어리석음이라는 탐진치 '삼독(三毒)'에서 벗어나 참자유인 니르바나에 이른다고 하는 것을 기본 가르침으로 하고 있다.

각 비파사나 센터의 방침에 따라 10일간의 단기 및 3개월간의 '하안거(rains retreat)', 그리고 원하는 경우 그 이상의 장기 수련 등 다양한 프로그램을 통해 불자든 아니든, 혹은 불자 중 어느 계통에 속하든, 어떠한 종교나 종파적 차이와 별 상관없이 쉽게 접할 수 있는 기회를 제공함으로 대중적인 인기를 모으고 있다. 한국에서도 최근 이 명상법이 일반 대중에게 크게 어필하고 있음을 본다. 한국에서는 '위파사나' 혹은 '위빠싸나'라 발음하고 있다.[9]

위 세 가지 계통에 속하는 서양 불교인들은 대체적으로 백인이고, 경제적으로 여유가 있는 중산층 이상이며, 교육 수준이 극히 높은 층에 속하고, 정치적으로나 사회적으로 개방적이며 자유주의적인 성향이 강한 사람들이다. 많은 경우 이들은 자신이 불교인이라는 이름으로 분류되는 것에 관심 없이 그냥 불교의 가르침과 수행에 깊이 몰입해 있을 뿐이다. 물론 다른 종교에 속해 있으면서도 불교를 좋아하고 수행할 수 있다고 생각한다. 종교적 이중 교적(dual membership)이나 심지어 복수 교적(multiple membership)도 가능하다고 믿는다.

---

9) 이 명상법 체험기의 한 예로 최근에 출간된 황영채, 『아는 마음, 모르는 마음』(행복한 숲, 2005)을 볼 수 있다.

가장 잘 알려진 예로, 몇 년 전 미국 종교학회 회장을 지낸 영국 종교학자 고(故) 니니언 스마트(Ninian Smart)도 공공연하게 자기는 그리스도인이면서 불교인, 불교인이면서 그리스도인이라 했고, 수녀 출신으로 토론토대학교 종교학과 교수였던 고(故) 줄리아 칭(Julia Ching)도 자기는 그리스도교적 유교인, 혹은 유교적 그리스도인이라 했다. 종교다원주의자로 유명한 레이먼 파니카(Raimon Panikkar) 신부도 자기는 그리스도교인에서 힌두교인이 되고 거기서 다시 불교인이 되었는데, 그러면서도 그리스도교 신자 됨이나 힌두교 신도 됨을 포기할 필요가 없었다고 했다.

이런 특수 상황을 고려할 때 불교인의 숫자가 정확하게 얼마나 되는지 알아낼 길이 없다고 하는 것도 이해할 수 있는 일이다. 그러나 많은 사회학자나 정부 통계에 근거하여 서양에 이민 불자들을 포함해 약 5백만 내지 6백만 불자가 있는 것으로 잡을 경우 이른바 백인 불자는 그 20% 정도인 백만 명 정도가 될 것으로 추산하고 있다.[10]

위에서 언급한 세 가지 계통의 백인 불교에 속하지 않고 그렇다고 민족 불교에도 속하지 않은 서양 불교인들이 있다. 바로 소카각카이(創價學會) 계통에 속하는 불자들이다. 이들의 불교를 '복음주의적 불교(evangelical Buddhism)'라 하기도 하고, '엘리트 불교'가 백인들이 적극적으로 수입해 온 불교인데 반해 이것은 일본 교단이 미국으로 수출한 결과로 생긴 불교라는 의미에서 '수출 불교'라 부르기도 한다. 명상이나 경전 연구보다 주문을 외워 현세적 이익을 얻으려는 목적이 더욱

---

10) Martin Baumann, "The Dharma Has Come West: A Survey of Recent Studies and Sources," *Journal of Buddhist Ethics*, 4 (1997), p.198.

강한 편이다. 여기 속한 이들은 주로 미국에 사는 흑인과 남미 계통 사람들로서, 엘리트 불자들과 대조적으로, 사회적으로 '중산층 이하'에 속하는 것이 특징이다. 흑인 가수 티나 터너가 여기 속하는 불자로 널리 알려져 있다.11)

---

11) David W. MacHacek and Bryan Wilson, eds., *Global Citizens: The Soka Gakkai Buddhist Movement in the World* (Oxford: Oxford University Press, 2001) 참조.

서양 불교의 특징과 동향

앞에서도 언급했지만, 서양의 불교는 아시아에 있는 불교나 이민자들 사이에서 신봉되는 민족 불교와 구별되거나 대비되는 몇 가지 뚜렷한 특징을 가지고 있다. 요즘 말로 하면 서양 불교는 불교 내에 일종의 패러다임 변화(paradigm shifts)를 불러오고 있다고 할 수 있다. 필자는 이런 패러다임 변화를 아래와 같이 대략 여덟 가지로 간추려 본다.

기복적이거나 의례(儀禮) 중심에서 참선(명상) 중심으로
서양 불교인이 복을 비는 일이나 죽은 사람들을 위해 천도(薦度)하는 일 같은 데 관심이 없다는 것은 이미 언급한 것과 같다. 이들 중에는 심지어 죽은 이후의 영혼이니 영가니 하는 것은 물론 윤회 자체를 받아들이지 않거나 그런 이론에 별로 관심이 없는 이들도 있다. 서양 불자 중 92.4%가 자기들의 종교 활동 중 가장 중요한 것이 참선이라고 했다.[12]

---

12) Coleman, 앞의 책, p.119.

스님 중심에서 재가 불자 중심으로

동양에서는 참선이 거의 출가 스님들, 그중에서도 몇몇 스님들에게 국한되고, 재가 불자로서의 중요한 본분은 일반적으로 절에 찾아가 예불하거나 시주하여 공덕을 쌓는 것이라 여기는 데 반해, 서양 불교는 정기적으로 참선 수행에 참여하고 용맹 정진에 열중하는 재가 신도들이 불교 공동체의 주종을 이루고 있다.

사실 서양에서는 스님으로서의 생활과 재가 신도로서의 생활에 뚜렷한 구별이 없다. 서양인으로서 참선을 지도하는 지도자 중에는 독신 스님으로 선방에서 종교 생활에만 전념하는 이들도 있지만 상당수는 일상적 가정생활이나 심지어 직장생활을 유지하면서 수행을 지도하는 경우도 허다하다. 따라서 서양에서는 스님과 일반 신도 사이의 뚜렷한 생활상의 차이 같은 것이 거의 없이 다 함께 도반으로서 수행에 전념하는 셈이다.

남녀 차별에서 남녀평등으로

서양 불교에서는 남녀 차별이 모호하다. 동양에서는 한국, 대만, 베트남 등 몇 나라를 제외하면 여자들을 위한 비구니 승단이 아예 없다.[13] 비구니 승단을 인정하는 나라에서도 전통 불교 승단에서는 계급적으로 제일 낮은 비구 스님이 제일 높은 비구니 스님 위에 위치하는 것을 당연시하고 있다. 그러나 불교 수행에 이처럼 남녀를 구별해야 한다는

---

13) 특히 한국 비구니 승단은 여러 가지 면에서 특징적이라 할 수 있다. 한국 비구니 승단의 역사와 특징에 대해서는 앞에서 인용한 조은수, "서문에 대신하여", 『동아시아의 불교전통에서 본 한국 비구니의 수행과 삶』(한마음선원 국제학술대회 프로시딩스, 2004. 5.20~22), vi~xix쪽에 잘 언급되어 있다.

개념이 서양 불자들 사이에는 없다. 남녀가 같은 선방에서 함께 참선하고, 심지어 여자 지도자가 참선을 지도하는 경우도 흔한 일이다. 필자도 티베트 불교를 수행하는 캘리포니아 출신 백인 여승 초모(Karma Lekshe Tsomo)가 우리 대학에 와서 지도하는 명상 수련회에 참석해 본 적이 있다.

여자 불자의 수가 남자보다 많아지고, 특히 참선을 지도하는 여자들이 증가하면서, 불교 수행이 여자의 영적 필요에 부응하는 방향으로 바뀌어 나가기도 한다. 가장 두드러진 예로 필립 카플로의 후계자가 된 토니 팩커(Toni Packer)라는 여자를 들 수 있다. 팩커는 선에서 남녀차별 등 동양 사회 특유의 문화적·전통적 요소를 거의 벗어 버린 선수행을 주장하고 있다.14)

서양 불교 여성들은 불교 조직 내에서의 수행이나 수련에서뿐만 아니라 난민 구제, 생태계 보호, 반전 운동, 호스피스 활동 등 일반 시민운동이나 사회활동에서도 아주 적극적이다. 또 남녀 성차별을 거부할 뿐 아니라 심지어 성적 기호에 따른 차별도 거절하여, 뉴욕이나 샌프란시스코 같은 데는 동성애자만을 위한 선원이 생기기도 했다.15)

---

14) 그의 *The Light of Discovery* (Rutland, Vermont: Charles E. Tuttle, 1995)나 같은 해 같은 출판사에서 나온 *The Work of This Moment* 참조.

15) 불교에서의 여성 문제에 대해서는 Sandy Boucher, *Turning the Wheel: American Women Creating the New Buddhism* (San Francisco: HarperSanFrancisco, 1988), Karma Lekshe Tsomo, *Buddhism Through American Women's Eyes* (Ithaca, NY: Snow Lion, 1995), Marianne Dresser ed., *Buddhist Women on the Edge: Contemporary Perspectives from the Western Frontier* (Berkeley: North Atlantic, 1996), Rita M. Gross, *Buddhism after Patriarchy: A Feminist History, Analysis, and Reconstruction of Buddhism* (Albany, NY: SUNY Press, 1993) 참조할 것. 한국 여승으로 미국에서 이런 문제에 관심을 가지고 관찰한 것을 쓴 책으로, 세등(世燈), 『그들은 마음을 보고 있었다 – 미국에서 만난 불자들』(문학동네, 2000)과 비키 매킨지, 세등 옮김, 『나는 여성의 몸으로 붓다가 되리라』(김영사, 2003)를 볼 수 있다.

수직적 권위주의에서 수평적 대등 관계로

서양 불교에서는 남녀 차별만이 아니라, 불교 지도자와 일반 불자 사이의 위계적 차별도 상대적으로 적은 편이다. 아직 완전한 수평적 평등에 이른 상태는 아니지만, 서양 불교 공동체 안에는 엄격한 서열이나 계급 같은 것이 없는 평등화의 방향으로 나가는 것만은 확실하다. 지금껏 아시아 각국에서 온 스님들이나 지도자들의 특수 권위를 어느 정도 인정하는 것은 사실이지만, 80년대와 90년대 몇몇 불교 공동체에서 이들과 여신도들의 관계 때문에 생긴 문제를 다루는 경우에서 보인 것처럼, 이들이 그 권위나 특권을 남용하는 것같이 보이면 일반 불자들도 이를 수수방관하지 않는 경향이 뚜렷하다. 결국 아시아 전통 사회에서 당연시되는 계급의식을 이런 데 익숙하지 않은 서양 불자들이 그대로 받아들이기 곤란하게 여기는 것은 어느 의미에서 자연스러운 현상이라 볼 수 있다. 이런 현상을 두고 서양 불교의 '민주화' 현상이라 부르는 사람들도 있다.16)

가족 중심에서 개인 중심으로

서양 불자가 불교를 받아들이는 것은 대체로 개인적인 결단에 의한 것이기 때문에 자기 배우자나 자녀들에게 자기 자신의 이런 결단을 강요하지 않는다. 아시아의 전통 불교 공동체가 주로 가족 중심이고, 그 종교 전통이 부모에서 자녀들로 이어져 가는 것과 대조적으로 서양

---

16) James William Coleman, 앞의 책, pp.11~18, Helen Tworkov, *Zen in America: Five Teachers and the Search for an American Buddhism* (New York: Kodansha America, 1994) 등 참조. 불교를 비롯하여 종교지도자들의 권위 문제를 예리하게 분석한 책으로 Joel Kramer and Diana Alstad, *The Guru Papers: Masks of Authoritarian Power* (Berkeley: Frog Ltd., 1993)를 볼 수 있다.

불교 공동체는 다분히 자발적인 개인의 자유의사에 따라 생겨나고 계속 새로운 불자들이 들어와 그 공동체가 유지·계승된다고 볼 수 있다.

종파주의에서 연합주의로

서양 불교는 어느 면에서 '통불교(通佛敎)'적이라 할 수 있다. 민족 불교에는 국가에 따라, 심지어 같은 나라에서도 각이한 종파에 따라, 구별된 법맥이나 도맥 같은 전통이 있겠지만, 이런 역사적 배경에 익숙하지 않은 서양 불자들은 이런 구별을 그렇게 중요시하지 않는다. 그뿐 아니라, 동양 사회에서는 여러 종파가 함께 섞여 있는 일이 드물었지만, 서양에서는 이런 각이한 종파들이 다 모여들어 어깨를 비비고 있기 때문에, 종래까지 혼자서만 당연시 여기던 우월감이나 배타성을 거부하고 서로 쉽게 어울리거나 융화될 수 있는 소지가 그만큼 큰 셈이다. 이런 경향을 두고 '불교 에큐메니즘(Buddhist Ecumenism)'이라 하는 사람도 있고, 골드스타인 같은 사람은 한 발 더 나아가 이렇게 동양 불교의 종파적 성격이 서양에 와서 융합하는 경향에 따라 서양 특유의 새로운 형태의 창조적 불교가 탄생한다고 보고 이를 'One Dharma(일법)' 불교라 부르기까지 한다.17)

종교적 고립에서 종교간 대화로

서양 불자는 불교 전통 안에서의 통불교적 성격 뿐 아니라, 대체로 이웃 종교들과의 '종교간 대화'에 호의적이거나 적극적이다. 대부분 불교를 새롭게 받아들이거나 불교에 호의적 관심을 가진 서양 불자는

---

17) 앞에 인용한 그의 책 *One Dharma*를 볼 것.

이미 그리스도교나 유대교의 배경을 가지고 있거나, 적어도 그런 전통에 대해 어느 정도 알고 있다고 볼 수 있다. 따라서 이들은 불교와 이런 종교 간의 대화에 관심이 많다. 불교적 관점에서 '그리스도교를 어떻게 이해할 수 있을까?' 혹은 '그리스도교의 관점에서 불교를 어떻게 해석할 수 있을까?' 하는 관심에서 생겨난 것의 사례로 미국의 'Society for Buddhist-Christian Studies' 및 그곳에서 발간하는 학술지 『Buddhist-Christian Studies』, 유럽에서 생긴 'European Network of Buddhist-Christian Studies'와 그들의 간행물 등이다.[18]

서양 불자 중에서 유대인이 차지하는 비율은 압도적이다.[19] 특히 미국 백인 불교인 중 약 30%, 북미에서 불교를 연구하거나 가르치는 사람들의 30~50%가 유대인 계통이라 보는 견해도 있다.[20] 따라서 불교와 유대교 간의 대화도 활발히 진행된다.[21]

사회 고립에서 사회 참여로

서양 불교의 특징이랄까 최근의 동향이랄까 하는 것은 그것이 이른바

---

[18] 불교와 그리스도교의 대화를 중심으로 쓴 구미어로 된 책은 수없이 많다. 불교 사상의 빛 아래서 그리스도교를 더욱 깊이 이해하려고 한 책 중 한국에서 쉽게 구할 수 있는 책으로 토마스 G. 핸드, 이희정 옮김, 『동양적 그리스도교 영성』(한국기독교연구소, 2004)을 추천하고 싶다. 서양 철학이나 신학에서 동양 사상을 이해하려는 도쿄학파 불교학자들을 소개한 책으로 이찬수, 『불교와 그리스도교, 깊이에서 만나다: 교토학파와 그리스도교』(다산글방, 2003)가 있다.

[19] Prebish and Tanaka, 앞의 책, pp.1~10 참조.

[20] Judith Linzer, *Torah and Dharma: Jewish Seekers in Eastern Religions* (Northvale, New Jersey: Jason Aronson, 1996) p.xxii. 그러나 약간 부풀려진 숫자라 보는 견해도 있어 약 5~6%라고 하는 사람도 있는데, 그렇다 하더라도 인구 비율로 보면 놀라운 수치라 할 수 있다.

[21] 이런 예로 Rodger Kamenetz, *The Jew in the Lotus: A Poet's Rediscovery of Jewish Identity in Buddhist India* (San Francisco: HarperSanFrancisco, 1994), Sylvia Boorstein, *That's Funny, You Don't Look Buddhist: On Being a Faithful Jew and a Passionate Buddhist* (New York: HarperCollins, 1997) 참조. 영화로는 Bill Chayes and Isaac Solotaroff, *Jews and Buddhism: Belief Amended, Faith Revealed* (1999) 가 있다.

'참여불교(engaged Buddhism)'적 성격을 강하게 띠기 시작했다는 것이다. 불교가 나만의 안녕이나 마음의 평화를 위한 것이 아니라, 사회의 아픔도 같이 아파해야 한다는 의식을 더욱 깊이 하는 것은 물론, 한 개인의 아픔이 그 한 사람의 개인적 문제만이 아니라 그 사회의 정치적, 경제적 구조와 떨어질 수 없는 구조적 문제라는 사실을 감안해, 집단적으로 사회문제에 대처해야 한다는 생각이다.

'참여불교'란 본래 월남 출신 틱낫한 스님이 베트남전 당시 자기 옆에서 폭탄이 떨어져 사람들이 죽어가고 있는데 자기 혼자 앉아서 참선을 한다거나 염불을 하는 것이 의미가 없음을 깨닫고, 사회와 아픔을 같이하고 그 아픔을 주는 외적 요인도 제거하는 불교가 되어야 한다는 의식에서 출발한 것이다.22)

현재 이런 식의 생각이 서양 불자들 사이에 점점 널리 퍼지고 있고, 이런 참여불교를 주장하고 있는 사람 중에는 인권 운동, 평화운동, 생태계 보존 운동, 노숙자나 수감자 돕기 운동, 동물 권리 운동 같은 것을 위해 적극적으로 힘쓰는 이가 많다. 그 대표적인 사례로 1977년 에이킨(Robert Aitken) 부부가 시작한 'Buddhist Peace Fellowship'이나 1998년 글라스먼(Bernard Tetsugen Glassman) 부부가 시작한 'Zen Peacemaker Order' 등을 들 수 있다. 이런 일련의 움직임은 구티에레즈(Gustavo Gutiérrez) 신부 등 남미 그리스도교 신학자들에 의해 촉발된 '해방신학(Liberation Theology)'과 맞먹는 운동이라 볼 수 있다.23)

---

22) 그의 생각을 정리한 것으로 Thich Nhat Hanh, *Interbeing: Fourteen Guidelines for Engaged Buddhism* (Berkeley: Parallax, 1996) 참조.
23) 참여불교와 해방신학을 비교한 글로 Leo D. Lefebure, *The Buddha and the Christ: Explorations in Buddhist and Christian Dialogue* (Maryknoll, NY: Orbis Books, 1993), pp.141~192. 참여불교를 다룬 책으로 Christopher S. Queen, ed., *Engaged Buddhism in the West* (Boston Wisdom

이상으로 서양에서 받드는 불교에서 관찰할 수 있는 특징 몇 가지를 살펴보았지만, 그 밑바닥에 흐르는 가장 중요한 특징을 두 가지로 요약하라면 그것이 무엇일까? 보는 사람에 따라 다르겠으나 필자는 그 두 가지가 첫째, 불교에 관심 있는 백인 중 대부분은 탈근대화 사고에 익숙한 '지성인'이라는 사실과, 둘째, 이들이 받아들인 불교는 결과적으로 서양 사회의 종교적 배경인 유대·그리스도교 전통, 그리고 거기서 파생된 서양 사회의 가치관과의 직접적 혹은 간접적인 '대화 관계를 통해 형성된' 새로운 형태의 불교라는 사실을 지적하고 싶다.

이런 두 가지 특징을 가진 서양 불교의 현 모습은 우리에게 무엇을 말해 주는가?

지구촌 시대에 사는 한국인의 경우도 최근에 와서 일반인의 의식 수준이 괄목할 만하게 변하고 있고, 이웃 종교와의 빈번해진 접촉과 대화 관계에 따라 그들의 가치관도 놀라울 정도로 달라지고 있다. 이런 사실을 감안할 때, 서양 불교의 현실은 한국 사회에서의 불교가 앞으로 어떤 형태를 취하게 될까 하는 것을 예견하는 데 도움이 되는 일종의 실마리 같은 것을 제공하고 있는 것 아닐까 하는 생각마저 들게 한다.

Publications, 2000), Kenneth Kraft, *The Wheel of Engaged Buddhism: A New Map of the Path* (New York: Weatherhill, 1999), Arnold Kotler, ed., *Engaged Buddhist Reader: Ten Years of Engaged Buddhist Publishing* (Berkeley: Parallax, 1996) 등 참조.

끝맺으면서 | **서양에서 보는 한국 불교의 오늘과 내일**

종교의 빛과 그림자

여기까지가 필자가 캐나다 학생들에게 가르치는 불교 이야기에다가 한국 독자들에게만 해당하는 사항을 약간 덧붙인 저의 불교 강의 '한국어 번역 증보판'인 셈입니다. 저는 한 학기를 끝마치면서 학생들에게 부탁합니다. 이번 학기에 논의한 것들이 '달을 가리키는 손가락'이 되어 학생들 스스로가 직접 달을 보게 되기 바란다고. 달을 보기 원하지 않을 경우 이번 학기에서 배운 것이 하나의 디딤돌이 되어 그 위에서 담장 너머 전개되는 세상을 더 멀리, 더 넓게 보게 되기를 바란다고 하기도 합니다. 똑같은 부탁을 한국 독자들에게도 드리고 싶습니다.

아무튼 이런 불교 이야기를 통해 제가 부각하려 했던 것은 어느 의미에서 불교의 가르침 중 대체적으로 이상적인 요소들이나 긍정적인 면이라 할 수 있습니다. 보기에 따라서는 거의 '찬양 일변도'라 할 수도 있습니다. 그러나 엄격하게 말하면, 불교를 포함하여 모든 종교에는 이런 이상적이고 긍정적인 면뿐 아니라, 어쩔 수 없이 현실적이고 부정적인 면이 동시에 공존하는 것이 보편적인 현상입니다. 종교의 '빛과 그리고 그림자'라 할까요. 따라서 현실적으로 우리 주위에서 보는 불교에도 불교 본래의 정신에 못 미치거나 심지어 거기에서 빗나간 가르침이나 신앙 행태가 있을 것입니다.

근본주의의 극복

저는 2005년 초여름 이 책의 초고를 탈고하고 한국에 갔다가 서울에서 열린 어느 불교학회에서 십여 명의 한국 불교학자들과 함께 점심을 먹으며 한국 불교에 관해 이런저런 이야기를 나눌 기회가 있었습니다. 제 옆자리에 앉았던 불교학계의 대표적 지도자 중 한 분은 서슴없이 현재 한국 불자들의 절대 다수가 '기복적' 신앙임을 부인할 수 없다고 했습니다. 참석한 분 대부분이 이제 한국 불교 신자들의 지적·종교적 수준도 한국 사회 전반의 교육 수준과 함께 향상되었으므로, 한국 불교도 예전 '치마 불교', '장의(葬儀) 불교'라는 누명에서 벗어나 결국 몇 단계 '업그레이드'될 수밖에 없을 것이라 내다보았습니다. 다른 한편, 한국 불교도 이제 그리스도교와 의미 있는 대화를 더욱 활성화할 필요가 있다는 데 모두 동의하고, 심지어 불교인 학자 중에서 그리스도교를 자기의 전공 분야로 택하고 연구할 학자를 장학금을 주고라도 특별히 양성할 필요가 있을 것이라는 지적까지 하신 분이 있었습니다.

이런 이야기가 저에게는 무척 고무적인 소리로 들렸습니다. 저는 앞에서도 몇 번 언급했지만 졸저 『예수는 없다』(현암사, 2001)라는 책을 내어, 서양의 그리스도교가 최근 동양 종교, 특히 불교와의 만남을 통해 어떻게 변화하고 있는가의 일단을 소개하고, 이런 새로운 형태의 그리스도교를 보면서 현재 한국 그리스도교가 반성할 점이 있다면 무엇일까를 살펴본 적이 있습니다. 놀랍게도 이 책은 그리스도인뿐 아니라 불자를 위한 어느 독서 모임의 추천 도서 목록에도 올라가는 등 불교인도 많이 읽었습니다. 한국 대학에서 불교를 가르치고 있는 교수 한 분은 『예수는 없다』에서 '예수'를 '부처'로 바꾸기만 하면 책 내용 거의가 현 한국 불교에도 그대로 해당한다고 하면서 스스로 책을 사서 불자들에게 선물하기도 했습니다.

제가 그 책에서 강조한 것을 한마디로 요약하라면 한국 그리스도인은 한국 그리스도교에 편만한 '근본주의(Fundamentalism)'적 신앙 태도에서 해방되어야 그리스도교 신앙이 줄 수 있는 더욱 깊은 뜻을 알 수 있지 않겠는가 하는 것이었습니다. '근본주의'란 20세기 초 미국 남부 그리스도인 중 일부가 새 시대와 함께 새롭게 등장하는 과학, 특히 진화론과 기타 학문적 발달에 위협을 느끼고, 그리스도교에서 전통적으로 가르치는 예수의 '동정녀 탄생'이나 '육체 부활', '재림' 등의 교리는 흔들릴 수 없는 그리스도교의 '근본'이므로 무슨 일이 있어도 결코 포기할 수 없다는 주장에 뿌리박고 있습니다.[1] 이런 근본주의적 태도 밑에 흐르는 더욱 기본 입장은 사실 '문자주의(literalism)'라 할 수 있습니다. 그리스도인의 경우 성경에 쓰인 이야기나 거기에 대해 주어진 전통적 해석과 교리를 무조건 모두 문자 그대로 믿어야 한다고 주장하는 태도입니다. 새로운 종교 환경이나 지적 발달과 관계없이

---

[1] George Marsden, *Fundamentalism and American Culture: the Shaping of Twentieth Century Evangelicalism, 1870~1925* (New York: Oxford University Press, 1980), Martin Riesebrodt, *Pious Passion: The Emergence of Fundamentalism in the United States and Iran* (Berkeley: University of California Press, 1993) 참조할 것.

종래의 신념 체계나 신앙 내용의 문자적 의미에 변화가 오는 것을 두려워하는 태도입니다. '불립문자'가 아니라 '확립문자'인 셈입니다.

저는 이런 문자주의적 근본주의 태도가, 우리가 아직 신앙적 유아기에 처해 있을 때 하나의 방편으로서 필요한 것일 수는 있지만, 이를 언제까지나 고수할 수는 없다고 봅니다. 개인적으로나 집단적으로 신앙은 발달하기 마련입니다. 이른바 신앙에도 '발달 단계'가 있다고 보는 것입니다. 개인적으로 보아 아직 인지가 발달되지 못한 어릴 때의 믿음이라든가, 인류 전체로 보아 전근대적 세계관에 입각한 신념 체계 같은 것은 시간이 흐르면서 더 밝은 빛 아래서 좀더 깊은 신앙, 좀더 건전하고 성숙하고, 무엇보다 이 시대에 알맞은 신앙으로 발전되기 마련이고 또 그렇게 되어야 한다는 것입니다. 앞에서 '보살사상'을 논의할 때 언급한 종밀의 '교판' 이론이나 저의 책 『예수는 없다』(49쪽 이하)에 소개한 파울러(James Fowler) 교수의 '믿음의 여섯 단계'설 등이 저의 이런 주장을 뒷받침해 주고 있기도 합니다.

이제 좀더 구체적으로 들어가, 그리스도인이 한국에서 발견되는 그리스도교 근본주의에서 탈피한다는 것이 무엇을 의미하는 것입니까? 제가 그 책에서 새로운 그리스도교, 영어로 'new Christianity' 혹은 'newly emerging Christianity'의 특징으로 크게 강조한 것은 대략 다음과 같은 것이었습니다.

- 종교적 배타주의에서 종교적 다원주의로 옮겨가는 것.
- 교회 내에 있는 계급이나 성별에 따른 일체의 상하 구조를 평등 구조로 바꾸는 것.
- 저 위에 계시면서 필요에 따라 혹은 인간의 간구에 따라 인간사

를 간여하시는 초자연적, 간섭주의적(interventionist) 신이 아니라 내 속에 있는 신을 발견하는 것.
· 교리의 문자적 고집이 아니라 교리를 통해 깨달음을 얻는 데 관심을 기울이는 것.
· 죄를 강조하고 정죄 일변도의 태도에서 사랑과 자비를 강조하고 북돋는 것.
· 정치적 이해득실에 따라 어느 쪽을 편드는 현실 야합적 태도를 벗고, 정의를 위해 힘쓰는 예언자적 자세를 취하는 것.
· 말세나 내세만을 강조하고 이 세상사를 나 몰라라 하는 것이 아니라 인간과 생태계가 겪고 있는 아픔을 덜어 주는 일에 적극 참여하는 것.
· 예수를 믿는 믿음보다 예수가 보여 준 믿음을 본받고 따르는 것.

서양에서는 물론 한국에서도 이렇게 옛 패러다임에서 벗어나 새로운 안목을 갖게 됨으로 믿음의 자라남을 경험하는 그리스도인이 점증하고 있는 것은 기쁜 일이라 하지 않을 수 없습니다. 그러나 안타까운 것은 아직도 많은 한국 그리스도인 중에는 새로운 종교 환경을 일체 고려하지 않은 채 지금껏 교회에서 가르치던 배타주의, 계급의식, 기복주의, 맹목적인 믿음, 천국·지옥의 내세관, 예수 믿으면 **만사형통**이라는 교리 등을 문자 그대로 받아들여야 하고, 그렇지 않으면 참된 그리스도인이 아니라고 고집하는 이들이 있다는 것입니다. 오늘 같은 개명천지에서 이런 식으로 새로운 빛을 거부하고 **일체의 변화**에 저항하는 것이 믿음을 지키는 것이고, 심지어 남도 그렇게 하도록 하는 것이 자기들이 부여받은 사명이라 믿는 사람들이 바로 그리스도교 근본주의자들입니다.

'근본주의'를 이런 식으로 이해한다면, 사실 근본주의는 그리스도교에만 있는 것이 아닙니다. 요즘 '이슬람 근본주의자들'이라는 말을 많이 합니다만, 이 경우는 물론 『쿠란경』이나 거기에 대한 역사적 특수 해석을 문자 그대로 진리 자체라고 고집하고 새 시대에 대처하여 새롭게 해석하는 것은 있을 수 없다고 주장하는 사람들입니다. 인도에서 이슬람 근본주의자들과 마찰을 빚고 있는 힌두 근본주의자들도 있고, 여러 종교와의 좌충우돌을 불사하는 시크 근본주의자들도 있습니다.

유교도 마찬가지입니다. 신유학(新儒學) 연구에서 독보적 위치를 차지하고 있는 미국 컬럼비아대학교 드 배리(Wm. Theodore de Bary) 교수는 유교에서 발견되는 '근본주의' 요소에 깊은 관심을 기울이고, 1990년 여름 토론토에서 있은 33차 '아시아 북아프리카 국제 학술대회(ICANA)'에서 유교 근본주의 문제에 대한 특별 분과 회의를 개최한 일이 있는데, 저도 참석해서 유교 근본주의의 성격에 대한 이해를 새롭게 할 기회를 가진 바 있습니다.[2]

불교도 물론 이런 면에서 예외일 수 없습니다. 온갖 역사적, 문헌학적, 심리학적 정보가 새로이 제공되고 사회적, 문화적, 지적, 정신적 여건이 바뀐 시대에 이런 변화를 완전히 무시하고 옛것이면 무조건 진리라고 주장하면서 고수해야 한다는 이런 종교적 근본주의 태도가 정도 차이는 있을지언정 불교라고 아주 없을 수 없을 것입니다.

물론 종교에서 변할 수 없는 것과 변할 수 있는 것의 차이를 인정해야 할 것입니다. 이른바 '불변수연(不變隨緣)'입니다. 어느 종교에서 모

---

[2] 세계 여러 종교에서 발견되는 이런 세계적 현상으로서의 근본주의에 대해 논의한 책으로 최근에 나온 Malise Ruthven, *Fundamentalism: The Search for Meaning* (Oxford: Oxford University Press, 2004) 참조할 것.

든 것이 완전히 변해 버린다면 그 종교로서의 역사적 정체성마저 사라질 것입니다. 그러나 새로운 정황 속에서 변할 수 있고 변해야 할 부분은 변해야 하고, 이런 변화를 통해 종교는 점점 성숙을 위한 발돋움을 할 수 있다고 봅니다.

저는 문화적 여건, 종교 환경이 완전히 다른 서양에서 불교가 어떻게 변했고, 변하고 있는가 하는 것을 일별하면서, 한국 불교도 새로운 시대적 흐름에 따라 결국은 종래의 신앙 형태에 변화가 오지 않을 수 없을 것이라는 생각을 떨칠 수 없었습니다. 어쩔 수 없이 21세기 새로운 탈근대화 시대를 맞이하여 한국 불교도 변할 수밖에 없을 터인데, 서양에서의 불교 변신에서 미래 한국 불교의 변모가 과연 어떤 것일까를 예견할 수 있도록 하는 하나의 선례라고 할까 실마리 같은 것을 볼 수도 있지 않겠는가 하는 것입니다.

한국 불교에 거는 기대

저는 처음 이 「후기」를 쓰기 시작하면서 한국 불교가 어떻게 바뀔 것인가, 혹은 어떻게 바뀌었으면 좋겠는가 하는 문제에 대해 좀 길게 써 볼까도 생각했습니다만, 불교를 사랑하는 사람이긴 하나 불교가 제 자신의 종교가 아니기에 남의 종교에 대해 지나치게 왈가왈부한다는 것이 조심스러운 일이기도 하고, 심지어 주제넘은 일이라 여겨져 처음 생각을 바꾸고 그저 간략하게 다음과 같이 몇 가지 제 충정 어린 관찰을 언급하는 것으로 그치려 합니다.

첫째, 지금 한국 일반 불자 중에서 발견되는 기복 일변도의 신앙 형태가 바뀌리라, 혹은 바뀌었으면 합니다. 서양 그리스도교에서도 이제 믿고 기도만 하면 저 위에 계시는 하느님이나 천사가 우리가 가진 모든 문제를 다 알아서 기적처럼 해결해 준다고 하는 식의 믿음을 성숙한 믿음이라 여기지 않습니다. 한국 불교에서도 어느 면에서 자기 개인이나 가족이나 자기가 속한 집단의 이기적 안녕만을 위하여 비는 것이 종교의 주요 목적인 양 오도하는 이런 기복적 신앙 형태는 지양되리라고, 그리고 지양해야 한다고 생각합니다.

복을 비는 것 자체는 좋은 일입니다. 인간이 스스로가 지닌 한계성을 겸허하게 자각하고 이를 넘어서려는 염원이나 기원을 간직하는 일은 아름다운 것입니다. 그러나 이렇게 정성을 다해 아뢰고 복을 빌더라도 나만의 이기적 욕심을 채우기 위한 것이 아니라, 나의 욕심을 비워 전 우주 공동체와 더불어 살고, 어울려 사는 원대한 화엄적 세계의 구현을 위해 비는 것으로 승화해야 하리라 믿습니다.[3]

둘째, 기복과도 관계가 있는 것이긴 하지만, 특히 죽은 이들을 위해 복을 비는 것도 지양되리라 봅니다. 사랑하는 식구들의 죽음을 슬퍼하는 이들을 위해 종교가 해 줄 수 있는 일은 다 해야 할 것입니다. 그러나 만에 하나 그런 절박한 상황을 기회로 하여, 그리고 미지의 사후 세계에 대한 불안을 이용하여, 종교가 필요 이상으로 신도들에게 금전적 부담을 안겨 준다든지 하는 것은 있을 수 없다고 봅니다.

중세 가톨릭에서 교인들이 면죄부를 사기만 하면 그들의 죽은 친지들이 즉각 지옥에서 연옥으로 옮겨 가게 해 주겠다고 약속하던 면죄부

---

[3] '기도'에 대해서는 필자의 『예수가 외면한 그 한가지 질문』(현암사, 2002), 256~272쪽 「기도와 명상」편, 그리고 필자가 번역한 『예수의 기도』(대한기독교서회, 2003)를 참조.

제도도 식구를 잃고 슬퍼하는 가족들에게 어느 정도 심리적 위안을 주고 그 슬픔을 이기고 희망을 가지게 한 면이 분명 있었습니다. 그러나 그것이 궁극적으로는 그리스도교의 기본 신앙에 위배된다고 하여 이를 거부하고 나선 운동이 바로 루터의 프로테스탄트 개혁이었습니다. 가톨릭에서도 그 후 이 제도를 폐기했습니다.

불교에서도 천도재(薦度齋), 우란분재(盂蘭盆齋) 등 사후에 관계되는 예식들이 돌아가신 부모님과 조상님에 대한 우리의 관심과 사랑의 표현이라는 본래의 순기능적 역할에서 벗어나, 불쌍한 사람들에게 지나친 경제적 부담이 되는 등 역기능으로 작용할 경우 반드시 재고되어야 할 사항이라 여깁니다. 이런 예식들의 표피적, 문자적 의미가 아니라 이런 예식이 가져다 줄 수 있는 더욱 깊은 정신적, 심리적, 상징적, 효용적인 가치에 더 큰 관심을 쏟고 더 깊은 종교적 의미를 발굴하고 널리 펴는 작업이 절실하다고 봅니다.

셋째, 이런 형태의 기복이 아니라 더욱 많은 일반 불자가 중심이 된 참선·명상 수행이 더욱 보편화되리라, 혹은 보편화했으면 합니다. 물론 참선을 한다고 모두가 당장 확철대오(廓徹大悟) 같은 구경의 깨달음, 부처님이 이르신 아뇩다라삼먁삼보리(anuttarasamyak-sambodhi)에 이르리라 기대할 수는 없습니다. 고려대학교 조성택 교수는 한국 불교가 '깨달음의 불교에서 행복의 불교'로 바뀔 것을 제안하면서, 한국 불교에서 이런 깨달음 중심주의를 버려야 한다고 했습니다. 몇몇 예외적인 고승의 경우를 제외하고 이런 깨달음이 불교 수행의 목표가 될 수 없다는 것입니다. 역사적으로 '깨달음'에 이른 사람이 몇이나 되는가, 이렇게 실현 불가능한 목표를 설정하고 거기에만 매달리는 것은 일종의 '기만'일 수 있다는 것입니다.

저는 조 교수의 주장에 동의합니다. 저도 한국 불교에서 몇몇 특출한 고승들이나 얻을 수 있었던 구경의 깨달음이라는 거의 달성 불가능한 목표를 세워 놓고 일반 신도들은 '성불하십시오'를 입으로만 외울 뿐 도저히 거기에 합당한 노력도 기울이지 않고 주로 기복적인 종교 생활에 매인 듯한 불교 현실은 결코 바람직하지 못하다고 생각합니다.

그러나 여기에 제가 덧붙여 강조하고 싶은 것은 참선·명상한다고 하여 반드시 이른바 구경의 깨달음만을, 최종적으로 딱 한 번 있을 유일회적(唯一回的) 깨달음만을, 목표로 삼을 필요가 없다는 것입니다. 참선 수행의 목표나 성공 여부가 결국 이런 구경의 유일회적 깨달음을 얻느냐 못 얻느냐에 따라 둘로 갈라질 무엇이라 볼 수 없다는 뜻입니다. 활연대오, 구경의 깨달음만 유일한 깨달음이라고 생각하고 그것만 쳐다보거나 거기에 목을 맬 필요는 없습니다. 우리가 더욱 크게 관심을 기울여야 할 것은 이른바 '깨달음의 민주화·대중화' 혹은 '깨달음의 일상화·생활화'여야 한다고 생각합니다.[4]

다른 모든 종교적 수행과 마찬가지로, 참선 수행은 마치 높은 산을 올라가는 것과 같습니다. 우선 정상에 오르는 것만을 목표로 정하고 그때까지는 무조건 죽을 고생을 한다는 생각을 버려야 할 것입니다. 정상을 향해 한 발짝 한 발짝 내딛는 발걸음 자체에서 이미 즐거움을 찾는 것입니다. 더욱이 조금씩 올라가는 데 따라 산 밑으로 전개되는

---

[4] 불교학자 중에는 우리말의 '깨달음'과 '깨침'을 차별화하여, '깨달음'은 일상에서 생기는 소소한 발견을, '깨침'은 구경의 트임을 가리키는 것으로 사용할 것을 제안하기도 한다. Sung Bae Park, *Buddhist Faith and Sudden Enlightenment* (Albany: State University of New York Press, 1983), 박성배, 윤원철 옮김, 『깨침과 깨달음』(예문서원, 2002) 참고.

하계를 내려다보면서 전에 알지 못했던 저 너머의 호수와 언덕과 바다를 발견하고 계속 '아하!'를 연발하는 것입니다. 이것이 바로 우리가 우리의 삶에서 경험하고 즐길 수 있는 '깨달음(realization)'입니다.

이런 깨달음에 따라 그 전에 가지고 있던 무지와 편견, 집착과 고집에서부터 그만큼 더 자유로워지는 것을 경험하는 것입니다. 이렇게 될 때, 삶과 세계와 우주에 대한 나의 안목과 통찰이 그만큼 더 넓고 깊어지고, 불교적 용어로 '사물을 있는 그대로(things as they really are)', 여실하게 보는 일에 그만큼 더 가까워진다는 것입니다. 이런 작은 깨달음의 연속을 경험하는 것이 불교에서 우리가 얻을 수 있는 행복이고, 이런 것을 인생에서 누릴 수 있는 참된 행복으로 즐기면서 살도록 하는 것이 불교가 우리에게 할 수 있는 중요 역할이라 믿습니다. 저는 이런 작은 깨달음의 과정을 즐기면서 삶을 풍요롭게 해 가는 일반 불자들이 더욱 늘어날 것이라 기대해 봅니다.

넷째, 이렇게 참선·명상을 통해 사물을 될 수 있는 대로 실재에 가깝게 봄으로 무엇보다 지금의 내가 독립적 실재로서의 '나'가 아니라는 것, 내가 나의 이기적 욕망을 채우려고 애쓰는 것이 결국 나에게 행복을 가져다주기보다 오히려 나와 이웃이 겪고 있는 괴로움의 원천이 된다는 것, 그리고 참된 행복은 남의 괴로움에 동참함으로 가능하다는 것 등을 깨닫는 체험이 불자들에게 더욱 보편적인 체험이 되었으면, 그리고 그렇게 되리라 희망합니다. 이렇게 될 때 자연스럽게 현재 이 세계와 동료 인간들이 당면하고 있는 문제의 해결을 위해 직접 참여하고, 이로 인해 한국 사회가 그만큼 더 아름답고 살 만한 곳으로 바뀌게 되지 않겠는가 생각합니다.

예불, 염불, 기도, 3천배 등등의 의례(rituals)도 어떤 마음가짐으로 임하느냐에 따라 나 중심주의를 강화하는 결과를 가져올 수도 있고, 이를 극복하는 데 더없이 중요한 수단이 될 수도 있습니다.

아무튼 영국의 역사가 아놀드 토인비가 종교의 본질은 '자기중심주의를 극복하는 것'이라고 했습니다만, 한국 불교도 종교가 가지고 있어야 할 이런 본질적 기능을 더욱 효과적으로 발휘하는 종교로 변모됨으로 한국 사회에 더욱 크게 기여하리라 믿고, 또 그렇게 하기를 바라는 것입니다.

다섯째, 한국 불교가 생태계 문제에 좀더 큰 관심을 가지게 되리라 믿습니다. 앞에서도 지적한 것처럼, 서양의 불교에서는 정치적 억압, 경제적 불공평, 평화의 위협, 남녀 성차별, 성적 성향에 의한 차별, 인권 문제, 생태계 문제 등 인류가 현재 당면하고 있는 실질적 문제에 더욱 큰 관심을 보이고 있고, 이런 문제 해결에 불교적 가치관을 실현하려고 노력합니다.

제가 한국 불교에 바라는 것은 이런 여러 가지 문제 중에서 특히 생태계 문제, 자연보호에 더욱 세심한 관심을 가져 주었으면 하는 것입니다. 물론 지금까지 한국 불교계가 생태계 문제에 전혀 무관심했다고 하는 것은 아닙니다. 새만금 사업과 관련하여 수경 스님이 이끈 '삼보일배' 운동이나 천성산 터널 공사를 반대하여 오랜 단식에 들어갔던 지율 스님의 활동 등에서 보듯이 한국 불교가 생태계 문제를 크게 공론화하는 데 공헌한 면이 있습니다. 이처럼 널리 알려지지는 않았지만, 법륜 스님의 '빈그릇 운동', 도법 스님의 '인드라 망 생명 공동체' 운동, 동국대학의 '불교 생태학' 강좌 등도 언급되어야 할 것입니다.[5)]

그러나 제가 말씀드리고 싶은 것은 최근 산사로 들어가는 길을 자동차가 들어갈 수 있도록 하기 위해 마구잡이로 벌이는 도로 확장 및 포장 공사와 무분별하게 난립되는 새로운 사찰 건물에 의한 자연 파괴적 경향, 그리고 부주의한 방생에 의해 야기되는 생태계 질서 교란의 위험 등도 새로이 부각되는 생태계적 관심과 빛 아래에서 범불교적으로 심각하게 재고해야 할 문제가 아닌가 하는 것입니다.

불교는 본래 불살생 등 자연친화적 종교입니다. 이제 '중생이 아프기에 나도 아프다'는 생각뿐 아니라 '어머니 지구가 아프기에 나도 아프다'는 마음을 더욱 깊이 하는 데 불교가 앞장서 줄 것을 기대해 봅니다.

여섯째, 한국 사회의 급속한 변화에 따라 현재 새로운 모습으로 재등장하는 그리스도교의 새로운 신학과의 진지한 대화를 통해 서로 배우고 일깨우는 일이 가능해짐으로 불교의 여러 가지 면이 더욱 좋은 방향으로 개선될 수 있지 않겠는가 하는 생각을 갖게 됩니다. 한국 불교도 서양 불자의 경우와 같이, 이웃 종교들과 대화하면서 '상호 이해'를 증진할 뿐만 아니라, 인류가 당면하고 있는 제반 문제에 함께 대처하고 그 해결을 위해 이들 이웃 종교들과 좀더 적극적으로 '상호 협력'하는 관계로까지 나가길 희망한다는 것입니다.

물론 한국 불교가 지금껏 그리스도교와의 대화에 비교적 소극적이었던 것에는 한국 그리스도교의 책임이 없다고 할 수 없습니다. 일부 그리스도인들이 지금껏 보여 준 배타주의적이고 저돌적인 태도나, 이

---

5) 이 점은 조성택 교수가 지적해 준 것이다. 자세한 것은 그의 글「삼보일배, 그것은 감동이었다」, 『불교평론』(2003, 여름 호), 「지율 스님이 얻은 것과 잃은 것」, 『불교평론』(2005, 봄 호) 참조.

로 인해 불교계가 입은 실질적 피해를 감안할 때 불교인들이 얼른 손을 내밀기가 어려웠을 것이기 때문입니다. 그러나 모든 그리스도인이 다 배타적인 것만은 아니라는 사실, 무엇보다 종교 간의 대화와 협력이 이 시대의 피할 수 없는 요청이라는 사실을 새로이 다지고 그리스도교와의 대화에 적극성을 띠게 되기 바랍니다.

한 걸음 더 나아가, 불교와 그리스도교, 심지어 유교까지 모두 함께, 불교에서 가르치는 '깨침', 그리스도교에서 말하는 '메타노이아', 유학이나 도가에서 주장하는 '성인됨'이라는 표현에 함의된 '의식의 변화'에 초점을 맞추고 이런 의식의 변화가 어떤 구체적 '수행'을 통해 인류 사회에 더욱 효과적으로 보편화할 수 있을까 서로 머리를 맞대고 고민하는 데까지 이르렀으면 하는 것입니다.6) 물론 이런 종류의 대화에 천도교나 다른 민족종교들을 초청한다면 더욱 좋을 것입니다.

이외에도 종교와 과학의 조화 문제 등에 대한 논의에서도 교리적으로 비교적 유연한 입장을 취하고 있는 불교계가 주도적으로 이끌어 갈 수 있기를 바랍니다. 이상에 말한 몇 가지 희망 사항이 현실로 가능하게 될 때 불교는 한국 사회에서 진정으로 제 몫을 다하는 것 아닌가 생각해 봅니다.

---

6) 필자의 논문 중 이런 점에 초점을 맞추어 불교와 그리스도교, 유교와 그리스도교의 대화에 대한 것으로, "Sagehood and Metanoia: Confucian-Christian Encounter in Korea" in *The Journal of the Amerian Academy of Religion*, vol. LXI, no. 2 (Summer, 1993), pp.303~320, 그리고 "Buddhahood and Metanoia: The Buddhist-Christian Dialogue in Korea" in *The Journal of Dharma* (vol.XX, April-June, 1995), pp.223~238, "The Christian-Buddhist Encounter" in Robert Buswell & Timthy S. Lee, eds., *The Christianity in Korea* (Honolulu: University of Hawaii, 2006), pp.371~385를 참조할 수 있다. 이 논문들의 한국어 번역은 각각 줄리아 칭, 변선환 옮김, 『儒敎와 基督敎』(분도출판사, 1994), 285~304쪽, 오강남, 『예수가 외면한 그 한가지 질문』(현암사, 2002), 293~311쪽 등에 있다.

이리저리 만나는 종교의 강들

우리의 불교 이야기를 이어 오면서 되풀이하여 강조한 이야기입니다만, 종교는 살아 있는 생명체로서 끝없이 변하기 마련이라는 것입니다. 이제 피자(Pizza)가 서양인만의 먹거리가 아니고 김치가 한국인만의 음식이 아니 듯, 그리스도교도 서양인만의 종교가 아니라 오히려 동양을 비롯해 아프리카, 남아메리카 사람들의 종교가 되었고, 불교도 동양인만의 종교가 아니라 오히려 서양에서 더 활기를 띠고 있습니다. 이처럼 지구촌화되어 가는 세상에서 종교 간의 접촉, 특히 그리스도교와 불교의 접촉은, 세계 종교사에서 발견되는 여러 가지 선례에서 본 것과 같이 흥미로운 종교 현상을 빚어내리라 생각합니다.

제가 졸저 『세계 종교 둘러보기』 마지막 '나가는 말'에서도 강조한 것처럼 종교 전통들은 강물과 같아서 긴 역사를 통해 흐르면서 계속 서로 합치기도 하고 갈라지기도 하며 나름대로의 종교 지형을 이루어 갑니다. 최근에 와서 놀란 사실은 이제 이 종교의 강들이 이전보다 훨씬 빠른 급류로 흐르면서 자주 만나는 시대가 되었다는 것입니다.

서로 화목하게 지내는 종교의 집들

이제 이 불교 이야기를 끝맺으면서, 제가 개인적으로 바라는 것이 있다면, 이 이야기를 시작하면서 말했던 것처럼, 이웃집 밥 먹기를 알아봄으로 우리 집 밥 먹기 경험이 풍요롭게 되는 일, 이웃집 종교를 알아봄으로 우리 집 종교 생활이 더욱 윤택하게 되는 일이 더욱 많은 사람 사이에서 보편화되었으면 하는 것입니다.

이 책이 이웃의 밥 먹기를 잘 모르고 있는 이들에게 이웃을 소개해서 그 이웃을 이해하고, 그 이웃과 서로 친하게 지내고, 서로 도움을 주고받고, 함께 지역 공동체, 나아가 인류 공동체의 공동 목표를 위해 협력하는 관계가 이루어지도록 하는 계기를 마련하는 데 조금이라도 보탬이 될 수 있다면 한 사람의 비교종교학자로서뿐만 아니라 그리스도교와 불교를 다 같이 사랑하는 사람으로서, 그리고 이 세상에 천국과 극락에 더욱 가까운 상태가 실현되기를 기원하는 한 사람의 종교인으로서, 그보다 더 큰 보람과 기쁨이 어디 있겠습니까? 이제 컴퓨터를 끄기 전 이런 간절한 염원을 품은 가슴 앞에 저의 작은 두 손을 모아 봅니다.

부록

부록 1[1] | 선(禪)은 종교인가?

1. 서론

20세기 미국의 가장 위대한 종교 사상가들 중 하나라고 손꼽히는 토머스 머튼(Thomas Merton)은 오랜 기간 선(禪)을 연구한 후, 결론적으로 선은 아무것과도 비교할 수 없는 무엇이라고 단언했다.[2]

머튼에 의하면, 선과 그리스도교를 비교하는 것은 마치 '수학과 테니스'를 비교하는 것과 같다는 것이다.[3] 그는 서양에서 알려진 어떤 범주도 선에는 적용될 수 없다고 하면서 다음과 같이 말했다.

선은 삶에 대한 조직적 설명도 아니다. 이데올로기도 아니다. 세계

---

1) 다음 글은 "종교학에 있어서 '종교'의 개념"이란 주제로 1990년 이탈리아 로마에서 있었던 제16회 세계종교학회에서 발표하고 그 후 발표논문집에 실린 「Is Zen a Religion?」이라는 논문을 필자가 직접 한국어로 번역해 『불교평론』(2003, vol. 2)에 실었던 것이다. 논문 형식의 글이라 약간 난삽한 면이 있기에, 이 문제에 관심이 있는 독자는 지금까지 이 책에서 논의된 것들을 좀더 다른 각도에서 요약 정리할 겸 일독해도 좋고, 그렇지 않은 경우 그냥 뛰어넘어도 상관이 없을 것이다.

2) Edward Rice, *The Man in the Sycamore Tree: The Great Times and Hard Life of Thomas Merton* (New York: Harcourt Brace Jevanovich, 1979), "Day in and day out, Merton thought, wrote, preached peace and the east"(p.20) 또한 p.81 참조.

3) Thomas Merton, *Zen and the Birds of Appetite* (New York: A New Direction, 1968), p.33.

관도 아니다. 계시나 구전의 신학도 아니다. 신비도 아니다. 완전을 향한 금욕적 수행법도 아니다. 서양에서 이해된 대로의 신비주의도 아니다. 사실 우리가 알고 있는 어떤 범주에도 맞아떨어지지 않는 무엇이다. 따라서 그것에 '범신론', '정적주의', '펠라기아니즘' 따위의 딱지를 붙여서 폐기 처분하려는 우리의 어떤 기도도 완전히 부적절할 수밖에 없다.4)

선이 종교인가? 머튼이 말한 바에 따르면 선은 물론 종교일 수 없다. 그러나 다른 학자들, 특히 선을 서양에 소개하는 데 크게 공헌한 D. T. 스즈키 같은 학자들은 어떻게 대답할까? 예상할 수 있는 일이지만, 대답은 물론 '예스'와 '노'이다. 이 짧은 글에서 우선 이런 학자들이 제시하는 양면적 대답의 근거가 무엇인가 하는 것을 살펴보고자 한다.

그러고 나서 결국 중요한 문제는 선을 '종교'라고 정의할 수 있는가 없는가가 아니라, 선의 원리가 각이한 문화나 종교 전통에 따라 오늘을 사는 많은 사람의 삶에 적용될 수 있겠는가 하는 것임을 밝히고자 한다. 좀더 구체적으로 말하면, 선을 말할 때 사람들의 문화적·종교적 배경과 상관없이 그들의 삶과 안녕에 공헌할 수 있는 '보편 선(universal Zen)'이라는 것이 존재할 수 있는가 하는 점을 좀더 깊이 고찰하려는 것이다. 이제 선이 종교가 아니라고 하는 입장부터 다루기로 한다.

2. 선은 종교가 아니다

'선이란 무엇인가?' 하는 제목으로 쓴 짧은 글에서 D. T. 스즈키는

---
4) 같은 책, p.35.

스스로 "선은 종교인가?" 하는 물음을 제기하고, 거기에 자기 나름대로 대답을 한다. 그는 "그것은 일반적으로 이해된 대로의 종교라는 의미의 종교는 아니다"[5]고 했다.

이 대답은 선이 종교냐 아니냐 하는 여부가 '종교'를 어떻게 정의하느냐에 좌우된다는 뜻을 내포하고 있는 셈이다. 스즈키에 의하면, "선은 종교가 아니다. 거기에는 섬겨야 할 신도, 준수해야 할 예식도, 죽은 사람들이 들어가 살 미래의 거처도, 그리고 무엇보다 사람들의 지극한 관심의 대상이 되는 영혼과 그 불멸 같은 것이 없기 때문이다." 또한 '선에는 이런 교의적이고 종교적인 부대 요소들이 없기' 때문에 그것은 "종교가 아니다"는 주장이다.

일단 스즈키의 말을 수긍하지 않을 수 없다. 종교라는 것이 유신론적 신관에서 이해된 대로의 신을 섬기는 것과 같은 일이나 예식을 거행하는 것, 혹은 개인의 최후 운명으로서의 천국, 지옥 등을 믿는 것이라면, 분명 선은 '그런 종류의 종교'는 아니기 때문이다. 머튼이 말한 것처럼, "선은 신에 대해 그리스도교에서처럼 그런 관심을 갖고 있지 않다."[6]

그러나 사실 이런 식으로 선을 평가하는 것은 너무나 당연하여 별도로 더 언급할 필요조차 없는 일이다. 오늘날 지각 있는 사람들로서 종교의 가장 근본적 본질이 신을 섬기는 것, 종교적 예식을 준수하는 것 등이라고 믿는 이들은 별로 없다. 오늘날 종교는 이런 외부적인 요인들보다 더욱 깊은 뜻으로 이해되고 있기 때문이다.

---

5) D. T. Suzuki, *Introduction to Zen Buddhism* (New York: Grove Press, 1964), p.39.
6) Merton, 앞의 책, p.35.

여기서 종교의 정의가 무엇인가 하는 문제를 가지고 길게 논의할 수는 없다. 다만 종교를, 예를 들어, '궁극적 관심(ultimate concern)'[7]이라든가 '궁극적 변화를 위한 수단'[8]이라고 정의했을 때, 여기에는 신에 대한 경배라든가, 성례전의 준수, 내세에 대한 관념 같은 이런 외적 사항이 종교의 불가결한 핵심 요소라고 하는 언급이 전혀 없다는 사실을 지적하는 것만으로도 충분하다고 생각한다. 종교는 역사적 맥락에서 특수하게 표현된 여러 가지 표현 양태 그 이상이라는 뜻이다.

3. 선은 종교이다

그러나 종교라는 낱말이 이런 외부적 사항 이상이라고 이해한다면, 역설적인 것처럼 들릴지 모르지만, 선은 분명 종교라 할 수 있다. 스즈키 자신도 선의 종교적 성격을 감지하고 다음과 같이 진술하고 있다.

> 선이 종교가 아니라고 하는 점은 오직 외부로 나타난 점에 불과하다. 진정으로 종교적인 사람들은 선에서 나타나는 거친 선언들 속에 들어 있는 종교적 요소들을 발견하고 놀라게 될 것이다.[9]

스즈키는 그러나 분명히 "선이 그리스도교나 이슬람교가 종교라고 하는 것과 같은 뜻으로 종교라고 하는 것은 잘못"이라고 못 박고 있다.

---

7) Paul Tillich, *Dynamics of Faith* (New York: Harper & Row, 1958) 참조.
8) Frederick J. Streng, *Understanding Religious Life* (Belmont, CA: Wadsworth Publishing Company, 1985), p.2.
9) Suzuki, 앞의 책, p.40.

그는 이어서 선이 우리의 생각을 신의 단일성이나 그의 무한한 사랑, 혹은 사물의 덧없음 같은 것에 고착시키는 명상의 일종이라 혼동해서는 안 된다고 경고하고 있다.

이것은 물론 스즈키가 선을 유일신관이나 어느 종류의 신관을 가진 종교로 보기를 거부한다는 뜻이기도 하다. 그에게 있어서 신을 믿는가 안 믿는가 하는 것은 어떤 사람이 종교적이 되느냐 아니냐 하는 것과 직접 관계되는 일이 아니다. 그에게 있어서 종교적이 된다고 하는 것은 신에 대한 신앙 이상을 의미한다. 그가 선이 종교라고 하는 말은 "선의 수행을 통해 존재의 이유 그 자체를 꿰뚫어 볼 수 있는 혜안(慧眼)을 열 수 있다"는 것을 뜻한다.

스즈키는 그의 저술 전체를 통해 선이란 '우리가 삶과 세계를 다루는 데 새로운 안목을'10) 얻기 위해 체계적으로 마음을 닦는 일임을 강조하고 있다. 그는 분명한 어조로 "선의 본질은 삶과 사물 일반에 대해 새로운 안목을 얻는 데 있다"고 밝힌다. 그에게 있어서 '깨침(悟)'은 선의 핵심으로서, 그것은 선을 진정으로 선이 되게 하는 것이요, 또 선을 진정으로 종교이게끔 하는 것이다. 그는 다음과 같이 말한다.

> 무슨 일이 있어도 '깨침'이 없는 선이란 있을 수 없다. 깨침은 선불교의 알파와 오메가이다. 깨침이 없는 선이란 빛과 열이 없는 태양과 같다. 선은 그것이 가지고 있는 모든 문헌, 모든 선방, 모든 외부적 요소들을 잃어버려도 좋다. 그러나 깨침이 있는 한 그것은 영구히 살아남을 것이다.11)

---

10) William Barrett (ed.), *Zen Buddhism: Selected Writings of D. T. Suzuki* (Garden City, NY: Doubleday, 1956), p.83.

깨침을 '중심 사실(central fact)'로 삼고 있는 선은 그 깨침을 통해 논리적, 분석적, 이분법적 사고를 초월하여 "사물의 본성을 뚫어 볼 수 있게 된다"고 하는 의미에서 분명 종교인 셈이다. 그는 이러한 측면을 다음과 같이 진술한다.

> 실제적으로 지금껏 이분법적으로 훈련된 마음의 혼동 속에서 파악되지 못하던 새로운 세계가 펼쳐짐을 뜻한다. …… 이것이 무엇이든 깨침을 경험한 사람들에게 이 새로운 세계는 지금껏 있던 옛 세계가 아니다. 흐르는 시냇물과 타오르는 불길은 그대로이지만 그래도 이 세상은 같은 세상이 아니다. 논리적으로 말하면, 모든 반대와 모순이 일관된 유기체적 전체로 융화되는 것을 뜻한다. 이것은 신비요 기적이다.12)

스즈키는 '선 체험으로서의 깨침은 삶 전체에 관련되는 것'이라 했다. 이 체험은 '완전한 혁명'과 '새로운 인간의 탄생'을 가져오는 것이다. 이것은 분명 종교적 차원으로서, 종교가 '궁극적 변화를 위한 수단'이라고 할 때 그 속에 강력하게 함의된 차원임에 틀림이 없다.

4. 보편 선

선이 종교냐 아니냐 하는 문제가 '종교'를 어떻게 정의하느냐 하는데 따라 달리 대답될 성질의 문제라면, 이것은 또 '선'을 어떻게 이해하

---

11) 같은 책, p.84.
12) 같은 곳.

느냐 하는 데 따라서도 달리 대답될 성질의 문제이기도 하다.

낸시 로스(Nancy Wilson Ross)는 그의 책 『The World of Zen(선의 세계)』에서 '보편 선(universal Zen)'이라는 말을 쓰고 있다. 선의 연구, 특히 하이쿠(俳句) 연구에 선구자적 역할을 담당한 블라이스(R. H. Blyth)가 사용하던 '선적 안목의 근본적 보편성'이라는 말에 고무되어 '선과 같은 식의 보는 법, 관찰법, 느끼는 법의 실례들'을 함께 모아 보았다고 했다. 그는 다음과 같은 말로 자기의 입장을 밝히고 있다.

> 선의 가르침은 깨친 의식 상태를 가능하도록 하기 위해 특별히 고안된, 그리고 오랜 세월 실험된 체험과 수행의 체계를 대표한다. 좌선이나 참선을 통해 영적 깨침을 얻으려고 하는 평균적 서양 사람들이라면 말할 것도 없이 상당한 정도의 심리적 재조정을 거치지 않을 수 없다. 그러나 이런 사실은 이 특수한 선 체험이 아시아 어느 한 지역에만 국한된 것이라는 뜻이 아니다. 세계 모든 문화에서 시인들, 신비주의자들, 예술인들, 철학자들이 '선'이라는 말이 형용사로 쓰여질 때, 그 말이 지칭하는 실재의 본성에 대한 특수한 체험을 다 같이 공유하여 왔다.[13]

이런 종류의 주장은 선이 사실 '모든 종교와 모든 철학의 정신'이라고 주장하는 D. T. 스즈키의 기본 사상과 부합하는 것이기도 하다.[14] 스즈키는 이 사실을 다음과 같이 시적으로 표현하고 있다.

---

13) Nancy Wilson Ross, *The World of Zen: An East West Anthology* (New York: Vintage Books, 1960), p.237.
14) Suzuki, 같은 책, p.44.

선은 종파주의와 전혀 상관이 없다. 선은 불교인들과 마찬가지로 그리스도인들도 수행할 수 있는 것이다. 같은 바다에 큰 고기와 작은 고기가 다 같이 여유롭게 살 수 있는 것과 같다. 선은 바다요, 선은 공기요, 선은 산이요, 선은 천둥과 번개요, 봄꽃이요, 여름의 더위, 겨울의 눈, 아니 그보다, 선은 인간이다. 선이 그 긴 역사 과정에서 축적한 모든 형식들이나 습성들이나 쓸데없는 부속물에도 불구하고, 그 중심 사실은 아직도 활기차다. 선의 특별한 공적은 바로 우리가 아직도 다른 어떤 것에 의해 편견을 갖지 않고 똑바로 이 궁극 사실을 들여다볼 수 있도록 해 준다고 하는 것이다.[15]

스즈키저럼 시적으로 쓰진 않았을지 모르지만 선이 그리스도교에 크게 도움을 줄 수 있다고 주장한 그리스도교 사상가는 부지기수다. 몇 명만 예를 들면, 토머스 머튼,[16] 윌리엄 존스턴(William Johnston),[17] 돔 그레이엄(Dom Aelred Graham),[18] 한스 발덴펠스(Hans Waldenfels)[19] 같은 사람들이다.

누구보다도 신학자 한스 큉(Hans Küng)은 선이 '서양인들과 그리스도인들에게 중대한 촉매제'가 될 수 있다는 점을 일목요연하게 열거하고 있다. 그는 선이 그리스도인들로 하여금 "그리스도교가 한쪽으로 너무 치우쳤음을 깨닫게 하고" 그리스도교 전통에서 "망각되고 사장(死藏)된 요소들을 재발견하게 하는 데" 특히 도움을 줄 수 있다고 했다. 그에 의하면 선이 그리스도교에 공헌할 수 있는 분야는 크게 다섯

---

15) 같은 책, p.45.
16) 앞에 나온 책 참고.
17) *Christian Zen: A Way of Meditation* (New York: Harper & Row, 1981).
18) *Conversations: Christian and Buddhist* (New York: Harcourt, Brace and World, 1968).
19) *Absolute Nothingness: Foundations for Buddhist-Christian Dialogue* (New York: Paulist Press, 1980).

가지다. 1) 인간의 완결성과 안녕을 위한 새로운 노력, 2) 새로운 실천방안(orthopraxy), 3) 모든 존재의 상호 연관성에 대한 인식과 육체에 대한 새로운 강조, 4) 마음을 조용히 하는 것과 각자 자신의 심령 깊이 직관적으로 내려가는 집중 훈련, 5) 사고나 감정이나 소원 등에서 해방된 침묵과 기다림을 함양함 등이라고 한다. 그리고 나서 큉은 선에 대한 자기의 입장을 다음과 같이 요약하고 있다.

> 특히 선은 위대한 실용주의적 낱말 하나로 요약될 수 있는데, 그 낱말은 바로 '자유'다. 자아를 잊어버리는 데서 오는 자아로부터의 자유, 모든 육체적 정신적 강압으로부터의 자유, 개인과 개인의 직접적인 체험이나 깨침 사이에 끼어들려고 하는 모든 권위로부터의 자유. 나아가 붓다로부터, 경전으로부터, 더욱 철저하려면 심지어 목표가 아니라 하나의 길이요 또 길로 남아 있어야 할 선 자체로부터의 자유. 이런 완전한 내적 자유에서만 우리는 이 생애에서건 내생에서건 참된 깨달음에 이를 수 있는 것이다.[20]

큉은 많은 그리스도인도 선에서 발견되는 모든 것을 '참된 해방'으로 체험할 수 있다고 결론짓고 있다.

> 결국, 비록 그들의 기도 생활, 교리, 경직된 규례, 종교적 '순종훈련학교'의 후유증 등으로 규격화되었다고 생각하는 그리스도인들이, 이처럼 내용을 염두에 두지 않는 사유, 이처럼 대상을 상정하지 않은 명상, 이처럼 정복으로 체험되는 비움 등을 참다운 해방으로 여

---

[20] Hans Küng et al., *Christianity and the World Religions* (Garden City, NY: Doubleday, 1986), p.425.

기게 되었다는 것은 놀라운 일이 아니다. 여기서 그들은 내적 쉼, 더 큰 평안, 더 훌륭한 깨달음, 실재에 대한 더욱 예민한 감수성 등을 발견하는 것이다.21)

선은 그리스도인들에게만 좋은가? 현대 사회에 살고 있는 일반인들에게는 어떤 의미가 있을 수 있는가? 선이 일반 현대인들에게 실제적으로 도움을 줄 수 있는 '영적 양식'이라 여기는 사람들이 많다.22)

예를 들면, 에리히 프롬(Erich Fromm), 앨런 와츠(Alan Watts), 에이브러햄 매슬로(Abraham Maslow) 등등이다. 물론 잘 알려진 바대로 칼 융(Carl G. Jung)은 깨침이라고 하는 선 체험이 유럽 사람들에게는 실제적으로 불가능한 것이라 주장하기도 했다.23)

그러나 에리히 프롬 같은 사람은 "선이 유럽 사람들에게 어렵다 하더라도 그것이 헤라크리터스, 마이스터 에크하르트, 하이데거보다 더 어렵다고 볼 수는 없다."라고 하여 융의 입장에 반기를 들었다. 프롬은 "선이 어려운 것은 깨달음 자체가 어려운 것이라기보다는 그것을 얻는 데 요구되는 엄청난 노력" 때문으로서, "이것은 대부분의 사람들이 감당하기 곤란한 것"이라고 분석하고 있다.

프롬은 선이야말로 정신분석학과 마찬가지로 사람들에게 '무의식을 의식하게 함으로써' 소외와 단절을 극복하도록 도와주어 사람들의 안

---

21) 같은 곳.
22) William Barrett, 앞의 책, p.xiii.
23) Suzuki, 같은 책, p.10에 나오는 융의 서문. 심재룡 번역, 『아홉 마당으로 풀어쓴 禪』, 34쪽. "이런저런 이유로 해서 선을 서구적 전통에 그대로 이식시키는 것은 권장할 일도 아니고 가능할 것 같지도 않다. 그렇지만 정신적 요법의 목표에 대해 진지한 관심을 갖고 있는 치료자라면, 정신치료, 즉 '온전한 사람이 되기' 위한 동양적 방법이 어떤 궁극적인 결과를 추구하고 있는가를 보고 나서 뭔가 느끼는 점이 있을 것이다."

녕과 복지 증진을 목표로 하는 것이라고 역설한다.24) 앨런 와츠는 선이 현대인들에게 적용될 수 있다는 것을 더욱 적극적으로 강조한다.

> 인간과 자연을 재결합시키려고 하는 서구 사람들에게 선의 자연주의에는 단순히 감상적인 것 이상으로 어필하는 무엇이 있다. …… 정신적인 것과 물질적인 것, 의식적인 것과 무의식적인 것이 비극적으로 이분화된 문화를 위해 선은 근본적으로 신선한 통전적 생각을 심어 주는 세계관을 제공하고 있다. …… 무엇보다도 선은 그리스도교 후기 많은 서구인에게 크게 호소력을 갖는데, 내가 믿기로 그것이 유대교나 그리스도교의 예언자 전통처럼 설교하거나 도덕적으로 가르치려 하거나 꾸짖는 일을 하지 않기 때문이다.25)

필자가 보기로 선이 일반 현대인들에게 줄 수 있는 최대한의 혜택은 그들이 가지고 있는 일상적인 이분법적 의식을 초인격적(transpersonal) 주객 초월의 의식으로 바꾸어 주는 일이 아닌가 여겨진다. 앞에서 지적한 것과 마찬가지로 스즈키는 '깨침,' 곧 '새로운 안목을 얻는 것'은 바로 '이분법적으로 훈련된 생각'을 초월하는 것이라고 거듭 강조하고 있다. 깨침의 체험에서 '모든 반대와 모순들이 결합되고 조화되어 일관된 하나의 유기체적 전체'가 되는 경험을 한다는 것이다.

이분법적, 이성(理性)적 의식을 초월한다고 하는 이런 생각은 인간 의식을 취급하는 '초인격 이론(transpersonal theory)'에서 더욱 극명하게 드러난다. 켄 윌버(Ken Wilber)는 그의 책 『Up From Eden』에서 "역사는

---

24) Erich Fromm et al., *Zen Buddhism and Psychoanalysis* (New York: Harper & Row, 1960), p.114.
25) Alan Watts, *Beat Zen, Square Zen, and Zen* (San Francisco: City Lights Books, 1959), Nancy Ross, 앞의 책, p.332에서 인용.

인간 의식의 발달사로서 그 궁극적 완전성을 향해 나아가고 있다."고 주장한다. 그의 이론에 의하면, 인간 의식의 발달에 여덟 개의 계단이 있는데, 이것을 다시 셋으로 대분하면, 1) 인격 이전의 주객 미분의 단계, 2) 인격적 자의식의 주객 이분의 단계, 3) 초인격적 주객 초월의 단계로 나뉜다는 것이다.26)

에덴동산에서 살던 인간의 삶은 선악의 차이를 알지 못하던 무의식의 식물적, 본능적 행복을 상징하는 것이다. 이 단계에서는 인간의 의식(意識)이 주객의 구별이 없는 두루뭉수리 의식이었다. 그러다 이른바 '타락'을 통해서 인간은 '에덴에서 위로' 도약하게 되고, 그 결과로 자의식을 갖게 되었는데, 이런 자의식은 물론 분리되고 '불행한 의식'일 수밖에 없었다. 인간은 전체적으로 지금 이 주객 이분의 이성적, 반성적, 자의식 마지막 단계에 와 있다는 것이다.

인류는 이제 이런 이성적 자의식의 단계를 넘어 더 높은 가능성의 실현이 가능한 제3의 단계를 향해 나아가고 있다는 것이다. 더 높고 초의식적인 수준으로 변화되기 위해서는 "자아가 현 수준의 죽음을 받아들이고, 이 단계와 분화하여(differentiation), 다음 높은 단계로 초월하여야(transcend) 한다."는 것이다. 윌버에 의하면, "이것이 바로 참선이 이루어내고자 하는 바로서, 이성적 자의식 내에서의 번역(translation)을 그만두고 초의식의 영역으로 들어가는 변혁(transformation)을 시작하는 것"이다.27)

윌버는 참선이야말로 "현재 평균적인 의식 단계에 있는 이들이 스

---

26) Ken Wilber, *Up From Eden: A Transpersonal View of Human Evolution* (Boulder: Shambhala, 1983), p.7.
27) 같은 책, p.320.

스로 이 단계를 넘어서 가기 위해 할 일"이라고 선언한다. 윌버에게 있어서 참선은 현대에 사는 남녀들이 수행해야 할 하나의 지상 명령으로서, 그는 이 점을 다음과 같이 강조한다.

> 그리고 우리가 – 그대와 내가 – 인류의 진화를 추진시키고자 하면, 그리고 인류가 과거에 몸부림치면서 획득한 유익을 받아먹는 것으로 만족하지 않고, 진화에 뭔가를 공헌하고, 거기서 진액을 빨아먹는 일에 머물지 않으려면, 그리고 우리가 겪고 있는 절대정신으로부터의 소외를 극복하고 그것을 영구화하지 않으려면, 참선이 – 혹은 그와 유사한 참된 명상법이 – 절대적인 윤리적 명령, 새로운 지상 명령일 수밖에 없다.28)

만약 윌버의 전체적인 가설들이 맞다면, 특수한 명상 방법으로서의 선은, 오랫동안 효용성이 증명된 그와 유사한 다른 명상 방법들과 더불어, 오늘을 살아가는 모든 남녀에게 그들의 종교적·문화적 배경이 어떠한가와 관계없이, 하나의 중요한 실천 요목이 될 수 있을 것이다.

5. 결론

선은 야스퍼스(Karl Jaspers)가 말하는 '차축 이전(pre-axial) 시대'에 있던 종교 같은 그런 식의 종교는 아니다. 선은 콩트(Auguste Comte)나 프레이저(Sir James Frazer)가 의미하는 것처럼 실증적·과학적 시대에 이르기 전에 인류가 거쳐야 하는 그런 의미의 종교도 아니다.

---

28) 같은 책, p.321.

그러나 선은 오늘을 사는 사람들이 차축 시대 이전에 있던 그런 종교는 물론, 정상적인 이분법적 의식마저도 넘어가도록 도와줄 수 있다고 하는 의미에서는 종교다. 과도한 합리주의와 맹목적 과학주의, 그리고 전근대적인 종교 의식에 환멸을 느낀 사람들에게 새로운 대안을 제공할 수 있다고 하는 의미에서 선은 분명 오늘을 위한 하나의 종교라고 할 수 있을 것이다.

선을 종교라 하든 종교가 아니라 하든, 중요한 점은 현대를 살아가는 남녀들에게 순수이성의 한계를 초월하는 실재의 세계로 그들을 안내할 수 있다고 하는 주장에 귀를 기울여야 한다는 점이다.

"이름에 무엇이 있는가? 우리가 장미라고 하는 그것은
다른 어떤 이름으로 불리든 향기는 마찬가지."
셰익스피어

부록 2¹⁾ | **불교와 그리스도교, 무엇으로 다시 만날까?**
_김하태 박사님의 90회 생신에 붙여

들어가는 말

먼저 김하태 박사님의 생신을 진심으로 축하드립니다. 더욱 건강하시고 오래 사셔서 후학들과 주위 사람들에게 계속 용기와 힘을 불어넣어 주시기를 빕니다.

  제가 김하태 박사님을 처음 알게 된 것은 지금 대한성서공회를 책임 맡고 있는 제 이종 사촌 형 민영진 박사를 통해서입니다. 그 형과 제가 1960년대 초 대학 4년을 같은 방에서 지냈는데, 당시 연세대학교 신과대학에 다니던 그 형의 책 중에 그 당시 연세대 신과대학 학장이시던 김하태 박사님의 책도 있었습니다. 지금은 그 책의 정확한 제목도 잊었습니다만, 아무튼 그 책에서 "신비주의적 요소가 없는 종교는 진정한 의미의 종교가 아니다"라는 요지의 글이 있었던 것만은 지금도 기

---

1) 이 책 원고를 쓰고 있는 동안 로스앤젤레스에서 김하태 박사님의 생신을 축하하는 문집을 내는 데 글 한 편을 쓰라는 부탁을 받았다. 논문이라고 하지만 비전문가들이 읽을 수 있도록 쉽게 썼다. 지금 읽어 보니 위에 이미 언급한 부분도 더러 있지만, 복습 겸, 정리 겸, 또 같은 재료를 가지고 어떻게 다른 요리를 만들 수 있는가를 볼 겸, 이 책을 읽는 독자들도 한번 읽었으면 좋을 것 같아 여기 덧붙인다.

억하고 있습니다. 김하태 박사님이 신비주의를 중요하게 생각하신다는 것은 그 후 쓰신 다른 글에서 "the state of mystical consciousness, the pinnacle of all religious experiences(모든 종교 경험의 최고봉인 신비적 의식)"라는 말에서도 다시 확인할 수 있었습니다. 신비주의에 대한 이와 같은 기본 이해는 사실 제가 종교학을 공부하는 지난 40여 년간 제 머리에서 한 번도 떠난 적이 없었다고 할 수 있습니다.

그 덕택으로 제가 신비주의에 관심을 가지게 되고 박사 학위 논문 제목도 그 부면의 문제를 다루는 것으로 했습니다. 그 후 캐나다 대학에서 가르치기 시작해서도 「세계 종교에서의 신비주의(Mysticism in World Religions)」라는 과목을 개설해서 지금껏 가르치고 있습니다. 김하태 박사님이 쓰신 「The Logic of the Illogic: Zen and Hegel(선과 헤겔에서 발견되는 비논리의 논리)」이라는 논문은 제가 가르치는 선불교 과목 학생들에게 읽게 하는 논문 중 하나였습니다.

제가 김하태 박사님을 친히 뵌 것은 몇 번에 지나지 않습니다. 그러나 저는 김 박사님의 『東西哲學의 만남』 같은 책이나 학술지, 신문 등에 발표하신 글을 통해서 김 박사님의 가르침을 계속 따르고 있었습니다. 제가 쓴 「한국에 있어서 유교와 그리스도교의 대화」라는 논문 중에도 한국에서 신학자들이 신유학을 깊이 연구하면 세계 그리스도교 신학에 크게 공헌할 수 있을 것이라는 김 박사님의 말씀을 인용하기도 했습니다. '피란민 신학'이라는 특수 용어도 즐겨 사용했습니다. 김 박사님도 한번은 유교와 그리스도교의 대화를 다룬 제 글을 보시고 손수 평을 쓰셔서 보내 주시기까지 하셨습니다.

제가 김하태 박사님의 직접적인 제자가 될 기회는 없었지만 김 박사님은 저에게 영향을 끼치신 분 중 한 분이라 감히 말씀드리고 싶습니다. 그런 의미에서 김 박사님께서 이번 김 박사님을 위한 논문집에 기고하라고 부탁해 주신 것을 영광으로 생각하고 즐겨 응하기로 했습니다.

만남의 마당으로서의 신비주의

이런 인연을 감안해서 저는 이 논문에서 제가 이해하는 대로의 신비주의에 대해 잠깐 언급하고, 신비주의가 종교 간의 만남, 특히 불교와 그리스도교 간의 대화에 어떤 역할을 할 수 있는가 하는 문제를 다루려고 합니다. 20세기 가톨릭 신학의 대가로 알려진 칼 라너(Karl Rahner)는 21세기 그리스도교는 신비주의적으로 변하거나 그렇지 않으면 아무것도 아닌 것으로 되고 말 것이라고 예견했습니다. 그리스도교의 장래에 대해 고민하는 사람이라면 신비주의에 대해 진지하고 심각하게 생각하지 않을 수 없다는 뜻이라 생각합니다. 독일 신학자 도로테 죌레(Dorothee Soelle)도 최근에 낸 그의 책 『*The Silent Cry: Mysticism and Resistance*(침묵의 울부짖음: 신비주의와 저항)』에서 신비주의는 역사적으로 특수한 몇몇 사람에게서만 기대할 수 있는 무엇이라는 선입견을 버리고, 그것이 모든 사람에게도 있을 수 있는 일로 인정해야 할 것이라고 하면서, 그는 이런 것을 '신비주의의 민주화(democratization of mysticism)'라 불렀습니다. 저도 이 말에 동감하면서, 이것이 사실이라면 신비주의를 통해 우리 '모두'가 종교의 더욱 깊은 진수에 접하고, 그런 체험을 통해 종교 간의 만남과 대화를 더욱 원만하게 이룰 수 있는 것이 아닌가 하는 생각을 하게 됩니다.

일반적으로 '신비주의'라고 하면 부정적인 것으로 오해하는 경향이 많습니다. '신비주의'라는 말의 애매성 때문이라 할 수 있습니다. 신비주의란 말 대신에 똑같은 뜻은 아니지만 '영성'이라는 말을 쓰는 이들도 있지만, 영성이라는 말도 모호하기는 마찬가지입니다. 이런 모호함이나 오해를 막기 위해서 독일에는 신비주의와 관계되는 단어가 두 가지 있습니다. 부정적인 것으로서의 신비주의를 'Mystizismus'라고 합니다. 영매나 육체 이탈 현상이나, 점성술, 마술, 열광적 흥분, 신유체험, 천리안 등등과 관계되는 것입니다. 이런 일에 관심을 가지고 관계하는 사람들을 'Mystizist'라고 하지요. 이와는 대조적으로 종교의 가장 깊은 면, 인간의 말로 표현할 수 없는 순수한 종교적 체험을 목표하는 신비주의는 'Mystik'이라 하고, 이에 관심을 갖거나 이를 경험하는 사람을 'Mytiker'라 합니다. 물론 김하태 박사님이나 제가 관심을 갖는 것, 그리고 제가 여기서 말씀드리려 하는 신비주의란 바로 후자의 형태입니다.

여기서 신비주의 체험을 알기 쉽게 하기 위해 두 가지 예를 들어 봅니다. 첫째, 중국 고전 『장자』에 나오는 이야기에서 힌트를 얻어 제가 자주 쓰는 예화 '우물 안 개구리'입니다. 우물 안에 있던 개구리는 우물 안이 그에게 유일한 실재입니다. 우물 안 외에는 다른 세상이 있다는 것을 알지 못하고 있습니다. 우물 밖에 갔다가 온 개구리들의 이야기를 간접적으로 들어 보기도 했지만 도저히 실감이 나지 않았습니다. 그에게는 그저 우물 안만이 실감나는 실재일 뿐입니다. 그러다가 어느 날 무슨 일로 우물 밖으로 나오게 되었습니다. 완전히 새로운 세계를 체험하게 된 것입니다. 엄청난 체험입니다. 이런 체험을 통해 이제 세계와 주위와 자신을 보는 눈이 바뀌었습니다. 새로운 개구리로 거듭나게 되었습니다. 이 개구리에게 있어서 이것은 신비주의적 체험입니다.

둘째, 신비주의 체험은 마치 산을 오르는 것과 같습니다. 산 밑에 있을 때는 눈앞에 있는 집들만 실재하는 것인 줄 알지만, 좀더 오르면 저 너머 공원이 있는 것이 보입니다. 좀더 오르면 그 너머에 호수가 있는 것도 보이고, 더 높이 오르면 저 멀리 바다가 있는 것도 알게 됩니다. 종교적 삶은 이처럼 실재인 줄 모르던 것을 실재로 계속 깨달아 가는 것, 영어로 'realize'하는 것입니다. 계속 오르면서 '아하!'를 연발한다는 뜻에서 저는 그것을 '아하! 체험(Aha! experience)'이라 부르기도 합니다.

제가 보는 바로 신비주의에 대한 가장 간결한 정의는 중세 이후 많이 쓰이던 라틴어 정의 "cognitio Dei experimentalis"가 아닌가 여깁니다. '하느님을 체험적으로 인식하기'입니다. 하느님, 혹은 절대자, 혹은 궁극 실재를 아는 것입니다. 그러나 이때 '안다'고 하는 것은 이론이나 추론이나 개념이나 논리나 교설이나 문자나 경전을 통해, 혹은 다른 사람이 하는 말을 믿는 믿음을 통해, 어렴풋이 짐작하는 정도가 아니라, 내 자신의 영적 눈이 열림을 통해, 내 자신의 내면적 깨달음을 통해, 직접적으로 안다고 하는 것입니다.

지금 서양 그리스도교에서 일어나는 변화의 가장 근본적인 것 중 하나는 종교에서 이론이나 교리보다는 실천과 체험을 강조하는 것이라 할 수 있습니다. 토머스 머튼은 이를 두고 종교는 설명(explanation)이 아니라 체험(experience)이라는 말로 요약하고 있습니다. 저는 제가 가르치는 학생들에게도 종교의 핵심 대목이 '자각의 과정, 그리고 그 과정을 통해 얻게 되는 변화'라 일러 줍니다. 자각이란 새로운 발견, 새로운 깨달음이라는 뜻입니다.

이런 깨달음은 세상의 표피적 현상만이 실재의 전부라고 인식하던 습관에서 벗어나 현상 밑에, 혹은 그 위에 있는 다른 차원의 실재를 꿰뚫어 보는 것입니다. 상식적이고 감각적인 세계 너머에 있는 또 다른 차원의 실재에 눈을 뜨는 것으로, 좀더 거창한 말로 하면 '특수인식능력(特殊認識能力)의 활성화(活性化)'라 할 수 있습니다. 보통의 눈으로 보지 못하던 것을 새롭게 뜨인 눈으로 꿰뚫어 보는 통찰입니다.

이것을 좀 덜 거창한 요즘 말로 고치면, 우리가 가지고 있는 보통적이고 일상적인 이분법적 의식(dualistic consciousness)을 넘어서 '초이분법적 의식(trans-dualistic consciousness)'에 이르는 것이라 할 수 있습니다. 지금까지 우리가 가지고 있던 일상적 이분법적 의식으로는 보지 못하던 세계를, 있는 그대로의 세계를, 새롭게 볼 수 있는 눈이 뜨이는 것이라 할 수도 있습니다. 이런 것들이 사실 우리가 관심을 갖는 신비주의의 깊은 차원들입니다.

물론 신비주의라고 하면 절대자와의 '신비적 합일(unio mystica)'을 가장 중요한 요소로 생각할 수도 있습니다. 그러나 그 문제는 너무나 방대한 문제이기에 여기서는 일단 뒤로하고 좀더 구체적이고 실제적인 면에 초점을 맞추고자 합니다. 그러나 신비주의와 관련하여 한 가지 꼭 강조하고 싶은 것은, 우물 안 개구리 이야기나 산을 오르는 이야기에서 밝혀진 것과 마찬가지로, 이런 신비주의적 체험에는 반드시 변화(transformation)가 따른다는 것입니다. 이런 신비적 안목과 통찰을 갖게 되면 우리는 자연적으로 새 사람, 새로운 피조물이 되는 것입니다. 이제 새로운 가치관, 세계관, 인생관을 갖게 되고 새로운 행동 양식을 채택하게 됩니다. 나만을 위한 존재에서 '남을 위한 존재'로 바뀌기도 합니다.

김하태 박사님이 말씀하신 것처럼 '종교 경험의 최고봉'인 이런 신비주의를 바탕으로 하고, 불교인과 그리스도인이 만날 때 많은 점에서 서로 공감하고 용기를 주고 서로 모르던 것을 일깨워 주고 모자라던 것을 채워 주는 관계를 유지할 수 있으리라 생각합니다. 이렇게 될 때 두 종교인들 사이에는 서로가 서로에게 도의 길을 함께 가는 '길벗' 됨을 실감하면서 각자 더욱 풍요로운 종교적 '길 감'의 삶을 영위하게 되리라 확신합니다.

무엇으로 다시 만날까?

저는 이런 확신을 바탕으로 여기서는 특히 세 가지 문제를 가지고 불교와 그리스도교의 접합점을 찾아보도록 하겠습니다. 그 세 가지란 1) 깨침과 메타노이아, 2) 염불과 예수의 기도, 3) 자비와 사랑입니다. 물론 다른 여러 관점에서 두 종교 간의 접촉을 시도할 수 있지만, 여기서는 논의를 간결하고 분명하게 하기 위해 제가 보기에 가장 대표적이라고 생각하는 이 세 가지 문제에 초점을 맞추어 간략하게 살펴보려는 것입니다.

깨침과 메타노이아

불교는 한마디로 '깨침'을 중심으로 하는 종교입니다. '붓다(Buddha)'라는 말이 '깨친 이'라는 뜻입니다. '불(佛)' 혹은 '불타(佛陀)'는 붓다를 한문 음으로 옮긴 것이고, '부처'는 이를 다시 우리 식 발음대로 읽은 것입니다. 부처님은 '보리수' 아래에서 성불하셨는데, 보리수의 '보리(bodhi)'라는 말도 깨침이란 뜻이고, 물론 '성불'이란 말도 '깨침을 이루었다', '부처가 되었다', '깨달은 이가 되었다'는 뜻입니다. '불교'란 이처럼 '깨친 이의 가르침'이라는 뜻이기도 하지만, 동시에 깨친 이가 다른 이들의 깨침을 위해 가르쳤기 때문에 '깨침을 위한 가르침'이기도 합니다.

어느 불교학자가 말한 것처럼, 이런 깨침의 경험은 불교의 '알파와 오메가'요 그 '존재 이유'라 해도 과언이 아닙니다. 이런 깨침의 경험이 없는 불교는 '빛과 열이 없는 태양과 같다고도 했습니다. 물론 불교 안에서도 여러 종파가 있어서 염불을 강조하는 정토종(淨土宗)에서처럼 깨침보다는 '믿음'을 강조하고 있는 것 같이 보이는 것이 사실이기도 하지만, 이 밑에서 밝힌 것과 같이, 염불마저도 결국은 깨침을 위한 수단이라 볼 수 있습니다. 이런 식으로 '불교'는 그 이름에 걸맞게 온통 깨달음, 혹은 깨침을 강조하는 것으로 일관하고 있다 해도 과언이 아닙니다.

이런 깨침의 경험을 선불교를 서양에 소개한 스즈키 다이세쯔는 '사물을 보는 새로운 관점을 얻는 것, 삶과 세계의 진실성 및 아름다움을 새롭게 인식하는 것'이라고 했습니다. 이것은 또 '내적 삶의 전 체계를 뒤집어엎고 지금까지 꿈꿔 보지도 못했던 세계를 열어 주는 기적'이라

고도 했습니다.[2)]

그러면 그리스도교에서는 어떻습니까? 그리스도교에는 이런 '깨침'을 강조하는 일이 없습니까? 지금 우리가 아는 그리스도교만 놓고 보면 그리스도교는 깨침의 종교라기보다는 차라리 '믿음'의 종교라 보는 것이 더 정확한 말인 것 같기도 합니다. 그러나 예수님 자신의 가르침으로 돌아가면 어떨까요?

복음서에 의하면 예수님이 사람들을 가르치기 시작하면서 제일 먼저 한 말씀이 바로 "회개하여라. 하늘나라가 가까이 왔다."(마 4:17)는 것이었습니다. 그런데 여기서 '회개'라고 하는 말의 그리스어 원문은 '메타노이아'입니다. '메타노이아'는 어원적으로 '의식의 변화'를 의미합니다. 메타노이아가 '회개'라는 말로 번역되었지만, 이것은 과거의 잘못을 뉘우치고 앞으로 그런 실수를 하지 않겠다는 결의를 일컫는 한국어의 '회개'나 영어의 'repentance' 정도가 아닙니다. '의식의 변화' 곧 내 속 가장 깊은 곳의 속사람이 '바뀌는 것'을 의미하는 것입니다. 따라서 "회개하여라" 하는 말은 "의식을 바꾸어라" 혹은 "깨달음을 얻으라"고 번역할 수 있고, 어쩌면 이것이 원의에 더 가까운 말이라 할 수 있습니다.[3)]

스위스 신학자 한스 큉(Hans Küng)은 메타노이아를 두고 '인간 사고가 근본적으로 바뀌는 것, 변화를 받는 것, 모든 형태의 이기주의에서 하느님과 이웃으로 향하는 것'으로서 완전히 '변화된 의식, 변화된 사

---

2) Suzuki, *Zen Buddhism*, pp.111~112.
3) 최근에 김흥근 교수가 자신의 참선 체험을 솔직 담백하게 쓴 『참선일기』(교양인, 2005)에 현응 스님의 말이라고 하면서 불교가 말하는 "참회의 진정한 의미는 단순히 '반성한다'는 의미를 넘어, 마음속에 뭉게뭉게 피어나는 '번뇌를 보리로 바꾸는 것'이라"고 소개했다.(45쪽) 불교에서도 참회가 궁극적으로 '의식의 변화'를 가리킨다는 점을 지적한 것은 흥미로운 일이다.

고방식, 변화된 가치 체계'를 의미하고, 나아가 '전 인격적으로 철저한 의식적 재구성이 일어나는 것, 되돌아옴, 삶에 대하여 완전히 새로운 태도가 생기는 것'을 가리킨다고 하며, 이것이 바로 그리스도교의 핵심이라고 강조했습니다.4) 그리스도교의 핵심을 간파한 발언이라 하지 않을 수 없습니다.

불교와 그리스도교가 이렇게 의식의 변화라는 신비주의적 깊이에서 만나 대화하고 서로 이런 체험이 더욱 많은 사람에게 가능하도록 하는 데 협력한다면 세상은 어떻게 달라질까요?

염불과 예수의 기도

불교에서는 '주문(呪文)'이라고 하여 간단한 문구(文句)를 반복하여 외우는 일이 있습니다. 『반야심경』 끝에 나오는 "아제 아제 바라아제 바라승아제 모지 사바하(Gate gate paragate parasamgate bodhi svaha)"라는 주문이나 티베트 불교에서 가장 많이 외우는 '옴마니반메훔(Om mani padme hum)' 같은 주문은 많이 알려진 것들입니다. 그러나 가장 많이 외우는 주문은 무엇보다 불교 정토종에서 외우는 '염불(念佛)'이라 할 것입니다. 동아시아에서 일반인들이 가장 많이 받아들인 정토 신앙에서는 '아미타' 부처의 이름 외우는 것을 수행에서 가장 중요한 일로 생각합니다. 이것이 바로 '나무아미타불'을 외우는 것입니다.

정토종에서 받드는 『아미타경』에 의하면, 오래 전에 법장 비구라는 이가 있었는데, 장차 자기가 서방정토의 부처님이 되겠다고 하여 이른바 48서원을 세웁니다. 그중 제18번의 서원이 바로 자기가 부처님이

---

4) *On Being a Christian* (London: Collins, 1977), p.191, 250.

되면 자기의 이름을 정성과 진심을 다해 부르는 사람을 모두 서방정토에 다시 태어나게 하겠다는 것이었습니다. 그는 이 서원대로 정말 서방정토에서 '아미타바(無量光)' 혹은 '아미타유스(無量壽)'라는 이름의 부처님이 되었습니다. 그래서 정토종에 속하는 불교인들은 이 '왕서원'의 힘(願力)을 믿고 계속 아미타 부처님의 이름을 부르는 염불을 수행하는 것입니다.

보통 '나무아미타불'을 외울 때, 서방정토 아미타 부처님 왼쪽에서 그를 도와 모든 중생의 울부짖음을 듣고 도움을 준다는 '관세음보살'의 이름을 함께 부르기도 합니다. 그래서 '나무아미타불 관세음보살'이라 부르는 것이 보통입니다. 이렇게 염불을 하는 것은 물론 일차적으로 서방정토, 혹은 '극락'에 왕생한다는 믿음을 가지고 하는 일입니다. 그러나 불교인 중 많은 이가 이런 염불 수행이 죽어서 문자 그대로 정토에 왕생한다는 목적을 위한 것이기보다 바로 지금 여기서 정신을 한군데 모으는 일을 위한 수단이라 봅니다. 이것이 이른바 '염불선(念佛禪)'이라는 것입니다. 염불을 통해 '깨침'이나 '깨달음'이라는 선(禪) 수행의 효과를 얻는 것입니다. 이것을 일반적인 용어로 고치면 물론 간단한 문장을 반복적으로 외워 가능하게 되는 정신 집중을 통해 '의식의 변화'를 얻는 것이라 할 수 있습니다.

그리스도교에서는 어떻습니까? 그리스도교에도 염불 수행과 비슷한 것이 있습니다. 동방정교 전통에서 '헤시캐즘(hesychasm)'이라고 하여 3, 4세기경부터 전해 내려오는 '예수의 기도(Jesus Prayer)'라는 수련법이 바로 그것입니다. 이 수행법은 18세기 후반 어느 무명의 러시아 순례자가 자기의 경험을 기록한 책에 아주 잘 설명되어 있는데, 이 책이 영어로는 『The Way of a Pilgrim』으로 나와 있고, 한국어로는 제가 『예수의 기도』라는 제목으로 번역하여 대한기독교서회 발행으로 2003년에 나왔습니다.

이 책에 보면 이 순례자는 "쉬지 말고 기도하라"(데살로니가전서 5:17)고 한 바울의 말을 듣고 이것이 무슨 뜻인가, 어떻게 잠도 자지 않고 먹지도 않고 기도만 할 수 있는가, 하는 의문이 마치 화두나 공안처럼 머리에서 떠나지 않게 되었습니다. 그는 스스로 그 참뜻을 알아내려고 스승을 찾아 순례의 길을 떠납니다. 다행히 얼마 되지 않아 어느 큰 스승을 만나 그로부터 '쉬지 않고 기도하는 것'은 다름이 아니라 "주 예수 그리스도, 제게 자비를 베푸소서." 하는 기도문을 끊임없이 외우는 '예수의 기도'를 실천하는 것이라는 가르침을 받습니다.

처음 얼마 동안은 이 기도문을 하루에 3천 번씩 외우고, 얼마 지나서는 하루에 6천 번씩, 또 얼마 지나서는 하루에 만 2천 번씩 외우고, 그러고 나서는 수를 셀 필요 없이 계속 외웁니다. 나중에는 자기가 기도하는 것이 아니라 기도가 속에서 저절로 나오는 것을 경험합니다.

순례자는 스승의 지도 아래 이렇게 예수의 기도를 실천하면서 여러 가지 놀라운 체험을 하게 됩니다. 육체적, 심리적, 지적 변화가 오고 사람들과의 관계, 심지어 자연과의 관계가 새로워짐을 발견하게 됩니다. 순례자의 체험적 고백 한 가지만 들어 보겠습니다:

> 마음으로 하는 '예수의 기도'는 저에게 너무나도 황홀한 기쁨을 주어 이 세상에서 저보다 더 행복한 사람이 있을 수 있을까 하는 생각이 들었습니다. 심지어는 천국에서인들 어찌 이보다 더 크고 깊은 만족감을 얻을 수 있을까 상상할 수가 없었습니다. 저는 이 모든 것을

제 내면에서 체험했을 뿐만 아니라 외부로도 제 주변에 있는 모든 것이 신비롭게 보이고 하느님의 사랑과 그에 대한 감사를 일깨워 주는 듯했습니다. 사람, 나무, 풀, 동물……, 이 모두와 하나라는 일체감을 갖게 되고 이 모두가 예수 그리스도의 이름을 새겨서 지니고 있음을 발견하게 되었습니다. 때때로 저는 너무나도 가볍게 느껴져 몸이 없는 것처럼, 그래서 땅에 걸어 다니는 것이 아니라 마치 신나게 공중을 떠다니는 것 같은 느낌을 갖기도 했습니다.(215~216쪽)

이처럼 예수의 기도도 결국은 내적 '의식의 변화'를 가져다주어 우리가 세상을 보는 눈을 바꾸어 주는 것이라 할 수 있습니다. 사물의 새로운 차원을 보게 해 주는 것입니다.

자비와 사랑

이와 같이 '깨달음·메타노이아', '염불·예수의 기도'를 통해 의식의 변화를 체험하면, 우리 속에 무슨 일이 일어납니까? 새롭게 된 안목을 통해 볼 수 있는 것, 발견할 수 있는 것이 무엇이겠습니까? 물론 여러 가지를 이야기할 수 있겠지만, 저는 여기서 그 무엇보다도 가장 중요한 것이 바로 '우주 공동체의 발견'이라 말씀드리고 싶습니다. 이 우주가 서로 연관되고 서로 의존하고 있음을 보는 것입니다. 순례자가 "이 모두와 하나라는 일체감을 갖게 된다."고 한 말과 같이 우주와 내가 하나의 얼개 속에 서로 연결되고 어울려 있다는 것을 발견하게 되는 것입니다. 영어로 interrelatedness, interdependence라는 사실에 눈뜨는 것입니다. 요즘에는 interbeing이라는 말을 쓰기도 합니다.

이 종이를 보십시오. 이 종이에서 구름을 보십니까? 물소리, 새소리를 들으십니까? 종이는 나무로 되었고, 나무는 비가 없으면 있을 수 없고, 비는 물론 구름이 없으면 불가능합니다. 이 종이에는 그러므로 구름도, 비도, 물소리도, 물방울도, 나무도, 나무에서 지저귀는 새도 들어 있습니다. 뿐만 아니라 흙도, 햇빛도, 공기도, 달빛도, 이슬도, 해도, 달도, 별도 다 들어 있습니다. 그 뿐입니까? 종이를 만드는 데 필요한 시간과 공간, 종이를 만든 사람들, 그 사람들의 부모, 이런 사람들이 먹은 밥, 밥을 생산한 농부들, 농부들이 쓰는 농기구, 농기구에 필요한 쇠붙이를 캐낸 광부들……. 결국 이 종이에는 이 세상의 모든 것이, 온 우주가 다 들어 있는 셈입니다. 종이는 결국 종이 아닌 것으로 이루어지고, 종이의 종이 됨은 전적으로 종이 아닌 것에 의존해 있습니다. 불교적 용어로 하면 종이는 '자성(own-being)'이 없다는 뜻입니다. '공'입니다.

우리 뺨을 한번 만져 보십시오. 우리 부모님의 체온을 느끼십니까? 우리 속에는 부모님이 계십니다. 부모님만 아니라 부모님을 가능하게 한 조부모님 등 조상이 다 계십니다. 그리고 무엇보다도 이런 존재들을 가능하게 하는 존재의 근원되는 절대자도 있습니다.

이렇게 세계를, 우주를 모두 어울려 있고 더불어 있는 공동체로 본다는 것은 물론 우리가 종래까지 가지고 있던 세계관을 바꾼다는 뜻이기도 합니다. 구체적으로 세 가지, 곧 '신관'과 '인간관'과 '자연관'의 변화를 의미합니다. 저 위에 계시는 초월적인 하느님만이라는 유신론적 신관을 수정하는 것입니다. 동료 인간들을 경쟁과 이용의 대상으로만 보던 인간관에 변화를 가져오는 것입니다. 오로지 인간 중심적 이기심을 충족시키기 위해 정복할 대상으로만 보던 자연관을 포기하는 것입니다.

저는 이런 관점에서 불교에서 가르치는 '자비'와 그리스도교에서 강조하는 '사랑'을 다시 음미하고 재성찰하는 것이 좋다고 생각합니다. 이렇게 우리가 신과 동료 인간과 자연이 서로 분리될 수 없는 하나의 유기적 얼개로 연관되었다고 하는 깊은 차원의 실재를 자각하는 것, 새로운 우주 공동체의 발견이야말로 우리 인간을, 특히 현대 산업사회나 세속 도시에 사는 우리 현대인들을 괴롭히고 슬프게 하는 이른바 '소외(alienation)' 혹은 모든 것에서 '떨어져 있음(estrangement)', 실존적 외로움과 외톨됨의 감정을 극복할 수 있게 해 줄 힘이 될 것입니다.

이렇게 될 때, 불교 화엄사상에서 그렇게 힘주어 강조하는 것처럼 '일체의 사물이 걸림이 없이 서로 연관된 우주(事事無礙法界)'의 경지를 이해할 수 있고, 캐나다 연합교회의 새로운 신앙고백 첫 줄처럼 "우리는 홀로가 아닙니다. 하느님의 세계에서 삽니다(We are not alone. We are in God's world.)"는 말을 확신을 가지고 실감 있게 고백할 수 있게 될 것입니다. 이것이 다름 아니라 불교에서 말하듯 남의 아픔을 나의 아픔으로 여기는 보살의 '자비'심이요 그리스도교에서 그렇게 강조하듯 이웃과 나를 하나로 보는 '사랑'이라 생각합니다.

나가는 말

오늘같이 지구화된 세상에 아무도 고립되어 살 수는 없습니다. 또 오늘처럼 복잡한 세상에 누구도 자기 혼자 이 복잡한 세상의 모든 문제를 다 해결하겠다고 할 수도 없습니다. 그야말로 종교 간의 평화가 없이는 세계에 평화가 없고, 종교 간의 대화가 없이는 종교 간의 평화가 있을 수 없다는 것이 실감나는 시대입니다. 종교 간의 대화와 이해는 오늘을 살아가는 모든 종교인의 지상 명령이라 할 수 있습니다. 특히 현재 한국인들 사이에 가장 많은 신도를 가지고 있는 불교와 그리스도교가 더욱 의미 있는 대화 관계, 더욱 효과적인 협력 관계를 계발하고 유지하는 것은 우리 모두를 위해서 필요 불가결한 일이 아닐 수 없습니다.

이런 중차대한 일을 위해 불교와 그리스도교는 신비주의적 전통에서 강조하는 새로운 안목, 새로운 의식을 갖기 위해 서로 돕고, 이렇게 하여 새로운 안목, 새로운 의식을 통해 우리 모두가 큰 얼개 속에 서로 어울려 살고 있다고 하는 우주 공동체적 현실을 직시함으로, 자비와 사랑이 더욱 편만한 사회를 이루어 간다면, 이것이 바로 우리가 꿈꾸는 저 극락과 천국을 향해 가는 길에 함께 만나 발걸음을 같이 옮기는 일이 아니겠습니까?

다시 한 번 김하태 박사님의 건강을 기원합니다.

부록 3[1] | **사상적 대립과 갈등의 극복**
  _당면 문제 해결을 위한 불교 사상의 적용

1. 들어가는 말

지금 우리 시대는 사상적 대립과 갈등이 빚어내는 비극적 결과로 열병을 앓고 있는 시대라 해도 무방할 것이다. 크게는 자본주의 대 사회주의 같은 정치·경제 사상의 대결, 중동에서의 이슬람교 대 유대교, 아일랜드에서의 가톨릭 대 프로테스탄트 등의 종교 사상의 대립, 작게는 집단이나 개인 간의 사상적 충돌 등은 인류가 함께 겪는 비극적 열병이 아닌가?

물론 세계 어느 문화권이든 종교나 사상적 대립이 없었던 경우는 없었다. 서구권에서의 '금서목록'이니 십자군 전쟁이니 하는 사례는 말할 것도 없고, 동양에서도 구원에 이르는 길(marga)이 여러 가지임을 인정함으로 관용성을 가장 두드러지게 나타내고 있다고 여겨지는 힌두교에서마저도 베단타학파의 거장 샹카라 같은 사람은 딴 사상 체계

---

1) 이 글은 불교신문사 편, 『현대의 제문제, 그 불교적 해답』(밀알, 1989)에 실렸던 것이지만 불교 사상이 우리가 현재 당면하고 있는 문제에 어떻게 구체적으로 적용될 수 있는가 하는 것을 보여주는 하나의 실례(實例)라 생각되기에 약간 수정하여 여기 싣는다.

를 인정하지 않으려 했을 뿐 아니라 불교에 대해서는 적대감을 가지고 친히 불교 박멸 운동의 선봉장이 되기까지 했다.

　이런 보편적 현상으로서의 열병이 오늘날 세계 도처에 창궐하고 있는데, 그렇다면 한국의 경우는 어떠한가? 이런 열병은 오로지 서구의 이원론적 사고방식이 빚어낸 문제이기에 서구에서만의 문제일까? 한국은 평화를 사랑하는 나라이기에 이런 열병에서 제외되어 있는가? 아니면 한국에서도 이런 열병이 만연하거나 더욱 악화된 상태로 기승을 부리는 것이 아닐까? 혹은 열병을 열병으로 인식하지 못하거나 오진하고 있는 것은 아닐까? 결국 남북이 갈라져서 첨예한 대립을 보이는 것도 어쩌면 이런 사상적 대립이 빚은 비극적 결과라 할 수 없을까?

　이 문제를 한번 차근히 따져 보자. 아름답고 부드러운 인간관계는 물론, 남북통일 같은 화해와 협력 관계도 사상적 대립이나 갈등을 그대로 가지고 있거나 이런 것을 오히려 부추기는 정신적 자세를 가지고는 이루어 내기 힘든 것이다. 이제 사상적 대립과 갈등을 주로 한국사상사에서의 사상적 대립에 초점을 맞추고 그 성격, 그 공과(功過), 그리고 특히 불교에 그 해결의 실마리가 없는가 살펴보기로 한다.

2. 한국적 갈등과 대립

한국에 가 있었던 1986년도 가을 학기, 두 곳의 학술 발표회에 참석했다. 하나는 한국종교학회 추계 학술 발표회로서 그 주제가 "한국 문화와 종교 전통―미래지향적 입장에서"였고 다른 하나는 한국정신문화

연구원(지금의 한국학중앙연구원) 주최 "내일의 정신문화 창달을 위한 종교의 역할"이라는 것이었다. 두 학회에서 모두 한국 종교 사상의 특징을 '조화(調和)' 사상으로 보는 입장이 두드러졌다.

한국종교학회에서 발표한 한 발표자의 말을 인용하면 다음과 같다.

> 韓國文化의 오랜 전통 속에서 그 기층에 깔려 있는 두드러진 특징의 하나가 調和와 원융사상이라 본다. …… 그런데 韓國 新宗敎에 나타난 가장 두드러진 특징 중 하나가 바로 이 通宗敎的 입장에 서 있다는 점이다.

발표자는 이런 종교적 특징을 천도교(天道敎), 증산교(甑山敎), 원불교(圓佛敎), 통일교(統一敎) 등에서도 찾을 수 있다고 했다. 특히 통일교에 대해서 "統一敎 역시 그 敎名이 보여주는 바와 같이 모든 종교를 하나로 統一하여야 한다는 理念과 目的이 설정되어 있다."고도 했다.

정신문화연구원 세미나에서 발표한 발표자도 비슷한 이야기를 하고 있었다. 한 군데 인용하여 보면 다음과 같다.

> 나는 한국 전통 종교 사상의 특징을 통틀어 조화로 본다. 외국에서 수입된 종교 사상이라도 그것을 포용하여 적절히 우리의 것으로 만들고, 늘 갈등을 보이는 현실의 제문제를 고루 어우러지게 하는 것이 그 조화의 정신이다. …… 한국 전통 종교 사상의 조화성은 여러 종교의 다양한 공존에서도 확인된다. 한국종교사에서는 여러 종교들이 그다지 큰 갈등을 일으킴 없이 서로 부단한 대화를 통하여 공존하여 왔다.

사실 이 발표자들뿐 아니라 최남선 선생 이후 많은 연구자가 일반적으로 주장하는 이 '통설' 내지 '정설'을 그대로 '사실'로 받아들여도 될까? 필자 자신도 이 통설 내지 정설을 그대로 믿어 왔고, 또 그렇게 믿고 싶다. 그러나 이런 식으로 믿으려 할 때 어쩔 수 없이 직면하는 현실과의 괴리는 도저히 이해할 수 없다. 몇 가지만 예를 들어보자.

1) 조화와 융화를 기본 정신으로 하는 백성들이 어찌하여 그렇게 오랫동안 서로 나의 생각과 다른 사람들을 정죄하며 싸울 수 있었을까? 조선왕조 몇 백 년을 "나와 같지 않은 자(異己者)는 모조리 역적으로 몰아 반드시 도륙 참멸하라"는 생각, 나와 같지 않은 생각은 모두 '이단(異端)'으로 몰아 배척하는 일, 나의 당은 군자(君子)의 진붕(眞朋)이고 너의 당은 소인(小人)들의 위붕(僞朋)이라 정죄하는 태도 등으로 얼룩진 유교 전통은 말할 것도 없고, 종단들 간의 갈등이 그치지 않고 있는 불교, 사분오열만을 거듭하고 있는 기독교, 화해 불가능하게 보일 정도로 극심한 상극 현상을 노정하고 있는 정치 사회적 현실 등은 우리에게 무엇을 말해 주고 있는가?

2) 조화를 강조하면서 살아온 민족이 어떻게 기독교처럼 배타적인 종교를 이처럼 대량으로 받아들일 수 있었고, 또 어떻게 이런 민족이 신봉하는 한국 기독교가 세계 어느 곳의 기독교보다 더욱 극심한 배타주의적 특성을 드러낼 수가 있는가?

3) 조화를 사랑하고 대립적 사상의 융화를 지향한 백성들이 어떻게 마르크스주의 같은 독선적 배타주의 이데올로기를 받아들이고 그것을 가장 처절한 투쟁과 대립 우위의 형태로 변신시킬 수 있었을까?

4) 조화와 융화를 기본 정신으로 받들고 살아온 백성들이 어떻게

남북으로 대치하여 그동안, 그리고 일부에서는 아직도, 무서울 정도로 으르렁거리고 있을 수 있는가? 같은 남한에서마저 우익이니 좌익이니, 민주 세력이니 반민주 세력이니, 친정부니 반정부니, 진보니 보수니, 심지어 동쪽이니 서쪽이니 하며 모두 극단적인 양극화로만 편가르기를 할 수 있을까?

5) 조화니 탕평책(蕩平策)이니 하는 것이 그렇게 강조되었다고 하는 사실 자체도 쟁명(爭鳴)이 그만큼 요란했었다고 하는 것을 역으로 증명하는 것이 아닐까? 약의 종류가 많고 강력했다고 하는 것은 병이 그만큼 고질적이었음 말하는 것일 수 있기 때문이다.

3. 획일주의의 맹점

이런 부정할 수 없는 현실을 무엇으로 설명할 수 있을까? 이런 엄연한 현실을 무조건 묵과하거나 호도할 필요는 없다. 좀더 냉철하게 이 문제를 다른 각도에서 재조명해 보아야 할 것이다. 그러기 위해서 우선 두 가지 점에 대해 우리의 이해를 뚜렷이 해야 할 필요가 있다고 생각한다.

첫째, 한국 전통 사상의 특징이 조화와 융화의 성격을 띠고 있었다면 어느 면에서 그러했던가 하는 것을 분명히 해야 할 것이라는 점이다. 필자가 보기로, 한국 전통 사상이 조화와 융화를 특징으로 한다는 것은 어느 사상 전통이 발생하고 성립하는 초기 단계에만 해당하는 것이 아닌가 하는 것이다. 일단 그 사상 전통이 성립되고 자기 정체성(正體性)이 확립되고 나면 그 사상 전통은 조화나 융화와 상관없이 되고 만다는 이야기다.

 좀 쉽게 말하면, 국밥을 만들 때에는 무, 배추, 고추, 마늘, 파 등 온갖 재료들을 여기저기서 모아들이고, 국밥 만드는 기술도 이 집 저 집에서 보고 배운다. 이 단계에서는 '원융 조화적'인 태도가 극명하게 나타난다. 그러나 일단 이런 제조 과정을 거쳐 자기 집 국밥을 만들어 팔기 시작하면 대부분 자기 국밥이 최고요, 심지어 자기 국밥'만'이 '원조'며 '참국밥'이라 주장하고 나선다는 것이다.

 이런 식의 태도는 진정한 의미의 조화나 융화가 못 된다. 형성 단계에서 어쩔 수 없이 거칠 수밖에 없는 일종의 절충주의(syncretism) 색채를 나타낸 것에 불과하다고 보는 것이 더 정확한 관찰이라 할 수 있다. 따라서 이런 식의 '조화·융화'를 나타냈다고 해서 여러 사상 전통들 상호 간의 갈등·대립 관계에서 해방되었다는 것과는 직접적으로 상관이 없다고 보아야 할 것이다. 이런 식의 '조화'는 사상 전통들 상호 간의 '조화 있는 관계'하고 직접적인 상관이 없다는 이야기다. 따라서 어느 사상 전통이 이런 절충주의적 '조화' 사상에 기초해서 성립되었다고 해도 이런 전통들이 그들 상호 간의, 혹은 단일 전통 내의 집단들 상호 간의 요란한 갈등과 분열을 초래시킬 소지는 얼마든지 그대로 안고 있는 셈이다.

 둘째, 그러면 한국에 있는 사상 전통들 상호 간의 관계는 정확히 어떤 성질을 띠고 있는가 하는 문제를 분명히 해야 할 것 같다. 전에도 언급했지만, 어떤 사상 전통이 다른 사상 전통과의 관계에서 취할 수 있는 태도를 크게 세 가지로 나누어 보면 1) 배타주의(exclusivism), 2) 포섭주의(inclusivism), 3) 다원주의(pluralism) 등이다. 편의상 이 분류 방법을 그대로 채택한다면, 한국의 사상 전통들은 대체로 배타주의와 포섭주의의 태도를 취해 오지 않았나 진단해도 무방할 것 같다. 여기에 대해서 몇 가지 예를 들어 본다.

한국 사상사에서 배타주의의 대표적 예가 고려 말, 조선 초 성리학을 근거로 해서 발달한 도학(道學)이라 할 수 있을 것이다. 도학은 스스로를 정통주의라고 주장하고, 불교·도교·민간신앙 등 자기들의 생각과 같지 않은 것은 모두 '이단(異端)'이나 '음사(淫邪)'로 취급하여 배척했다. 도학의 전통은 다른 사상 체계는 물론 그 자체 내의 다른 의견들마저도 용납하지 못하여 서로를 비난하고 배척하는 지경에까지 떨어졌다.

아마도 포섭주의의 대표적 입장으로는 통일교(統一敎)를 들 수 있을 것이다. 통일교는 이름 그대로 세계의 모든 종교 전통을 자기네 종교로 '통일'하겠다는 이상과 그렇게 될 것이라는 신념을 가지고 있다. 남의 종교 사상들이 가지고 있는 독립된 가치나 타당성을 그대로 인정하려는 노력보다는 그것들이 모두 통일교의 용어로 재해석 내지 흡수되어야 한다고 믿고 있다.

배타주의나 포섭주의는 둘 다 근본적으로 획일주의(劃一主義) 사고방식에 뿌리를 박고 있다. 획일주의는 사상이든 뭐든 다른 사람들의 다름을 인정하거나 수용하지 못하는 태도다. 다양성을 혼란으로 생각하고 모두가 일사불란하게 통일되어야 한다는 주장이다. 좀 심하게 말하면 모두가 단색화, 단세포화되기를 바라는 입장이다.

무엇이나 하나로 '통일'하려는 이런 획일주의적 발상이 모든 말썽의 근원이다. 획일주의는 사물을 흑과 백으로 양극화하고 그중 하나를 거머잡고 그 하나로 모든 것을 통일시키려는 독선주의다. 무슨 생각이나 그것이 나의 생각과 '다르면' 그것은 곧 '틀린 것'이라고 정죄하고, 그것을 반드시 나의 것과 같게 뜯어고쳐야 한다고 확신하기 때문에 자연히 상대방과의 관계에서 불화와 반목을 불러일으키기 마련이다.

한국의 사상 전통들이 서로 대립하여 다투어 왔고 또 아직도 여러 면으로 혈전을 계속하고 있는 현상은 이런 획일주의가 빚어낸 결과로 볼 수 있을 것이다. 이런 의미에서 한국의 전통 사상들은 진정한 의미의 조화나 융화와 직접 관계가 없다고 보아야 할 것이다.

4. 대립의 지양(止揚)

여기서 한 가지 짚고 넘어가야 할 문제는 사상의 대립이 반드시 나쁜가 하는 점이다. 사상적 대립 자체를 나쁘다고 보는 것이야말로 획일주의의 발상법이다. 대립을 부정적으로만 보기 때문에 대립을 없애려고 상대방의 생각들을 배척, 비방, 제거, 박멸하려 드는 것이다. 갈등 이론의 기수 랄프 다렌도르프(Ralf Dahrendorf)의 설을 들먹이지 않더라도, 인간 사회에서 거의 보편적인 대립 관계를 부정적으로만 볼 수는 없다.

우리나라 사상사에서 대립과 갈등이 많았다는 것 자체는 개탄하거나 부끄러워할 일이 아니라는 이야기다. 이를 개탄하거나 부끄러워하는 것은 생명이 없는 획일적 통일을 이상으로 착각한 오해에서 기인하는 것이다. 고 박종홍(朴種鴻) 교수가 지적한 것처럼, "보통으로 말하기를 조선조는 유학도들의 空理空論으로 망하였다고도 하나 한 예로서

四端七情論 같은 것은 오히려 세계 철학사를 빛낼 우리의 자랑거리가 될지언정 무의미하다거나 더구나 해를 끼쳤다고 함은 지나친 혹평이 아닐 수 없다."고 보아야 한다. 사실 사상적 대결 그 자체를 부끄럽게 생각하는 것은 '지나친 혹평'이라기보다 획일주의적 의식구조에서 나온 '무지한 혹평'이라는 것이 더 정확한 표현일지 모르겠다.

문제는 사상적 대립의 존재 여부가 아니다. 사상적 차이나 대립이 있다고 하는 것은 인간 사회인 이상 당연한 일이다. 부끄러워할 일도 변호해야 할 일도 아니다. 이런 대립이 없는 '일사불란'이야말로 전체주의적 지배가 얼마나 지독했던가, 혹은 당대의 사람들 생각이 얼마나 단세포적이었고 경직되었던가 하는 것을 보여 주는 것으로서, 그것이 오히려 부끄러워해야 할 일일 것이다.

사상의 차이나 대립 자체는 오히려 환영해야 할 일이다. 대립이 생겼다 해서 서로를 원수처럼 여기고 상대방을 없애 버려야만 시원하겠다고 생각하는 데 문제의 씨앗이 있다는 것이다. 문제의 핵심은 이런 사상적 차이나 대립의 존재 여부가 아니라 거기에 어떤 태도를 취하느냐 하는 것이란 뜻이다. 필자는 이때 우리가 취해야 할 태도가 바로 '다원주의적 시각(pluralistic perspective)'이라 믿는다.

다원주의가 무엇인가? 그것은 '시각주의(視角主義, perspectivalism)'의 입장이라 해도 좋을 것이다. 엄청난 '그러함(reality)' 앞에서 우리의 시각은 한정되어 있어서 우리의 견해는 어쩔 수 없이 부분적이고 단편적일 뿐이라는 사실을 겸허하게 인정하는 태도이다. 따라서 어느 한 가지 시각에서 본 견해를 절대화하거나 독단화할 수 없다고 보는 생각이다. 불교의 중관론(Madhyamika)에서 말하듯이 진정한 '그러함'에 대한 우리의 견해(dṛṣṭi)는 궁극적인 의미에서 그 타당성이 '공(空)하다', '결여되었다(śūnya)'고 보는 공(空, śūnyatā)의 사상과 같은 태도이다.

한국 사상사에서 이런 다원주의적 시각을 가장 극명하게 밝힌 사상가로 7세기의 원효(元曉)를 들 수 있을 것이다. 그의 유명한 화쟁론(和諍論)을 현대적 용어로 옮기면 그것이 바로 다원주의적 입장이다.

원효는 그의 『열반종요(涅槃宗要)』라는 책에서 법신(法身)이 유색(有色)이냐 무색(無色)이냐 하는 대립된 두 가지 견해를 놓고 어느 견해가 맞느냐 하는 문제에 대해, "일방적으로 한 면만 고집(定取一邊)"하면 두 견해가 모두 틀린다고 했다. 그 외에도 이와 비슷한 여러 가지 일견 상반되는 것 같은 견해들을 놓고, 원효는 언제나 어느 한 가지 입장만을 절대화하거나 독단화하면 결국 오류를 범하는 것이고, 여러 가지 입장을 '보완적'인 것으로 받아들이면 이 모든 상반된 견해들이 실상(實相)에 대한 우리의 이해를 돕는 데 기여하게 된다고 강조했다.

코끼리 이야기가 다시 나오지만, 어느 장님이 코끼리가 구렁이처럼 생겼다고 하는 말은 코끼리의 실상에 대한 우리들의 이해를 도와주는 것이다. 그러나 이 장님이 자기의 일방적이고 단편적 견해를 절대화하여 자기와 같은 견해를 가지고 있지 않은 다른 장님들을 모두 이단시하고 박멸할 대상으로 본다면 심각한 오류에 빠져 들고 만다. 따라서 코끼리가 구렁이처럼 생겼다, 혹은 바람벽처럼 생겼다 하는 대립적인 생각은 둘 다 맞을 수도 있고, 둘 다 틀릴 수도 있는데, 맞고 틀리고를 결정하는 잣대는 결국 다원주의적 태도에서 남의 의견에 귀를 기울이느냐, 혹은 획일주의적 입장에서 자기의 독단적 주장만을 유일한 진리로 절대화하느냐 하는 데 달렸다고 볼 수 있다.

코끼리가 구렁이처럼 생겼다고 생각하는 사람들만이 사는 세상이라 상상해 보라. 코끼리에 다른 면이 동시에 있을 수 있다고 하는 것을 알 길이 없다. 따라서 코끼리의 다른 면이 동시에 있다고 하는 생각을 가진 사람들이 있다고 하는 것은 불가피한 일일 뿐 아니라 바람직한 일이기도 하다. 결코 서로 정죄하지 말고 같이 앉아 각자 서로가 발견한 코끼리의 일면들을 분명하고 확실한 말로 이야기하고 나누어 가짐으로 코끼리의 실상에 더욱 가까운 그림에 접근하도록 최선을 다하는 진지성이 요구될 뿐이다.

5. 나가는 말

궁극 진리란 결국 말이나 진술의 문제가 아니라고 하는 것을 여기서 다시 한 번 강조하고 싶다. 무슨 사상이니 설(說)이니 논(論)이니 하는 것은 우리의 눈길이 달을 향하도록 하기 위하여 '달을 가리키는 손가락(標月指)'이다. 현대적 용어로 고치면 어느 진술이나 신념 체계는 그 '환기적 기능(evocativeness)'에 의해 판단될 성질의 것이라는 이야기다. 좀 어려운 말로 하면, 형이상학적(metaphysical) 관심이 아니라 '의식변화적(metanoetic)' 관심이 중요하다는 것이다.

이제 내 생각, 우리 생각이 반드시 다른 모든 생각 위에 군림해야 한다는 '사상적 제국주의' 태도에서 탈피해야 한다. 양극화(polarization)의 경직화된 사고 구조를 허물어뜨리는 일(deconstruction)이 이루어져야 한다. 모두 격의 없는 대화를 통해서 서로 배우고 가르치는 보완적 관계를 수립해야 한다.

다원주의적 태도를 취한다고 해서 물론 모든 생각을 무조건 받아들여야 한다거나 모든 생각은 그것이 그것이다 하는 천박한 의미의 상대주의적 태도를 취하라는 뜻이 아니다. 다원주의 정신은 엄격하고 진지한 비판 정신을 전제로 한다. 이런 철저한 비판 정신이 없으면 그것은 하나의 야합(野合)이나 혼합(混合)에 지나지 않는다. 그러나 이 비판의 척도가 내 생각과 같으냐 다르냐 하는 것처럼 아전인수격이면 안 되겠다는 것이다. 자기 생각을 분명히 밝히고, 남의 생각을 열린 마음으로 경청해서 이 둘을 더 큰 맥락에서 살펴보고 더욱 훌륭하고 더욱 바람직한 제삼의 입장으로 계속 승화시키는 열린 자세, 트인 마음이 필요하다. 오늘같이 사상적 대립·대결에 의해 혈기등등한 세상에서 좀더 아름답고 부드러운 삶을 살아가는 데 이런 다원주의적 시각보다 더욱 절실히 요청되는 정신적 자세가 또 있을까? 특히 남의 생각이 나의 생각과 같아져야만 시원하다고 생각하고 남의 생각을 내 생각에 맞추어 뜯어고치려고만 하는 획일주의적 광신주의가 남북으로 팽배한 한국의 현실에서, 이런 다원주의적 시각을 함양한다고 하는 것은 통일을 이루기 위한 전제 조건임과 동시에 통일 이후 조화롭고 평화적인 사회의 유지를 위해 불가결한 일이라 생각한다.

읽으면 좋을 책 |

특별한 문제나 세부 사항에 관해 더 읽거나 깊이 들여다보는 데 필요한 책들은 각주에 명기된 참고서를 참조할 수 있다. 여기서는 그중에서 일반 독자가 불교 전반을 알기 위해 읽으면 좋을 것 같은 책을 몇 가지 골라 보았다.

Abe, Masao and Christopher Ives. eds. *Divine Emptiness and Historical Fullness: A Buddhist-Jewish-Christian Conversation with Masao Abe*. Trinity, 1995.

Batchelor, Stephen. *The Awakening of the West*. Berkeley: Parallax Press, 1994.

Chappell, Daniel W. ed. *T'ien-t'ai Buddhism: an Outline of the Fourfold Teachings Recorded by Korean Buddhist Monk Chegwan*. Hawaii: Daiichi-shobo, 1983.

Ch'en, Kenneth K. S. *Buddhism in China: A Historical Survey*. Princeton: Princeton University Press, 1964.

Clarke, J. J. *Oriental Enlightenment: The Encounter Between Asian and Western Thought*. London: Routledge, 1997.

Colemann, James William. *The New Buddhism: The Western Transformation of an Ancient Tradition*. Oxford: Oxford University Press, 2001.

Conze, Edward. *Buddhism: Its Essence and Development*. Oxford: Bruno Cassirer, 1951.

Cook, Francis H. *Hua-yen Buddhism: The Jewel Net of Indra*. University Park: The Pennsylvania State University Press, 1977.

Freke, Timothy. *Zen Wisdom: Daily Teachings from the Zen Masters*. New York: Godsfield Press, 1997.

Fromm, Erich. *Buddhism and Psychoanalysis*. New York: Harper & Row, 1970.

Goldstein, Joseph. *One Dharma: Emerging Western Buddhism*. San Francisco: HarperSanFrancisco, 2002.

Hart, William. *The Art of Living: Vipassana Meditation as Taught by S. N. Goenka.* San Francisco: HarperSanFrancisco, 1987.

Ingram, Paul O. and Frederick J. Streng. eds. *Buddhist-Christian Dialogue: Mutual Renewal and Transformation.* Honolulu: University of Hawaii Press, 1986.

Kapleau, Philip. *The Three Pillars of Zen.* Boston: Beacon Press, 1967. 25th ed., 1989.

Keenan, John P. *The Meaning of Christ: A Mahāyāna Theology.* Maryknoll, NY: Orbis Books, 1989.

Kornfield, Jack. *A Path with Heart: A Guide Though the Perils and Promises of Spiritual Life.* New York: Bantam, 1993.

Leighton, Taigen Daniel. *Bodhisattva Archetypes: Classic Buddhist Guides to Asakening and their Modern Exprssion.* New York: Penguin Arkana, 1998.

Macfie, Alexander Lyon. ed. *Eastern Influence on Western Philosophy: A Reader.* Edinburgh: Edinburgh University Press, 2003.

Merton, Thomas. *Zen and the Birds of Appetite.* New York: A New Directions Book, 1968.

Mitchell, Donald W. *Buddhism: Introducing the Buddhist Experience.* Oxford: Oxford University Press, 2002.

Murti, T. R. V. *The Central Philosophy of Buddhism: A Study of the Madhymika System.* London: George Allen and Unwin, 1960.

Odin, Steve. *Process Metaphysics and Hua-yen Buddhism: A Critical Study of Cumulative Penetration vs. Interpenetration.* Albany, University New York Press, 1982.

Pine, Red. *The Heart Sutra: Translation and Commentary.* Washington, D.C.: Shoemaker & Hoard, 2004.

Robinson, Richard H., Williard L. Johnson et al. *Buddhist Religions: A*

Historical Introduction, fifth edition. Belmont, CA: Wadsworth, 2005.
Shim, Jae-ryong. *Korean Buddhism: Tradition and Transformation.* Seoul: Jimoondang Publishing Company, 1999.
Suzuki, D. T. *Zen Buddhism.* ed. by William Barrett. New York: An Image Book, 1996.
Yagi, Seiichi and Leonard Swidler. *A Bridge to Buddhist-Christian Dialogue.* Paulist Press, 1988.

鎌田武雄(가마다 시게오), 정순일 역, 『中國佛教史』, 경서원, 1985.
길희성, 『보살예수: 불교와 그리스도교의 창조적 만남』, 현암사, 2004.
까르마 C. C. 츠앙, 이찬수 옮김, 『화엄철학』, 경서원, 1998.
박성배, 윤원철 옮김, 『깨침과 깨달음』, 예문서원, 2002.
「숭산 대선사의 가르침」, 현각 엮음, 허문명 옮김, 『선의 나침반』 2권, 열림원, 2001.
심재룡, 『중국 불교 철학사』, 한국학술정보, 2004.
아베 마사오, 변선환 엮음, 『선과 현대신학: 종교 부정의 이데올로기를 극복하는 길』, 대원정사, 1996.
암베드카르, 이상근 옮김, 『인도로 간 붓다』, 청미래, 2005.
鈴木大拙, 沈在龍 譯, 『아홉 마당으로 풀어쓴 禪』, 현음사, 1986.
요코야마 고이츠, 장순용 옮김, 『십우도 마침내 나를 얻다』, 들녘, 2001.
월폴라 라훌라, 전재성 옮김, 『붓다의 가르침과 팔정도』, 한국빠알리성전협회, 2002.
이찬수, 『불교와 그리스도교, 깊이에서 만나다: 교토학파와 그리스도교』, 다산글방, 2003.
K. S. 케네쓰 첸, 박해당 옮김, 『중국 불교』, 민족사, 1991(상), 1994(하).
토마스 G. 핸드, 이희정 옮김, 『동양적 그리스도교 영성』, 한국기독교연구소, 2004.
틱낫한, 오강남 옮김, 『귀향』, 모색, 1999.
틱낫한, 오강남 옮김, 『살아 계신 붓다, 살아 계신 그리스도』, 한민사, 1997.
프레드릭 르누아르, 양영란 옮김, 『불교와 서양의 만남』, 세종서적, 2002.

찾아보기 |

ㄱ

간화선(看話禪) 253~258
감몽구법설(感夢求法說) 182~183
격의(格義) 185
결집(結集) 96~102
경(經, Sūtra) 97, 99, 102, 150, 196
고엔카(Goenka, S. N.) 295~297
고제(苦諦) 59~61
고행주의(苦行主義) 46
공(空, śūnyatā) 116, 141, 144~146, 152~164,
  167, 172~173, 175, 177, 186~187,
  191~193, 195, 198, 264, 364~365
공가중(空假中) 삼제(三諦) 사상 192, 198
공관학파(Śūnya-vāda) → 중관학파
공안(公案) 227, 253~260
관세음보살(觀世音菩薩, Avalokiteśvara) 119,
  122~126, 129~130, 221, 283, 350
교판(敎判) 사상 192~198, 213, 312
구마라지바(鳩摩羅什, Kumārajīva) 185~188
구사종(俱舍宗) 189
근본주의 311~314
금강승(金剛乘, Vajrayāna) → 티베트 불교
금구직설(金口直說) 193
김교각(金喬覺) 131~132
김지장(金地藏) → 김교각

ㄴ

나가르주나(龍樹, Nāgārjuna) 151~161, 164,
  186, 190~191
나무 관세음보살 → 나무아미타불
  관세음보살
나무아미타불 관세음보살 124, 221~223,
  349~350
나한(羅漢) → 아라한
남방불교 → 상좌불교
남종선(南宗禪) 241, 246

노란 모자 학파(Yellow Hat school) 282~283
노자화호설(老子化胡說) 183~184
녹야원(鹿野苑) 56, 82, 85, 194
논(論, Abhidharma) 99, 102, 196
『능가경(楞伽經, Laṅkāvatāra-sūtra)』 148,
  168, 194, 239
니르바나(nirvāṇa, 涅槃) 64, 100, 147, 264,
  298
니버, 라인홀드(Niebuhr, Reinhold) 113
니치렌(日蓮) 89, 279
니치렌슈(日蓮宗) 89, 149, 279~280
니카야(Nikāya) 97

ㄷ

다르마카라(法藏) 149, 219~220
다원주의 361, 364~367
단성 탄생(parthenogenesis) 35
달라이 라마(Dalai Lama) 123, 227, 234~235,
  281, 283, 292~293
달마(達磨) 123, 230~241, 249
담란(曇鸞) 89, 219, 221~222
『담마파다(Dhammapada)』 97~98
대각(大覺)국사 → 의천
대세지보살(大勢至菩薩, Mahāsthāmaprāpta)
  123, 221
대승불교 68~69, 102, 106~176, 179~180,
  184, 186~187, 220, 281
대중부(大衆部, Mahāsaṅghika) 99~101
던, 존(Dunne, John) 211
데바닷다(提婆撻多, Devadatta) 86~87
도겐(道元) 248
도미나가(富永仲基) 196~197
도솔천(兜率天, Tuṣita-deva) 35, 38, 120, 168
도안(道安) 185
도제(道諦) 64~68

돈오(頓悟, sudden awakening)　213, 241, 246
뒤르켐(Durkheim, Émile)　28
득어망전(得魚忘筌)　81
『디가 니카야(Dīgha-nikāya, 長部)』　92, 97

ㄹ

라마교(Lamaism) → 티베트 불교
라훌라(羅睺羅, Rāhula)　45, 86
리프킨, 제레미(Rifkin, Jeremy)　71~72
릿쇼고세이카이(入正佼成會)　149, 279~280

ㅁ

마라(Māra)　47~49
마야부인(摩耶, Māyā)　31, 35, 38
마이트레야나다(Maitreyanātha)　168
『마지마 니카야(Majjhima-nikāya, 中部)』　70, 97
마하살(摩訶薩, Mahāsattva)　119
마하지관(摩訶止觀)　69
『마하지관(摩訶止觀)』　192, 200
마하카샤파(摩訶迦葉, Mahākāśyapa)　96~97, 231
마하트마 간디　70, 72
마하프라자파티(Mahāprajāpati)　87
말법(末法)　88~89, 120, 189, 222, 279
맹귀우목(盲龜遇木)　130
머튼, 토머스(Merton, Thomas)　22, 272~274, 326~328, 333, 344
멸제(滅諦)　63~64
모노미스(monomyth)　50
못갈야나(目犍連, Maudgalyāna)　85~86
무기(無記, avyākṛta)　79
무제(武帝) → 양 무제
묵조선(默照禪)　253, 259~260
문수보살(文殊菩薩, Mañjuśri)　119, 126~128, 148
미륵보살(彌勒菩薩, Maitreya)　35, 119~122, 129, 168, 208

미륵보살반가사유상　121
밀교(密教) → 밀의불교
밀의(密意, Tantric)불교 → 티베트 불교

ㅂ

바라밀(波羅蜜, pāramitā)　110~116
바레트, 윌리엄(Barrett, William)　267
바수반두(世親, Vasubandhu)　168
『반야경(般若經, Prajñāpārmitā-sūtras)』　102, 144~147, 152, 161, 184~185, 195~196
반야지(般若智, prajñapāramitā)　144, 153~154, 158~159
방편(方便, upāya)　80, 116, 137~140, 149, 159, 194~196, 198, 224, 259~260, 312
배타주의　312~313, 321, 359, 361~362
벅(Richard Maurice Bucke)　44
범아일여(梵我一如)　73
법계연기(法界緣起)　205~206, 208, 213
『법구경(法句經)』　97
법성(法性) → 진여
『법성게』 → 『화엄일승법계도』
법장(Dharmakara) 비구　110, 349
법장(法藏)　201~203, 206~208
『법화경(法華經, Saddharmapuṇḍarīka-sūtra)』　102, 119, 123, 129, 137, 149~150, 187, 192, 195~196, 199, 276, 278~279
보디다르마(菩提達磨, Bodhidharma) → 달마
보리수(菩提樹, Bodhi-tree)　47, 51, 54, 209, 243, 248, 347
보문시현(普門示現)　124
보살도(菩薩道)　108~118, 135, 161, 171~172, 174, 215, 219~220
보살의 길 →보살도
보시(布施, dāna)　54, 85, 99, 111~112, 296
『보왕삼매론』　114~115
보우(普愚, 1301~1382)　247, 275~276
보조(普照)국사 → 지눌
보현보살(普賢菩薩, Samantabhadra)　119,

127~129, 134
부파불교 → 상좌불교
북방불교 → 대승불교
북종선(北宗禪) 241, 246
불살생(不殺生) 70, 72, 321
불언지교(不言之教) 241
불타론(Buddhology) 101
붓다(Buddha) 30, 34, 52, 178, 347
붓다고샤(佛音, Buddhaghoṣa) 100
블레이크, 윌리엄(Blake, William) 211
비구(比丘, bhikṣu) 84, 99, 277, 302
비구니(比丘尼, bhikṣuṇī) 84, 87~89, 302
비로자나(毘盧遮那, Vairocana)불 128, 133, 204
비보통적 출생 신화 39~41
『비수디막가(清淨道論, Visuddhimagga)』 100
비파사나(Vipassanā) 23, 227, 230, 294~298
빔라오 람지 암베드카르(Bhimrao Ramji Ambedkar) 178~179
빨간 모자 학파(Red Hat school) 282~283

ㅅ
사구부정(四句否定, catuṣkoṭi) 157
사리(śarīra) 94
사리푸트라(舍利子, Śāriputra) 85~86
사문유관(四門遊觀, four passing sights) 42~43
사바(娑婆, sabhā)세계 107, 112, 260
사법계(事法界) 206~207, 213, 363
사사무애법계(事事無礙法界) 206~207, 209~210, 213, 264
사성제(四聖諦) 58~65, 70, 89, 179
사종법계(四種法界) 206~212
삼계교(三階教) 89, 189
삼귀의(三歸依) 81~82, 179
삼독(三毒) 111~112, 165, 298
삼론종(三論宗) 187, 189~191
삼법인(三法印) 77, 298

삼성(三性) 172~173
삼신불(三身佛) 173~175
삼장(三藏, Tripiṭaka) 96, 99, 196
삼천배 133, 139, 320
삼학(三學, triad) 68, 108
상가(Saṅgha) 81~82
상구보리 하화중생(上求菩提 下化衆生) 266
상기티(saṅghīti) → 결집
상법(像法) 88
상좌부(上座部, Sthaviravāda, Theravāda) 99~102
상좌불교 100, 106, 108, 134, 150, 153, 179~180, 186, 194, 213, 290, 294
상즉(相卽)·상입(相入) 128, 206~210, 213~216, 264
샤카무니(釋迦牟尼, Śākyamuni) 34
샨티데바(寂天, Śāntideva) 161~162
석가삼존(釋迦三尊) 128
선문답(禪問答) 253~287
선재동자(善才童子, Sudhana) 128, 150, 208~209
선정(禪定, dhyāna) 51, 68, 91, 116, 121, 128, 254
선종(禪宗) 118, 189~191, 201, 226~274, 276
설출세부(說出世部, Lokottaravāda) 100~101
성실종(成實宗) 189
세존(世尊) 34, 85, 92
소승불교 → 상좌불교
소의경전(所依經典) 149, 187
소카각카이(創價學會) 149, 279~280, 299
소토(曹洞) 247~248, 259, 291~292
쇼도구다이시(聖德太子) 105, 278~279
수계(受戒) 84
수바다라(須跋陀羅, Subhadra) 91
수자타(Sujātā) 여인 47
스즈키 다이세쯔(鈴木大拙) 204, 222, 227, 248, 255~268, 290, 327~333, 336, 347
스투파(stupa) 94, 103

부록 373

『승만경(勝鬘經, Śrīmālādevī Siṃhanāda-sūtra)』 164, 194, 278
신곤슈(眞言宗) 176, 248
신란(親鸞) 89, 225~226
신비주의 34, 69, 118, 163, 166~167, 169~170, 211, 241, 256, 267~268, 327, 332, 340~346, 349, 355
신수(神秀) 241~244, 246
신행(信行) 89
심상(審祥) 203~204
십바라밀(十波羅蜜) 110, 116, 138
십우도(十牛圖) 122, 265~266
십일면관음(十一面觀音) 123~124, 135
십지(十地, daśabhūmi) 116~118, 213
『싸뮤타 니카야(Saṃyutta-nikāya, 相應部)』 58, 74, 79, 88, 97
싸탸그라하(satyagraha, 眞理把持) 70

ㅇ
아가마(Āgama) 97
아난다(阿難陀, Ānanda) 82, 86~88, 90~91, 94, 97, 99, 143, 151, 239
아뇩다라삼먁삼보리 (anuttarasamyak-sambodhi) 52, 146, 317
아누룬다(Anurunddha) 92
아라한(阿羅漢, arhat, arahant) 73, 81, 85~86, 100, 107, 149, 194
아뢰야식(阿賴耶識, ālayavijñāna) 141, 148, 171~172, 175
아미타불(阿賴耶識, ālayavijñāna) 110, 123~124, 133~134, 149, 174, 220~225, 259, 349~350
아상가(無着, Asaṅga) 168
아쇼카(阿育, Aśoka) 왕 101~105, 232
아승지겁(阿僧祇劫) 117~118
아시타(Aṣita) 선인 35~37
『아함경(阿含經)』 97, 193~194
아힘사 → 불살생

안명(安命) 93
안세고(安世高) 184
『앙구타라 니카야(Aṅguttara-nikāya, 增支部)』 97
야사 82
야스퍼스, 칼(Jaspers, Karl Theodor) 29, 60, 121, 338
양 무제(梁武帝) 232~237
양성구유(兩性具有, androgynous) 126
업(業) 52, 78, 129, 141, 171, 179, 282
에이사이(榮西) 248
여래(如來, Tathāgata) 57, 79, 165
여래장(如來藏, tathāgata-garbha) 사상 141, 148, 164~167, 175
연기(緣起, pratītya-samutpāda) 52, 76~77, 154, 205
『열반경(涅槃經, Mahāparinirvāṇa-sūtra)』 150, 190, 195
열반종(涅槃宗) 190
염불선(念佛禪) 224~225, 229~230, 259~260, 350
염화미소(拈華微笑) → 염화시중
염화시중(拈華示衆) 231
영지주의(靈知主義, Gnoticism) 101, 169~170
오가칠종(五家七宗) 247
오계(五戒) 84
오시(五時) 194~195
오시팔교(五時八敎) 192, 194~196
오온(五蘊, skandhas) 75~76, 145~146, 199, 240
온스타인, 로버트(Ornstein, Robert) 271
왕서원(王誓願) 110, 220, 350
요가차라(Yogācāra) 168
우바이(優婆夷, upāsikā) 84
우파새(優婆塞, upāsaka) 84
우팔리(優婆離, Upāli) 87, 96~97
원효(元曉) 168, 188, 203, 219, 275, 365

윌버, 켄(Wilber, Ken) 271~272, 294, 336~338
유가학파(瑜伽學派, Yogācāra) 148, 152, 164, 167~176, 190~191
유마 거사 148, 240
『유마경(維摩經, Vimalakīrti-Nirdeśa-sūtra)』 119, 147~148, 194, 240
유식종(唯識宗) 189, 191
유영모 34~35
육관음(六觀音) 123~124
육도(六道) 129~130, 132, 136, 141
육바라밀(六波羅蜜) 110~116, 138, 161, 171~172
율(律, Vinaya) 97, 99, 102, 196
율종(律宗) 189~190
융, 칼(Jung, Carl Gustav) 44, 172, 267~268, 335
의상(義湘) 201~203, 275
의천(義天) 275~276
이법계(理法界) 206~207, 213, 264
인드라 망(帝釋網) 208, 212, 320
인드라(Indra) → 제석천
인욕(忍辱, kṣānti) 112~115
일군만민상하일체(一君萬民上下一體) 215
일념삼천(一念三千) 192, 199~200
일중다 다중일(一中多 多中一) 208, 210
일즉다 다즉일(一卽多 多卽一) 208, 210, 215
일체개고(一切皆苦, duḥkha) 77
임제의현(臨濟義玄) 247
임제종(臨濟宗) 247~248, 253, 261, 276
『입보리행(入菩提行, Bodhicaryāvatāra)』 162

ㅈ
자이나교 29, 72, 89
점오(漸悟) 213
정법(正法) 88
정진(精進, vīrya) 115~116
『정토경(淨土經, Sukhāvatīvyūha-sūtra)』 123, 149, 218~219
정토종(淨土宗) 89, 110, 149, 187, 189~191, 218~226, 276, 347, 349~350
정혜쌍수(定慧雙修) 68~69
제법무아(諸法無我, anātman) 77
제석천(帝釋天) 208
제임스, 윌리엄(James, William) 69, 267
제행무상(諸行無常, anitya) 77
조계종(曹溪宗) 204, 228, 248, 276~277
조도신슈(淨土眞宗) 89, 225~226
조동 → 소토
종밀(宗密) 140~141, 201, 204, 312
좌선(坐禪) 250~259, 268, 332
죽림정사 85
줄탁동시 222
중관학파(中觀學派, Mādhyamika) 145~147, 152~164, 167~168, 176, 187, 190
『중론(中論, Mūlamadhyamaka-kārikā)』 152, 186~187, 190
중중무진(重重無盡) 208
지계(持戒, śīla) 87, 112
지고선(至高善, summum bonum) 64
지관(止觀) 200~201, 294~295
지눌(知訥) 204, 228, 275~276
지론종(地論宗) 189
지루가참(支婁迦讖, Lokakṣema) 184
지의(智顗, 538~597) 192, 194~195, 200
지장보살(地藏菩薩, Kṣitigarbha) 119, 129~132, 135
지혜(智慧, prajñā) 68, 85, 98, 116~117, 126~128, 134~135, 144, 158, 220, 233, 238, 242
진속이제(眞俗二諦) 159
진언승(眞言乘) 176
진언종(眞言宗) 190
진여(眞如, tathatā) 156, 165, 173, 198, 246
집제(集諦) 62~63

ㅊ
차축 시대(pre-axial) 29, 338~339
찬드라키르티(月稱, Candrakīrti) 161
천상천하유아독존(天上天下唯我獨尊) 31~33, 61
천수관음(千手觀音) 123~124
천태삼대부(天台三大部) 192
천태종(天台宗) 149~150, 187, 189~201, 225, 229, 276
쵸감 트룽파(Chögyam Trungpa) 293
춘다(Cunda) 90
칭명염불(稱名念佛) 220

ㅋ
카르마 → 업
카샤파(迦葉, Kaśyapa) 삼형제 84~85
캅, 존(Cobb, John B., Jr.) 22
캠벨, 조셉(Campbell, Joseph) 50, 53, 55
『쿠다카 니카야(Khuddaka-nikāya, 小部)』 97
큉, 한스(Küng, Hans) 333~334, 348
키사 고타미(Kisā Gotamī) 92~93

ㅌ
탄트라(tantra) 176
태고(太古)화상 → 보우
토인비, 아놀드(Toynbee, Arnold) 23, 142, 204, 320
트리피타카(tripiṭaka) → 삼장
티베트 불교 176, 227, 281
틱낫한(Thich Nhat Hanh) 67, 217, 291, 297, 307

ㅍ
팔교(八敎) 195~196
팔식(八識) 171~172
팔정도(八正道) 58, 65~69, 73, 100, 112, 115~116, 297
포대화상(布袋和尙) 122

포섭주의 361~362
프라상가(prasaṅga) 논법 157
프롬, 에리히(Fromm, Erich) 270~271, 287, 335

ㅎ
하이데거, 마틴(Heidegger, Martin) 22, 60, 164, 227, 335
하이쿠(俳句) 269, 291, 332
항마촉지인상(降魔觸地印像) 49
『해심밀경(解深密經, Saṃdhinirmocana-sūtra)』 168
해인삼매(海印三昧, sāgaramudrā samādhi) 128, 209
현장(玄奘) 145, 187~188, 191
혜가(慧可) 237~241
혜능(慧能) 241~248
혜원(慧遠) 185, 218
혜인(慧印) 219
호류지(法隆寺) 278
『화엄경(大方廣佛華嚴經, Avataṃsaka-sūtra)』 102, 116, 124, 128, 133, 150~151, 194, 196, 199, 201, 203, 208, 276
화엄사상 128, 202, 204~205, 212~219, 263, 354
『화엄일승법계도(華嚴一乘法界圖)』 202~203
화엄종(華嚴宗) 118, 140, 148, 150, 189~191, 201~218, 229, 276
회향(回向, pariṇāmana) 133~134